国家级一流本科专业建设点配套教材
高等院校经济管理类专业"互联网+"创新规划教材

跨国公司管理

主 编 樊秀峰

内 容 简 介

跨国公司管理是一门从企业跨国管理角度研究跨国公司的新兴学科。本书共分11章，内容包括：跨国公司概论、跨国公司运行环境与分析、跨国公司战略管理等。有关跨国公司管理的系统研究只是近四五十年才逐渐开展起来的。由于跨国公司管理活动涉及面广、影响因素复杂，学者们从不同角度研究跨国公司行为，形成了不同的理论与学科。例如，对外直接投资理论主要研究跨国公司对外直接投资的动因和资金流向；国际财务主要研究跨国公司的财务活动等。因此，跨国公司管理是一门综合性学科，综合了国际贸易、对外直接投资、国际金融、国际市场营销、战略管理和生产管理等多门学科的知识与研究方法，并结合跨国公司管理特征而形成的。本书在内容体系和章节安排上注重构建企业国际化战略问题思考的逻辑框架与技术路线，力求把本领域最新研究成果系统地提供给读者，同时也注重为读者提供具有实操性的工具与方法。

本书可作为应用经济类高年级本科教材及国际商务专业硕士研究生的教材，也可供相关从业人员参考。

图书在版编目(CIP)数据

跨国公司管理/樊秀峰主编. —北京：北京大学出版社，2023.6
高等院校经济管理类专业"互联网+"创新规划教材
ISBN 978-7-301-33391-4

Ⅰ.①跨… Ⅱ.①樊… Ⅲ.①跨国公司—企业管理—高等学校—教材 Ⅳ.①F276.7

中国版本图书馆 CIP 数据核字(2022)第 176848 号

书 名	跨国公司管理 KUAGUO GONGSI GUANLI
著作责任者	樊秀峰 主编
策划编辑	王显超
责任编辑	翟 源
数字编辑	金常伟
标准书号	ISBN 978-7-301-33391-4
出版发行	北京大学出版社
地 址	北京市海淀区成府路 205 号 100871
网 址	http://www.pup.cn 新浪微博：@北京大学出版社
电子邮箱	编辑部 pup6@pup.cn 总编室 zpup@pup.cn
电 话	邮购部 010-62752015 发行部 010-62750672 编辑部 010-62750667
印 刷 者	河北文福旺印刷有限公司
经 销 者	新华书店
	787 毫米×1092 毫米 16 开本 23.25 印张 542 千字 2023 年 6 月第 1 版 2024 年 5 月第 2 次印刷
定 价	68.00 元

未经许可，不得以任何方式复制或抄袭本书之部分或全部内容。
版权所有，侵权必究
举报电话：010-62752024 电子邮箱：fd@pup.cn
图书如有印装质量问题，请与出版部联系，电话：010-62756370

前言
PREFACE

随着经济全球化的日趋深入，跨国公司发展日益迅速、影响作用日益增强，跨国公司的数量由2002年的64 000家发展到2021年的超过80 000家，遍布世界各地。不仅发达国家有跨国公司，发展中国家也有跨国公司。据统计，2022年，中国全行业对外直接投资9 853.7亿元人民币，同比增长5.2%。中国企业国际化模式多种多样，既有新建投资，也有跨国并购，还有合资与战略联盟；既有成功的经验，也有失败的教训。总体而言，中国企业国际化发展尚处于初级阶段，与发达国家企业相比仍有较大差距。党的二十大报告明确指出，要"完善中国特色现代企业制度，弘扬企业家精神，加快建设世界一流企业"。因此，从理论与实践相结合的高度深入研究跨国公司管理，借鉴发达国家跨国公司管理经验，包括战略管理、竞争策略及企业内部经营管理方面的方法与技巧，对于提升中国企业国际竞争力，是极为必要且刻不容缓的。

跨国公司诞生在近现代世界经济的演进过程中。20世纪八九十年代以来，在全球经济一体化趋势的推动下，跨国公司进入了高度发展时期。跨国公司在许多全球性行业中占据了垄断地位；少数大型跨国公司实力雄厚、富可敌国。跨国公司的发展及影响引起了人们越来越普遍的关注。

跨国公司管理是一门从企业跨国管理角度研究跨国公司的新兴学科。有关跨国公司管理的系统研究是近四五十年才逐渐开展起来的。由于跨国公司管理活动涉及面广、影响因素复杂，学者们从不同角度研究跨国公司行为，形成了不同的理论与学科。例如，对外直接投资理论主要研究跨国公司对外直接投资的动因和资金流向；国际财务主要研究跨国公司的财务活动，等等。因此，跨国公司管理是一门综合性学科，是综合了国际贸易、对外直接投资、国际金融、国际市场营销、战略管理和生产管理等多门学科的知识与研究方法，并结合了跨国公司管理特征而形成的。

本书作为应用经济类高年级本科生教材及硕士研究生教材，在内容取舍和章节安排上进行了一些探索。

首先，在内容体系安排上，按照企业国际化面临问题的逻辑顺序而展开。例如，企业国际化发展，首先面临的是对国际市场环境的认知，其次才是战略制定及企业内部的生产、研发、财务、人力资源等管理问题。通过这种内容框架安排，力图使读者在学习的同时，构建起企业国际化战略问题思考的逻辑框架与技术路线。

其次，在具体章节内容安排上，力求把本领域最新研究成果系统地展示给读者，同时也注重为读者提供具有实操性的工具与方法。例如，在国际环境、企业战略、生产管理、研发与技术管理、财务管理等章节内容设计中，有关分析工具与方法的内容占了较大篇幅；并利用"互联网＋"技术，结合各章内容实际需要使线上内容与线下内容相结合，借助跨国公司经典案例，追踪企业国际化最新动态，以拓宽读者视野。

本书的内容借鉴与参考了前人有关跨国公司管理的研究成果，以体现这一领域中理论研究的最新动态。本书在处理与国际财务、国际贸易、国际金融等相关学科重叠的部分内容时，为了保持跨国公司管理内容在逻辑上的系统性，在保留基本内容的基础上，依据跨国公司管理特征做了充实与拓展。同时，本书还专门设计了跨国并购、战略联盟、跨文化管理，以及企业社会责任与影响等有关跨国公司管理的独特内容。

总之，跨国公司管理是一个内容需要不断发展更新的学科领域。对于本书所做的上述努力，期望得到读者的认同并能使读者从中获益，也希望读者对书中的不妥之处给予批评指正。

编　者

2023 年 4 月

目 录
CONTENTS

第 1 章　跨国公司概论 ……………………………………………………………… 1
　1.1　跨国公司的定义 ……………………………………………………………… 3
　　1.1.1　跨国公司的名称 ………………………………………………………… 3
　　1.1.2　跨国公司的定义 ………………………………………………………… 4
　1.2　跨国公司的特征与类型 ……………………………………………………… 5
　　1.2.1　跨国公司的特征 ………………………………………………………… 5
　　1.2.2　跨国公司的类型 ………………………………………………………… 7
　1.3　跨国公司的形成与发展 ……………………………………………………… 9
　　1.3.1　早期跨国公司的兴起 …………………………………………………… 9
　　1.3.2　两次世界大战期间的跨国公司发展 …………………………………… 11
　　1.3.3　第二次世界大战结束后至 20 世纪 80 年代末的跨国公司发展 ……… 12
　　1.3.4　20 世纪 90 年代以来的跨国公司发展 ………………………………… 15
　1.4　跨国公司现象的理论解释 …………………………………………………… 21
　　1.4.1　跨国公司现象的微观理论解释 ………………………………………… 21
　　1.4.2　跨国公司现象的宏观理论解释 ………………………………………… 26
　　1.4.3　发展中国家跨国公司现象的理论解释 ………………………………… 27
　本章小结 …………………………………………………………………………… 28
　关键术语 …………………………………………………………………………… 29
　习题 ………………………………………………………………………………… 29

第 2 章　跨国公司运行环境与分析 ………………………………………………… 33
　2.1　跨国公司运行的宏观环境与分析 …………………………………………… 35
　　2.1.1　宏观环境的构成 ………………………………………………………… 35
　　2.1.2　宏观环境分析方法 ……………………………………………………… 36
　2.2　跨国公司运行的产业环境与分析 …………………………………………… 38
　　2.2.1　产业环境与五力模型分析 ……………………………………………… 38
　　2.2.2　产业环境的 SCP 分析模型 ……………………………………………… 40
　2.3　跨国公司运行的微观环境与分析 …………………………………………… 42
　　2.3.1　微观环境的含义及构成 ………………………………………………… 42

2.3.2　微观环境分析 ··· 43
2.4　跨国公司运行的国际环境与分析 ··· 47
　　2.4.1　国际环境的含义与构成因素 ·· 47
　　2.4.2　国际环境分析 ·· 49
本章小结 ·· 56
关键术语 ·· 57
习题 ·· 57

第3章　跨国公司战略管理 ··· 60

3.1　跨国公司战略的概念、特征与类型 ·· 62
　　3.1.1　企业战略的概念与特征 ·· 62
　　3.1.2　跨国公司战略的主要类型 ··· 65
3.2　跨国公司战略管理的概念、内容与过程 ··· 72
　　3.2.1　跨国公司战略管理的概念与内容 ··· 72
　　3.2.2　跨国公司战略管理的特征与作用 ··· 74
　　3.2.3　跨国公司战略管理过程与体系构建 ··· 74
3.3　跨国企业战略管理分析方法（Ⅰ） ··· 80
　　3.3.1　SWOT 分析法 ··· 80
　　3.3.2　BCG 矩阵分析法 ·· 86
3.4　跨国企业战略管理分析方法（Ⅱ） ··· 90
　　3.4.1　GE 矩阵分析法 ·· 90
　　3.4.2　价值链分析法 ·· 94
本章小结 ·· 99
关键术语 ·· 99
习题 ·· 99

第4章　跨国公司组织管理 ·· 103

4.1　跨国公司组织结构 ·· 105
　　4.1.1　跨国公司组织结构形式 ·· 105
　　4.1.2　跨国公司组织结构选择 ·· 112
4.2　跨国公司组织控制 ·· 116
　　4.2.1　跨国公司对子公司控制的必要性 ··· 116
　　4.2.2　跨国公司对子公司的控制机制 ·· 118
　　4.2.3　跨国公司对子公司业绩评价 ··· 120
　　4.2.4　跨国公司对子公司的有效控制 ·· 124
4.3　跨国公司组织结构的演变与发展 ··· 126
　　4.3.1　跨国公司组织结构的演变 ··· 126
　　4.3.2　跨国公司组织结构的发展 ··· 128
本章小结 ·· 131
关键术语 ·· 132

| 习题 | 132 |

第5章 跨国公司市场进入管理 ... 136

5.1 跨国市场进入模式与选择 ... 138
- 5.1.1 跨国市场进入模式的主要类型 ... 138
- 5.1.2 跨国市场进入模式决策的影响因素 ... 142
- 5.1.3 跨国市场进入模式选择策略 ... 149

5.2 内部一体化——创建与购并 ... 155
- 5.2.1 跨国购并的基本形式、动因与原则 ... 155
- 5.2.2 跨国购并与新设之间的选择 ... 160

5.3 外部一体化——跨国战略联盟 ... 163
- 5.3.1 跨国战略联盟的概念、特征、判断标准与基本类型 ... 163
- 5.3.2 跨国战略联盟兴起的原因与理论基础 ... 167
- 5.3.3 跨国战略联盟的运行与管理 ... 171

本章小结 ... 173
关键术语 ... 174
习题 ... 174

第6章 跨国公司竞争战略管理 ... 177

6.1 竞争战略思想与基本形式 ... 179
- 6.1.1 竞争战略思想 ... 179
- 6.1.2 竞争战略基本形式 ... 180

6.2 成本领先战略 ... 181
- 6.2.1 成本领先战略的基本思想 ... 181
- 6.2.2 成本领先战略的类型与驱动因素 ... 183
- 6.2.3 成本领先战略的目标和实施 ... 185

6.3 差异化战略 ... 189
- 6.3.1 差异化战略的基本思想 ... 189
- 6.3.2 差异化战略的类型与驱动因素 ... 190
- 6.3.3 差异化战略的特征和实施 ... 191

6.4 成本领先战略与差异化战略的对比 ... 192
- 6.4.1 成本领先战略与差异化战略的竞争定位 ... 192
- 6.4.2 成本领先战略与差异化战略的优势 ... 194
- 6.4.3 成本领先战略与差异化战略的应用条件 ... 195
- 6.4.4 成本领先战略与差异化战略的收益与风险 ... 198

6.5 集中战略 ... 200
- 6.5.1 集中战略的概述及优势 ... 200
- 6.5.2 集中战略的应用条件与风险 ... 201

6.6 竞争战略的综合分析——"战略钟" ... 203
- 6.6.1 "战略钟"思想 ... 203

  6.6.2 "战略钟"描述的八种途径 ·········· 203
 本章小结 ·········· 204
 关键术语 ·········· 205
 习题 ·········· 205

第 7 章 跨国公司生产管理 ·········· 206

 7.1 生产地点决策 ·········· 208
  7.1.1 与生产地点决策有关的概念 ·········· 208
  7.1.2 影响生产地点决策的因素与工厂设计 ·········· 211
 7.2 自制或外购决策 ·········· 215
  7.2.1 自制或外购决策及其利弊 ·········· 215
  7.2.2 自制或外购决策的分析方法 ·········· 216
 7.3 全球供应链管理 ·········· 218
  7.3.1 供应链管理及其主要思想 ·········· 218
  7.3.2 全球供应链与供应链全球化趋势 ·········· 222
 本章小结 ·········· 225
 关键术语 ·········· 225
 习题 ·········· 226

第 8 章 跨国公司研究开发与技术管理 ·········· 231

 8.1 跨国公司研究与开发管理 ·········· 233
  8.1.1 跨国公司研究与开发概述 ·········· 233
  8.1.2 跨国公司研究与开发国际化 ·········· 236
  8.1.3 跨国公司研究与开发本地化 ·········· 240
 8.2 跨国公司技术管理 ·········· 244
  8.2.1 跨国公司技术转移方式与成本 ·········· 244
  8.2.2 跨国公司技术转移方式选择依据 ·········· 246
  8.2.3 跨国公司技术转移选择策略 ·········· 250
  8.2.4 跨国公司技术创新管理 ·········· 252
 8.3 跨国公司的知识产权管理 ·········· 258
  8.3.1 知识产权特征及保护与侵害方式 ·········· 258
  8.3.2 跨国公司知识产权保护机制与措施 ·········· 260
 本章小结 ·········· 262
 关键术语 ·········· 262
 习题 ·········· 263

第 9 章 跨国公司财务管理 ·········· 266

 9.1 跨国公司财务管理概述 ·········· 268
  9.1.1 跨国公司财务管理的概念与内容 ·········· 268
  9.1.2 跨国公司财务管理的组织形式及抉择 ·········· 269
  9.1.3 跨国公司财务管理的目标与评估模型 ·········· 272

9.2 跨国公司融资管理 ·· 274
9.2.1 跨国公司融资管理与融资来源 ·················· 274
9.2.2 跨国公司国际市场中长期融资 ·················· 275
9.2.3 跨国公司国际市场短期融资 ····················· 278
9.3 跨国公司投资预算管理 ································ 280
9.3.1 跨国资本结构与资本构成 ························ 280
9.3.2 跨国公司投资预算的常规分析方法 ··········· 282
9.3.3 跨国公司投资预算的现金流影响因素 ········ 284
9.3.4 跨国公司投资预算的风险调整问题 ··········· 286
9.4 跨国公司的现金管理 ··································· 286
9.4.1 跨国公司现金管理概述 ··························· 286
9.4.2 跨国公司现金管理方法和要点 ················· 287
9.4.3 跨国公司的转移价格 ······························ 289
9.5 跨国公司税务管理 ······································ 291
9.5.1 跨国公司税收管理概述 ··························· 291
9.5.2 跨国公司的国际避税 ······························ 295
本章小结 ·· 297
关键术语 ·· 298
习题 ·· 298

第10章 跨国公司跨文化管理 ··· 301
10.1 国家文化与商务文化理论 ······························ 303
10.1.1 国家文化维度理论 ································ 303
10.1.2 世界商务文化维度理论 ························· 306
10.2 跨文化管理理论 ··· 310
10.2.1 跨文化管理的内涵与意义 ······················ 310
10.2.2 跨文化管理的起源与研究的重点问题 ······ 312
10.2.3 跨文化管理的主要观点 ························· 315
10.3 跨文化管理策略与方式 ································ 320
10.3.1 跨文化管理策略 ··································· 320
10.3.2 跨文化管理方式 ··································· 322
10.4 跨文化成本的衡量 ····································· 324
10.4.1 TEA 成本评估 ······································ 324
10.4.2 文化影响矩阵和跨文化成本估计举例 ······ 325
本章小结 ·· 327
关键术语 ·· 328
习题 ·· 328

第11章 跨国公司的社会责任与国际规范 ······················· 332
11.1 跨国公司的社会责任 ··································· 334

11.1.1 跨国公司社会责任的含义与内容 ·································· 334
11.1.2 跨国公司社会责任思想的历史沿革 ······························ 336
11.2 跨国公司行为的国际规范 ··· 338
11.2.1 跨国公司行为规范与WTO有关规定 ···························· 338
11.2.2 联合国系统对跨国公司的行为规范 ······························ 341
11.2.3 其他国际组织对跨国公司的行为规范 ··························· 345
11.2.4 母国对跨国公司的行为规范 ······································· 347
11.2.5 东道国对跨国公司的行为规范 ···································· 350
本章小结 ··· 354
关键术语 ··· 355
习题 ··· 355

参考文献 ·· 360

第1章

跨国公司概论

本章教学要点

了解有关跨国公司定义的不同标准,掌握跨国公司的概念及其特征;

在理解跨国公司产生与发展历史的基础上,了解当今世界跨国公司发展变化的趋势;

熟悉跨国公司理论的主要观点,并能结合实际解释、分析不同类型国家及其企业对外直接投资的条件与动因。

知识架构

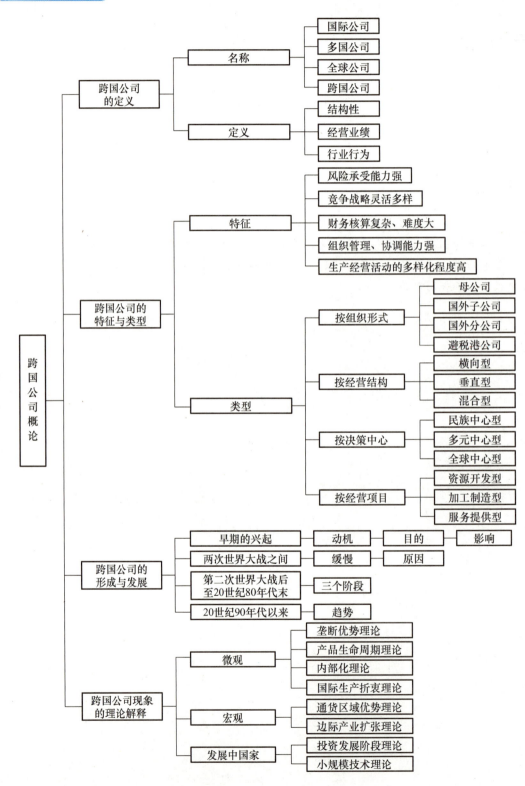

1.1 跨国公司的定义

1.1.1 跨国公司的名称

跨国公司（Transnational Corporation）是首先在西方经济发达国家产生和发展起来的一种企业实体，世界上大部分国际直接投资业务都是由跨国公司进行的。理论界对跨国公司的研究已有几十年，迄今为止尚未形成统一名称，在英文文献中仍有多种叫法，其中最常见的有四种：国际公司（International Firm）、多国公司（Multi-national Exterprise）、全球公司（Global Corporation）和跨国公司（Transnational Corporation）。不同名称虽然都表示从事跨国经营活动的企业，但其内涵却存在较大差别。这种差别产生于跨国公司在不同发展阶段的演变历史，以及不同的企业跨国经营战略。

1. 国际公司

在跨国公司发展的早期阶段，国外业务在企业的全部业务中所占比重较小，企业以母公司在母国的业务为主，国外子公司和分公司通常围绕如何增强母公司的竞争实力组织生产经营活动，如保证原材料供应、提供低成本零部件、增加母公司产品的国外销售等。与业务完全局限于一国内的公司相比，这种从事有限跨国生产经营活动的企业，通常被称作国际公司。

国际公司的国际化生产经营过程，可以用国际产品生命周期理论来解释。企业一般根据国内市场需求，研制新产品并开拓新产品的国内市场。当国内市场趋于饱和，企业便转向开拓国际市场，由出口产品到出售产品技术或专利许可证，直至对外直接投资。这种以产品生命周期为基础，立足于国内市场开展跨国经营业务的战略，一般称为国际战略。

2. 多国公司

为保证跨国经营活动的成功，企业需要根据不同东道国的具体特点制定发展战略，调整产品结构、产品性能或产品包装，甚至在不同东道国的子公司中采用不同的管理方法。这种根据不同东道国特有环境开展跨国经营活动的企业，通常被称作多国公司。

多国公司的突出特点，是在不同东道国中具有很强的灵活性和适应能力。这类公司侧重于东道国之间的差异管理，所采取的跨国经营战略一般称为多国战略，当地化是多国战略的核心内容。多国公司在20世纪五六十年代发展迅速。这一时期各国普遍采用高关税政策，多国战略成为避开关税的一种有效战略。但到了20世纪70年代，随着全球战略的兴起，多国战略的地位在许多行业中发生了动摇。

3. 全球公司

多国公司为了增强跨国经营的适应能力，通常需要在每个东道国建立一套完整的生产经营系统。如果东道国市场规模小，则国外子公司很难实现规模经济效益。企业要想在跨国经营中提高效率，必须把各国市场看作一个整体，从全球市场角度制定跨国经营战略。这种以全球市场为目标开展跨国经营活动的企业，通常被称作全球公司。

全球公司致力于全球性产品的生产经营。这类产品的市场是全球性市场，其需求产生于各国消费者类似或趋同的偏好。因此，企业可以在母国或少数几个东道国设置生产基地，通过大规模生产满足全球市场的需求。全球公司的跨国经营战略是全球战略，其战略目标是通过以全球性协调为基础的大规模生产经营提高效率，建立绝对成本优势，从而占领全球市场。例如，日本的许多大型公司，如丰田、佳能、松下等，在20世纪70年代向海外市场发展时，许多国家对其降低了关税或其他进口壁垒。同时，由于运输效率的提高和成本的降低，使得企业经营的全球化成为一种趋势。

全球公司的经营模式，在20世纪七八十年代获得了巨大的成功。全球公司不仅战胜了各东道国的当地企业，而且战胜了采用国际化战略和多国战略开展跨国经营活动的公司。但是，进入20世纪90年代后，全球公司的经营却遇到了阻力，各国消费者对无差异的全球性产品产生厌倦，重新强调体现本国特色的产品或服务。同时，许多东道国政府因全球公司对民族工业发展的影响和贸易逆差的扩大，也加强了对全球公司的限制。国际政治经济环境中不稳定因素的增加，尤其是汇率的快速变化，对全球公司的发展产生了不利的影响。

4. 跨国公司

全球公司付出的最大代价是对东道国特定环境的适应能力的降低。跨国经营的整体效率和对各东道国市场变化的适应能力，是很难同时兼顾的两个重要目标。理论上，真正的跨国公司应该通过建立世界范围内的竞争优势，从而达到较高的整体跨国经营效率，并且具备较大的灵活性和较强的适应能力。从全球经济角度着眼，从每个东道国的特定环境入手开展跨国经营活动，是跨国公司经营战略的主导思想。跨国公司的母公司与子公司之间的关系不是简单的集权与分权关系，而是在一体化世界性经营网络中相互依存的不同决策实体，通过复杂的组织管理与协调系统保证跨国经营活动的有效运转。20世纪90年代以来，越来越多的企业在制定和实施跨国经营战略过程中，考虑到如何同时兼顾效率和适应能力两个目标的问题，力求发展成为真正的跨国公司。

在国际公司、多国公司、全球公司和跨国公司这四种名称中，最早普遍采用的是"多国"一词。20世纪50年代末，美国田纳西河流域管理局局长戴维·E. 莱里索尔（David E. Lilienthal）在卡内基工业大学100周年纪念大会上发表演说，首次提出了"跨国公司"概念。1960年，他又发表了题为《跨国公司》的文章，此后，跨国公司这一名词逐渐被社会和学术界所接受。

1.1.2 跨国公司的定义

有关跨国公司的概念很多，根据不同的标准分类如下。

1. 结构性标准

（1）跨国公司是指在两个或两个以上国家从事经营活动的企业，包括私营企业和国有企业。这个定义强调企业跨国经营的地理区域和活动范围。

（2）跨国公司是指在不同国家拥有多个工厂或多个经营单位的企业。这个定义强调以对外直接投资为基础的跨国经营管理。

（3）跨国公司是指其股份所有权归多个国家居民或企业所有的公司。这个定义强调所有权的多国性。如果一个企业实现跨国生产经营，但所有权完全归属于一国的居民，则这个企业不能被称作跨国公司。至于一国企业拥有另一国企业多大比例的股份才可算是跨国公司,不同国家有不同的标准。目前,普遍接受的标准是国际货币基金组织确定的25%。

2. 经营业绩标准

(1) 跨国公司在国外的经营业绩,如销售额、利润、雇员人数或资产额,所占比例应该在25%以上。这个定义强调国外生产经营活动的范围和成效。对于不同行业中的企业,选择不同经济指标进行衡量,得到的结果往往不同。

(2) 跨国公司是从事大量对外直接投资,并有效控制和管理国外资产的公司。根据这种定义,拥有国外企业股份但不介入日常管理活动的公司不能称作跨国公司。

3. 行业行为特定标准

根据这个标准给出的比较权威的定义是联合国经济和社会事务部提出的。1973年,联合国经济和社会事务部提交了一份题为《世界发展中的多国公司》的报告,该报告对跨国公司做了如下的规定:"凡是在两个或更多国家里控制有工厂、矿山、销售机构和其他资产的企业,不管是私营或是国营、股份公司或合作经营,都包括在内,都称为跨国公司。"

1983年,联合国跨国公司中心(United Nations Centre on Transnational Corporation,UNCTC)在其发表的《世界发展中的跨国公司第三次调查》中认为"跨国公司的定义应指这样一种企业:①包括设在两个或两个以上国家的实体,不管这些实体的法律形式和领域如何;在一个决策体系中进行经营,能通过一个或几个决策中心采取一致对策和共同战略;②各实体通过股权或其他方式形成的联系,使其中的一个或几个实体有可能对别的实体施加重大影响,特别是同其他实体分享知识资源和分担责任。"这个定义除了保留联合国经济和社会常务部定义的主要内容,更强调了跨国公司内部具有一体化经营策略的特征。

1986年,联合国在《跨国公司行动守则草案》中又对跨国公司进行了定义。跨国公司是指,一个企业,组成这个企业的实体设在两个或两个以上的国家,而无论这些实体的法律形式和活动范围如何,这种企业的业务是通过一个或多个决策中心,根据一定的决策体制经营的,因而其具有一贯的政策和共同的战略。

延伸阅读

联合国《跨国公司行动守则草案》(1986)中有关跨国公司的这一定义,自公布之日起就在国际范围内被广泛接受和使用。当然,从广义上讲,跨国公司是指任何超出本国界限从事商业活动的公司,其通常采用股份有限公司的形式。

1.2 跨国公司的特征与类型

1.2.1 跨国公司的特征

跨国公司与生产经营活动全部局限于一国的国内企业相比,有许多不同之处。这些不同之处可以从它们各自所处的政治、社会和经济环境中体现出来。国内企业处于一国政治和社会体系之中，文化、经济结构、商业惯例与政府政策较为一致。尽管在一些大国内，这些因素在不同地区也存在差异，但这种差异要远小于跨国公司面对的不同国家之间的差异。这就决定了跨国公司在经营战略、组织结构、财务结算等方面与国内企业有明显区别，这些区别决定了跨国公司的主要特征。

1. 风险承受能力强

跨国公司的生产经营活动除了要承担来自母国的经营风险，还要面对国际经营环境中可能出现的各种风险。这些风险包括政治风险，如各东道国政治体制差异、政治局势不稳定及政府政策变化等；金融风险，如汇率变化、通货膨胀、经济衰退或国际收支恶化而引起的进出口限制导致的企业损失；法律风险，如司法制度差异、税收的歧视待遇、双重课税等；其他风险，如文化差异、社会对私人财产和公司义务的态度等。因此，跨国公司必须具备很强的风险承受能力，才能在国际经营环境中获得成功。

2. 竞争战略灵活多样

要想在国际市场上竞争，跨国公司必须针对不同东道国市场上不同竞争对手的特点制定竞争战略。在战略制定过程中，既要考虑对各东道国经营环境差异的适应性，又要考虑低成本原材料来源和全球性规模经济效率；既要考虑全球性竞争条件，又要考虑在一个东道国采取的战略行动可能在其他东道国中产生的影响；既要考虑总公司对各国子公司的统一协调，又要考虑各国子公司为了对当地市场需求变化做出及时反应必需的自主权。因此，跨国公司竞争战略的制定和实施要比国内企业复杂得多，其面临的许多挑战及必须考虑的许多选择和因素，是国内企业制定和实施竞争战略过程中不会涉及的。

3. 财务核算复杂、难度大

（1）用于核算的货币种类较多，财务核算复杂。

国内企业只采用本国货币交易，币种单一。跨国公司的交易活动涉及多种货币，大大增加了业务结算的难度和复杂性。由于各国货币随经济形势变化而不断发生变化，导致汇率发生变动，所产生的外汇风险可能会给跨国公司造成重大损失。因此，跨国公司首先必须具备很强的国际财务管理能力，能够准确分析和预测各东道国经济形势变化，以及国际市场上汇率变动趋势。

（2）各国经济法规、税率和会计核算制度不同，财务管理难度大。

具有较强财务管理能力的跨国公司，可以利用各东道国在税率或利率上的差别，通过转移价格或内部资金调动获取更大利益。

4. 组织管理、协调能力强

跨国公司规模大、分支机构多，必须有强大的组织管理能力，才能有效地协调世界各地的生产经营活动，保证跨国公司战略目标的顺利实现。与国内企业相比，跨国公司的组织管理不但要考虑产品和职能上的差异，还必须考虑地理区域上的差异。由地理区域差异产生的时间和距离上的障碍，以及语言和文化上的隔阂，极大地增加了组织管理和协调的难度。因此，跨国公司既要根据跨国经营战略设置精练的组织机构，又必须采用现代化的交通和通信设备，最大限度地提高协调全球经营活动的效率。

5. 生产经营活动的多样化程度高

企业的多样化经营活动分为三种类型：一是产品扩展多样化，指企业的业务扩展到与现有产品生产或需求有一定联系的产品领域；二是地域市场扩展多样化，指一处产品的销售扩展到不同地理区域的市场中；三是混合多样化，指企业的业务扩展到与现有产品的生产和需求不相关的产品领域。与国内企业相比，跨国公司除了可以实行产品扩展多样化和混合多样化，更主要的是可以进行地域市场扩展多样化的经营活动。跨国经营实际上就是一种多样化经营活动。各国经济发展通常是不平衡的，企业跨国经营可提高抵御市场风险的能力。当母国经济或某个东道国经济出现不景气现象时，跨国公司可以从其他东道国的业务盈利中获得支持。而且，通过各东道国之间人力、物力和财力有目的地调动，还可以增强跨国公司在某一东道国或地区市场的竞争能力。

1.2.2 跨国公司的类型

1. 按组织形式分类

（1）母公司。

母公司是指一个在国内或国外拥有其他公司的大部分股票的公司。它是在母国政府登记注册的企业法人，负责组织和管理全球范围内的全部生产经营活动。在实行股份有限制的跨国公司中，母公司通常采取拥有子公司股份或股权的形式控制子公司的生产经营活动。

（2）国外子公司。

国外子公司是指由母公司投入全部股份资本，依法在东道国设立的独资企业。它在法律形式上与母公司独立，但其所有权部分或全部属于母公司，生产经营活动间接受控于母公司。国外子公司所在国通常称作东道国。作为独立的经济实体，国外子公司一般拥有自己独立的名称、章程、资产等，并且独立核算、自负盈亏。母公司没有义务为其子公司的亏损承担责任。

（3）国外分公司。

国外分公司是指跨国公司在东道国的分设机构。它的所有权全部属于母公司，不是法人，也没有自己的公司名称和章程，生产经营活动直接受控于母公司。国外分公司实际上只是受母公司委托在东道国从事业务活动的非独立经济实体，它的资产和负债列入母公司的资产负债表，与母公司有连带责任。

（4）避税港公司。

避税港公司，也称作"纸上公司"，是指跨国公司为了获得转移定价、优惠税率等利益，名义上将货物或劳务的法律所有权归于设在避税港的公司。避税港一般具备以下条件：政治和社会稳定；交通和通信便利；银行保密制度严格；对汇出资金不进行限制等。目前世界上重要的避税港有巴哈马、列支敦士登、巴巴多斯、瑞士、百慕大群岛、开曼群岛、直布罗陀等。跨国公司设在避税港的公司一般不从事实质性的生产经营活动，只是根据财务管理需要将利润从高税率国家转移到避税地，获得财务上的利益。

2. 按经营结构分类

（1）横向型跨国公司。

横向型跨国公司是指母公司和各分支机构从事同一种产品的生产和经营活动的公司。

在公司内部,母公司和各分支机构之间在生产经营上专业化分工程度低,生产制造工艺、过程和产品基本相同。母子公司之间在公司内部相互转移生产技术、营销诀窍和商标专利等无形资产,有利于增强各自的竞争优势与公司的整体优势、减少交易成本,从而形成强大的规模经济。横向型跨国公司的特点是地理分布区域广泛,通过在不同的国家和地区设立子公司与分支机构就地生产与销售,以克服东道国的贸易壁垒,巩固和拓展市场。世界上著名的横向型跨国公司有可口可乐、百事可乐、肯德基、麦当劳、雀巢等。

(2) 垂直型跨国公司。

垂直型跨国公司是指母公司和各分支机构之间实行纵向一体化专业分工的公司。纵向一体化有两种含义:一是指组织结构的现存状态,即指单个经营单位向某种产品的生产经营各阶段的延伸程度;二是指行为或行动,即指企业通过纵向兼并或新建设施进入另一生产或经营阶段的行动。垂直型跨国公司把具有前后衔接关系的社会生产活动国际化,母子公司之间的生产经营活动具有显著的投入产出关系。这类公司的特点是全球生产的专业化分工与协作程度高,各个生产经营环节紧密相扣,便于公司按照全球战略发挥各子公司的优势。同时由于专业化分工,每个子公司只负责生产一种或少数几种零部件,有利于实现标准化、大规模生产,获得规模经济效益。

(3) 混合型跨国公司。

混合型跨国公司是指母公司和各分支机构生产和经营互不关联产品的公司。混合型跨国公司是企业在世界范围内实行多样化经营的结果。它将没有联系的各种产品及其相关行业组合起来,加强了生产与资本的集中,规模经济效果明显。同时,跨行业非相关产品的多样化经营能有效地分散经营风险。但由于经营多种业务,业务的复杂性会给企业管理带来不利影响。因此,具有竞争优势的跨国公司并不是向不同行业盲目扩展业务,而是倾向于围绕加强核心业务或产品的竞争优势开展国际多样化经营活动。

3. 按决策中心分类

(1) 民族中心型公司。

民族中心型公司的决策哲学是以本民族为中心,其决策行为主要体现母国与母公司的利益。公司的管理决策高度集中于母公司,对海外子公司采取集权式管理体制。这种管理体制强调公司整体目标的一致性,优点是能充分发挥母公司的中心调整功能,更优化地使用资源,缺点是不利于发挥子公司的自主性与积极性,且东道国往往不太欢迎此种模式。跨国公司发展初期一般采用这种传统的管理体制。

(2) 多元中心型公司。

多元中心型公司的决策哲学是多元与多中心,其决策行为倾向于体现众多东道国与海外子公司的利益,母公司允许子公司根据自己所在国的具体情况独立地确定经营目标与长期发展战略。公司的管理权力较为分散,母公司对子公司采取分权式管理体制。这种管理体制强调的是管理的灵活性与适应性,有利于充分发挥各子公司的积极性和责任感,会受到东道国的欢迎。这种管理体制的不足在于母公司难以统一调配资源,各子公司除自谋发展外,完全失去了利用公司内部网络发展的机会,局限性很大。在跨国公司迅速发展的过程中,东道国在接受外来投资的同时逐渐培养起民族意识,经过多年的积累和发展,大多数跨国公司的管理体制也逐渐从集权和以本民族为中心转变为多元中心型。

(3) 全球中心型公司。

全球中心型公司既不以母公司也不以子公司为中心,其决策哲学是公司的全球利益最大化。相应地,公司采取集权与分权相结合的管理体制,这种管理体制吸取了集权与分权两种管理体制的优点,事关全局的重大决策权和管理权集中在母公司的管理机构,海外子公司可以在母公司的总体经营战略范围内自行制订具体的实施计划,调配和使用资源。这种管理体制的优点是在维护公司全球经营目标的前提下,各子公司在限定范围内有较大的经营自主权,有利于调动子公司的经营主动性和积极性。

4. 按经营项目分类

(1) 资源开发型跨国公司。

资源开发型跨国公司是以获得母国所短缺的各种资源和原材料为目的,对外直接投资主要涉及种植业、采矿业、石油开采业和铁路运输业等领域。这类公司是跨国公司早期积累时经常采用的形式。资本原始积累时期的英、法、荷等老牌殖民国家,其特许公司在19世纪时向美国、加拿大、澳大利亚和新西兰等经济落后但资源丰富的国家进行的直接投资就主要集中在种植业、采矿业和铁路运输业。资源开发型跨国公司至今仍集中在采矿业和石油开采业,如埃克森-美孚公司(Exxon Mobil Corporation)、荷兰皇家壳牌集团(Royal Dutch/Shell Group of Companies)等。

(2) 加工制造型跨国公司。

加工制造型跨国公司主要从事机器设备制造和零配件中间产品的加工业务,以巩固和扩大市场份额为主要目的。这类公司以生产加工为主,进口大量投入品,生产各种消费品供应东道国或附近市场,或者对原材料进行加工后再出口。这类公司主要生产和经营诸如金属制品、钢材、机械及运输设备等产品,随着当地工业化程度的提高,公司经营逐渐涉及资本货物部门和中间产品部门。加工制造型跨国公司是当代一种重要的公司形式,为大多数东道国所欢迎。美国通用汽车公司(General Motors Company)作为世界上最大的汽车制造公司,是制造业跨国公司的典型代表。自从威廉·杜兰特1908年创建美国通用汽车公司以来,通用汽车在全球生产和销售包括别克、雪佛兰、凯迪拉克、GMC、五菱、宝骏和霍顿等一系列品牌车型并提供相关服务。

(3) 服务提供型跨国公司。

服务提供型跨国公司是指向国际市场提供技术、管理、信息、咨询、法律服务及营销技能等无形产品的公司。这类公司包括跨国银行、保险公司、咨询公司、律师事务所及注册会计师事务所等。20世纪80年代以来,随着服务业的迅猛发展,服务业已逐渐成为当今最大的产业部门,服务提供型跨国公司也成为跨国公司的一种重要形式。

1.3 跨国公司的形成与发展

1.3.1 早期跨国公司的兴起

跨国公司不是普遍存在的,而是以社会化大生产和市场经济为特征的社会产物。跨国公司也不是突然出现的,而是在漫长、复杂的经济发展过程中逐渐形成的。跨国公司的形成与发达资本主义国家在19世纪前的海外殖民扩张,以及资本和商品输出有直接关系。跨国公司的出现最早可以追溯到19世纪六七十年代,但现代意义上的跨国公司是在19世纪末出现的。第二次世界大战后跨国公司得到迅速发展。从20世纪70年代开始,发展中国家的跨国公司也开始发展起来。

在工业革命以前,西方资本主义国家进行海外扩张主要基于三种动机:一是通过贸易和金融活动满足国内需求;二是获得新的领土或财富;三是为国内资本输出寻求新渠道。从15世纪开始,旨在发现新大陆的海上探险活动逐渐活跃起来,这些活动促进了早期资本主义国家的经济扩张,揭开了跨国生产经营的序幕。16~17世纪,交通运输工具更加先进,跨国商贸活动的范围扩大,不同国家贸易伙伴之间的关系,由不规范的个人关系转变成更多依赖于正式商业文件的关系。在这一时期,对外直接投资主要有两个目的:一是加强国际贸易活动;二是加强海外殖民统治和进行土地开发。然而在这一时期,与商品贸易相比,对外直接投资微不足道,只有英国和法国有少量的对外直接投资。

工业革命改变了资本主义国家的对外贸易和殖民活动。这些国家中的企业对外投资动机也发生了变化,以促进贸易为主转向更多地为国内工业发展寻找各类资源。工厂制的引进对私人企业的发展和现代公司管理制度的形成,产生了深远的影响。同时,工业革命导致企业之间和企业内部专业分工细化,强化了技术进步、货币资本和管理技能在社会化大生产中的作用。这一切都为跨国经营奠定了物质基础,进而孕育了跨国公司。

英国学者邓宁认为,19世纪有3种对外直接投资对跨国公司的形成产生了直接影响。

1. 私人企业家的对外直接投资

在以公司管理为特征的企业出现以前,在社会生产中占有支配地位的小型企业通常归单个的私人企业家所有和经营。但有些企业的生产经营活动从一开始就以跨国经营为导向。例如,亨利·梅格在智利建立了交通和通信网络,约瑟夫·戴尔于1820年在英格兰建厂生产美国设计的机器。在这一时期,受美国发展前景和优惠投资政策的吸引,欧洲国家的许多商人向美国投资,甚至移民。这些欧洲企业家在美国投入的资本数额并不大,却带去了大量技术和管理经验。尽管当时一些国家特别是英国,把美国视为潜在的工业竞争对手,竭力阻止资本和技术输往美国,但却以失败告终。

2. 金融资本家的资本输出

19世纪时,金融资产的跨国交易与技术或企业家投资没有多大关系。英国是首先进行大规模资本输出的国家,先在拿破仑战争(1803—1815年)之后资助了欧洲大陆各国的重建,接着在19世纪20年代对拉丁美洲进行大规模投资。由欧洲资本资助的海外公司可分为三种类型:一是通过伦敦证券市场筹集资金而成立的独立公司,这类公司除在母国设有一个总部外,生产经营活动遍布其他国家;二是由东道国企业家或管理人员成立的,但是需要国外资本的公司;三是以英国为基础的投资集团,由海外的采矿、制造或服务业企业的股东或企业家组成。这类投资集团大多是由17世纪、18世纪大型贸易集团发展起来的,主要业务是促进英国各类商业和国际贸易活动的发展。

3. 生产性企业的海外扩张

这类企业多数是制造业企业。它们或者先向另外一个国家贸易出口然后投资建厂,或者在母国注册成立公司然后在另外一个国家从事生产经营活动。在多数情况下，这类企业的生产是为东道国当地市场提供商品。在美国早期的企业海外投资中，制造业投资占了很大比重。1804年，两家美国公司在加拿大魁北克建立了造纸厂。在此后的50年中，又有多家美国企业在加拿大建立工厂。1851年，在伦敦举行的世界博览会上，美国产品受到欢迎，但从美国向英国出口产品成本过高，于是美国企业开始通过技术转移或直接投资打入英国市场。19世纪初，欧洲企业也进入美国设立子公司。例如，1801年杜邦公司（Du-Pont Company）是借助法国资本和技术成立的。在19世纪后期，由于关税的提高，促使流入美国的直接投资大幅度增加。

严格意义上来讲，跨国公司是在19世纪70年代至第一次世界大战期间形成的。技术进步和组织结构创新在跨国公司形成中起了十分重要的作用。这一时期以内燃机为动力的新交通工具的使用、通信网络的建设、存储技术的改进、机械产品生产中标准化程度提高引起的规模经济潜力的增加等，对企业经营空间的扩展产生了深远而广泛的影响。

早期跨国公司进行对外直接投资有两个主要动因：一是为了获得新市场；二是为了获得新资源。以资源为目标的直接投资多数流向发展中国家，而以市场为目标的直接投资则基本在欧美工业化国家之间流动。在以市场为目标的对外投资中，不同国家跨国公司投资的行业并不相同。英国跨国公司的对外直接投资集中在加工和消费品行业，欧洲大陆跨国公司侧重于通过化工和电气工程行业开展跨国生产经营活动，美国企业的跨国生产经营活动则以资本密集型的大规模生产和装配为主。至1914年第一次世界大战爆发前，跨国公司越来越多地以在海外设立分支工厂的形式开展对外直接投资活动。而且，在这类投资活动中更多地注重利用生产的纵向或横向一体化的优势，以减少中间产品市场的不确定性。

1.3.2　两次世界大战期间的跨国公司发展

两次世界大战期间，发达国家的对外直接投资总体上停滞不前，数额增加极为有限，而美国对外直接投资的数额和比重却有相当程度的增加。1914年，全世界对外直接投资额为143亿美元，到1938年止增加到263.5亿美元。其中，英国由65亿美元增至105亿美元，仍居世界第一，但其比重已经由原来的45.5%下降到39.6%；美国由26.5亿美元增至73亿美元，其比重由18.5%增至27.7%。1927年，全世界对外直接投资额为172亿美元，美国投资额为75亿美元，仅次于英国而居世界第二。美国的187家制造业大公司在海外的分支机构数额，由1913年的116家增至1919年的180家，到1929年的467家，1939年则达到715家。美国还大举向英国的势力范围扩张。1922年，在加拿大的外国投资中，美国资本已超过英国；在拉丁美洲，美国资本所占比重也已接近英国。同时，美国资本还趁机打入德国，控制那里的汽车、石油、有色金属等行业。通用汽车公司和福特汽车公司向欧洲及其他地区的扩张尤为迅速，美国各大石油公司也大力扩展在世界各地的生产和销售网络。

两次世界大战期间，大部分向外扩张的跨国公司是技术先进的新兴工业，或者是大规模生产消费产品的行业。为了向外扩张，它们往往先在国内进行合并，以壮大实力，加强自己的国际竞争地位。例如，英国的帝国化学工业有限公司①在国际市场上和德国的染料工业利益集团（由8家公司组成）展开了激烈的竞争；英国的维克斯·阿姆斯特朗公司在

---

① 帝国化学工业有限公司，曾是英国最大的化工产品生产企业，2007年被荷兰阿克苏诺贝尔公司收购。

军火、船只、飞机和电气设备方面也大举向国外渗透；英伊石油公司、英荷壳牌公司等大石油公司在 1939 年控制了中东石油生产的 76%，成为美孚石油公司的最大竞争对手。

两次世界大战期间，跨国公司的海外分支机构虽有增长，但对外直接投资的总额到 1930 年才赶上第一次世界大战前的水平。这一时期，跨国公司对外直接投资发展缓慢的原因有 4 个方面。

（1）战争造成投资的损失（尤以德、法两国为最），战争负担重和重建费用高，致使 20 世纪 20 年代的欧洲很多国家由债权国变为债务国，除美国外，对外直接投资确有困难。

（2）1929—1933 年，由于世界性经济危机，各国均实行贸易保护政策，鼓励自给自足，对外资采取了差别待遇甚至排斥态度。

（3）这一时期货币制度紊乱。第一次世界大战后，金本位制陷入崩溃。1922 年在意大利热那亚城召开的世界货币会议上，建议采取金块本位制或金汇兑本位制。但在 1929—1933 年的世界经济危机的沉重打击下，这种建议性措施也难以为继，正常的国际货币秩序不再存在，资本主义各国从其各自利益出发，组成英镑集团、美元集团和法郎集团等。各国纷纷实行外汇管制，以防止资本外流。这就限制了国际资本流动，对外直接投资因此不振，甚至招致相当多的投资从海外流回。

（4）两次世界大战期间，卡特尔制度盛行，分割世界市场，限定产量及销售价格，其控制的范围和程序已从流通领域发展到分割世界产地和投资场所等方面，阻碍了对外直接投资的发展。

1.3.3　第二次世界大战结束后至 20 世纪 80 年代末的跨国公司发展

第二次世界大战结束后，对外直接投资迅猛增加，跨国公司得到很大的发展。这一发展时期可进一步分为三个阶段：第二次世界大战后初期至 1958 年欧洲经济共同体成立为第一阶段；1958 年至 20 世纪 60 年代末为第二阶段；20 世纪 70 年代初至 80 年代末为第三阶段。

1. 第二次世界大战后初期至 1958 年

这一时期最显著的特征是美国公司确立了在世界跨国公司舞台上的霸主地位。在经历了第二次世界大战之后，美国垄断资本利用对手和伙伴被战争削弱的机会，凭借在战争期间迅速增长的政治、经济和军事实力，攫取了资本主义世界的霸主地位，加之战后西欧需要医治战争创伤、恢复经济，这都为美国公司对外直接投资创造了极好的条件。战后 10 年间，美国的对外直接投资迅速增长，其跨国公司亦获得了空前的发展。这一时期，跨国公司几乎是美国公司的代名词。到 1950 年，美国公司对外直接投资额达 118 亿美元，为 1940 年的 170%。1938 年，美国的资本输出只占资本主义世界资本输出总额的 21.8%，到 1958 年，这一比重上升到 50.6%。

从对外直接投资的分布来看，第二次世界大战后 10 年间美国私人公司虽然加速了在西欧的投资，但投资总额仍落后于在加拿大和拉丁美洲的投资。到 1957 年，美国在加拿大的私人直接投资总额为 88 亿美元，在拉丁美洲为 82 亿美元，但在西欧却只有 42 亿美元。

2. 1958 年至 20 世纪 60 年代末

这一时期，跨国公司的对外直接投资迅速发展，美国公司在国际投资方面继续处于支配地位。20 世纪 60 年代是以美国为主的各国跨国公司迅速增加其对外直接投资的重要时期，跨国公司得到了空前的发展。

20 世纪 50 年代以后，一方面，由于美国长期保持巨额贸易顺差，美国与欧洲和日本之间贸易收支的不平衡导致了资本存量的不平衡，最终导致了美国私人公司对外直接投资的迅速发展。另一方面，西欧和日本也迅速恢复了被战争破坏的经济。联邦德国在第二次世界大战结束后的第 6 年（即 1951 年），工业生产就已达到 1938 年的水平，而日本也于 1953 年恢复到第二次世界大战开始前水平。由于西欧和日本经济的恢复和发展，它们的对外直接投资也很快发展起来，跨国公司迅速增加，从而开始动摇美国的霸主地位。表 1-1 反映了 20 世纪 60 年代西方主要发达国家对外直接投资的情况。

表 1-1　20 世纪 60 年代主要发达国家的对外投资额　　（单位：亿美元）

年份	日本	联邦德国	英国	美国
1960	2.89	7.58	119.88	327.65
1961	4.54	9.69	129.12	346.64
1962	5.35	12.40	136.49	371.49
1963	6.79	15.27	146.46	406.86
1964	8.00	18.12	164.16	443.86
1965	9.56	20.76	167.97	493.28
1966	11.83	25.13	175.31	547.11
1967	14.58 (1.3%)	30.15 (2.8%)	175.21 (16.2%)	594.86 (55%)
1968	20.15	35.87	184.79	649.83
1969	26.83	47.75	200.43	710.16
1971	44.80 (2.7%)	72.80 (4.4%)	240.20 (14.5%)	860.00 (52%)

注：括号中的数据表示该年直接投资额占西方主要发达国家对外直接投资总额的比重。

从表 1-1 可见，20 世纪 60 年代前期，美国对外直接投资的年增长率接近 10%，居领先地位。但在 20 世纪 60 年代后期，美国对外直接投资在西方发达国家中的比重略有下降，从 1967 年的 55% 降到 1971 年的 52%，而同一时期联邦德国和日本的地位开始上升，分别由 1967 年的 2.8% 和 1.3% 上升到 1971 年的 4.4% 和 2.7%。

3. 20 世纪 70 年代初至 80 年代末

这一时期是跨国公司对外直接投资向多极化发展的阶段。20 世纪 70 年代以后，西方国家经济状况趋于恶化，美、英等国经济增长缓慢；与此同时，随着石油的两次大幅度涨价,石油输出国经常出现巨额的收支顺差,石油美元作为国际资本输出的一支新生力量而异军突起,发达国家中的联邦德国和日本经济实力加强,其跨国公司继续崛起,而美国跨国公司的地位相对受到削弱。在这一时期,发展中国家的跨国公司也登上国际对外直接投资的舞台,并取得了一定的发展。

从20世纪70年代开始,跨国公司进入多极化发展阶段。可以从两个方面分析这一时期跨国公司对外直接投资的发展情况。

(1)美国公司在世界对外直接投资中的相对地位继续下降,西欧和日本的跨国公司对外直接投资的地位迅速上升。在20世纪70年代,美国的对外直接投资增长比前期迅速。10年间,其对外直接投资额增长了近两倍,即从1970年的755亿美元(累积额)增至1980年的2154亿美元(累积额),平均每年递增11.1%,高于20世纪60年代的9.0%和20世纪50年代的7.0%。同期,西欧和日本对外直接投资的年增长率均达到20%左右。其中联邦德国在1975年的增长率为23.2%,1980年为18.6%;日本在1975年的增长率为25.9%,1980年为18.1%。随着其他国家对外直接投资的迅速增加,美国对外直接投资虽仍领先,但相对地位已大大下降。表1-2反映了经济合作与发展组织的13个成员国在1961—1967年和1974—1979年对外直接投资的比率。

表1-2 经济合作与发展组织主要成员国对外直接投资所占比率(%)

时期	美国	加拿大	日本	澳大利亚	比利时	法国
1961—1967	61.1	2.3	2.4	0.7	0.3	6.9
1974—1979	29.3	6.2	13.0	1.6	2.5	7.8

时期	联邦德国	意大利	荷兰	瑞典	英国	西班牙	挪威
1961—1967	7.2	3.6	4.4	2.0	8.7		
1974—1979	17.0	2.0	9.6	3.7	92	0.6	0.9

资料来源:经济合作与发展组织.国际投资和跨国公司[M].1981.

20世纪70年代后,西欧跨国公司同美国跨国公司相比,不仅数量增加、规模扩大,而且经济实力和竞争能力也迅速加强。它们在资本数量、技术、管理和研究开发等方面同美国跨国公司的差距逐渐缩小。与此同时,日本跨国公司的力量也在加强,从表1-3中可反映出来。

表1-3 全世界最大的100家工业公司所属国变动情况

公司所属国	1957年	1967年	1973年	1980年	1986年
美国	79	69	49	44	43
英国	10	7	7	6	5
联邦德国	7	9	12	11	11
法国	1	2	8	10	7
日本	0	0	11	8	13

资料来源:美国《财富》杂志。

（2）20 世纪 70 年代开始，发展中国家打破了由西方发达国家垄断的对外直接投资领域。长期以来，发展中国家大多是国际投资的输入地，虽然也有资本输出，但数量较少。从 20 世纪 70 年代开始，随着石油大幅度涨价和某些原材料价格上涨，发展中国家扩大了对外经济合作，经济实力得到加强，对外投资获得发展。据美国《财富》杂志统计，1977 年，世界最大的 500 家工业公司中（美国的除外），发展中国家占 33 家。20 世纪 90 年代初，发展中国家的跨国公司共有 963 家，拥有国外分公司、子公司 1964 家，累计直接投资额达 50 亿～100 亿美元，投资分布于 125 个国家和地区，参与直接投资的国家和地区大约有 41 个。科威特是一个对外直接投资较多的国家；巴西、阿根廷、印度和菲律宾在 20 世纪 70 年代后期也有对外直接投资；韩国、新加坡等国随后也加入了这个行列。此外，拉丁美洲的一些国家对外投资亦有较快的发展。

当然，发展中国家跨国公司的经营范围还有限，目前大部分还是区域性的跨国公司。例如，东南亚国家的跨国公司设在国外的分支机构，一半以上在东南亚；拉丁美洲国际企业的海外分公司或子公司，有 75% 在拉丁美洲。发展中国家跨国公司的经济实力总体来看不如发达国家的大型跨国公司，但它毕竟登上了世界经济舞台，有些公司已经开始在一些领域同发达国家的大型跨国公司展开竞争。

1.3.4　20 世纪 90 年代以来的跨国公司发展

20 世纪 90 年代以来，世界经济经历了一场格局、体制、产业结构、贸易和投资布局等方面的深刻变革。随着跨国公司的迅猛发展及经济全球化向纵深推进，世界经济市场化、网络化和自由化趋势已成为不可逆转的潮流。发达国家的资金、技术、管理经验与发展中国家的资源、廉价劳动力和广阔的市场，不断地通过跨国公司的有效运作与经济全球化的进程而最大限度地聚合在一起，从而使跨国公司的发展呈现一些新的动态。

1. 大型跨国公司在国际直接投资中继续占主导地位

世界对外直接投资的年流出总量（从母国流向东道国的外国分支机构或子公司的金融流量值，包括实物资产价值）及与其相应的对外直接投资流入量，近几年来呈稳定增长趋势。目前，跨国公司的境外资产已超过 14.6 万亿美元，销售总额已破 11.4 万亿美元，其中发达国家的大型跨国公司占多数，其 1996 年对外直接投资达 2950 亿美元，占世界对外直接投资总额的 85%。2001 年，最大的十个母国的对外直接投资流出量占世界流出总量的 4/5。世界 100 家大型跨国公司中，95% 以上属于美国、欧洲、日本，这些公司的境外资产占 100 家大型跨国公司境外资产的 90% 以上。

2. 跨国并购成为跨国公司对外直接投资的主要方式

跨国公司对外直接投资的方式主要有绿地投资和对多数股权的兼并收购两种。绿地投资一向是跨国公司在对外直接投资中广泛运用的方式，但进入 20 世纪 90 年代，跨国并购超过绿地投资成为跨国公司对外直接投资的主要方式。1996 年，跨国并购增长幅度和国际直接投资增长幅度分别为 5.5% 和 5.9%，1997 年，这两项指标跃升为 45.2% 和 25.1%，1998 年，跨国并购上升幅度更大，这两项指标分别为 73.9% 和 36.6%。跨国并购增长幅度大比例提高，极大地改变了跨国公司对外直接投资中采用并购方式占对外直接投资总额的比重。在世界对外直接投资中，跨国并购的比重从 1996 年的 40％上升至 1998 年的 73.9％，这说明跨国并购已成为跨国公司对外直接投资的主要方式。

从历史上看，西方国家的企业共发生过五次大的并购浪潮。第一次并购发生在 19 世纪末 20 世纪初。随着工业革命的扩展和深入，社会化大生产对资本规模提出了进一步的要求，西方国家掀起了第一次企业并购浪潮。这次并购的主要特点是横向并购，即资本在同一生产领域或部门集中，追求垄断地位和规模经济是本次并购浪潮的主要动因。在这个时期，美国被并购企业总数达 2654 家，并购的资本总额达 63 亿美元，100 家最大公司的规模增长了 4 倍，并控制了全国工业资本的 40％。企业并购使资本更加集中，为垄断资本的形成奠定了基础。第二次并购浪潮发生在 20 世纪 20 年代，其特点是上、下游关联企业的纵向并购。纵向并购保证了上游企业对下游企业的原材料、半成品的供应，同时增强了并购后企业对市场供给的控制能力。第三次并购发生在 20 世纪 60 年代，主要特征是混合并购。它反映了垄断集团力图染指其他领域，实施多元化经营的战略要求。这次并购产生了大企业多行业经营的市场结构。第四次并购发生在 20 世纪 70 年代后期，当时美国等西方国家通货膨胀严重，实际利率相对降低，而政府又对资本收益加大课税，故通过举债并购使企业变得有利可图，从而引发了被经济学家称为"杠杆并购"的并购浪潮。

上述四次并购浪潮虽各有特点，但有两个共同特点：一是通过企业并购，扩大了企业规模，增强了企业控制市场的能力。二是企业并购浪潮均发生在各国国内，其经济影响也只涉及本国。而发端于 20 世纪 90 年代中期的第五次并购浪潮，是跨国性的企业并购，呈现许多新特征。

(1) 主要集中在大西洋两岸。

1995 年，美国与欧盟的跨国并购买入额占世界比重分别为 31％和 44％，合计为 75％；其跨国并购卖出额占世界比重分别为 27.8％和 39.2％，合计为 67％。1999 年，美国、欧盟的跨国并购买入额占世界比重分别为 18.7％和 65.6％，合计为 84.3％，卖出额占世界比重分别为 37％和 37.7％，合计为 74.7％。

(2) 主要集中在科技密集型产业和服务业。

这次并购浪潮的主流是同一领域的横向并购，主要集中在科技密集型产业和服务业。在 1997 年全球跨国并购的交易额中，第一产业仅占 5.8％，其中 95％是石油天然气公司的并购；第二产业占 37.1％；第三产业却占了 57％，其中 1/3 以上是银行、保险和其他金融服务业。1998 年，全球多数股权的跨国并购总额为 4110 亿美元，银行、保险和其他金融服务业仍名列前茅，占 11.2％，其后依次为电信制造及服务业（9.3％）、制药和化学（9.2％）以及公用事业（7.8％）。

(3) 并购浪潮呈现强强联合趋势。

1995 年，日本东京银行和三菱银行合并成立东京三菱银行，总资产达到 7014 亿美元，一跃成为世界第一的大银行，轰动全世界。1996 年，美国波音公司和麦道公司两大飞机制造业巨头宣布合并，使其获得 65％的世界市场份额。1997 年 9 月，德国两大钢铁公司蒂森公司和克虏伯公司合并为蒂森-克虏伯钢铁公司，公司以其 110 亿马克的营业额和 1500 万吨原钢产量而居扁钢领域欧洲第一、世界第三。1997 年 12 月，瑞士两家最大的银行瑞士联合银行和瑞士银行公司合并为瑞士 UBS 联合银行，资产总额超过 6000 亿美元，成为世界第二大银行。1998 年 12 月，美国埃克森石油公司正式宣布以 722 亿美元并购美国美孚石油公司。

（4）政府态度的转变。

在本次并购浪潮中，各国政府一改过去对大规模企业限制的态度，纷纷对并购采取支持态度。例如，美国放松对电信业的管制，日本着力于简化企业并购手续的法律修改。因而"强强联合"和行业内的横向并购成为本次并购浪潮的主旋律。

3. 国际战略联盟成为跨国公司获取竞争资源的重要途径

20 世纪 90 年代以来，跨国公司的经营环境产生了剧烈的变化，相互之间的竞争日益激烈，许多跨国公司深感仅凭自身所拥有的资源无法实现企业的战略目标，即形成了一个"战略缺口"（Strategic Gap）。"战略缺口"假说是由泰吉和奥兰德等人提出的。由于国际竞争环境的深刻变化对跨国公司的绩效目标造成了巨大的压力，因此，当跨国公司分析竞争环境、评估自身的竞争力和资源时经常发现，在竞争环境要求它们取得的战略绩效目标，与依靠自身资源和能力所能达到的目标之间存在一定的差距，这个差距被称为战略缺口。战略缺口在不同程度上限制了跨国公司走完全依靠自身资源和能力自我发展的道路，而客观上要求它们改变竞争方式，走战略联盟的道路，形成合作竞争的态势。

《1997 年世界投资报告》中提到，跨国公司之间的联盟协议明显增加，从 1990 年的 1760 份增加到 1995 年的 4600 份。预计到 2004 年，企业战略联盟的价值可望达到 25 万亿～40 万亿美元，占全球生产和股市价值的 16%～25%。《1999 年世界投资报告》还特别关注了跨国公司研究与开发合作中的战略联盟，并进行单独统计。跨国公司研究与开发主要集中在高技术领域，尤其是在信息技术、医药、汽车等行业。信息技术领域的研究与开发战略合作表现最为突出，1980 年仅有 50 余件，1990 年上升为 200 余件，到了 1996 年进一步上升为 300 余件，上升幅度是各领域中最快的，这也表现出信息技术在知识经济时代的突出作用。上升幅度比较大的是医药行业，1980 年合作件数不足 50 件，而到了 1996 年则超过 200 件。汽车行业则表现出周期性波动，1980 年为 30 余件，到 1989 年达到近 50 件，随后进入低落、回升过程，1996 年又上升到 40 余件。信息行业和医药行业（尤其是生物制药）是第三次科技革命取得重大突破的行业，其国际合作也较为突出。

4. 跨国公司成为技术创新发动机并呈现研究与开发国际化趋势

20 世纪 90 年代以来，随着经济全球化的迅猛发展，国际竞争日趋激烈，跨国公司技术研究与开发（Research and Development，R&D）机构的组织形式也发生了重要变化。西方发达国家中一些颇具实力的大型跨国公司，为了适应世界市场的复杂性、产品的多样性及不同国家消费者偏好差异性的要求，同时也为了充分利用世界各国拥有的科技资源，降低新技术研发过程中的成本和风险，谋求技术价值链的总体最大收益，在生产国际化水平不断提高的基础上，更加重视在全球范围内进行技术要素的优化配置。研究与开发的国际化趋势在一定程度上推动了世界各国在高技术领域的交流与合作，对世界经济的发展和科学技术的进步都产生了极其重大而深远的影响。

（1）跨国公司研究与开发的国际化表现。

① 跨国公司 R&D 机构的区位出现海外分散化趋势。近年来，跨国公司逐渐将越来越多的 R&D 机构区位配置于海外。根据联合国贸易与发展会议（United Nations Conference on Trade and Development，UNCTAD）统计资料显示，美国的跨国公司海外研发支

出占其研发支出总额的比重从 1994 年的 11.5% 上升到 2002 年的 13.3%，达到 211.5 亿美元。瑞典最大的 20 家跨国公司的海外研发支出所占比重从 1995 年的 22% 猛增到 2003 年的 43%，达到 24.7 亿美元。

② 跨国公司海外机构中从事研究与开发工作的人数比重大幅度提高。1980 年，联邦德国跨国公司的国外制造业工作岗位占其全部工作岗位的 17%，1995 年，这一比例上升到 25%；而在 R&D 部门，这一比例已增至 33%。2002 年，跨国公司在美国的子公司雇用了十几万美国研发人员。

③ 跨国 R&D 战略联盟蓬勃兴起。世界主要跨国公司为了保持和扩大生存和发展空间，纷纷组建不同形式的战略联盟，加强在高新技术研究中的交流和合作，从而推动了跨国公司技术研究与开发日益走向国际化。以美国为例，1982—1993 年，在新材料、信息和生物工程等关键技术领域对外缔结的新技术 R&D 战略联盟达 4500 多个。《1997 年世界投资报告》中有关战略联盟的"世界医药产业公司的联盟"案例也说明了这一趋势：世界医药产业正在形成网络式生物药品寡头集团。20 世纪 80 年代末，世界上最大的十家制药公司（跨国公司）通过兼并、收购和战略联盟而急剧膨胀。例如，格朗索（Glanso）公司有 60 多个 R&D 联盟，其中 50 个是同美国的大学结成的。目前，世界上所有大医药公司都同其他医药或生物技术公司有 R&D 联盟或技术伙伴关系。

(2) 跨国公司研究与开发的国际化方式。

① 设立海外研究与开发机构并与母公司形成网络系统。跨国公司研究与开发国际化的首选方式是直接设立海外研究与开发机构，通常采用如下几种方式。一是跨国公司直接在境外独资或吸收部分国外资金创建全新的研究与开发机构。例如，康宁公司在英国设立实验中心，主要开发适合于当地的医药产品；奥的斯电梯公司在欧洲建立实验中心，主要负责开发适合于欧洲的小型电梯；强生公司在加拿大的研发机构负责改进生产工艺开发新产品；日本住友电器公司在美国成立了东硅谷技术开发公司，利用美国的技术面向美国开发和销售新产品。二是通过本公司对原有的海外子公司或海外的产品维修、测试、售后服务机构进行投资改造，使其转变为跨国公司研究与开发机构。例如，飞利浦公司在不同国家的子公司中，都拥有规模不一的属于子公司自己管理和支配的研究与开发机构。这些子公司研究与开发机构为飞利浦公司成功地开发了立体声彩电、可视电话、智慧卡及程序式文字处理机等高新技术产品。许多跨国公司在积极支持子公司研究与开发机构技术创新的同时，致力于母公司与子公司及各子公司之间的技术一体化发展，形成全球研究与开发网络。例如，日本电气股份有限公司（NEC）、联合利华（Unilever）公司等，母公司在研究与开发的总体战略及技术、资金协调上发挥着管理与控制作用。三是通过收购 50% 以上股权的控股方式兼并海外当地的研究与开发机构。

② 组建世界范围内的产教研联合体。产教研联合体是指跨国公司与国内外高等院校在高新技术创新领域上的合作组织。美国斯坦福大学副校长兼理工学院院长特曼先生就曾经明确指出，一所好的大学不是象牙塔，而应成为一个研究与发展工作的中心。当全球新技术革命和经济一体化潮流滚滚而来时，作为科学家和工程师的摇篮，新思想发源地的高等院校，也被推到了社会经济发展的第一线。跨国公司以契约式研究合作，在高等院校内设立高技术研究机构，与高等院校共同投资建设科学研究园、高技术开发区及科学城等多种形式，进行教学—科研—生产联合，并获得相应的技术和人才。

③ 与其他跨国公司缔结国际战略联盟。开发高精尖技术一般时间长，投入高，也意味着高风险。跨国公司为了某种新产品或新技术，会与相关企业签订联合研究与开发协议，汇集各方的优势，提升开发速度，分担开发费用，降低开发成本与风险，提高研发成功的可能性。

(3) 跨国公司研究与开发国际化的战略目标。

① 建立研究与开发国际分工体系。第二次世界大战后，跨国公司经过几十年的努力，已经在世界范围内建立起自己的营销体系、生产体系，现在正努力建设研发体系。由于研究与开发的国际化滞后于营销和生产的国际化，现在还难以看到完整的研究与开发国际分工体系网络的案例。随着研究与开发国际化的深入发展，国际科技资源将进一步融合，跨国公司必将建立起自己的研究与开发国际分工体系。

② 跨国公司研究与开发国际化是为了跟踪先进技术发展动态。通过在技术领先国开设海外研发机构，或者与技术领先者合资或结成战略联盟，或者干脆收购兼并技术领先者的研究机构，都能达到技术跟踪的目的。许多日本的跨国公司就是这方面的典范。

③ 跨国公司研究与开发国际化的战略目标还在于组织学习。任何一个组织都是在一定的文化背景下运行的。这种文化背景孕育了组织的思维方式和创造力。不同文化背景的组织结合，可以产生超越原组织的创新能力，联合研发为这种技术创新提供了良好的条件。

5. 跨国公司组织结构趋向于网络化发展

20世纪90年代以来，跨国公司掀起了组织结构调整的浪潮，趋向于网络化发展。在企业内部，改革等级森严的层级管理方式，建立富有弹性的网络型组织，以实现信息共享，管理高效；在企业之间建立企业间关系网络，实现网络化经营。

(1) 跨国公司组织向网络化发展的特征。

① 具有明显的战略性。跨国公司管理层认识到，竞争优势的获得不仅要适应不断变化的环境，还要根据环境的变化调查资源分配。公司组织的灵活性和适应性将是在今后的竞争中公司成败的关键。因此，不仅是业绩不好的公司，很多业绩优秀的大公司也在实施大规模的组织结构调整。例如，英荷壳牌石油公司1994年利润达到40亿英镑，当年投资收益率达10.4%，但公司却在1995年对内部组织进行了重大改革，精简伦敦和海牙的总部职能部门，取消了四个洲级地区总公司。

② 组织结构调整的力度大。据统计，美国《幸福》杂志所列全球最大的500家企业，在1990—1995年，平均减少三个管理层。20世纪80年代中期开始，美国通用电气公司（General Electric Company，GE）董事长韦尔奇就致力于减少组织层次。1993年，美国国际商用机器公司（International Business Machines Corporation，IBM）将原有的七级管理层压缩为四级。跨国公司大幅度减少管理层，改变公司内部信息的传递与决策方式，公司组织模式向合作网络型转变。合作网络型组织是指通过庞大的通信系统将众多的部门和雇员联系起来，构成一个互相合作的网络。这种结构彻底改变了原来由上而下的纵向信息传递方式，大大加强了横向联系，使组织更具有弹性和灵活性。

③ 跨国公司组织的外延扩张。跨国公司组织的外延扩张是指跨国公司之间组成网络结构。它一般是由多家公司为达到某一共同目标而组成的集团。集团内部各个成员公司规

模大小不一，在经营目标上也各不相同，且成员间的相互关系也不一样。尽管如此，各个成员公司都在联盟中为达到同一目标而发挥着自己的作用。在这个集团中，几乎所有的公司都通过直接或间接的方式相互关联。

(2) 跨国公司网络化发展的战略目标。

① 提高创新能力。面对复杂、不确定的环境，只有首先形成新思想并付诸实施的组织，才能在竞争中获胜。为组织营造持续创新的气氛，成为组织变革的一个重要课题。网络组织创新的原动力来源于网络组织节点的活性，网络组织中每一个节点都具有决策活性，使其可以在共享其他节点信息与网络组织信息的基础上，依靠自己的能力、知识、经验对信息进行加工，发布新信息，创造新知识。

② 提高适应性和灵活性。外部环境瞬息万变，市场机会稍纵即逝，如何敏锐地捕捉市场机会，直接影响着跨国公司的经营效果。把经营决策权下放到网络中的节点（经营单位），使各节点在捕捉到市场机会后迅速组织各种经营资源，形成相应的经营能力，是取得经营成功的关键。网络组织的节点对流经它的信息进行加工处理，迅速判断并筛选有用信息；通过节点的决策能力确定相应项目，并通过节点的活性组织工作团队，迅速实现组织目标。

③ 提高运作效率。跨国公司以往通常采用事业部制的组织结构。在这种组织结构中，职能和权限的划分是严格按等级结构设计的，组织结构中信息的流动是自上而下或自下而上，流向是固定的。同时，职能和权限也是固定的，组织决策严格按自上而下的顺序进行，下级必须按上级的指令行动。这种严格的信息流向和决策体系妨碍了信息的横向流动，降低了决策速度和效率。如果跨国公司规模庞大，组织的官僚体制弊病表现得就更加明显。因此建立和发展网络组织，减少组织层次，分散决策，增强信息交流，提高组织的运作效率，成为跨国公司组织调整的战略目标。

④ 拓展组织功能。在建立外部网络后，公司进行网络化经营，这种经营与以往独立的个体经营相比，具有更强的经营能力。这种经营能力来自直接的网络效应和间接的网络效应。前者是指在网络中增加一个节点会直接增加其他节点与该节点的交往机会；后者是指在网络的节点都存在附属的小节点，当该节点加入网络后，其附属的小节点可间接加入整个网络的交往。这种网络组织的外部营运能力拓展了跨国公司的组织功能。

(3) 跨国公司组织网络化发展的原因。

跨国公司组织网络化是在信息技术和信息网络的背景下发展起来的。网络经济的本质特征在于它的经济外部性、边际收益递增和联结经济性，与传统经济的外部不经济、边际收益递减和规模经济形成了鲜明的对比。归纳起来，跨国公司组织网络化发展的主要原因有四个方面。

① 企业与外部环境之间的关系发生了变化。传统经济环境下的企业组织和外部环境之间的边界是清晰的，虽然企业和市场可能为了节约交易费用而相互替代，但双方在相当长的时间维度里是相互对立的。这种明确的边界，可帮助企业防范风险并进行未来的战略管理和决策。而在网络经济中，企业组织与外部环境之间不存在明确的边界，正式组织和环境之间的边界是无效的，个人或组织通过网络穿过组织边界与它们的环境相联系，成为最经常、最普遍的现象。这种边界的模糊性使企业到个人之间的任何组织和个体成为社会经济网络的节点，相应地产生出纵横交错的利益关系，从而为组织和个人提供了实现更大

发展的契机。

② 企业中许多工作的特点发生了变化。在网络经济下，适合于层级组织结构管理、需要员工参与的简单重复性工作大幅减少，机器可以完成大部分机械性的重复工作，员工从事的是创造性的工作。企业高层要做的是激发员工的创造性，而不是进行专制化的管理。在这种大环境下，员工更加注重学习，注重节点的接触和信息交流，加强与同事的协作，进行不断的创新。

③ 交易活动的市场环境已经发生变化。在网络经济下，经济活动发生了根本性的变化，其突出表现是经济活动的数字化与网络化。它突破了传统经济活动的空间，进入了媒体世界，出现了与原有实体经济并存的虚拟化经济。传统经济中的以交易经验或代理人共有专业背景为基础的信任关系已大大削弱，经济交易时空范围的无限扩大，使得人际关系更为复杂，交易中的信息对称性要求更加迫切，因而，需要更多地接触信息源和疏通信息渠道。

④ 联结经济是指复数主体相互联结，通过共有要素的多重使用所创造的经济性。联结经济是知识经济、网络社会下出现的新名词，是一种超越工业经济时代的规模经济和范围经济的新经济效应。

1.4 跨国公司现象的理论解释

1.4.1 跨国公司现象的微观理论解释

西方学者对跨国公司的研究是从微观开始的。第二次世界大战结束后，国际直接投资得到前所未有的大发展，在世界经济中的作用不断增强。为从理论上解释国际直接投资，西方学者从不同角度进行了大量探讨和研究，提出了一些有价值的跨国公司理论学说。

1. 垄断优势理论

1960年，美国学者斯蒂芬·海默（Stephen·H. Hymer）在他的博士论文中，对美国1914—1956年对外投资的有关资料进行实证分析，发现对外直接投资与对外证券投资有不同的行为表现。首先，如果说美国公司对外直接投资的原因是海外利润率高于美国，那么这与美国公司从海外大量借款来投资建厂自相矛盾。其次，当时海外有大量资金涌入纽约金融市场，购买美国的各种证券，而美国公司却大量进行对外直接投资，这说明对外直接投资与证券投资的流向是相反的。如果用"利润率"来解释这种现象，则难以自圆其说。最后，当时美国对外直接投资明显集中在汽车、石油、电子、化工等制造业，这说明对外直接投资还有别的动机，并非仅仅追求高利润率。

海默认为，第一，对外直接投资与跨国公司的经营活动有关，而跨国公司的经营活动又比较集中在知识密集型产业。所以，知识密集型产业最容易产生国际直接投资；第二，海默摒弃了传统理论关于完全竞争的假设，主张从不完全竞争即市场不完善出发来研究对外直接投资，任何关于企业国际化经营和对外直接投资的讨论都要涉及垄断问题。

海默认为，垄断优势是企业对外直接投资的根本原因。一个企业之所以要对外直接投资,是因为它拥有比东道国同类企业有利的垄断优势。对外直接投资可期望获得长期收益,不仅要高于国内的最佳投资机会,同时也要高于东道国同类企业的最佳投资机会。企业的垄断优势可以分为两类:一是包括生产技术、管理技术、营销能力等所有无形资产在内的知识资产优势;二是企业凭借巨大规模而产生的规模经济优势。

海默的导师查尔斯·金德尔伯格(Charles·P. Kindleberger)根据垄断优势理论,在《美国企业跨国经营:对外直接投资六讲》一书中,把对外直接投资企业所具有的垄断性优势按其来源分为四类:一是在不完全竞争的产品市场上形成的优势,包括产品差异、营销技术和定价策略等;二是在不完全竞争的生产要素市场上形成的优势,包括获得专利的机会、融资条件的优势及管理技能上的特色;三是由于企业垂直合并等因素所产生的内部或外部的规模生产效益优势;四是由于政府干预特别是对市场进入及产量的限制所造成的企业优势。

海默还指出,跨国公司选择对外直接投资,而不采用产品出口,是由于贸易、关税和运输成本的限制,产品出口在许多情况下不理想。跨国公司以特许转让形式出售其知识产权也不可取,因为缺乏一个完善的市场来交易此类专门知识。导致市场不完善的因素有两个:一是卖者需要保密;二是买者只有在了解知识产权的有关内容后,才能知道它的真实价值。

海默的研究突破了国际资本流动导致对外直接投资的传统理论框架,将跨国公司理论从传统的国际贸易和国际投资理论中独立出来,把跨国公司研究从流通领域转到生产领域,奠定了研究对外直接投资的理论基础。

垄断优势理论也有其局限性:首先,海默沿用静态分析方法,没有阐明跨国公司垄断优势的发展,也没有论述各种市场不完全竞争状态的变动性。其次,海默将主要精力用在对结构市场缺陷的分析上,没有明确界定因交易成本而引起的各种缺陷,因而不能全面把握市场失效的含义。最后,垄断优势理论是技术经济实力雄厚的美国企业对外直接投资实践的产物,不能解释 20 世纪 60 年代以来并无垄断优势的广大发展中国家的一些企业进行对外直接投资的现象。

2. 产品生命周期理论

20 世纪 30 年代,美国经济学家、诺贝尔奖获得者西蒙·库兹涅茨(Simon Kuznets)和美联储前主席阿瑟·伯恩斯(Arthur Burns)提出,工业产品会经历一种有规律的发展周期,即开发期、成长期、成熟期和衰退期四个阶段。1966 年,美国哈佛大学教授雷蒙德·弗农(Raymond Vernon)在《产品周期中的国际投资和国际贸易》一文中,将产品生命周期理论运用于分析国际直接投资活动,提出了产品生命周期理论。他指出,垄断优势理论并没有彻底说明跨国公司为什么需要通过建立海外子公司去占领市场,而不是通过出口产品和转让技术来获取利润的根本原因。

弗农从产品和技术垄断的角度分析了产生对外直接投资的原因,认为产品生命周期的发展规律,决定了企业必须为占领国外市场而进行对外直接投资。弗农把产品生命周期分为创新、成熟和标准化三个阶段。

第一个阶段:产品的创新阶段(New Product Stage)。在开发新产品、采用新技术方面,国内市场容量大、开发与研究资金雄厚的国家通常居于优势地位。处于创新阶段的产品,企业一般选择在国内生产,大部分产品供国内市场,并通过出口贸易的形式满足国际市场的需求。这是因为企业拥有能降低成本的垄断技术,同时产品尚未定型,需要不断改进产品设计、质量、包装等,以更好地适应消费者的偏好。

第二个阶段:产品的成熟阶段(Mature Product Stage)。随着产品的逐渐成熟,市场上对产品的需求量急剧增加,产品的成本优势显得比产品的差异优势更为重要。当在国内生产的边际成本之和大于在国外生产的边际成本时,在国外生产就更为有利;同时,国外出现竞争者,一些外国厂商开始仿制这种产品,创新企业的技术优势出现丧失的危险。为了巩固和扩大市场份额,阻止国外竞争者进入,创新企业就需要到海外设立子公司,在当地进行生产和经营活动。

第三个阶段:产品的标准化阶段(Standardized Product Stage)。产品和技术均已标准化,企业所拥有的垄断优势完全消失,产品的竞争主要表现为价格竞争。生产的相对优势已转移到生产成本较低和劳动密集型经济模式的国家或地区。为了保持竞争优势,企业开始在发展中国家进行直接投资,转让其标准化技术,同时大规模减少或停止在本国生产同类产品,从国外进口所需要的产品。

产品生命周期理论将技术和产品结合起来,运用动态分析的方法,把对外直接投资的原因归结为产品比较优势和竞争条件的变化,同时也解释了投资的流向和时机。基本反映了20世纪五六十年代美国制造业的对外直接投资情况。但是,随着跨国公司对外直接投资的发展,这个理论的局限性也逐渐暴露出来:首先,弗农的理论实际上是产品区位转移的三段模式论:(第一段)母国生产(主要指美国)并出口→(第二段)转移到发达国家投资生产(如西欧),同时母国减少生产和出口→(第三段)转移到发展中国家投资生产,母国停止生产而改为从海外进口。但随着经济全球化的不断深入,产品区位转移三段模式论就显示出了它的理论局限性。很多产品生产并不是由母国扩散到国外的,而是一开始就在国外设计、研制并销售。其次,弗农的理论中关于寻求低廉生产成本地区的观点,不能解释包括发展中国家在内的许多跨国公司,纷纷选择在美国投资的事实。再次,这个理论强调跨国公司由于在母国垄断(或寡占)优势的削弱以至丧失,才转移到国外投资生产。而事实表明,很多跨国公司既在国外大量投资,又仍保持在母国的技术垄断优势。最后,源自美国的对外直接投资已不再如先前般一枝独秀。西欧国家、日本甚至一些新兴发展中国家的跨国公司大量出现,其行为与产品生命周期理论的描述也并不一致。

3. 内部化理论

1976年,英国学者彼得·巴克莱(Peter·J. Buckley)和马克·卡森(Mark·C. Casson)与加拿大学者拉格曼(A. M. Rugman)在《跨国公司的未来》一书中,对传统的对外直接投资理论进行了批评,并从企业形成的角度出发,系统性地提出了跨国企业的内部化理论。

基于罗纳德·哈里·科斯(Ronald·H. Coase)在《企业的性质》一文中提出的市场交易内部化思想,巴克莱和卡森提出了内部化理论。内部化理论的假设前提有三个:一是在不完全竞争的市场条件下,追求利润最大化的厂商经营目标不变;二是当中间产品市场不完全时,促使厂商直接投资建立企业间的内部市场,以替代外部市场;三是企业内部化行为超越国界就形成了跨国公司。与垄断优势理论一样,内部化理论仍以不完全竞争作为假定前提条件，但两者的侧重点不同。首先，海默认为是垄断造成市场的不完全，而内部化理论则把市场的不完全归结为市场机制内在的缺陷，并从中间品的特性与市场机制的矛盾来论证内部化的必要性。其次，在海默等人的理论体系中，垄断引起的市场不完全是跨国化的前提，而内部化理论则正好相反，认为内部化（跨国化）是为了克服市场不完全所造成的困难。最后，海默等人强调技术优势对跨国经营的重要意义，而内部化理论则强调企业管理的重要性。要求不断提高企业协调和管理能力，才能使交易成本最小化和保持跨国经营的优势。

从内部化的动机看，由于市场不完全，企业往往乐于实行市场内部化。但企业实行市场内部化的动机，与产品的性质和相应的市场结构密切相关。在众多的中间产品中，企业对知识产品内部化的动机最强。知识资产在企业内部转让，花费的成本低，既能防止技术优势流失，避免因知识资产出售而可能造成的竞争对手，又能给企业提供运用其特定优势的巨大空间。内部化经营使跨国公司的控制权和支配权在国际上得到扩大，精心选择的内部转让价格成为收入最大化的增值器。内部化经营不仅使各子公司能分享母公司的资产优势，而且整个企业也可获得规模经济效益。利用全球子公司网络开发生产资源和收集市场信息，通过企业内部交流达到生产要素的优化配置。

从企业内部化的条件看，只有当内部化的边际收益大于或等于内部化的边际成本时，内部化才是可行且有效的选择。市场内部化的收益来源于消除外部市场不完全所带来的经济效益，包括统一协调企业各项业务，制造有效的差别价格，消除买方不确定，减轻或消除国际市场不完全，保持公司在全世界范围内的技术优势，避免政府干预等所带来的经济效益。企业因内部化而得到某些利益，但也必须为此付出代价，即增加内部化成本。内部化成本主要包括资源成本、通信成本、国家风险成本和管理成本等。

内部化理论的出现标志着西方对外直接投资理论研究的重要转折。海默、弗农等人的理论是从寡占市场结构的角度，论述了发达国家对外直接投资的动机和决定因素。内部化理论则转向研究各国企业之间的产品交换形式与国际分工、国际生产的组织形式。首先，通过对中间产品市场缺陷的论述，内部化理论将海默的理论进一步延伸，在市场缺陷的讨论中加入了与交易成本相联系的一面（或称自然性市场缺陷）。其次，内部化理论论证了只要内部化的利益超过了外部市场的交易成本和为实现内部化而付出的成本，企业就拥有内部化的优势，就可以实现跨国经营。内部化理论从利益和成本角度解释了国际直接投资的动因，比较适用于分析企业跨国投资和经营。对发展中国家企业的跨国经营也能做一定的解释。再次，内部化理论用动态分析取代静态分析，强调企业优势的内部转移和应用，比较接近实际情况。最后，内部化理论较有力地解释了跨国公司选择对外直接投资、出口贸易或许可证安排等参与国际经济方式的依据。内部化理论还有助于解释第二次世界大战后跨国公司增长速度、发展阶段和盈利变动等。但是，"内部化"一词仍是有待深入解释的概念，在对影响内部化因素的分析中，内部化理论也或多或少地糅合了产品生命周期理论的思想。

4. 国际生产折衷理论

国际生产折衷理论是由英国经济学家约翰·邓宁（John·H. Dunning）1977年在《贸易、经济活动的区位和跨国企业：折衷理论方法探索》一文中提出的。此后，他又多次撰文和进行学术论战,并在 1981 年出版的《国际生产与跨国企业》一书中,全面、系统地阐述了这一理论。

邓宁主张,在研究跨国公司时要引进区位理论,并与俄林的要素禀赋论、海默的垄断优势论、巴克莱和卡森的内部化理论等结合起来,创立折衷的方法和体系。因此,折衷理论的核心在于强调跨国公司从事国际生产要同时受到所有权特定优势、内部化优势和区位优势的影响,对外直接投资是这三项优势整合的结果。邓宁称之为"三优势"模式(OLI Paradigm)。

所有权特定优势(Ownership Advantages)是指一国企业拥有或能够获得的,国外企业所没有或无法获得的资产及其所有权,包括对无形资产的独占和企业经济规模两方面所产生的优势,或者泛指任何能够不断带来未来收益的东西。企业要对外直接投资,必须拥有所有权特定优势,而且这一优势必须足以补偿在国外生产经营的附加成本。

内部化优势(Internalization Advantages)是指跨国公司将其所拥有的资产加以内部化使用而带来的优势。企业在对其所拥有的优势进行跨国性转让时,必然会考虑到内部组织和外部市场两种转让途径,只有当前者所带来的利益大于后者时,对外直接投资才有可能发生。

区位优势(Location Advantages)是指跨国企业在投资区位上所具有的选择优势。也就是说可供投资地区是否在某些方面较国内具有优势,投资区位的选择要受到生产要素和市场的地理分布、生产要素和运输成本、投资环境诸因素的影响。

邓宁认为,跨国公司拥有"三优势"的根本原因是,不流动的国际资源在各国间的非均衡分布和国际市场存在"缺陷"。所有权特定优势和内部化优势是跨国公司对外直接投资的必要条件,而区位优势则是这种投资的充分条件。因此,跨国公司对国际生产方式的选择如表 1-4 所示。

表 1-4 跨国公司对国际生产方式的选择

生产方式	所有权特定优势(O)	内部化优势(I)	区位优势(L)
对外直接投资	√	√	√
出口	√	√	×
非股权安排	√	×	×

注1:"√"表示具备该项优势,"×"表示不具备该项优势。
注2:王林生,1994. 跨国经营理论与实务[M]. 北京:对外贸易教育出版社.

国际生产折衷理论具有较强的解释能力,在西方学术界受到很高的评价,并被许多学者视为跨国公司对外直接投资的"通论"。首先,该理论克服了以往理论仅从一个因素研究对外直接投资的片面性,归纳、吸收了以往各家学说中有用的内容和观点,兼收并蓄,形成了能兼顾各种理论解释需要的一个综合理论。特别是区位优势范畴的引入,回答了许多其他理论未能说明的问题。其次,该理论涵盖了包括对外直接投资、货物贸易和无形资产转让在内的各种跨国生产经营活动。最后,该理论既可以解释发达国家的对外直接投资行为,也可解释发展中国家的对外直接投资行为,确实具有"通论"的特质。但是,也有一些学者认为,该理论的特色在于平庸的折衷和杂烩式的兼容,终究不是一种独辟蹊径的新理论。

1.4.2 跨国公司现象的宏观理论解释

从宏观视角分析跨国公司现象的理论，主要有通货区域优势理论和边际产业扩张理论。通货区域优势理论把对外投资视为一种货币现象，从货币强弱和汇率变化的角度分析了跨国公司的投资行为。边际产业扩张理论提出了应按"边际产业"顺序进行对外直接投资的基本主张。

1. 通货区域优势理论

美国金融学家罗伯特·Z. 阿利伯（Robert·Z. Aliber）在1970年和1971年分别发表的《对外直接投资理论》和《多元通货世界中的跨国企业》两篇论文中，把对外直接投资视为资产在各个通货区域之间流动的一种货币现象，提出了通货区域优势理论。阿利伯认为，由于并不存在一个完全自由的世界货币市场，因而货币市场是不完善的，而是存在若干通货区域。各种货币的地位强弱不同，币值的稳定性也各异。如果一个公司所在国的货币"坚挺"，则这个公司的资产就会在金融市场上获得较高的价格，因此该公司具有货币区域的优势。以不同国家的货币定值的资产，其收益率各异。收益率的差别，既反映了汇率的可预期变化，也反映了对汇率变化不确定的补偿。1973年，布雷顿森林体系虽然瓦解了，但美元仍是国际储备货币，因此美元通货区的跨国公司拥有强币的优势。

根据通货区域优势理论，对外直接投资的流向是与货币优势的变化趋势相吻合的。阿利伯的这一理论解释了第二次世界大战后跨国公司对外直接投资的大致流向：最初是美国跨国公司大量的对外直接投资，紧接着是德、日两国跨国公司对外投资的扩张，在20世纪七八十年代，出现欧洲跨国公司大量进入美国的情况。但是，这一理论难以说明不同货币区域之间的双向投资现象，也难以解释弱币区仍有大量对外直接投资这一事实，更何况随着国际金融市场的一体化，世界通货区日益趋于同质，独立的通货区已不复存在。

2. 边际产业扩张理论

1977年，日本一桥大学教授小岛清在其代表作《对外直接投资论》中，从国际分工原则出发，运用比较优势原理，并根据对日本和美国企业跨国投资经营的考察，系统性地阐述了自己的对外直接投资理论。由于他主张一国应从已经或即将处于比较劣势的所谓"边际产业"开始对外直接投资，并依次进行，故称其理论为"边际产业扩张论"。同时，由于小岛清分析的对象是第二次世界大战后特别是20世纪60年代以来的日本对外直接投资，这一理论又被称为"日本式对外直接投资模式"。

日本对外直接投资的特点是按"边际性生产"的顺序开发利用国外的自然资源，并将劳动密集型生产转移到国外去。这种投资不仅能振兴东道国具有潜在比较优势的产业，而且其产品可以在东道国销售或销往日本和第三国，故为东道国所欢迎。日本与美国的跨国企业对外直接投资的区别主要有以下三方面。

（1）日本的跨国企业将具有比较优势的部门、产业和行业主要集中在国内发展，使产业规模和结构更加合理，通过不断扩大出口来获得比较利益；将处于劣势的部门、产业和行业通过企业的对外投资，到优势更大的国家进行生产经营，维持和促进这些企业的规模和发展。美国跨国企业的对外直接投资则主要是从具有比较优势的产业和行业开始的,而且是建立在贸易替代的基础上,这种模式使美国的出口被对外直接投资所代替,并导致美国出口减少,国际收支逆差加大。日本的投资是"顺贸易导向"的,而美国的投资则大多是"逆贸易导向"的。

(2) 中小企业在日本对外直接投资中占有较大比重,它们不像美国对外投资所造成的技术差距那样大,从而较容易在海外尤其在发展中国家找到立足点,并占领当地市场。

(3) 日本对外直接投资往往采取合资经营方式,而美国的对外直接投资偏好采取独资经营方式。

边际产业扩张理论比较符合日本的国情,以及20世纪六七十年代特定历史条件下日本对外直接投资的实践。这种情况较有说服力地解释了日本企业对外直接投资的动因,也较好地说明了美国出口贸易条件恶化、出口量减少的原因。边际产业扩张理论指出,无论是投资国还是东道国都不需要有垄断市场,企业比较优势的变迁在对外直接投资方面起着决定性的作用。因此,边际产业扩张理论给人们的启迪是,并非拥有垄断优势的企业才能进行跨国经营。边际产业扩张理论无疑是对传统的对外直接投资理论的一次冲击。但是,边际产业扩张理论无法解释发展中国家的对外直接投资,也无法解释20世纪80年代之后日本对外直接投资的实践。20世纪80年代以来,日本对北美发达国家制造业的直接投资迅速增加,且以进口替代型为主,这表明日本与美国企业的对外直接投资模式正在趋同。

1.4.3 发展中国家跨国公司现象的理论解释

党的二十大报告明确指出,"实践没有止境,理论创新也没有止境。"20世纪60年代起,不少发展中国家先后成立跨国公司。到20世纪70年代末,这种新兴的跨国公司已经发展到相当的规模,成为国际经济关系中一个令人瞩目的现象。与此同时,也就有一些经济学家对发展中国家跨国公司现象做了解释。

1. 投资发展阶段理论

为了从动态角度解释各国在国际直接投资中的地位,邓宁实证分析了67个国家在1967—1978年间对外直接投资和经济发展阶段之间的联系,并于20世纪80年代初提出了投资发展阶段理论。投资发展阶段理论是国际生产折衷理论在发展中国家的运用和延伸。

邓宁提出了"净国际直接投资地位"概念,即一个国家的对外直接投资总额减去引进外国的直接投资总额,并根据人均国内生产总值将一国的投资发展划分为四个阶段。

(1) 人均国内生产总值在400美元以下。

处于这一阶段的国家最贫穷,对外资的吸引力很小,也无任何对外直接投资能力,因此净对外直接投资额为负值。

(2) 人均国内生产总值在400~2000美元。

随着基础设施的改善、经济结构的调整和外贸体制的改革,引进外资规模不断扩大,但对外直接投资额仍较少,因此净对外直接投资额仍为负值,且负值有增加的趋势。

(3) 人均国内生产总值为2000~4750美元。

进入这一阶段,该国形成了较强的所有权特定优势,一些拥有知识资产优势的企业开始对外直接投资,且对外直接投资额有可能大幅度上升。但由于拥有区位优势的企业仍在想方设法引进外国直接投资，净对外直接投资额仍为负数。

（4）人均国生产总值在4750美元以上。

这个阶段该国已进入了发达国家行列，拥有强大的所有权特定优势，对外直接投资的增长速度高于引进外国直接投资的增长速度，净对外直接投资额为正值。由此可以看出，一国的经济发展水平决定了本国跨国企业"三优势"的强弱，而三优势的均衡决定了一国的净国际直接投资地位。

投资发展阶段理论将一国的吸引外资及对外直接投资能力与其经济发展水平结合起来，在某种程度上反映了国际投资活动中带有规律性的发展趋势。但是，如果从动态分析的角度出发，就会发现该理论与当代国际投资的实际情况有许多出入之处。人均净对外直接投资额也并非是真正反映一国国际投资地位的代表性指标。

2. 小规模技术理论

美国经济学家刘易斯·威尔士（Louis Wells）于1977年在《发展中国家企业的国际化》一文中提出了小规模技术理论。1983年，威尔士在其专著《第三世界跨国企业》中，对小规模技术理论进行了更详细的论述。

威尔士认为，发展中国家跨国公司的竞争优势主要表现在三方面。

（1）拥有为小市场需要服务的劳动密集型小规模生产技术。

低收入国家商品市场的一个普遍特征是需求量有限，大规模生产技术无法从这种小市场需求中获得规模效益，许多发展中国家正是因为开发了满足小市场需求的生产技术而获得竞争优势。

（2）在国外生产民族产品。

发展中国家对外直接投资，主要是为服务于国外同一种族团体的需要而建立的。根据威尔士的研究，以民族为纽带的对外直接投资在印度、泰国、新加坡、马来西亚等国的直接投资中都占有一定比例。

（3）产品低价营销战略。

与发达国家跨国公司相比，生产成本低、物美价廉是发展中国家跨国公司形成竞争优势的重要原因，也是抢占市场份额的重要武器。

小规模技术理论被西方理论界认为是发展中国家跨国公司研究中的早期代表性成果。威尔士把发展中国家跨国公司竞争优势的产生与这些国家自身的市场特征结合起来，在理论上给后人提供了一个充分的分析空间。对于分析经济落后国家企业在国际化的初期阶段，怎样在国际竞争中争得一席之地是颇有启发的。但从本质上看，小规模技术理论是技术被动论。显然威尔士继承了弗农的产品生命周期理论，认为发展中国家所生产的产品主要是使用"降级技术"生产在西方国家早已成熟的产品。

本 章 小 结

跨国公司是首先在西方经济发达国家产生和发展起来的一种企业实体。1986年，联合国在《跨国公司行动守则草案》中将跨国公司定义为：两个或更多国家的实体所组成的公营、私营或混合所有制企业，无论这些实体的法律形式和活动领域如何；该企业在一个决策体系下运营，以便通过一个或更多决策中心制定协调的政策和共同的战略；该企业中各个实体通过所有权或其他方式结合在一起，从而其中一个或更多的实体能够对其他实体的活动施加有效的影响，特别是与其他实体分享知识、资源和责任。

跨国公司与国内公司相比具有以下重要特征：风险承受能力强；竞争战略灵活多样；财务核算复杂、难度大；组织管理、协调能力强；生产经营活动的多样化程度高。

跨国公司可以按照不同的标准分为不同的类型。按组织形式分有母公司、国外子公司、国外分公司、避税港公司；按经营结构分有横向型、垂直型、混合型；按决策中心分有民族中心型、多元中心型、全球中心型；按经营项目分有资源开发型、加工制造型、服务提供型。

跨国公司的出现最早可以追溯到19世纪六七十年代，在第二次世界大战后得到迅速发展。从20世纪70年代起，发展中国家的跨国公司也开始发展起来。进入20世纪90年代以来，由于跨国公司的迅猛发展及经济全球化向纵深推进，使得跨国公司的发展呈现一些新的动态。

伴随着跨国公司实践的发展，学者们也对跨国公司现象分别从微观、宏观及发展中国家等层面进行了理论解释。微观层面主要有垄断优势理论、产品生命周期理论、内部化理论、国际生产折衷理论。宏观层面主要有通货区域优势理论、边际产业扩张理论。发展中国家对外投资理论主要有投资发展阶段理论、小规模技术理论。

延伸阅读

关 键 术 语

跨国公司　母公司　国外子公司　国外分公司　避税港公司　横向型跨国公司　垂直型跨国公司　混合型跨国公司　民族中心型公司　多元中心型公司　全球中心型公司　所有权特定优势　内部化优势　区位优势　净国际直接投资地位

习　题

一、简答题

1. 跨国公司具有哪些特征和类型？
2. 国外子公司与国外分公司有何区别？
3. 试比较民族中心型公司、多元中心型公司与全球中心型公司的差异。
4. 海默垄断优势理论的主要观点是什么？
5. 小岛清的边际产业扩张理论的主要观点是什么？

二、讨论题

1. 早期的跨国公司是如何产生的？
2. 20世纪90年代以来，跨国公司的发展主要有哪些特点？
3. 试述弗农产品生命周期理论的主要观点，并解释该理论对发展中国家企业对外直接投资的借鉴意义。
4. 内部化理论与内部化优势有何区别？

5. 试述邓宁国际生产折衷理论的主要观点,并分析跨国公司如何选择不同的国际化方式。
6. 分析发展中国家对外直接投资的竞争优势。

分析案例

海尔集团的跨国发展战略

1. 海尔集团海外投资状况

海尔集团从 1995 年起就着手在海外投资建厂。经过洽谈和协商,1996 年 2 月 6 日在印度尼西亚雅加达建立了海尔在海外的第一家以生产电冰箱为主的合资企业——海尔莎保罗(印度尼西亚)有限公司。它标志着海尔集团的国际化迈出了重要的一步。1997 年 6 月,菲律宾海尔 LKG 电器有限公司成立;1997 年 8 月,马来西亚海尔工业(亚细亚)有限公司成立;1997 年 11 月,南斯拉夫海尔空调生产厂成立;1999 年 2 月,海尔中东有限公司成立。海尔国际化的真正重心则是在美国进行投资建厂。这一计划在 1999 年进入战略性的实施与发展阶段,即在波士顿建设设计中心,在纽约建设营销中心,在南卡罗来纳州建设制造中心。

2. 跨国发展战略的成因

由于国内家电行业的迅速发展,市场竞争日益白热化。价格战在家电领域中愈演愈烈。海尔集团作为国内家电知名品牌,在国内市场上占据明显优势,但正是由于有了较高的市场份额,才有了积极向外扩张、发展跨国经营的最好时机与必要条件。

在国际市场上,随着世界经济全球化的发展趋势,每个国家的企业都受到了来自以跨国公司为代表的外部经济力量的竞争与冲击。发达国家及其跨国公司主宰着国际市场的发展,发展中国家的企业能否在国际市场的激烈竞争中分得"一杯羹",是它们努力拓展生存空间的重要出路。海尔集团不甘心仅仅是中国国内的名牌企业,还希望主动打入国际市场,获得国际市场份额。而且,海尔集团还认为,打入国际市场必须发展对外直接投资,在国外特别是在发达国家,建立自己的产品设计、生产和营销的三位一体化网络,从而回避国际市场波动造成的影响和风险。1991 年,海尔首次在国外(阿联酋)注册商标;1992 年 4 月,海尔获得 ISO 9001 质量体系认证,成为中国家电行业第一个通过此项认证的企业。这些都为海尔集团创造国际品牌打下重要基础。

3. 国际化发展过程中的指导方针与实施手段

(1)"先难后易"原则。

发展中国家企业的跨国经营发展模式,通常是先向同类型的发展中国家进行出口或投资,然后再将发展目标逐步转向发达国家。海尔集团一反这一定式,它的策略是:将海外发展的目标定位于"执世界经济发展之牛耳"的发达国家,一旦在发达国家站稳脚跟,进入并占领发展中国家市场便易如反掌。

海尔集团在全面实施国际化战略中,将海外投资的绝大部分力量放在美国。美国是世界上最为复杂、发展难度极大的市场。但海尔集团认为,这里的机遇也是极大的,根据主客观因素,成功的概率也很高。而且在美国的经验具有提纲挈领的重要意义。

(2)"高起点"原则。

海尔集团的国际化还处于初级阶段,同世界 500 强相比,海尔集团还算不上国际化大公司。但是，起步晚不代表起点低。海尔集团在各方面都按照最高的国际标准去做，这就是"高起点"原则。例如，海尔集团要求所有事业部都必须有产品出口。海尔集团认为，国际市场是检验产品质量、检验各事业部各方面工作是否有问题的"试金石"。通过国际市场的信息反馈，可迫使企业改进管理。

(3) "三个1/3"原则。

所谓"三个1/3"原则，是指三个1/3的全球化战略，即在国内销售1/3，在海外市场销售1/3，在境外建厂就地销售1/3。要实现这三个1/3，一是通过产品质量的国际化来实现，实行质量水平全方位与国际接轨；二是通过科研开发的国际化，实现在科研开发上与国际水平保持同步发展。

在质量水平的国际化方面，要使企业在质量保证体系、产品国际认证、检测水平三个方面达到国际标准。1992年，海尔在全国家电行业率先通过ISO 9001认证。

在科研开发的国际化方面，海尔集团的三部曲是：引进技术、消化技术、创新发展。海尔集团的家电产品数量由原来两个冰箱品种发展到目前拥有冰箱、冷柜、空调、洗衣机、微波炉、热水器等众多门类计3 000个规格的产品，在冰箱的大冷冻无氟节能技术、空调的变频技术、洗衣机的洗涤脱水和烘干三合一技术以及美洲搅拌式洗衣机技术方面，都达到了目前国际同行业先进水平。

(4) "复合型人才"的用人原则。

海尔集团在其国际化的过程中，深切感受到人才是企业成败的关键。而企业国际化所急需的人才分为专业型和复合型。专业型人才容易理解，如技术人才、外语人才等。而复合型人才除具有一定的专业技能外，还应具备更为广泛的知识与能力。海尔集团董事局主席、首席执行官张瑞敏认为，要实现海尔集团的国际化战略目标，复合型人才应当具有财务管理、质量管理和市场营销三方面的能力，这三方面的能力构成了复合型人才的三要素，三者若缺一，在处理跨国经营出现的问题时，都不能得心应手。在张瑞敏的号召下，海尔集团已有越来越多的管理者向这方面努力；同时，也有更多的人才被吸引到海尔集团工作。

4. 海外子公司的建设与管理经验

(1) "盈亏平衡点"投资思维。

海尔集团注重海外投资的时机选择，它认为，当产品在国外尚无市场时贸然进行投资的做法是危险的。为了规避投资风险并把成本降低到最低程度，合理的程序应当是：发展出口→售后服务→树立品牌→盈亏平衡点→投资建厂。简而言之，就是先有市场，再建工厂，从而使母公司在投资之前，能对未来投资的目标市场有个清醒的认知和分析。

(2) "合资与控股结合"投资方式。

海尔集团的海外子公司都采取合资的投资方式。张瑞敏认为，兼并现有的国外企业或采用合资的方式，与建设新厂且独资的投资方式相比，既可以节约资金，又避免了一些令投资者头疼的法律事务。因为有些问题可以由当地参股方直接代表子公司与东道国进行交涉，以减少投资风险。张瑞敏始终强调的是，海尔集团必须占大部分股权。如果海尔集团不控股，一旦生产产品的质量或服务出现问题，海尔产品在国际市场上的声誉就会受到影响。

(3) "少而精＋当地化"的人力资源管理方式。

海尔集团从踏出国门之初,就努力朝着管理当地化的方向发展。管理当地化首先就是人力资源的当地化,也就是张瑞敏所说的"融治",即海外企业的管理要融合于当地人才管辖之下。现在,在海尔集团的四个海外分厂中,除菲律宾暂时还留有中方人员外,其余都是由当地人进行管理。即使在菲律宾,也仅有三名中方人员负责全面管理、财务和技术三方面的工作,而这几位派出人员实行当地化的薪金标准,即使难与西方国家管理人员的最高水平相比,但也至少不低于东道国管理人员的平均薪金水平。这就是"少而精"思想的实际贯彻。

(4) 子公司的当地化政策。

海尔集团除向海外子公司输出技术外,在设备投资方面,生产过程所需的原材料,甚至包括产品设计在内,都采取当地化的政策。实行当地化政策,对于减少母公司的资金投入,以及子公司同东道国管理当局建立和谐的关系、调动当地员工的积极性、最终实现海尔"当地化"的发展战略,都具有十分重要的意义。

5. 评论

海尔集团在张瑞敏的带领下,在企业国际化的建设中,具有强烈的超前意识。在东南亚金融危机发生后,国内许多企业在出口受阻和国内市场疲软的形势逼迫下,不得不做出向海外投资的战略转变,而此时海尔集团却早已顺利地完成了企业国际化起步阶段所应做的工作,并全面转入国际化战略发展阶段。这种成功的企业运作,自然应归功于管理者的超前意识。

海尔产品与海尔文化在国外具有广阔的发展前景。衡量企业国际化是否运作得当的标准,是企业产品的竞争力和企业形象是否在国际竞争舞台上树立起来,企业文化是否在海外得以广泛传播。在这些方面,可以说海尔做到了。现在已有不少国际著名跨国公司愿意与海尔合作。比尔·盖茨在1999年3月向中国推出"维纳斯计划"并挑选合作伙伴时,就选中了海尔集团。

海尔集团的国际化经营为中国企业加快海外发展战略提供了十分宝贵的经验。由于国内企业海外直接投资事业仍处于初级阶段,有许多问题需要探索解决。海尔集团跨国经营的历程与经验,不可能适合所有企业,然而海尔人的奋斗精神与发展经验,是十分值得中国的企业家加以学习和借鉴的。

资料来源:http://china-audit.com/lhd_36cg21dk4v721et5igxk_1.html,有改动,2023-06-18。

问题

海尔集团的跨国经营过程带给我们的思考有哪些?请结合本章理论与知识进行简要分析。

延伸阅读

第 2 章
跨国公司运行环境与分析

本章教学要点

掌握跨国运行环境的四个层次：宏观环境、产业环境、微观环境、国际环境的含义及主要构成因素；

熟悉宏观环境的 PEST 分析方法；

熟悉产业环境的五力模型、SCP 模型的分析方法；

熟悉微观环境主要因素的分析内容与要点；

熟悉构成国际环境的三大支柱之一的国际组织的职能与特征。

知识架构

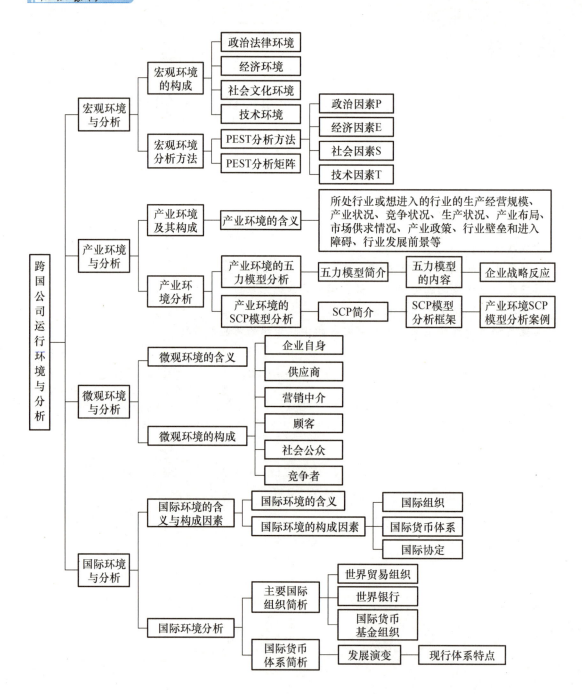

2.1 跨国公司运行的宏观环境与分析

2.1.1 宏观环境的构成

东道国宏观环境，又称为间接环境或客观环境，是指那些在长期和短期内都对所有企业产生程度不同的影响，而企业又基本上对其无能为力的外部因素的总和。构成宏观环境的因素复杂多样，对不同产业发生作用的条件也不相同，这些因素主要包括以下四个方面。

1. 政治法律环境

政治法律环境主要包括一个国家的社会制度，执政党的性质，政府的方针、政策、法令等。不同的国家有着不同的社会性质，不同的社会制度对组织活动有着不同的限制和要求。即使社会制度不变的同一国家，在不同时期，其政府的方针特点、政策倾向对组织活动的态度和影响也是不断变化的。当政治制度与体制、政府对组织所经营业务的态度发生变化时，以及政府发布了对企业经营具有约束力的法律、法规时，企业的经营战略必须随之做出调整。

2. 经济环境

经济环境主要包括宏观和微观两个方面的内容。宏观经济环境主要指一个国家的人口数量及其增长趋势，国民收入、国内生产总值和变化情况及通过这些指标能够反映的国民经济发展水平和发展速度。微观经济环境主要指企业所在地区或所服务地区的消费者的收入水平、消费偏好、储蓄情况、就业程度等因素。这些因素直接决定着企业目前及未来的市场大小。

3. 社会文化环境

社会文化环境包括一个国家或地区居民的教育程度和文化水平、宗教信仰、风俗习惯、审美观点、价值观念等。文化水平会影响居民的需求层次，宗教信仰和风俗习惯会禁止或抵制某些活动的进行，价值观念会影响居民对组织目标、组织活动及组织存在本身的认可与否，审美观点则会影响人们对组织活动内容、活动方式及活动成果的态度。不同的国家之间有人文的差异，不同的民族之间同样有差异，文化对于战略的影响有时是巨大的。

4. 技术环境

技术环境主要是指一个企业所在国家或地区的科学技术发展水平、科技政策、新产品的开发能力及科技发展的新动向等。技术的影响主要体现在新产品、新机器、新工具、新材料和新服务上。技术的进步意味着更高的生产效率、更高的生活水准、更多的休闲时间和更加多样化的产品。在任何一个社会或企业，对于决定生产何种产品或提供何种服务，采用何种设备及如何管理生产等，科技水平都是一个重要的影响因素。

2.1.2 宏观环境分析方法

1. PEST 分析方法

所谓 PEST 分析方法,是对政治(Politics)、经济(Economy)、社会(Society)、技术(Technology)四方面宏观影响因素分析的简称。PEST 分析方法是宏观环境分析经常采用的基本工具。当一个跨国公司需要了解其所处的社会大背景时,一般都会通过这四方面因素的分析来掌握企业所面临的外部环境。

PEST 模型如图 2-1 所示。

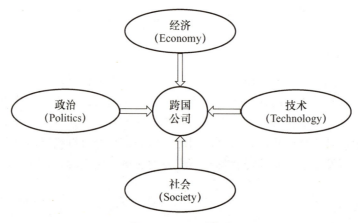

图 2-1 PEST 模型

PEST 分析方法通过对政治、经济、社会和技术四个方面的因素分析,从总体上把握宏观环境,并评价这些因素对企业战略目标和战略制定的影响。进行 PEST 分析需要掌握大量、充分的相关研究资料,并且对所分析的企业有着深刻的认识,否则,这种分析很难进行下去。

(1) 政治(Politics)因素。

这里所讲的"政治因素"包括法律。政治法律环境是和经济环境密不可分的一组因素,处于竞争中的企业必须仔细研究一个政府和商业有关的政策和思路,如研究国家的税法、反垄断法及取消某些管制的趋势,同时了解与企业相关的一些国际贸易规则、知识产权法规、劳动保护和社会保障等。这些相关的法律和政策会影响各个行业的企业运作和利润水平。

重要的政治法律变量有:执政党性质,政治体制,经济体制,政府的管制,税法的改变,各种政治行动委员会,专利数量,专程法的修改,环境保护法,产业政策,投资政策,国防开支水平,政府补贴水平,反垄断法规,与重要大国关系,地区关系,对政府进行抗议活动的数量、严重性及地点,民众参与政治行为等。

(2) 经济(Economy)因素。

由于企业是处于宏观大环境中的微观个体,因此经济环境因素决定和影响着企业战略的制定。

重要的经济变量有:GDP 及其增长率,贷款的可得性,可支配收入水平,居民消费

（储蓄）倾向，利率，通货膨胀率，政府预算赤字，消费水平，失业率，劳动生产率水平，汇率，证券市场状况，外国经济状况，进出口状况，不同地区和消费群体间的收入差别，价格波动，货币与财政政策等。

(3) 社会（Society）因素。

每一个社会都有其核心价值观，它们常常具有高度的持续性，这些价值观和文化传统是历史的沉淀，通过家庭繁衍和社会教育而传播延续，因此具有相当的稳定性，而一些价值观是比较容易改变的。每一种文化都是由许多亚文化组成的，它们由共同语言、共同价值观念体系及共同生活经验或生活环境的群体所构成，不同的群体有不同的社会态度、爱好和行为，从而表现出不同的市场需求和不同的消费行为。

重要的社会文化变量有：妇女生育率，人口结构比例，性别比例，结婚数、离婚数，人口出生率、死亡率，人口移进移出率，社会保障计划，人口预期寿命，人均收入，平均可支配收入，对政府的信任度，对政府的态度，对工作的态度，购买习惯，对道德的关切，储蓄倾向，性别角色，投资倾向，种族平等状况，节育措施状况，平均教育状况，对退休的态度，对质量的态度，对闲暇的态度，对服务的态度，对外国人的态度，污染控制，对能源的节约程度，社会责任，对职业的态度，对权威的态度，城市、城镇和农村的人口变化以及宗教信仰状况等。

(4) 技术（Technology）因素。

在过去的半个世纪里，最迅速、最大的变化发生在技术领域，像微软、惠普、通用电气等高科技公司的崛起改变了人类的生活方式。

重要的技术环境变量，除了要考察与企业活动领域直接相关的技术手段及其发展变化，还应及时了解：国家对科技开发的投资和重点支持领域技术发展动态以及研究开发费用总额，技术转移和技术商品化速度，专利及其保护情况等。

2. PEST 分析矩阵

宏观环境的四方面因素所涉及的变量很多，需要通过系统的数据收集和调查过程才能完成。当把各方面重要的变量数据收集完成后，可以通过列表的方式来进行分析，表 2-1 是一个典型的 PEST 分析矩阵。

表 2-1 PEST 分析矩阵

政治（包括法律）	经济	社会	技术
环保制度	经济增长	收入分布	政府研究开支
税收政策	利率与货币政策	人口统计、人口增长率与年龄分布	产业技术关注
国际贸易章程与限制	政府开支	劳动力与社会流动性	新型发明与技术发展
合同执行法 消费者保护法	失业政策	生活方式变革	技术转让率
劳动法律	征税	职业与休闲态度 企业家精神	技术更新速度与生命周期

续表

政治（包括法律）	经济	社会	技术
政府组织/态度	汇率	教育	能源利用与成本
竞争规则	通货膨胀率	潮流与风尚	信息技术变革
政治稳定性	商业周期的所处阶段	健康意识、社会福利及安全感	互联网的变革
安全规定	消费者信心	生活条件	移动技术变革

拓展视频

2.2 跨国公司运行的产业环境与分析

2.2.1 产业环境与五力模型分析

1. 产业环境的含义与构成

产业环境是指对处于同一产业内的组织发生影响的环境因素。与宏观环境不同的是，产业环境只对处于某一特定产业内的企业及与该产业存在业务关系的企业发生影响。

产业环境包括行业的生产经营规模、产业状况、竞争状况、生产状况、产业布局、市场供求情况、产业政策、行业壁垒和进入障碍、行业发展前景等。

2. 五力模型分析

（1）五力模型简介。

波特五力分析模型（Michael Porter's Five Forces Model，又称波特竞争力模型，简称五力模型）是哈佛大学商学院的迈克尔·波特（Michael Porter）于1979年创立的用于行业分析和商业战略研究的理论模型，对企业战略制定产生了全球性的深远影响。该模型用于竞争战略的分析，可以有效地分析客户的竞争环境。该模型是在产业组织经济学基础上推导出决定行业竞争强度和市场吸引力的五种力量，简称五力。五力分别是：供应商的议价能力、购买者的议价能力、潜在竞争者进入的能力、替代品的替代能力、行业内竞争者的竞争能力。此处的市场吸引力可理解为行业总体利润水平。"缺少吸引力"意味着行业内五力的组合会降低行业整体利润水平；而一个非常缺少吸引力的行业则意味着该行业接近于完全竞争市场，该行业中的厂商利润率趋近于0。

五力模型将大量不同的因素汇集在一个简洁的模型中，以此分析一个行业的基本竞争态势。一种可行战略的提出首先应该包括确认并评价这五种力量，不同力量的特性和重要性因行业和公司的不同而变化,如图2-2所示。

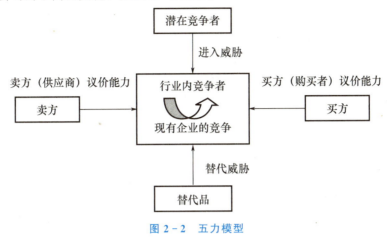

图2-2 五力模型

(2) 五力模型的内容。

① 供应商议价能力。供应商主要通过提高投入要素价格与降低单位价值质量的能力,来影响行业中现有企业的盈利能力与产品竞争力。当供应商所提供的投入要素的价值在买方产品总成本中占有较大比例,对买方产品生产过程非常重要或决定着买方产品的质量时,供应商对于买方的潜在议价能力就大大增强。

一般来说,满足以下条件的供应商企业会具有比较强大的议价能力:第一,供应商为一些具有比较稳固的市场地位而不受市场激烈竞争困扰的企业,其产品的买方很多,以至于单一买方都不可能成为供应商的重要客户;第二,供应商各企业的产品具有一定特色,以至于买方难以转换或转换成本太高,或者很难找到可与供应商企业产品相竞争的替代品;第三,供应商能够方便地实行前向联合或一体化,而买方难以进行后向联合或一体化。

② 购买者议价能力。购买者主要通过压价或要求提供较高的产品或服务质量,来影响行业中现有企业的盈利能力。一般来说,满足以下条件的购买者可能具有较强的议价能力:第一,购买者的总数较少,而每个购买者的购买量较大,占了卖方销售量的很大比例;第二,卖方行业由大量相对来说规模较小的企业所组成;第三,购买者所购买的是一种标准化产品,同时向多个卖方购买产品也完全可行;第四,购买者有能力实现后向一体化,而卖方不可能实现前向一体化。

③ 潜在竞争者进入的能力。新进入者在给行业带来新生产能力、新资源的同时,还希望在已被现有企业瓜分的市场中赢得一席之地,这就会与现有企业发生原材料与市场份额的竞争,最终导致行业中现有企业盈利水平降低,严重的话还有可能危及这些企业的生存。

进入障碍主要内容包括:规模经济、产品差异、资本需要、转换成本、销售渠道开拓、政府行为与政策(如国家综合平衡统一建设的石化企业)、不受规模支配的成本劣势(如商业秘密、产供销关系、学习与经验曲线效应等)、自然资源(如冶金业对矿产的拥有)、地理环境(如造船厂只能建在海滨城市)等方面,其中有些障碍是很难借助复制或仿造的方式来突破的。预期现有企业对进入者的反应,其采取报复行动的可能性大小,有关厂商的财力情况、报复记录、固定资产规模、行业增长速度等。总之，新企业进入一个行业的可能性大小，取决于进入者主观预估进入所能带来的潜在利益、所需花费的代价与所要承担的风险这三者的相对大小情况。

规模经济形成的进入障碍主要表现：第一，企业的某项或几项职能上，如在生产、研究与开发、采购、市场营销等职能上的规模经济；第二，某种或几种经营业务和活动上，如钢铁联合生产中高炉炼铁和炼钢生产中较大的规模经济；第三，联合成本，即企业在生产主导产品的同时能生产副产品，使主导产品成本降低，这就迫使新加入者也必须能生产副产品，不然就会处于不利地位。如钢铁联合生产中，炼焦可产生可利用的煤气，高炉产生的高炉煤气及炉渣都可以利用；第四，纵向联合经营，如从矿山开采、烧结直至轧制成各种钢材实现纵向一体化钢铁生产。这就迫使加入者必须联合进入（这有时是难以做到的）。如果不联合进入，势必在价格上难以承受。

④ 替代品的替代能力。两个处于不同行业的企业，可能因为所生产的产品是互为替代品，从而产生竞争，这种源于替代品的竞争会影响行业中现有企业的竞争战略。第一，现有企业产品售价及获利潜力的提高，将因为存在着能被用户方便接受的替代品而受到限制。第二，由于替代品生产者的侵入，使得现有企业必须提高产品质量，或者通过降低成本来降低售价，或者使其产品具有特色，否则其销量与利润增长的目标就有可能受挫。第三，替代品生产者的竞争强度，受产品买方转换成本高低的影响。总之，替代品价格越低、质量越好、用户转换成本越低，其所能产生的竞争压力就强。而这种来自替代品生产者的竞争压力的强度，可以通过考察替代品销售增长率、替代品厂家生产能力与盈利扩张情况来加以描述。

⑤ 行业内竞争者的竞争能力。大部分行业中的企业，相互之间的利益都是紧密联系在一起的，作为企业整体战略一部分的各企业竞争战略，其目标都在于使自己获得相对于竞争对手的优势，所以，必然会产生冲突和对抗，这些冲突和对抗就构成了现有企业之间的竞争。现有企业之间的竞争常常表现在价格、广告、产品介绍、售后服务等方面。

一般来说，出现以下情况意味着行业中现有企业之间竞争加剧：行业进入障碍较低，势均力敌的竞争对手较多，竞争参与者范围广泛；市场趋于成熟，产品需求增长缓慢；竞争者企图采用降价等手段促销；竞争者提供几乎相同的产品或服务，用户转换成本很低；

拓展视频

一个战略行动如果取得成功，其收入相当可观；行业外部实力强大的企业在收购行业中实力薄弱的企业后，展开竞争，使刚被收购的企业成为市场的主要竞争者；退出障碍较高，即退出竞争要比继续参与竞争代价更高。在这里，退出障碍主要受经济、战略、感情及社会政治关系等方面的影响，具体包括：资产的专用性、退出的固定费用、战略上的相互牵制、情感上的难以接受、政府和社会的各种限制等。

2.2.2　产业环境的 SCP 分析模型

1. SCP 分析模型简介

SCP（Structure-Conduct-Performance，结构-行为-绩效）分析模型，是由美国哈佛大学产业经济学权威乔·贝恩（Joe Bain）、谢勒（Scherer）等人于 20 世纪 30 年代建立的。该模型提供了一个既能深入具体环节,又有系统逻辑体系的市场结构—市场行为—市场绩效的产业分析框架。

SCP 分析模型的基本含义是,市场结构决定企业在市场中的行为,而企业行为又决定市场运行在各个方面的经济绩效。

SCP 分析模型分析在行业或企业受到外部冲击时,可能的战略调整及行为变化。SCP 分析模型从行业结构、企业行为和经营绩效三个角度来分析外部冲击的影响(见图 2-3)。

图 2-3　SCP 分析模型

(1) 外部冲击,主要是指企业外部经济环境、政治、技术、文化、消费习惯等因素的变化。

(2) 行业结构,主要是指外部各种环境的变化对企业所在行业可能产生的影响,包括行业竞争的变化、产品需求的变化、细分市场的变化、营销模型的变化等。

(3) 企业行为,主要是指企业针对外部的冲击和行业结构的变化,有可能采取的应对措施,包括企业方面对相关业务单元的整合、业务的扩张与收缩、营运方式的转变、管理的变革等一系列变动。

(4) 经营绩效,主要是指在外部环境方面发生变化的情况下,企业在经营利润、产品成本、市场份额等方面的变化趋势。

SCP 分析模型在行业分析上的优势在于:有一个更加严格的战略分析过程,而不仅是定性的和描述性的;着重把行为作为取得业绩的关键;有清晰的动态模式来解释如何及为什么业绩随时间而改变。

2. SCP 分析模型框架

(1) 外部冲击。

外部冲击主要指与本行业有关的关键技术获得重大突破,政府政策/管理发生重要改变,国内外环境的关键因素发生重大变化,消费者(需求)的口味或生活方式发生重大转变等。

(2) 行业结构。

行业结构是指特定市场中的企业在数量、份额、规模上的关系。一个特定的市场属于哪种市场结构类型,一般取决于以下要素。

① 交易双方的数目和规模分布。完全竞争市场存在众多的买者和卖者,企业的规模很小以至于不能单独对市场上的价格产生影响,只能是市场价格的接受者。一般情况下,随着交易双方企业数量的减少,双方的规模会相应增大,价格变动的可能性越来越大,到了一定阶段,必然会出现卖方垄断(或买方垄断)。

② 产品差异化。在理想的完全竞争情形下,企业出售的都是同质的产品,只能通过价格进行竞争。在现实世界中,产品之间总是在某些方面存在差异,随着产品差异化程度的增大,不同企业间产品的可替代性变弱,企业获取垄断地位的可能性相应变大。但是,产品差异化所带来的消费者主观上的满足和企业的市场控制力导致的福利损失之间存在一

定的可替代性。

③ 市场份额和市场集中度。特定的市场中，市场份额（某个企业的市场销售份额比重）、市场集中度（少数几个最大规模企业所占的市场份额）与市场结构密切相关。一般而言，市场份额越大、市场集中度越高，少数几个企业的市场支配势力越大，市场的竞争程度越低。

④ 进入壁垒。进入壁垒意味着进入某一特定市场所遇到的各种障碍，主要包括：国家立法、机构政策针对少数特定厂商授予特许经营权所形成的政策性壁垒；在位厂商采取措施抵制新厂商进入而形成的策略性壁垒；因资源分布的区域性导致某地厂商无法取得该资源而不能进入特定行业的资源性壁垒；潜在进入者获取行业核心技术的困难所形成的技术性壁垒；在位厂商的绝对成本优势所构成的成本性壁垒；此外，市场容量、规模经济、消费者偏好也会构成进入壁垒。

（3）企业行为。

企业行为是市场结构、经济绩效的联系纽带，企业通过各种策略对潜在进入者施加压力从而影响市场结构。但在不完全竞争市场中讨论企业行为才有意义，完全竞争市场中企业微弱的市场控制力决定了企业广告、串谋等行为的无效性，企业可以按照市场价格销售任何数量的产品。

企业行为具体包括以下几方面。

① 营销：定价、批量、广告/促销、新产品/研发、分销。
② 产能改变：扩张/收缩、进入/退出、收购/合并/剥离。
③ 纵向整合：前向/后向整合、纵向合资企业、长期合同。
④ 内部效率：成本控制、物流、过程发展、组织效能。

（4）经营绩效。

拓展视频

经营绩效是指在特定市场结构下，通过特定企业行为使某一产业在价格、产量、成本、利润、产品质量、品种及技术进入等方面达到的状态。

经营绩效主要包括以下方面的变量。

① 财务：营利性、价值创造。
② 科技发展。
③ 雇用对象。

2.3　跨国公司运行的微观环境与分析

2.3.1　微观环境的含义及构成

1. 微观环境的含义

微观环境是指与企业紧密相连，直接影响企业营销能力的各种参与者，包括：企业本身、市场营销渠道企业（供应商、中间商）、竞争者及社会公众等，都会从不同角度影响企业跨国运行的成败与效果。

2. 微观环境的构成

（1）企业自身。

企业是组织生产和经营的经济单位，是一个系统组织。企业内部一般设立计划、技术、采购、生产、营销、质检、财务、后勤等部门。企业内部各职能部门的工作及其相互之间的协调关系，直接影响企业的整个营销活动。企业开展营销活动要充分考虑到企业内部的环境力量和因素。

（2）供应商。

供应商是指提供企业生产经营所需的原材料、辅助材料、设备、能源、劳务、资金、商品等资源的供货单位。这些资源的变化直接影响到企业产品的产量、质量及利润，从而影响企业营销计划和营销目标的完成。

（3）营销中介。

营销中介是指为企业营销活动提供各种服务的企业或部门的总称。营销中介的主要功能是帮助企业推广和分销产品。营销中介对企业营销产生直接的、重大的影响，只有通过有关营销中介所提供的服务，企业才能把产品顺利地送达到目标消费者手中。

（4）顾客。

顾客是指使用进入消费领域的最终产品或劳务的消费者和生产者，也是企业营销活动的最终目标市场。顾客对企业营销的影响程度远远超过前述的环境因素。顾客是市场的主体，任何企业的产品和服务，只有得到了顾客的认可，才能赢得这个市场，跨国经营强调把满足顾客需要作为企业跨国经营管理的核心。

（5）社会公众。

社会公众是指与企业营销活动发生关系的各种群体的总称。公众对企业的态度会对企业营销活动产生巨大的影响。所以，企业必须处理好与公众的关系，争取公众的支持，为自己营造和谐、宽松的社会环境。

（6）竞争者。

竞争是商品经济的必然现象。在商品经济条件下，任何企业在目标市场进行经营活动，不可避免地会遇到竞争对手的挑战。

企业竞争对手的状况直接影响企业的营销活动。例如，竞争对手的营销策略及营销活动的变化（产品价格、广告宣传、促销手段的变化），以及产品的开发、销售服务的加强等都将直接对企业造成威胁。为此，企业在制定跨国经营策略前必须先了解竞争对手的经营状况，做到知己知彼，以有效地开展营销活动。

2.3.2 微观环境分析

1. 企业自身分析

在企业内部，营销部门与其他部门之间既有合作也有矛盾。由于各部门工作重点不同，如生产部门关注的是长期生产的定型产品，要求品种规格少、批量大、标准订单、较稳定的质量管理，而营销部门注重的是能适应市场变化、满足目标消费者需求的"短、平、快"产品，要求多品种规格、少批量、个性化订单、特殊的质量管理，二者之间难免产生矛盾。所以，企业在制订营销计划、开展营销活动时，必须协调和处理好各部门之间的矛盾和关系。

2. 供应商分析

（1）供应的及时性和稳定性。

原材料、零部件、能源及机器设备等的保证供应，是企业营销活动顺利进行的前提。例如，棉纺厂不仅需要棉花等原料来进行加工，还需要设备、能源等作为生产手段与要素，任何一个环节在供应上出现了问题，都会导致企业的生产活动无法正常开展。因此，企业要在时间上和连续性上保证得到货源的供应，就必须和供应商保持良好的关系，及时了解和掌握供应商的情况，分析其状况和变化。

（2）供应商的货物价格变动。

供应商的货物价格变动会直接影响企业产品的成本。如果供应商提高原材料价格，必然会带来企业产品成本的上升，生产企业提高产品价格，会影响市场销路；价格不变，又会减少企业的利润。为此，企业必须密切关注和分析供应商的货物价格变动趋势。

（3）供货的质量保证。

供应商能否供应质量有保证的原料直接影响企业产品的质量，进一步影响销售量、利润及企业信誉。例如，劣质葡萄是生产不出优质葡萄酒的。因此，企业必须确认供应商的产品质量，从而保证自己产品质量的稳定。

3. 营销中介分析

（1）中间商。

中间商是指在生产者与消费者之间参与商品交易业务，促使买卖行为发生和实现的具有法人资格的经济组织或个人，主要包括代理商、批发商和零售商三种。中间商对企业营销具有极其重要的影响，它能帮助企业寻找目标顾客，为产品打开销路，为顾客创造地点效用、时间效用和持有效用。一般企业都需要与中间商合作，来完成企业营销目标。因此，企业需要选择适合自己的中间商，与中间商建立良好的合作关系，了解和分析中间商的经营活动，采取激励性措施来推动中间商为企业的营销活动服务。

（2）营销服务机构。

营销服务机构是指在企业营销活动中提供专业服务的机构，包括广告公司、广告媒介经营公司、市场调研公司、营销咨询公司、财务公司等。营销服务机构对企业的营销活动会产生直接的影响，它们的主要任务是协助企业确立市场定位，进行市场推广，提供活动方便。一些大企业会有自己的广告和市场调研部门，但大多数企业会以合同方式委托专业公司来处理有关事务。

（3）物资分销机构。

物资分销机构是指帮助企业进行保管、储存、运输的物流机构，包括仓储公司、运输公司等。物资分销机构的主要任务是协助企业将产品实体运往销售目的地，完成产品空间位置的移动。到达目的地之后，还有一段待售时间，还要协助保管和储存。这些物流机构是否安全、便利、经济，会直接影响企业营销效果。因此，在企业营销活动中，必须了解和研究物资分销机构及其业务变化动态。

(4) 金融机构。

金融机构是指从事金融业有关的金融中介机构，为金融体系的一部分，包括银行、证券、保险、信托、基金等行业。

4. 顾客分析

(1) 顾客的市场类型。

① 消费者市场。消费者市场是指为满足个人或家庭消费需求购买产品或服务的个人和家庭。

② 生产者市场。生产者市场是指为生产其他产品或服务，以赚取利润而购买产品或服务的组织。

③ 中间商市场。中间商市场是指购买产品或服务以转售，从中营利的组织。

④ 政府市场。政府市场是指购买产品或服务，以提供公共服务或把这些产品及服务转让给其他需要的人的政府机构。

⑤ 国际市场。国际市场是指国外购买产品或服务的个人及组织，包括外国消费者、生产商、中间商及政府。

(2) 顾客分析的要求。

上述五类市场的顾客需求各不相同，要求企业以不同的方式提供产品或服务，它们的需求、欲望和偏好直接影响企业营销目标的实现。为此，企业要注重对顾客进行研究，分析顾客的需求规模、需求结构、需求心理及购买特点，这是企业营销活动的起点和前提。

5. 社会公众分析

(1) 金融公众。

金融公众是指影响企业取得资金能力的任何集团，如银行、投资公司等。金融公众对企业的融资能力有重要的影响。

(2) 媒介公众。

媒介公众是指那些刊载和发布各类消息的机构，包括报纸、杂志、电台、电视台等传统媒体机构，以及博客、微信、社交网站等新兴媒体机构。媒介公众掌握传媒工具，有着广泛的社会联系，能直接影响社会舆论对企业的认识和评价。

(3) 政府公众。

政府公众主要指与企业营销活动有关的各级政府机构部门。政府公众所制定的方针、政策对企业营销活动可能是机遇也可能是限制。

(4) 社团公众。

社团公众是指保护消费者权益的组织，如环保组织及其他群众团体等。企业营销活动涉及社会各方面的利益，来自这些社团公众的意见、建议，往往对企业营销决策有着十分重要的影响。

(5) 社区公众。

社区公众是指组织所在地的区域关系对象，包括当地的管理部门、地方团体组织、当地的居民百姓等社区是组织赖以生产发展的基本环境，是组织的根基。发展良好的社区关系目的是争取社区公众对组织的了解、理解和支持，为组织创造一个稳固的生存环境，同时体现组织对社区的责任和义务，通过社区关系扩大组织的区域性影响。

（6）内部公众。

内部公众是指企业内部的所有成员，如企业职工、股东等，企业的营销活动离不开内部公众的支持。企业应处理好与广大员工的关系，调动他们开展市场营销活动的积极性和创造性。

6. 竞争者分析

（1）识别竞争者。

企业参与市场竞争，不仅要了解目标顾客，还要了解竞争对手。从表面上看，识别竞争者是一项非常简单的工作，但是，由于需求的复杂性、层次性、易变性，技术的快速发展和演进，产业的发展使得市场竞争中的企业面临复杂的竞争形势，一个企业可能会被新出现的竞争对手打败，或者由于新技术的出现和需求的变化而被淘汰。企业必须密切关注竞争环境的变化，了解自己的竞争地位及彼此的优劣势，只有知己知彼，方能百战不殆。因此，企业应从不同的角度识别自己的竞争对手，关注竞争形势的变化，以更好地适应和赢得竞争。竞争者可以从不同角度来划分与认识。

① 从行业的角度来看，企业的竞争者有：现有厂商、潜在加入者、替代品厂商。

② 从市场方面来看，企业的竞争者有：品牌竞争者，即同一行业中以相似的价格向相同的顾客提供类似产品或服务的其他企业；行业竞争者，即提供同种或同类产品，但规格、型号、款式不同的企业；需要竞争者，即提供不同种类的产品，但满足和实现消费者同种需要的企业；消费竞争者，即提供不同产品，满足消费者的不同愿望，但目标消费者相同的企业。

③ 从企业所处的竞争地位来看，竞争者的类型有：市场领导者，即在某一行业的产品市场上占有最大市场份额的企业；市场挑战者，即在行业中处于次要地位（第二、第三甚至更低地位）但又具备向市场领导者发动全面或局部攻击的企业；市场追随者，即在行业中居于次要地位，并安于次要地位，在战略上追随市场领导者的企业；市场补缺者，即行业中相对较弱小的一些中、小企业，它们专注于市场上被大企业忽略的某些细小部分，在这些小市场上通过专业化经营来获取最大限度的收益，在大企业的夹缝中求得生存和发展，对满足顾客需求起到拾遗补缺、填补空白的作用。

（2）竞争者分析的内容。

① 确认竞争者的目标。在识别主要竞争者后，企业经营者接着应回答的问题是：每个竞争者在市场上寻求什么？什么是竞争者行动的动力？最初经营者推测，所有的竞争者都追求利润最大化，并以此为出发点采取各种行动。但是，这种假设过于简单。不同的企业对长期利益与短期利益各有侧重。有些竞争者更趋向于获得"满意"的利润而不是"最大利润"。尽管有时通过一些其他的战略可能使他们取得更多利润，但他们有自己的利润目标，只要达到既定目标就满足了。

也就是说，竞争者虽然都关心利润，但他们往往并不把利润作为唯一的或首要的目标。在利润目标的背后，竞争者的目标是一系列目标的组合，对这些目标竞争者各有侧重。所以，企业应该了解竞争者对盈利的可能性、市场占有率的增长、资金流动、技术领先、服务领先和其他目标所给予的重要性权数。企业通过了解竞争者的加权目标组合，进一步了解竞争者的财力状况，以及对各种类型的竞争性攻击会做出什么样的反应等。例如，一个追求低成本领先的竞争者对于他的竞争对手因技术性突破而使成本降低的反应，比对同一位竞争对手增加广告宣传的反应要强烈得多。

企业必须跟踪了解竞争者进入新的产品细分市场的目标。如果发现竞争者开拓了一个新的细分市场，这对企业来说可能是一个发展机遇；如果发现竞争者开始进入本企业经营的细分市场，这意味着企业将面临新的竞争与挑战。企业如果掌握了这些市场竞争动态，就可以在市场竞争中占据主动。

② 确定竞争者的优劣势。竞争者的优劣势可以从几方面进行分析。第一，产品：竞争企业产品在市场上的地位，产品的适销性，以及产品系列的宽度与深度。第二，销售渠道：竞争企业销售渠道的广度与深度，销售渠道的效率与实力，销售渠道的服务能力。第三，市场营销：竞争企业市场营销组合的水平，市场调研与新产品开发的能力，销售队伍的培训与技能。第四，生产与经营：竞争企业的生产规模与生产成本水平，设施与设备的技术先进性与灵活性，专利与专有技术，生产能力的扩展，质量控制与成本控制，区位优势，员工状况，原材料的来源与成本，纵向整合程度。第五，研发能力：竞争企业内部在产品、工艺、基础研究、仿制等方面所具有的研究与开发能力，研究与开发人员的创造性、可靠性、简化能力等方面的素质与技能。第六，资金实力：竞争企业的资金结构，筹资能力，现金流量，资信度，财务比率，财务管理能力。第七，组织：竞争企业组织成员价值观的一致性与目标的明确性，组织结构与企业策略的一致性，组织结构与信息传递的有效性，组织对环境因素变化的适应性与反应程度，组织成员的素质。第八，管理能力：竞争企业管理者的领导素质与激励能力，协调能力，管理者的专业知识，管理决策的灵活性、适应性、前瞻性。

③ 确定竞争者的战略。各企业采取的战略越相似，企业之间的竞争就越激烈。在多数行业中，根据所采取的主要战略不同，可将竞争者划分为不同的战略群体。例如，在美国的主要电气行业中，通用电气公司、惠普公司和施乐公司都提供中等价格的各种电器，因此可将它们划分为同一战略群体。

根据战略群体的划分，可以归纳为两点：一是进入各个战略群体的难易程度不同。一般小型企业适合进入投资和声誉都较低的群体，因为这类群体较容易打入；而实力雄厚的大型企业则可考虑进入竞争性强的群体。二是当企业决定进入某一战略群体时，首先要明确谁是主要的竞争对手，然后决定自己的竞争战略。

除在同一战略群体内存在激烈竞争外，在不同战略群体之间也存在竞争。这是因为：某些战略群体可能具有相同的目标客户；顾客可能分不清不同战略群体的产品区别，如分不清高档货和中档货的区别；属于某个战略群体的企业可能改变战略进入另一个战略群体，如提供高档住宅的企业可能转而开发普通住宅。

2.4　跨国公司运行的国际环境与分析

2.4.1　国际环境的含义与构成因素

1. 国际环境的含义

当企业进行跨国经营时，涉及资源和业务在不同国家之间的流动。母国环境和东道国环境之间及各东道国环境之间的相互作用构成了跨国经营的国际环境。国际环境是指一个国家与世界各有关国家、地区之间在政治、经济、文化、自然、地理方面的相互关系及其国与国之间的交往关系。它体现了国与国之间的相互联系、相互作用、相互制约、相互促进的关系。国际环境包括一系列多样化的政治、法律与经济因素,主要的国际机构、国际货币体系及国际协议等。

2. 国际环境的主要构成因素

(1) 国际组织。

国际组织是指两个以上国家或其政府、人民、民间团体基于特定目的,以一定协议形式建立的各种机构。国际组织是现代国际生活的重要组成部分。

国际组织进一步可分为政府间的国际组织和非政府间的国际组织,也可分为区域性国际组织和全球性国际组织。政府间的国际组织有联合国、欧洲联盟、非洲联盟、东南亚国家联盟(东盟)、世界贸易组织等。非政府间的国际组织有国际足球联合会、国际奥林匹克委员会、国际红十字会等。各种国际组织在当今世界都发挥着重要的作用。

据《国际组织年鉴》统计,20 世纪初,世界有 200 余个国际组织。到 20 世纪 50 年代发展到 1000 余个,20 世纪 70 年代末增至 8200 余个,1990 年约为 2.7 万个,1998 年为 4.8 万余个,21 世纪初超过 5.8 万个。截至 2016 年,世界上有 6.2 万余个国际组织,包括有主权国家参加的政府间国际组织、民间团体成立的非政府国际组织。它们既有全球性的,也有地区性、国家集团性的。

国际组织在条约和宗旨规定范围内,享有参与国际事务活动的独立地位,具有直接承受国际法权利和义务的能力,不受国家权力的管辖。

国际组织在国际活动中的重要作用包括:为成员展开各种层次的对话与合作提供场所,管理全球化所带来的国际社会公共问题,在成员之间分配经济发展的成果和收益,组织国际社会各领域的活动,调停和解决国际政治和经济争端,继续维持国际和平,国际关系民主化的渠道和推进器等。因此,企业跨国经营必须了解国际组织,一方面严格按照国际组织制定的规则运作,另一方面要学会依托与运用国际组织规则来保障自己的权益。

(2) 国际货币体系。

国际货币体系是指各国政府为适应国际贸易与国际结算的需要,对货币在国际范围内发挥世界货币职能所确定的原则、采取的措施和建立的组织形式的总称。

国际货币体系的内容主要包括以下几方面。

① 国际支付原则,包括一国对外支付是否受到限制,一国货币可否自由兑换成支付货币,本国货币与其他国家货币之间的汇率如何确定等。

② 国际收支调节方式,即各国政府用什么方式弥补国际收支缺口。

③ 国际货币或储备资产的确定,即用什么货币作为支付货币,一国政府应持有何种为世界各国所普遍接受的资产作为储备资产。

国际货币体系的目标:保障国际贸易、世界经济的稳定有序地发展,使各国资源得到有效地开发利用。

国际货币体系的作用:建立汇率机制,防止循环的恶性贬值;为国际收支不平衡的调节提供有力手段和解决途径;促进各国的经济政策协调。

(3) 国际协定。

国际协定是指国家间或国家对外活动的组织间,用于解决专门事项或临时性问题而缔结的短期契约性文件、主要文化交流协定、投资与贸易协定、停战协定等。国际协定一般时效性较短,协定缔结的手续较简便,除非双方协定须经批准外,一般签字后即可生效。国际协定是构成企业跨国运行的国际环境的主要组成部分,尤其是国家间签订的多边与双边投资协定、自由贸易协定,是企业跨国经营的重要依据,直接影响着企业的跨国经营活动。

据世界贸易组织统计,截至2022年1月,全球共签署区域贸易协定583个,其中,超过400个协定是1995年后签署的。现在的区域自贸协定不仅包括贸易的自由化,也涵盖投资的自由化;不仅是地理相邻成员之间,跨区域的成员之间也纷纷签署。

2.4.2 国际环境分析

1. 主要国际组织简析

(1) 世界贸易组织。

① 世界贸易组织的简介。

世界贸易组织(World Trade Organization,WTO)(以下简称世贸组织),是一个独立于联合国的永久性国际组织。世贸组织的前身是1947年10月30日签订的关税与贸易总协定;1995年1月1日,世贸组织正式开始运作;1996年1月1日,世贸组织正式取代关税与贸易总协定。截至2020年3月,世贸组织成员共有164个。世界贸易组织成员分四类:发达成员、发展中成员、转轨经济体成员和最不发达成员。成员贸易总额占全球98%,有"经济联合国"之称。

② 世界贸易组织的宗旨。

第一,提高生活水平,保证充分就业和大幅度、稳步提高实际收入和有效需求。

第二,扩大货物和服务的生产与贸易。

第三,坚持走可持续发展之路,各成员方应促进对世界资源的最优利用、保护和维护环境,并以符合不同经济发展水平下各成员方需要的方式,加强采取各种相应的措施。

第四,积极努力确保发展中成员,尤其是最不发达成员在国际贸易增长中获得与其经济发展水平相适应的份额和利益;建立一体化的多边贸易体制。

第五,通过实质性削减关税等措施,建立一个完整的、更具活力的、持久的多边贸易体制。

第六,以开放、平等、互惠的原则,逐步调降各成员方关税与非关税贸易障碍,并消除各成员方在国际贸易上的歧视待遇。

第七,在处理该组织成员之间的贸易和经济事业的关系方面,以提高生活水平、保证充分就业、保障实际收入和有效需求的巨大持续增长,充分利用世界资源及发展商品生产与交换为目的,努力达成互惠互利协议,大幅度削减关税及其他贸易障碍和国际贸易政治中的歧视待遇。

③ 世界贸易组织目标与职能。

世界贸易组织的目标是建立一个完整的,包括货物、服务、与贸易有关的投资及知识产权等内容的、更具活力、更持久的多边贸易体系，使之可以包括关税与贸易总协定贸易自由化的成果，和乌拉圭回合多边贸易谈判的所有成果。

世界贸易组织的主要职能包括以下几方面。

第一，管理职能。世界贸易组织负责对各成员方的贸易政策和法规进行监督和管理，定期评审，以保证其合法性。

第二，组织职能。为实现各项协定和协议的既定目标，世界贸易组织有权组织实施其管辖的各项贸易协定和协议，并积极采取各种有效措施。

第三，协调职能。世界贸易组织协调其与国际货币基金组织和世界银行等国际组织和机构的关系，以保障全球经济决策的一致性和凝聚力。

第四，调节职能。当成员之间发生争执和冲突时，世界贸易组织负责解决。

第五，提供职能。世界贸易组织为其成员提供处理各项协定和协议有关事务的谈判场所，并向发展中国家提供必要的技术援助以帮助其发展。

(2) 世界银行。

① 世界银行简介。

世界银行（World Bank），是世界银行集团的简称，是联合国经营国际金融业务的专门机构，同时也是联合国的一个下属机构。它由国际复兴开发银行、国际开发协会、国际金融公司、多边投资担保机构和国际投资争端解决中心五个成员机构组成，成立于1945年，1946年6月开始营业。

② 世界银行的宗旨。

世界银行的宗旨是向成员方提供贷款和投资，推进国际贸易均衡发展。具体包括以下几个方面。

第一，通过对生产事业的投资，协助成员方经济的复兴与建设，鼓励不发达国家对资源的开发。

第二，通过担保或参加私人贷款及其他私人投资的方式，促进私人对外投资。当成员方不能在合理条件下获得私人资本时，可运用该行自有资本或筹集的资金来补充私人投资的不足。

第三，鼓励国际投资，协助成员方提高生产能力，促进成员方国际贸易的平衡发展和国际收支状况的改善。

第四，在提供贷款保证时，应与其他方面的国际贷款配合。

世界银行在成立之初，主要是资助西欧国家恢复被战争破坏的经济。1948年后，欧洲各国主要依赖美国的"马歇尔计划"来恢复战后的经济，于是世界银行转向为发展中国家提供中长期贷款与投资，促进发展中国家经济和社会发展。作为世界上提供发展援助最多的机构之一，世界银行支持发展中国家政府建造学校和医院、供水供电、防病治病和保护环境的各项努力。

③ 世界银行的主要目标。

世界银行向发展中国家提供中长期贷款和技术协助，帮助这些国家实现它们的反贫困政策。世界银行的贷款被用在非常广泛的领域中，从对医疗和教育系统的改革到诸如堤坝、公路和国家公园等环境和基础设施的建设。除财政帮助外，世界银行还在所有的经济发展方面提供顾问和技术协助。1996年詹姆斯·沃尔芬森担任总裁以来，世界银行将其重点集中在反贪污运动上。有人认为这个做法违反了世界银行协议第十节第十款中规定的"非政治性"。

目前,世界银行开始放弃它一直追求的经济发展而更加集中于减轻贫穷。它也开始更重视支持小型地区性的企业,意识到干净的水、教育和可持续发展对经济发展是非常关键的,并开始在这些项目中投巨资。作为对批评的反应,世界银行采纳了许多环境和社会保护政策,保证其项目在受贷国内不造成对当地人或人群的损害。虽然如此,非政府组织依然经常谴责世界银行集团的项目带来环境和社会的破坏,以及未达到它们原来的目的。

世界银行为全世界设定了到2030年要实现的两大目标:终结极度贫困,将日均生活费低于1.25美元的人口比例降低到3%以下;促进共享繁荣,促进每个国家底层40%人口的收入增长。

(3) 国际货币基金组织。

① 国际货币基金组织简介。

国际货币基金组织(International Monetary Fund,IMF),与世界银行并列为世界两大金融机构之一,是根据1944年7月在布雷顿森林会议签订的《国际货币基金组织协定》,于1945年12月27日在华盛顿成立的。其职责是监察货币汇率和各国贸易情况,提供技术和资金协助,确保全球金融制度运作正常。特别提款权(Special Drawing Right,SDR)是国际货币基金组织创设的一种储备资产和记账单位,亦称"纸黄金(Paper Gold)"。它是国际货币基金组织分配给成员国的一种使用资金的权利。

国际货币基金组织目前有190个成员,致力于促进全球金融合作、加强金融稳定、推动国际贸易、协助国家提高就业率和可持续发展。联合国会员中,朝鲜、列支敦士登、古巴、安道尔、摩纳哥不是国际货币基金组织成员,非联合国会员科索沃是国际货币基金组织成员。

中国是国际货币基金组织创始国之一,1980年4月17日,国际货币基金组织正式恢复中国的代表权。当时中国在该组织中的份额为80.901亿美元特别提款权,占总份额的4%(数据来源于2012年6月19日IMF官网公布数据)。2010年11月6日,国际货币基金组织执行董事会通过改革方案,中国份额占比计划从4%升至6.39%。中国自1980年恢复在国际货币基金组织的代表权后,单独组成一个选区并指派一名执行董事。1991年,该组织在北京设立常驻代表处。

② 国际货币基金组织的宗旨。

第一,通过一个常设机构来促进国际货币合作,为国际货币问题的磋商和协作提供方法。

第二,通过国际贸易的扩大和平衡发展,把促进和保持成员的就业、生产资源的发展、实际收入的高低水平,作为经济政策的首要目标。

第三,稳定国际汇率,在成员之间保持有秩序的汇价安排,避免竞争性的汇价贬值。

第四,协助成员建立经常性交易的多边支付制度,消除妨碍世界贸易的外汇管制。

第五,在有适当保证的条件下,国际货币基金组织向成员临时提供普通资金,使其有信心利用此机会纠正国际收支的失调,而不采取危害本国或国际繁荣的措施。

第六,按照以上目的,缩短成员国际收支不平衡的时间,减轻不平衡的程度等。

③ 国际货币基金组织的主要职能。

第一，制定成员间的汇率政策和经营项目的支付及货币兑换性方面的规则，并进行监督。

第二，对发生国际收支困难的成员，在必要时提供紧急资金融通，避免其他成员受其影响。

第三，为成员提供有关国际货币合作与协商等会议场所。

第四，促进国际上的金融与货币领域的合作。

第五，促进国际经济一体化的步伐。

第六，维护国际汇率秩序。

第七，协助成员之间建立经常性多边支付体系等。

国际货币基金组织的使命，是为陷入严重经济困境的成员提供协助。对于严重财政赤字的成员，国际货币基金组织会提供资金援助，甚至协助管理国家财政，受援助国需要进行改革。

2. 国际货币体系简析

（1）国际货币体系的发展演变。

① 国际金本位制度阶段（1880—1914）。

国际金本位制度是以黄金作为国际储备货币或国际本位货币的国际货币制度。它是国际货币体系历史上的第一个国际货币制度，大约形成于1880年年末，到第一次世界大战爆发时结束。

第一，国际金本位制度的实施条件：自由铸造、自由兑换、自由输出入。

第二，国际金本位制度的主要特点：黄金充当国际货币；各国货币的汇率由其货币含金量决定；国际金本位制度有自动调节国际收支的机制。

第三，国际金本位制度的优势：这是一种较为稳定的货币制度，表现为该体系下各国货币之间的比价、黄金及其他代表黄金流通的铸币和银行券之间的比价，以及各国物价水平相对稳定，因而对汇率稳定、国际贸易、国际资本流动和各国经济发展起了积极作用。

第四，国际金本位制度的劣势：货币制度过于依赖黄金，而现实中黄金产量的增长远远无法满足世界经济贸易增长对黄金的需求。简言之，黄金不够用了。再加上各国经济实力的巨大差距造成黄金储备分布的极端不平衡，于是银行券的发行日益增多，黄金的兑换日益困难。随着第一次世界大战的爆发，各国便中止黄金输出，停止银行券和黄金的自由兑换，国际金本位制度从而宣告解体。

② 虚金本位制阶段（1918—1939）。

虚金本位制又称"金汇兑本位制（Gold Exchange Standard）"是指银行券在国内不能兑换黄金和金币，只能兑换外汇的金本位制。实行这种制度的国家须把本国货币同另一金本位制国家的货币固定比价，并在该国存放外汇准备金，通过无限制供应外汇来维持本国币值的稳定。这种制度是1922年在意大利热那亚召开的国际货币金融会议上确定的，盛行于第一次世界大战结束到20世纪30年代经济大萧条开始这一阶段。

第一，虚金本位制度的基本内容：黄金依旧是国际货币体系的基础，各国纸币仍规定有含金量，代替黄金执行流通、清算和支付手段的职能；本国货币与黄金直接挂钩，或者通过另一种同黄金挂钩的货币与黄金间接挂钩，与黄金直接或间接保持固定的比价；间接挂钩的条件下，本国货币只能兑换外汇来获取黄金，而不能直接兑换黄金；黄金只有在最后关头才能充当支付手段，以维持汇率稳定。

第二，虚金本位制度的优势与劣势：节约了黄金的使用，弥补了金本位中黄金量不足的劣势。但世界贸易发展中的黄金需求和黄金产量之间的缺口仍然存在，尤其是在汇率频繁波动时，用黄金干预外汇市场来维系固定比价显得力不从心。因此，在1929—1933年世界经济大危机时，虚金本位制瓦解。

③ 混乱阶段（20世纪30年代到第二次世界大战爆发前）。

从20世纪30年代到第二次世界大战爆发前，国际贸易体系进入了长达十几年的混乱时期，其间形成了以英、美、法三大国为中心的三个货币集团（英镑集团、美元集团、法郎集团）。三大集团以各自国家的货币作为储备货币和国际清偿力的主要来源，同时展开了在世界范围内争夺国际货币金融主导权的斗争，这种局面一直持续到第二次世界大战结束。

④ 布雷顿森林体系阶段（1944—1973）。

布雷顿森林体系（Bretton Woods system）是指第二次世界大战后以美元为中心的国际货币体系。1944年7月，西方主要国家的代表在联合国国际货币金融会议上确立了该体系。因为此次会议是在美国新罕布什尔州布雷顿森林举行的，所以称之为"布雷顿森林体系"。关税与贸易总协定作为1944年布雷顿森林会议的补充，连同布雷顿森林会议通过的各项协定，统称为"布雷顿森林体系"，即以外汇自由化、资本自由化和贸易自由化为主要内容的多边经济制度，构成资本主义集团的核心内容。

第一，布雷顿森林体系的主要内容：确立了美元与黄金挂钩、各国货币与美元挂钩并建立固定比价关系的、以美元为中心的国际金汇兑本位制；建立永久性国际货币金融机构——国际货币基金组织；规定了美元的发行和兑换方式；确定固定汇率制；提出了资金融通方案。

第二，布雷顿森林体系运转的三个基本条件：美国国际收支必须顺差，美元对外价值才能稳定；美国的黄金储备充足；黄金必须维持在官价水平。这三个条件实际上不可能同时具备，这说明布雷顿森林体系存在不可解决的内在矛盾，即"特里芬难题"，这是美国经济学家罗伯特·特里芬在其著作《黄金与美元危机—自由兑换的未来》一书中所提出的概念。

第三，布雷顿森林体系的优势：暂时结束了第二次世界大战（以下简称二战）前货币金融领域里的混乱局面，维持了二战后世界货币体系的正常运转；促进各国国内经济的发展；在相对稳定的情况下扩大了世界贸易；国际货币基金组织和世界银行的活动对世界经济的恢复和发展起到一定的积极作用；有助于生产和资本的国际化。

第四，布雷顿森林体系的劣势：由于资本主义发展的不平衡性，主要资本主义国家经济实力对比一再发生变化，以美元为中心的国际货币制度本身固有的矛盾和缺陷日益暴露。

一是金汇兑制本身的缺陷。美元与黄金挂钩，享有特殊地位，加强了美国对世界经济的影响。其一，美国通过发行纸币而不动用黄金进行对外支付和资本输出，有利于美国的对外扩张和掠夺。其二，美国承担了维持金汇兑平价的责任。当人们对美元充分信任，美元相对短缺时，这种金汇兑平价可以维持；当人们对美元产生信任危机，美元拥有太多，要求兑换黄金时，美元与黄金的固定平价就难以维持。

二是储备制度不稳定。这种制度无法提供一种数量充足、币值坚挺、可以为各国接受的储备货币，以使国际储备的增长能够适应国际贸易与世界经济发展的需要。1960年，美国耶鲁大学教授特里芬在其著作《黄金与美元危机》中指出：布雷顿森林制度以一国货币作为主要国际储备货币，在黄金生产停滞的情况下，国际储备的供应完全取决于美国的国际收支状况：美国的国际收支保持顺差，国际储备资产不敷国际贸易发展的需要；美国的国际收支保持逆差，国际储备资产过剩，美元发生危机，危及国际货币制度。这种难以解决的内在矛盾，国际经济学界称之为"特里芬难题"，它决定了布雷顿森林体系的不稳定性。

三是国际收支调节机制的缺陷。该制度规定汇率浮动幅度需保持在1‰以内，汇率缺乏弹性，限制了汇率对国际收支的调节作用。这种制度着重于国内政策的单方面调节。

四是内外平衡难统一。在固定汇率制度下，各国不能利用汇率杠杆来调节国际收支，只能采取有损于国内经济目标实现的经济政策或采取管制措施，以牺牲内部平衡来换取外部平衡。当美国国际收支逆差、美元汇率下跌时，根据固定汇率原则，其他国家应干预外汇市场，这一行为导致和加剧了这些国家的通货膨胀；若这些国家不加干预，就会遭受美元储备资产贬值的损失。

⑤ 牙买加体系（1976年至今）。

布雷顿森林体系瓦解后，国际货币基金组织1976年在牙买加首都金斯敦通过《牙买加协定》，确认了浮动汇率制的合法性，继续维持全球多边自由支付原则。虽然美元的国际本位和国际储备货币地位遭到削弱，但其在国际货币体系中的领导地位和国际储备货币职能仍得以延续，国际货币基金组织的组织机构和职能也得以续存。但是国际货币体系的五个基本内容所决定的布雷顿森林体系下的准则与规范却支离破碎。因此，现存国际货币体系被人们戏称为"无体系的体系"，规则弱化导致矛盾重重。特别是经济全球化引发的金融市场全球化趋势在20世纪90年代进一步加强时，该体系所固有的矛盾日益凸显。

第一，牙买加体系的主要内容：黄金非货币化，黄金与各国货币彻底脱钩，不再是汇价的基础；国际储备多元化，美元、欧元、英镑、日元、黄金、特别提款权等；浮动汇率制合法化，单独浮动、联合浮动、盯住浮动、管理浮动；货币调节机制多样化，汇率调节、利率调节、国际货币基金组织干预和贷款调节。

第二，牙买加体系的优势：国际储备多元化，摆脱了对单一货币的依赖，货币供应和使用更加方便灵活，并解决了"特里芬难题"；浮动汇率制在灵敏反应各国经济动态的基础上是相对经济的调节；货币调节机制多样化，各种调节机制相互补充，避免了布雷顿森林体系下调节失灵的尴尬。

第三，牙买加体系的劣势：国际储备多元化使国际货币格局不稳定、管理调节复杂性强、难度高；浮动汇率制加剧了国际金融市场和体系的动荡与混乱，套汇、套利等短线投机活动泛滥，先后引发多次金融危机。汇率变化难以预测也不利于国际贸易和投资；调解机制多样化不能从根本上改变国际收支失衡的矛盾。亚洲金融危机时，国际货币基金组织的几次干预失败就是例证。

（2）现行国际货币体系的特点。

现行国际货币体系即牙买加体系。在布雷顿森林体系解体后，各国相继实施了自由化的经济政策和浮动汇率,直接加速了资本的跨境流动并推动了金融全球化的进程。金融资本在高速的流动中迅速增值与膨胀,并部分表现出与现实的脱离。而美国则凭借美元在货币金字塔中的顶端位置,成为"唯一完全可以根据国内目标(就业、外贸出口),而无论美元汇率的浮动情况如何来推行某种国内政策的国家",因此,与以美元为中心的国际货币体系相联系的国际收支不平衡,也一直伴随着世界经济的发展,资本的全球化与地区经济发展的差异,也使得全球区域经济协调与合作取得了突飞猛进的发展,从而使得金融全球化、金融资本与现实的脱离、汇率不稳定、以美元为中心与国际收支不平衡、区域货币合作成为这一时期国际货币体系的显著特征。

① 资本的跨国流动与金融全球化。

资本的逐利本性是实现资本全球扩张的动力,而浮动汇率制的实施及与之伴随的西方各国金融自由化政策,则进一步推动了金融资本的全球化。

第一,金融全球化首先表现为资本跨国流动的规模快速扩张。伴随着金融自由化和金融管制的放松,资本流动规模快速扩张,流动速度显著提高,流动方向也出现巨大调整,逐渐由从发达国家流向发展中国家改为在发达国家之间的流动,资本流动无论是绝对规模还是相对规模都超过以往,尤其是短期资本的流动成为这一时期资本流动的一个重要形式。美国则逐渐由资本输出国转变为资本输入国,在资本的跨国流动中,美国凭借发达的资本市场为本国的公共赤字和个人赤字提供融资。

第二,资本的跨国流动引起了各个国家金融市场的逐渐统一。这种市场的统一,一方面表现为作为资本价格的利率波动,不同国家的金融市场逐渐呈现出明显的联动性,西方主要国家央行的决策具有显著的相关性,主要国家利率的每一次调整都会引起其他国家的快速响应,不同国家的利率差距缩小。另一方面也表现为金融监管、金融制度等交易规则的逐渐趋同,即金融资本"逐渐在相同的游戏规则下,采用相同的金融工具,在全球范围内选择投资者和筹资者"。

第三,金融全球化具有明显的等级之分。在金融市场逐渐统一、利率联动性加强、金融制度逐渐趋同的过程中,哪个国家的利率变动在整个国际金融市场中具有主导作用,采用谁的金融制度和"游戏规则",也使得金融全球化有了等级之分。美国的金融体系相对于其他国家的金融体系是处于领导地位的,这是由美元的地位及美国债券和股票市场的规模所决定的。金融全球化并没有否定各国之间的竞争和发展不平衡,20世纪90年代后新兴市场国家加入金融全球化的进程,既标志着金融全球化的范围得以扩大,也标志着在一定程度上加深了各国之间的竞争与发展不平衡。尽管人们对于全球化是否会发生逆转还没有形成共识,但技术进步和互联网革命已经将再次爆发20世纪30年代大危机的可能性降低。两次全球化大潮的涨落带来了19世纪以英国霸权为主导的国际经济秩序和20世纪以美国霸权为基础的国际经济秩序的重大变化,表现为国际经济秩序更迭下由扩张走向停滞再到危机,然后再周而复始的过程的变化。在这一过程中,世界贸易与国内生产总值之比的升降发挥了重要的作用。本轮全球化所表现出的深度与广度远非1914年前的全球化可比,而以政府磋商代替战争的协商机制,也一定程度上避免了大规模的经济危机,国际经济秩序的更迭也必定会以一种相对温和与持久的方式进行。

② 金融资本与实体经济的脱离。

货币作为公共产品,其价值的稳定产生了重大的社会效益,但货币又始终具有私人商品的特性，货币的这种矛盾性必然要求对货币进行谨慎的管理。在布雷顿森林体系建立前，货币与黄金储备保持着一定比例的关系，迫使经济主体执行某种货币纪律。"信用货币属于社会生产过程的最高阶段，受完全不同的法则所支配"。而布雷顿森林体系的解体意味着货币与黄金储备的脱钩，各国发行的纸币从此再也不用与实物之间保持某种转换关系，国际货币体制进入信用货币时代。这也为金融资本的膨胀，尤其是国际金融资本的膨胀提供了前提条件。

自由化经济政策的实施为金融资本的膨胀提供了强大的现实基础。首先，是经济自由化的政策带来了金融市场的不确定性，这就产生了对衍生金融产品的需求。其次，是自由化的经济政策带来偏高的利率，高利率使生产资本也向金融资本转变，从而引起金融资本的膨胀。

③ 汇率的不稳定性。

由于国际金融是根据自身的逻辑发展的，与世界经济中的贸易和生产性投资不再有直接的联系，汇率的不稳定性就成为布雷顿森林体系崩溃后的另一个重要特征。

实行浮动汇率制必须存在两个前提：一是汇率的波动必须反映经济基础的变化，二是现行的国际贸易体制是完全自由的贸易体制，不存在贸易保护主义行为。实行浮动汇率制不仅能够保持国内货币政策的独立性，也能够最大程度地实现国际货币合作，达到货币稳定的目的。

但是，实行浮动汇率制后，不仅发展中国家的汇率波动性远远大于反映基础的经济结构不稳定，而且在国际交易中占主导地位的硬通货美元、欧元、日元之间的汇率也极其不稳定。实际上，正是由于资本自由流动且在相互依赖的国际金融市场上的集中，才导致了金融全球化的发展，而仍然处于分割状态的不同国家的货币依然存在，成为汇率不稳定的真正根源。

本 章 小 结

党的二十大报告明确指出，"当前，世界之变、时代之变、历史之变正以前所未有的方式展开。"我们必须从理论与实践两个层面充分认知与把握当前跨国运行所面临的国际环境。企业跨国运行环境主要划分为四个层次：宏观环境、产业环境、微观环境与国际环境。宏观环境又称间接环境或客观环境，是指那些在长期和短期内都对所有企业产生程度不同的影响，而企业又基本上对之无能为力的外部因素总和。其主要构成因素有政治（法律）、经济、社会文化及技术四方面，对宏观环境的分析主要运用PEST分析方法。产业环境是指对处于同一产业内的组织都会发生影响的环境因素。由于分析方法不同，其主要构成因素也会不同，其主要分析方法有五力模型与SCP模型分析。微观环境是指与企业紧密相连，直接影响企业营销能力的各种参与者。企业本身、市场营销渠道企业（供应商、中间商）、顾客、竞争者及社会公众等，都会从不同角度直接影响企业跨国运行的成败与效果。国际环境中，当企业进行跨国经营时，涉及资源和业务在不同国家之间流动。母国环境和东道国环境之间及各东道国环境之间的相互作用，构成了跨国经营的国际环境。国际环境包括一系列多样化的政治、法律与经济因素，主要国际机构、国际货币体系及国际协议构成了国际环境的主体。世界贸易组织、世界银行与国际货币基金组织构成了世界经济运行的三个重要支柱;国际货币体系有其自身的发展演变过程,当今的国际货币体系即牙买加体系也具有当代的特征。企业必须熟悉并能借助其职能推动企业的跨国经营活动。

关 键 术 语

宏观环境　产业环境　微观环境　国际环境　PEST 分析方法　五力模型分析方法　SCP 模型分析方法　国际货币体系　布雷顿森林体系　牙买加体系　世界贸易组织　世界银行　国际货币基金组织

习　　题

一、简答题

1. 简述跨国公司运行环境分析的主要内容与体系结构。
2. 通过举例的方式,说明跨国公司运行的宏观环境有哪些。它一般采用的分析方法是什么?
3. 简述跨国产业环境分析的五力模型方法。
4. 简述跨国产业环境分析的 SCP 模型分析方法。
5. 简述跨国公司运行的微观环境构成因素。
6. 试述跨国公司运行的微观环境分析的主要内容。
7. 举例说明跨国公司运行的国际环境构成。
8. 试述影响世界经济运行的国际三大支柱组织。
9. 简述国际货币体系发展演变过程。
10. 简述现代国际货币体系的特征。

二、讨论题

1. 在中国(陕西)自由贸易试验区调研一家跨国企业,试说明跨国环境对企业的影响作用。
2. 通过互联网查询一家跨国企业,了解其竞争策略,与其在母国所采用的战略与策略作比较,从而分析其应对跨国宏观环境变化而采取的战略调整情况。

分析案例

松下电器在蒂华纳的经营

1918 年,松下幸之助在日本大阪创立了松下电器产业株式会社(以下简称松下电器)。今天松下电器已是世界上生产家用、工业和商业电子产品的大型制造商之一。蒂华纳位于墨西哥的下加利福尼亚州,毗邻美国。1993 年,这里的电视机年产量为 500 万台,大约占美国市场销售量的一半。如果再加上华雷斯(墨西哥北部奇瓦瓦州的一个边境城市,其位置正对美国得克萨斯州的埃尔帕索)的东芝、Thompson-RCA,齐尼斯(Zenith)和飞利浦,它们占据了美国电视机销售收入的大半江山。到 1996 年年底,MIBA、索尼、日立、三洋、JVC和三星预计每月共生产100万台电视机，使蒂华纳成为当时世界上最大的电视机制造区。

松下电器于1979年在蒂华纳成立了一家加工、组装电视机的子公司。蒂华纳的优势是运输成本低，工会活动比较温和。当然，蒂华纳也有劣势，劳动力、能源的成本高，而且蒂华纳还有极高的每月约6%的雇员流动率。

1994年1月1日，《北美自由贸易协定》正式生效，美、墨两国之间立刻降低了很多产品的关税及非关税壁垒。1999年，美国可免税进入墨西哥的出口品比例将从1994年的1/2升到2/3。《北美自由贸易协定》的原产地规则规定，汽车必须有62.5%的部件产自北美，但电视机仅需要占总价值33%的显像管产自北美即可。电视机总成本中，显像管（阴极射线管或CRT）约占1/3（实际上根据型号的不同，其比例为30%~50%），外壳占1/3，剩余的1/3由印制电路板（PC）、零部件和组装成本组成。如果显像管是美国制造的，那么，与和调谐器一起装在有底盘的电视机外壳内的显像管相比，节省了5%的关税（仅进口显像管一项就有15%的关税）。另外，MIBA可以通过加利福尼亚的长滩港（Long Beach）进口免税的显像管到墨西哥，再把组装好的电视机运回美国。把长滩港、洛杉矶港和下加利福亚地区的工厂结合在一起，能够减少从亚洲原产地运送原材料和零部件到北美，同时也降低了运往美国的陆地运输成本。另外，松下还可以从蒂华纳的三星购买显像管。松下的购买政策不仅重视成本，还注重质量、准时送货及足够的生产能力。

这一时期出现了许多新的投资地区。得克萨斯州南部的墨西哥地区，尤其是雷诺萨（Reynosa）也像蒂华纳一样有吸引力，因为那里新修了一条通往底特律的高速公路。从雷诺萨到蒙特雷（Monterrey）走高速公路仅用两小时。蒙特雷是在蒂华纳工作的墨西哥杰出的工程师和技术人员的发源地。蒂华纳的雇员薪水很高，雇员流动性每月约为6%。而雷诺萨的雇员薪水较低，间接雇员的薪水是美国或蒂华纳同样雇员的一半，雇员流动性每月约为2%。另外，得克萨斯州与加利福尼亚州不同，得州非常愿意进行来料、来件加工装配，认为这是其业务的一部分，而加利福尼亚州对下加利福尼亚州不是很友好。

加利福尼亚州的松下电器还受到亚洲国家的影响和冲击。与亚洲的低成本生产商相比，1994年，墨西哥作为美国市场的供应基地，节省了2%的运输费用，美国对亚洲组装的电视机还征收5%的税，这两项之和为7%。如果亚洲国家（如马来西亚、印度尼西亚或中国）有10%的劳工成本优势，那么他们就能与墨西哥的组装和运输成本优势相竞争。印度尼西亚的工资比墨西哥低2/3；中国的工资（包括工人宿舍）比墨西哥低1/4；马来西亚的工资比墨西哥低1/3。此外，墨西哥附近没有晶体管、集成电路、寄存器及原材料的来源，这些零部件主要来自新加坡、马来西亚、日本等地。另外，对外国投资者尤其是日本的跨国公司来说，亚洲国家通常比墨西哥更具吸引力。因为他们能提供更优惠的政府投资激励措施、贸易管理体制和部件及其他产品原料的供应网络。

1994年，《北美自由贸易协定》正式生效，墨西哥国内的安全问题和政治稳定性却令人担忧。1994年1月1日墨西哥的恰帕斯州（Chiapas）发生叛乱。蒂华纳地区总统候选人路易斯·唐纳多·科洛西奥（Luis Donaldo Colosio）被暗杀后，一名执政党的领袖在墨西哥城也被暗杀。商人被绑架的危险性也持续上升。12月，墨西哥比索突然贬值40%。如何重新获得外国投资者的信任，并应对墨西哥国内日益普遍的对人权和政治改革的要求成为墨西哥政府的重大挑战。

局势的变化使得松下电器在北美的经营面临着种种挑战。松下电器是否应该在下加利福尼亚州继续进口亚洲零部件，同时使用三星的显像管呢？是否应当把将来的工厂设在得克萨斯州边界呢？是否应当在 1995 年决定在中国或印度尼西亚重设或增建工厂呢？那里的工资比墨西哥要低得多，而且零部件工厂就在附近。

资料来源：http://res.cem360.com，2023-06-05.

问题

1. 蒂华纳的松下电器的经营受到哪些宏观环境的影响？这些宏观环境后来发生了哪些变化？

2. 宏观环境的变化对该公司的经营政策带来了哪些影响？

拓展视频

第 3 章

跨国公司战略管理

本章教学要点

掌握跨国公司战略的特征与基本类型；

掌握跨国公司战略管理的特征、过程及关键要素；

熟悉跨国公司战略分析的 SWOT 分析法、BCG 矩阵分析法、GE 矩阵分析法及价值链分析法的基本要点。

知识架构

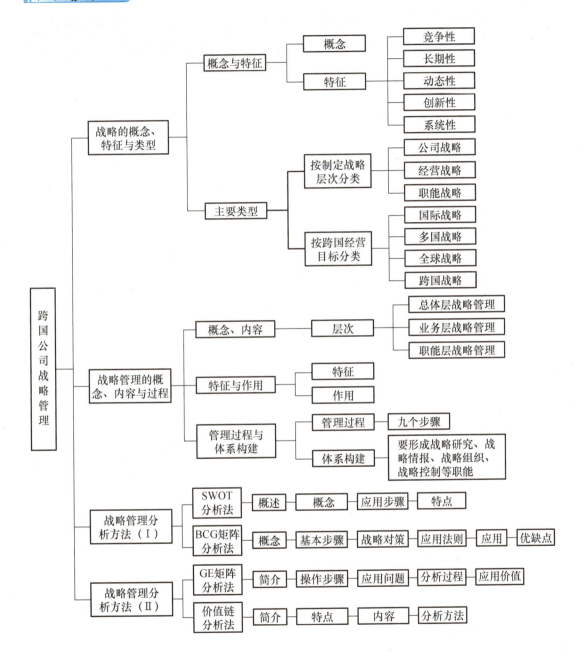

3.1 跨国公司战略的概念、特征与类型

3.1.1 企业战略的概念与特征

1. 企业战略的概念

"战略"一词原来是军事术语,指军事将领指挥军队作战的谋略。《辞海》中对"战略"的解释为:指导全局的策略。20 世纪 60 年代后期,随着国内和国际市场竞争的加剧,西方发达国家的企业把战略一词引入经营管理中,从而形成了企业战略。

什么是企业战略?自这一范畴提出以来,相关研究著作层出不穷,但至今还没有一个统一的定义,学者们从不同角度对其进行描述,对这些具有代表性定义的了解,有助于从不同角度来理解这一范畴。

哈佛大学商学院教授肯尼斯·安德鲁斯(Kenneth Andrews)认为,企业总体战略是一种决策模式,它决定和揭示企业的目的和目标,提出实现目标的重大方针与计划,确定企业应该从事的经营任务,明确企业的经济类型与人文组织类型,以及决定企业应对员工、顾客和社会做出的经济和非经济的贡献。从安德鲁斯对企业总体战略的定义可以看出,他认为企业总体战略是一种企业的目标、政策和经营活动结合在一起的模式;企业总体战略的形成应当是一个精心设计的过程,而不是一个直觉思维的过程,而且企业总体战略应当清晰、简明、易于理解和贯彻。

哈佛大学商学院教授伊戈尔·安索夫(Igor Ansoff)在其著作《公司战略》一书中,从构成要素的角度对战略进行了描述。他认为,战略的构成要素应当包括产品与市场范围、增长向量、协同效果和竞争优势。产品与市场范围主要说明企业在所处行业中的产品和市场的地位;增长向量是指企业的经营发展方向;协同效果即协同效应,是指企业业务经过整合所产生的效果大于各独立业务所产生效果的简单总和;竞争优势是指能够为企业带来竞争力的产品或服务所具有的特殊属性。战略的四种要素是紧密相关的,它们共同决定着企业经营活动的方向和发展目标。

哈佛商学院教授迈克尔·波特(Michael Porter)在其论文《战略是什么》中提出了自己独到的见解。他认为,战略的本质就是选择,即选择一套与竞争对手不同的活动,以提供独特的价值。企业的这种独特价值能够有效避免由于企业间相互模仿所导致的过度竞争。波特认为,选择成为战略的核心,不仅是由于企业资源的稀缺性,决定了企业不能在所有的行业和市场中参与竞争,而且由于企业提供不一致的价值活动时,会使顾客感到迷惑,甚至损害企业的声誉。因此,企业必须在各种活动上有所取舍。

加拿大麦吉尔大学管理学院教授亨利·明茨伯格(Henry Mintzberg)提出了著名的"战略 5P 模型"。他认为,企业战略应该从多个角度加以定义,提出用 5P 来定义战略。即从企业未来发展的角度来看,战略表现为一种计划(Plan);从企业过去发展历程的角度来看,战略表现为一种模式(Pattern);从产业层次来看,战略表现为一种定位(Position);从企业层次来看,战略表现为一种观念(Perspective);同时,战略也表现为企业竞争中采用的一种策略或计谋(Ploy)。

综上所述,虽然学者们关于企业战略的定义各有侧重,但其基本含义是一致的,即企业战略是指着眼于未来制订的一种计划或行动方案。更准确地说,企业战略是针对竞争对手制订的着眼于未来的中长期行动计划。

案例 3-1　管理故事：猴子和狮子

猴子和狮子同在一个岛上,狮子想把猴子吃掉,于是猴子爬到树上不下来。过了两天,树上的猴子饿得不行了,于是猴子说:"与其我们两个都饿着,不如你游到对岸去,那个岛上有很多东西可以吃。"狮子认为有道理,于是来到了海边,但它发现海水很深,非常危险。于是狮子又回来找到猴子问:"我怎么过去呢?"这时猴子大笑着说:"游到对岸是一个战略问题,而如何游过去是一个战术问题。"

2. 企业战略的特征

(1) 竞争性。

战略是竞争的产物,企业制定战略的目的是在市场竞争中获胜。因此,企业必须客观分析自己在市场中的竞争地位,深入研究竞争对手的优势、弱点和战略意图,从而在竞争中做到知己知彼。

(2) 长期性。

战略是一个长期概念,它的着眼点不是当前,也不是近期(一年内)的未来,而是中期(三年左右)和长期(五年以上)的未来。战略并不注重短期经营的成败得失,而是谋求企业经营的长期发展。企业为了实现长期的战略目标,有时必须牺牲眼前的利益。例如,许多跨国公司在进入中国市场初期,往往不把盈利作为主要目标,而是投入大量人力、物力和时间开发市场,建立竞争优势,以占领市场为目标。因此,制定战略必须杜绝短期化经营行为,在正确认识过去和现在的基础上通过科学地预测,把握未来的发展趋势。

(3) 动态性。

战略的制定和实施是一个动态过程,企业的自身情况及外部环境在不断发生变化,因此战略的制定不可能一成不变,要根据各种变化随时进行调整,战略就是要能够洞察先机,做到未雨绸缪。谁能洞察先机,做到未雨绸缪,谁就能够抓住机会,获得大发展。

案例 3-2　战略转折点

英特尔总裁安迪·葛洛夫(Andy Grove)在其著作《只有偏执狂才能生存》中提出了一个很好的概念,叫作"战略转折点"。他认为:

你的企业迟早会走到一个战略转折点,企业的根基瞬间发生剧变,技术、规则、竞争环境、行业形态……一切都变了。

如果放任自流,战略转折点的破坏力足以葬送一家"好好的"企业。然而,战略转折点并不总是通向灾难,一些企业可能会利用这个时机跃升至新的高度——如果管理者能够敏锐地觉察风向的转变,并及时采取正确行动的话。

安迪·葛洛夫在担任英特尔首席执行官的11年间，多次被推到战略转折点的悬崖边。最凶险的一次是20世纪80年代中期，日本的存储器厂商几乎把英特尔逼入死角，英特尔最终不得不退出内存芯片的生产，转入另一块比较新的领域，即微处理器的开发。对战略转折点的思考，帮助英特尔在激烈的竞争中得以生存，并成为全球最大的芯片制造商。

安迪·葛洛夫撰写该书时，他将自己的珍贵经验和系统思考公之于众。该书被公认为商务必读书，同时也被誉为当代领导艺术的经典之作。

（4）创新性。

战略的制定过程是一个创新过程，每一个企业的自身条件都不同，所处市场环境及面对的竞争对手也不同，必须有针对性地制定战略，才能起到出奇制胜的作用。战略是企业的核心机密，它的价值在于局外人所未知的独特性。如果企业采取简单模仿竞争对手的做法，跟着竞争对手行动，那么在激烈的市场竞争中终究会处于被动地位，不可能赢得市场竞争的最后胜利。

（5）系统性。

立足长远发展，企业战略应确立远景目标，并围绕远景目标设立阶段目标及各阶段目标实现的经营策略，以构成一个环环相扣的战略目标体系。同时，根据组织关系，企业战略需由公司战略、经营战略、职能战略这三个层级构成一体。公司战略是企业总体的指导性战略，决定企业经营方针、投资规模、经营方向和远景目标等战略要素，是战略的核心；经营战略是总公司下属各单位遵照决策层的战略指导思想，通过竞争环境分析，侧重市场与产品，对自身生存和发展轨迹进行的长远谋划；职能战略是企业各职能部门，遵照决策层的战略指导思想，结合各从属部门的战略，侧重分工协作，对本部门的长远目标、资源调配等战略支持保障体系进行的总体性谋划，如策划部战略、采购部战略等。

案例 3-3 "丰田"挺进美国市场

日本汽车工业早在第二次世界大战（以下简称二战）前已经建立，但产品质量低劣，技术落后，发展缓慢。二战后，因为引进了国外先进的技术、设备和管理方法，加上现代市场营销观念的指导，到20世纪80年代初期，日本超过美国并成为世界上第一个年产700万辆小轿车的国家。1981年，日本出口的小轿车是德、法、美三国轿车出口之和。以丰田公司为例，1965年，丰田共向美国出口轿车288辆；十年后，超过它的主要竞争对手德国大众公司，居美国小轿车进口商的首位；20世纪80年代初期，丰田年产超过300万辆，一跃成为居世界第二的汽车制造商；1985年，它在美国的销量占美国轿车市场的20%。

在传统的"生产什么，就销售什么"的观念影响下，丰田公司向美国出口的第一辆轿车取名"丰田宝贝儿"，其外形像一个盒子，发动机运转起来像载重汽车一样响，内部装饰既粗糙又不舒服，灯光暗得难以通过加利福尼亚州的行车标准，自然无人问津。

"丰田宝贝儿"的流产迫使公司的决策者冷静下来，重新考虑进入美国市场的策略。首先，丰田公司利用政府、商业企业和美国市场研究公司搜集信息，了解美国经销商和消费者的需要，发现未满足或满足不充分的需求。他们发现美国人把汽车作为地位或性别象征的传统观念正在削弱，更多的是把汽车作为一种交通工具，更重视其实用性、舒适性、经济性和便利性,如长途驾驶要求座位舒适和较大的腿部活动空间,易于操控,行车平稳;较低的购置费用、耗油少、耐用和维修方便;交通日趋拥挤,要求停靠方便、转弯灵活的小车型。其次,研究竞争对手产品的不足。丰田公司在市场调研中发现底特律汽车制造商骄傲自大、因循守旧、墨守成规,正面临竞争者的挑战、政府的警告、消费者拒绝购买和库存量直线上升的窘境。在市场调研的基础上,丰田公司精确地勾画出了一个按人口统计和心理因素划分的目标市场,设计出了满足美国顾客需求的美式日制小汽车——花冠。花冠(corona)以其外形小巧、经济耐用、舒适平稳、维修方便的优势敲开了美国市场大门。

资料来源:https://wenku.baidu.com/view/5a85bfe94afe04a1b071deca.html,2012-02-07。

3.1.2 跨国公司战略的主要类型

跨国公司战略是由一系列不同层次和不同类型的战略构成的有机整体。在这个有机整体中,各种战略相互配合、相互制约、协调一致,把企业方方面面的活动统筹起来,共同实现企业战略目标,引导企业走向成功。从实践上来看,跨国公司的战略种类繁多,按不同标准,可以进行不同分类。

1. 按制定战略层次分类

在跨国公司中,战略的制定并不只是高层管理人员的事情,它需要不同层次管理人员的参与。不同层次管理人员负责制定的战略,其目标和内容是不同的,较高层次的战略通常需要较低层次战略的支持。按制定战略的管理层次来划分,一般可分为三种类型:公司层次的战略,简称为公司战略;经营层次的战略,简称为经营战略;职能层次的战略,简称为职能战略,如图3-1所示。

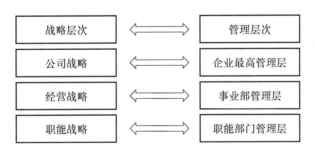

图3-1 战略管理的层次

(1) 公司战略。

公司战略是由公司最高管理层制定的总体性战略,通常需要得到董事会的批准。公司战略重点集中于以下三方面。

① 有效带动各种资源,实现跨行业和跨国多样化经营。多样化经营是公司战略的核心内容。这种战略必须确定公司的总体发展方向,包括进入哪些新的产品领域、新的行业和新的国家;通过新建或者并购实现多样化经营;在各目标行业或国家的定位;多样化经营的程度。

② 对下属公司进行资产重组,加强长期竞争优势,改进整体经营绩效。这种战略要

确定资产重组方式，例如，向子公司注入资金、技术和管理技能，扩大其生产能力，提高经营效率；在所处行业中收购另一家企业，或者收购对现有业务有很强互补优势的企业；剥离与公司长期战略计划不一致的业务或没有发展潜力的业务；合并业务相同的子公司以获得规模效益。

③ 确定企业的投资重点，把公司有限的资源配置到能获得最大收益的业务中。公司战略必须确定应该优先发展的业务或经营单元，使资源的配置能够获得最大收益。

(2) 经营战略。

它是由业务部门的经理负责制定的战略。如果跨国公司经营多种业务，每种业务都需要有指导其长期发展的经营战略。经营战略的目标是公司可以在所从事的行业中建立或增强竞争优势。经营战略的制定必须考虑外部经营环境中各种因素的变化，包括政府政策、产业发展、经济波动等，并对这些变化做出恰当、及时的反应。成功的经营战略通常侧重于通过公司的核心能力来建立竞争优势。一个公司的核心能力可以体现在研究与开发、技术过程、生产能力、销售和售后服务等生产经营的不同环节上。如果公司只经营一种业务，经营战略就是公司的总体战略；如果公司经营多种业务，经营战略的目标就需要与公司战略的目标保持一致。

(3) 职能战略。

它是由公司内各职能部门的经理负责制定的战略，用于指导公司的职能性活动。跨国公司中主要职能性战略包括新产品开发战略、市场营销战略、分销战略、顾客服务战略、融资战略、人力资源战略等。职能战略的主要作用是支持经营战略和竞争手段的实施，它细化了经营战略，确定了管理职能活动和实现各职能部门业绩目标的计划。在制定职能战略时，各职能部门的经理需要相互沟通、协作，确保各职能战略相互协调并与经营战略保持一致。当各职能战略之间发生冲突时，就必须由公司高层来解决矛盾。

2. 按跨国经营目标分类

在全球市场竞争中的企业会面临两种竞争压力：降低成本的压力与地区调适的压力。降低成本的压力，要求企业把生产活动设置在最有利的低成本区位，或者提供面向全球市场的标准化产品；地区调适的压力，要求企业对不同的国家提供差异化的产品与营销策略，以满足各国不同的消费者兴趣与偏好、企业实践、企业分销渠道、竞争条件与政府政策等。降低成本与地区调适两方面通常是相互冲突的，跨国公司也常常需要在降低成本与地区调适之间作出战略选择，通常有四种基本的经营战略可供选择：国际战略、多国战略、全球战略和跨国战略（见图3-2）。

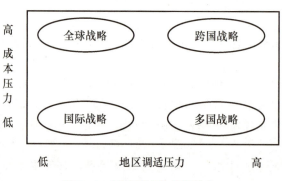

图3-2　四种基本的经营战略

上述四种经营战略各有优缺点，其竞争优势来源各不相同。表3-1给出了跨国公司四种经营战略及其优缺点比较，有助于进一步理解这四种跨国经营战略。

表3-1 四种跨国经营战略及其优缺点

战略	优点	缺点
国际战略	向国外市场转移独特能力	缺乏地区调适 不能利用区位经济 不能利用经验曲线效应
多国战略	根据地区调试的要求 提供改制的产品和特定的营销	不能实现区位经济 不能利用经验曲线效应 不能向国外市场转移独特能力
全球战略	利用经验曲线效应 利用区位经济	缺乏地区调适
跨国战略	利用经验曲线效应 利用区位经济 提供改制产品和特定营销 收获全球学习效应	因组织问题而难以组织实施

（1）国际战略。

国际战略是指以母国为基础向全世界推销母国成熟的产品与服务的战略。采用这种战略的企业，目的是在世界范围内通过充分利用母公司的创新能力和开发出的技术获取更多利润。国际战略关注世界范围的创造和创新，并使用各种不同的方法来实现这一目标。实施这一战略的跨国公司主要是利用母国创新来提高海外子公司的竞争地位，特别是在国际化的初期，主要依靠那些产生于母国的新产品、程序或战略转移占领海外欠发达市场。它们希望借助于创新来降低成本、增加收益。因此，它们总是倾向于集中对发展创新最为重要的资源，同时分散其他资源，以使其创新适应于全球范围。显然，母公司具有雄厚的技术创新实力是其有效运用这一战略的前提条件。

（2）多国战略。

多国战略的侧重点是各国的差异，战略的制定和实施以提高对各国经营环境和市场需求的适应能力为目标。它是根据不同国家的不同市场，提供更能满足当地市场需要的产品和服务。采用多国战略的企业把侧重点放在各东道国的差异上，通过提高对各东道国的经营环境和市场需求的适应能力，扩大在国外市场的占有率和销售收入。多国战略的主要特点是关注国家的差别，常常通过差异化的产品或服务对在消费者偏好、工业特性和政府法规方面的国别差异做出反应，来谋取提高跨国公司自身的经济效率，实现其主要的战略目标。采用这一战略，要在识别当地市场需求的基础上，使用所拥有的当地资源，生产出符合当地市场需求的产品，并在当地销售。

采用多国战略的跨国公司允许其海外子公司从事研究与开发、生产、销售服务等广泛的活动，子公司拥有相当大的自治权，对当地环境具有相当高的敏感性与灵活适应性，可以有效地开展经营活动。欧洲的一些大型公司如联合利华、壳牌石油公司等，是典型的多国公司。美国的许多公司如通用汽车、福特、通用电气、花旗银行等，也都曾实行过多国战略。

实行多国战略需要考虑的条件包括以下3点。

① 多国经营环境。例如，各国顾客需求和购买习惯的差异，顾客对专门化程度的要求，只有少数国家存在的产品需求，各国贸易壁垒和商业惯例的差异，各国气候条件的差异，各国语言文字的差异等。

② 适应性调整。实施多国战略必须解决适应性调整问题。由母公司转移到东道国子公司中的技术、产品和经营诀窍，必须根据东道国当地的具体条件进行调整。

③ 多国市场营销战略。其包括产品包装、品牌名称、定价战略和分销战略等。

（3）全球战略。

全球战略可进一步分为传统的全球战略和现代的全球战略。传统的全球战略是指跨国公司依靠低成本和高产品质量形成的竞争优势，在产品的全球市场中获得支配地位。采用这种战略的企业，跨国经营的目标是通过获得全球性经营效率提高在全球市场的占有率。全球战略关注的是全球效率的提高，试图采用一切方法使其产品获得成本和质量上的最佳定位。它倾向于集中所有的资源、常常是将其集中于母国，以获取存在于每一经营活动中的规模经济。但是，这种效率的获得往往伴随着灵活性和学习能力的损失。例如，为获取全球规模的集中制造导致国家间产品的大量运输，并且增大了进口国政府干涉的风险。如果通过集中研究与开发来获取效率，那么，它们在本国市场以外的国家开发新产品的能力和在全球化运营中利用外国子公司创新的能力就会受到制约。同时，集中像研究与开发、制造等这样的活动还要承受着巨大的汇率风险。

现代的全球战略是指企业将其所有的价值创造活动放在全球成本最低的地方。当然，这时企业必须处理由此带来的协调和整合问题。

产品的标准化和生产过程的全球市场的发展，是有效实施全球战略的前提条件。

① 全球化程度。对产品的全球性需求来自全球性顾客。全球性顾客是指在不同地域或国家中对产品特征具有类似要求，或者从产品消费中寻求类似利益的顾客群体，如世界各地不同国家与种族都有对牛仔裤偏好的顾客群。

② 市场的全球化。如果顾客在本国以外寻求更好的选择，他们的购买行为就推动了市场的全球化。全球市场是由来自不同国家的顾客对全球产品的类似需求构成的，例如，随着市场壁垒的逐渐消除，人们可以跨国购买化妆品。

③ 行业的全球化。行业的全球化是指不同国家经济体系中的相同行业或类似行业具有类似的关键性成功要素。在全球性行业经营的企业，无论进入哪个国家的市场，都要满足基本相同的竞争条件，才能取得经营上的成功。这意味着，企业在一个国家经营和竞争中积累的经验可以转移并应用到新进入国家的经营中。例如，零售业成功的关键要素是经营地点。

④ 竞争的全球化。真正的竞争全球化是指企业在不同国家市场中面对的是相同竞争战略的相同竞争对手。例如，沃尔玛的竞争对手家乐福、麦德龙及合作伙伴宝洁公司等。

全球战略实施的是全球营销战略，包括全球品牌战略、全球广告战略、全球市场细分战略、全球定价战略和全球产品战略。

小知识　关于跨国经营战略类型的观点

塞尔伯格认为，企业采用什么样的跨国经营战略主要取决于两个因素：一是企业跨国经营程度；二是企业经营所涉及行业的全球化程度。根据这两个变量的分析，他提出了企业跨国经营的九种战略性选择，如图3-3所示。

企业跨国经营程度	进入新的国家或行业	为全球化做准备	加强全球竞争地位
高	进入新的国家或行业	为全球化做准备	加强全球竞争地位
中	加强出口市场	扩大跨国经营规模	寻求战略联盟和全球性时机
低	留在母国	选择合适发展的国际市场	跨国并购
	当地	潜在全球化	全球
	行业全球化程度		

图3-3　塞尔伯格的战略选择框架

还有许多研究把企业跨国经营活动的区域分布与全球性协调结合在一起来分析企业跨国经营战略的选择，如图3-4所示。规模经济、范围经济等因素促使企业把生产经营活动集中于少数国家，各国经营环境的差别、运输和通信成本、分散风险等因素则促使企业尽量把生产活动分散于各国。全球性协调程度反映了企业集权管理跨国经营活动的程度。全球性协调程度越高，说明企业在生产、研究与开发、营销等活动中获得规模效益的潜力越大。如果企业经营的业务要求对东道国有较强的适应能力，则其对跨国经营活动统一协调的要求就会降低。

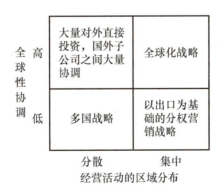

图3-4　跨国经营活动的区域分布与全球性协调

（4）跨国战略。

跨国战略是综合了上述三种战略目标的跨国经营。国际战略、多国战略和全球战略，因过于强调某一方面的能力或优势在跨国竞争中的作用，分别从不同角度考虑在世界范围内建立竞争优势，在实施过程中难免失之偏颇。而跨国战略不是侧重于某个单一方面，而是集中利用每一个目标与方法的组合来同时提高效率、灵活性和学习能力。因此，它不同于传统多国公司、国际公司、全球公司的结构，而是注重资产、资源和能力的复杂组合。实施跨国战略的公司，必须创造一个更为精致而多样化的资产和能力的组合。首先，它要决定哪些重要的资源和能力应被集中在母国运营，不仅实现规模经济，还要保护特定的核心竞争能力并对全体管理人员进行必要的监督。其次，还要决定把一些其他资源集中于母国以外的地方，使其带来规模经济收益的同时，能以较低的投入成本建立竞争优势。

跨国战略实施的条件：成本压力与本土化适应性压力都很大。它在理论上是完美的，而在实践上落实的难度较大，尤其是内部的组织架构设计与管理难度较大。

表 3-2 从全球市场、单个价值链活动的世界地位、全球产品、全球营销、全球竞争活动五个方面阐释了四种跨国经营战略的内容，为企业选择所需要的跨国经营活动提供有效指导。

表 3-2 跨国公司四种经营战略内容

战略内容	跨国战略	国际战略	全球战略	多国战略
全球市场	是，具有尽可能适应当地条件的灵活性	是，保留少许灵活性以适应当地条件	否，视每个国家为独立的市场	否，但主要被作为相似市场来对待（例如，欧洲）
单个价值链活动的世界地位	是，对公司具有价值的任何地方——低成本、高质量	否，或仅限于复制总部的销售或当地生产情况	否，全部或大部分价值活动定位于生产或销售	否，但地区可以提供一些活动的不同国家区位
全球产品	是，达到最高可能的程度，必要时有一些当地产品，公司依赖于世界范围的品牌认同	是，达到最高可能的程度，几乎没有当地性改变；公司依赖世界范围的品牌认同	否，产品在当地生产，遵循当地口味以便更好地服务于当地顾客需要	否，但在一个主要的经济区域内提供相似的产品
全球营销	是，与全球产品发展相似的战略	是，尽可能	否，营销集中于当地国家	否，但整个地区常有相似战略
全球竞争活动	是，用任何国家的资源来攻击和防卫	是，在所有国家进攻和防卫，但资源来自总部	否，以国家为单位计划竞争活动并为其融资	否，但从地区内来的资源可用于进攻和防卫

案例 3-4　战略如何适应环境——看宜家在北美的破冰之旅

宜家是 2009 年度《商业周刊》和 Interbrand 评选的"全球最佳品牌"中排名第 27 位的企业，在《财富》世界 500 强排名中位于第 275 位。宜家公司在 20 世纪 70 年代开始的国际化发展过程中，其传统的竞争战略在北美遇到了一系列麻烦，好在宜家公司及时作出了战略调整，使其在北美市场取得了突破性进展。

20 世纪 40 年代，英格瓦·坎普拉德（Ingvar Kamprad）在瑞典创立了宜家（IKEA）

公司。在经过连续20多年的迅速增长后，宜家于20世纪80年代末成为世界上最大的家居陈设零售商。在向全球扩展的起始阶段，宜家基本上无视了国际上成功的零售法则，即，密切关注各国的嗜好与偏好来调整其产品系列。相反，宜家坚持了其创始人坎普拉德明确提出的看法，即无论在世界何地经营，都应销售"典型的瑞典式"基本产品系列。公司也保持以生产为导向，即由瑞典管理当局与设计小组决定销售什么，然后把它推向世界公众——通常很少研究公众的需求究竟是什么。在其国际广告宣传上公司也强调它的瑞典根基，甚至对其店铺装饰也坚持用"瑞典的"蓝色与金色的基调做布置。

尽管打破了一些国际零售的重要规则，以同样的方式在各地销售瑞典设计产品的方案似乎还行得通。1974—1997年，宜家从一家拥有10家商店年收益为2.1亿美元的公司（当时只有一家商店在斯堪的纳维亚之外），扩大至在28个国家拥有138家商店，销售额近60亿美元的跨国公司。

1997年，宜家仅有11%的销售额来自瑞典，随着中国商店的开张，宜家正在向亚洲进行扩展。

宜家成功的原因是一直向消费者提供物有所值的商品。宜家建立了一个全球的供应网络，全球65个国家的2400家企业为其提供产品。作为宜家的供应商，可以从宜家获得长期的合同、技术上的建议和租赁设备。作为回报，宜家则要求订立专卖合同及较低的价格。宜家的设计人员与供应商密切联系，从设计阶段就把产品设计成能以低成本生产来增进节约的形态。宜家销售的绝大多数家具都是配套组装件，由消费者拿回家自行装配。公司因各店铺的规模而获得了巨大的经济效益，在全世界销售同样的产品又使大批量生产成为可能。这一战略使宜家不仅在质量上不逊于竞争对手，而且即使降价30%仍能保持约7%的正常税后销售利润率。

这一战略在1985年宜家决定进入北美市场前一直运作良好。1985—1996年，宜家在北美开了26家商店，然而这些商店并未像公司在欧洲的商店那样迅速地盈利。1990年，宜家在北美的商店经营出现问题，部分原因是汇率的逆向变化。1985年，汇率为1美元=8.6瑞典克朗，到1990年，汇率变为1美元=5.8瑞典克朗。因此，许多从瑞典进口的产品对美国消费者而言价格不菲。

但是宜家的问题还不仅在于汇率的反向变化上，宜家一成不变的瑞典产品在欧洲颇为畅销，但是却与美国人的品位相左，规格、尺寸也不适合美国家庭。瑞典人的床通常较窄而且是以公分来衡量的，与美国人习惯的大尺寸卧室家具不同；它的厨具柜对习惯用大餐盘的美国人来说也太小了；它的玻璃杯对一个什么都要加冰块的民族来讲显得很小；宜家的卧室衣柜抽屉在美国消费者看来也太浅，美国人喜欢在里面放毛衣；宜家的欧洲规格的窗帘也不适合美国的窗户。正如一位宜家的资深经理开玩笑时所说，"美国人不会降低其天花板高度来适合我们的窗帘"。

1991年，宜家的高层管理部门认识到，要在北美地区取得成功，就必须调整其供应的产品，使之适合北美人的习惯。在北美地区销售的卧室衣柜抽屉加深2英寸，结果销量马上上升了30%~40%。宜家现在也销售美国式的特长特大的床铺，且都用英制衡量，并将其作为成套卧室家具的一部分。它还重新设计了厨房的厨具柜，使其更适合美国人的餐具尺寸。宜家同时还扩大了在当地的生产，当地生产产品的供应量从1990年的15%增加至1997年的45%，这一变化使公司对汇率的逆向变化有了更大的承受能力。至1997年，宜家在北美地区销售的全部产品中约有1/3是完全为美国市场设计的。

以上对宜家传统战略的突破看来是有收获的。1990—1994年，宜家在北美地区的销售额增加了3倍，达到每年4.8亿美元，至1997年它们几乎又翻了一番，达到9亿美元。

宜家宣称从1993年年初开始它在北美一直是盈利的，尽管没有公布精确的数字并且承认其在美国的盈利率尚低于欧洲的水平，但是宜家计划在美国进一步扩张，包括1998年在伊利诺伊州投资5 000万美元兴建的宜家超级商场。宜家宣称，这是第一家新一代的大卖场。

拓展视频

资料来源：https://wenku.baidu.com/view/539903bbf121dd36a32d82c7.html?from=search,2023-05-17.

3.2 跨国公司战略管理的概念、内容与过程

3.2.1 跨国公司战略管理的概念与内容

1. 跨国公司战略管理的概念

什么是公司战略管理？学者从不同角度进行了定义。

伊戈尔·安索夫（Igor Ansoff）是战略管理的奠基人，他在1976年出版的《从战略规划到战略管理》一书中提出了"企业战略管理"的概念。他认为，企业的战略管理是指将企业的日常业务决策同长期计划决策相结合而形成的一系列经营管理业务。

美国学者乔治·斯坦纳（George Steiner）在1982年出版的《企业政策与战略》一书中则认为，企业战略管理是确定企业使命，根据企业外部环境和内部经营要素确定企业目标，保证目标的正确落实并使企业使命最终得以实现的一个动态过程。

综上所述，什么是跨国公司战略管理？简言之，跨国公司战略管理是指对跨国公司战略的管理。具体来说，是指企业确定使命，根据组织外部环境和内部条件设定企业的战略目标，为保证目标的正确落实和实现进行谋划，并依靠企业内部能力将这种谋划和决策付诸实施，以及在实施过程中进行控制的一个动态管理过程。

2. 跨国公司战略管理的内容

跨国公司战略管理包括战略制定/形成与战略实施两部分内容，这两部分内容由四个关键要素构成。

（1）战略分析。

战略分析的主要任务是了解组织所处的环境和相对竞争地位。战略分析的主要目的是评价影响企业目前和今后发展的关键因素，并确定在战略选择步骤中的具体影响因素。具体包括以下三个方面。

① 确定企业的使命和目标。它们是企业战略制定和评估的依据。

② 外部环境分析。战略分析要了解企业所处的环境（包括宏观环境、微观环境）正在发生哪些变化，这些变化将给企业带来更多的机会还是更多的威胁。

③ 内部条件分析。战略分析要了解企业自身所处的相对地位，具有哪些资源及战略能力；还要了解与企业有关的利益和相关者的利益期望，在战略制定、评价和实施过程中，这些利益相关者会有哪些反应，这些反应又会对组织行为产生怎样的影响和制约。

（2）战略选择。

当战略分析阶段明确了企业目前的状况，战略选择阶段所要解决的问题就是企业走向何处。

① 制定战略备选方案。在制定战略过程中，可供选择的方案越多越好。企业可以从对企业整体目标的保障、中下层管理人员积极性的发挥及企业各部门战略方案的协调等多个角度考虑，选择自上而下、自下而上或上下结合的方法来制定战略方案。

② 评估战略备选方案。评估备选方案通常使用两个标准：一是考虑选择的战略是否发挥了企业的优势，克服了劣势，是否利用了机会，将威胁削弱到了最低程度；二是考虑选择的战略能否被企业利益相关者所接受。需要指出的是，实际上并不存在最佳的选择标准，管理层和利益相关团体的价值观和期望在很大程度上影响着战略的选择。此外，对战略的评估最终还要落实到战略收益、风险和可行性分析的财务指标上。

③ 选择实施战略方案。即，进行最终的战略决策，确定准备实施的战略。如果在用多个指标对多个战略方案的评价产生不一致时，最终的战略选择可以考虑以下三种方法。

A. 根据企业目标选择战略。企业目标是企业使命的具体体现，因此，选择对实现企业目标最有利的战略方案。

B. 聘请外部专家。聘请外部咨询机构的专家进行战略选择工作，利用专家的丰富经验，提供较客观的看法和评价。

C. 提交上级管理部门审批。对于中下层机构的战略方案，提交上级管理部门能够使最终选择方案更加符合企业整体战略目标。

④ 战略政策和计划。制定有关研究与开发、资本需求和人力资源方面的政策和计划。

（3）战略实施。

采取措施发挥战略作用，将战略转化为行动。这个阶段主要涉及以下问题：如何在企业内部各部门和各层次间分配及使用现有资源；为了实现企业目标，还需要获得哪些外部资源及如何使用；为了实现既定的战略目标，需要对组织结构做哪些调整；如何处理可能出现的利益再分配与企业文化的适应问题，如何进行企业文化管理，以保证企业战略的成功实施等。

（4）战略评价和调整。

战略评价是指检测战略实施进展，评价战略执行业绩，不断修正战略决策，以期达到预期目标的。通过评价企业的经营业绩，审视战略的科学性和有效性。

战略调整是指企业在经营发展过程中对过去选择目前正在实施的战略方向或线路的改变。战略调整包括调整公司的战略展望、公司的长期发展方向、公司的目标体系、公司的战略及公司战略的执行等内容。

企业战略管理的实践表明，战略制定固然重要，战略实施同样重要。一个良好的战略只是成功的前提，有效的战略实施才是企业战略目标顺利实现的保证。而且，有效的企业战略实施过程还能够克服原有战略的不足之处，进一步完善战略，最终走向成功。当然，对于一个原本就不完善的战略选择而言，倘若在实施中不能将其扭转到正确的轨道上，那就只能得到失败的结果。

3.2.2　跨国公司战略管理的特征与作用

1. 跨国公司战略管理的特征

（1）全过程的管理。

跨国公司战略管理不仅涉及战略的制定和规划，而且也包含将既定战略付诸实施的管理。因此，它是一个涉及全过程的管理。

（2）循环往复的动态管理。

跨国公司战略管理不是静态的、一次性的管理，而是一个循环往复的动态管理过程。它需要根据外部环境的变化、企业内部条件的改变，以及战略执行结果的反馈信息等，重复进行新一轮战略管理的过程。

2. 跨国公司战略管理的作用

（1）重视对经营环境的研究。

由于跨国公司战略管理将企业的成长和发展纳入了变化的环境之中，管理工作要以未来的环境变化趋势作为决策的基础，这就要求企业管理者们重视对经营环境的研究，正确地确定公司的发展方向，选择公司合适的经营领域或产品—市场领域，从而能更好地把握外部环境所提供的机会，增强企业经营活动对外部环境的适应性。

（2）重视战略实施过程的管理。

由于跨国公司战略管理不只是停留在战略分析及战略制定阶段，而是要将战略的实施作为其管理的一部分，这就需要持续跟踪企业战略的实施过程，随时根据环境的变化对战略进行评价和修改。因此，不仅要使企业战略方案得到不断完善，也要使战略管理本身得到不断地完善。这种循环往复的过程，更加突出了战略在管理实践中的指导作用。

（3）重视日常的经营与计划控制。

跨国公司战略管理过程是规划战略和付诸实施的过程，而战略的实施又与日常的经营计划控制结合在一起，这就可以使企业把近期目标（作业性目标）与长远目标（战略性目标）结合起来，把总体战略目标同局部的战术目标统一起来，从而调动各级管理人员参与战略管理的积极性，有利于充分利用企业的各种资源并提高协同效果。

（4）重视战略的评价与更新。

跨国公司战略管理不只是计划"公司正走向何处"，而且也计划如何淘汰陈旧过时的东西，以"计划是否继续有效"为指导重视战略的评价与更新。这就使企业管理者能不断地在新的起点上，对外界环境和企业战略进行连续性探索，增强创新意识。

3.2.3　跨国公司战略管理过程与体系构建

1. 跨国公司战略管理过程

跨国公司战略管理过程一般包括九个步骤，如图 3-5 所示。

（1）确定公司当前的宗旨、目标和战略。

确定公司的宗旨，旨在促使管理层确认公司的产品和服务范围。对"我们到底从事的是什么事业"的理解，关系到公司的指导方针。例如，一些学者指出，美国铁路公司之所

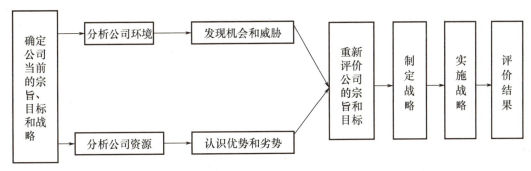

图 3-5　跨国公司战略管理过程

以不景气是因为他们错误地理解了自己所从事的事业。在 20 世纪三四十年代，如果美国铁路公司认识到他们从事的是运输事业而不仅仅是铁路事业，他们的命运也许会完全不同。当然，公司管理层还必须搞清楚组织的目标及当前所实施战略的性质，并对其进行全面而客观的评估。

（2）分析公司的环境。

环境分析是战略管理过程的关键环节和要素。组织环境在很大程度上决定了公司管理层的选择，成功的战略大多是与环境相适应的战略。例如，松下电器是家庭娱乐系统的主要生产商，自 20 世纪 80 年代中期开始，公司在微型化方面有了技术突破，同时家庭小型化趋势使得对大功率、高度紧凑的音响系统的需求剧增。Panasonic 家庭音响系统的成功，就是因为松下电器及时认识到环境的变化。

公司管理层应很好地分析公司所处的环境，了解市场竞争的焦点，了解政府法律法规对组织可能产生的影响，以及公司所在地的劳动供给状况，等等。其中，环境分析的重点是把握环境的变化和发展趋势。关于环境的信息可以通过各种各样的外部资源来获取。

（3）发现可能的机会和威胁。

通过分析公司的外部环境，可评估有哪些机会可利用，以及可能面临的威胁。在分析机会和威胁时，有些因素是非常关键的：竞争者行为、消费者行为、供应商行为和劳动力供应。技术进步、经济因素、政治-法律因素及社会变迁等一般环境虽不对公司构成直接威胁，公司管理层在制定战略时也必须慎重考虑。

（4）分析公司拥有的资源。

分析公司拥有的资源，是将视角转向公司内部：企业雇员的工作能力如何？企业的资金状况怎样？新产品开发是否顺利？公众对企业及其产品或服务如何评价等。通过公司内部的分析，可使公司管理层明确公司的资源、资金等方面的实际状况，为公司战略的制定及调整提供一手资料。

（5）认识公司的优势和劣势。

优势是公司可以开发利用以实现公司目标的积极的内部特征，是公司与众不同的能力，即，决定作为组织竞争武器的特殊技能和资源；劣势则是抑制或约束公司目标实现的内部特征。管理者应从如下方面评价公司的优势和劣势：市场、财务、产品、研究与发展。内部分析同样也要考虑组织的结构、管理能力和管理质量，以及人力资源、组织文化的特征。管理者可以通过各种各样的报告来获得有关企业内部优势和劣势的信息。

(6) 重新评价公司的宗旨和目标。

按照 SWOT 分析和识别公司机会的要求，公司管理层应重新评价公司的宗旨和目标。

(7) 制定战略。

战略需要分别在公司层、事业（经营）层和职能层设立。在这一环节公司将寻求恰当定位，以便获得领先于竞争对手的相对优势。

(8) 实施战略。

无论战略制定得多么有效，如果不能恰当地实施仍不可能保证公司的成功。另外，在战略实施过程中，最高管理层的领导能力固然重要，但中层和基层管理者执行计划的主动性也同样重要，公司管理层可通过各种手段以确保战略目标的实现。

(9) 评价结果。

战略管理是否成功需要通过评价来确定，需要回答以下问题：战略的效果如何？需要做哪些调整等，这涉及战略管理的控制过程。

2. 跨国公司战略管理体系构建

跨国公司战略管理不同于跨国公司经营管理。跨国公司的战略管理是为了提升企业的发展态势，增强企业生命力，以适应社会环境、市场环境及其他环境的变化。跨国公司的经营管理是为了强化竞争力、扩大收益基础，以增强跨国公司在市场环境中的地位和作用。这是两种具有不同目的的管理职能，对应两种不同的管理体系。

由于战略的本质特点不同于经营，所以战略管理体系不像经营管理体系那样清晰和明确，而是坐落在最高层次上，即跨国公司的战略管理是董事长和董事会的职责。跨国公司的战略发展部门隶属于董事会，战略发展部作为董事会的参谋机构，承担着战略管理的主要职能。经营管理则是跨国公司执行委员会、总经理的主要职责。跨国公司战略管理体系的构建，是要具有战略研究、战略情报、战略组织、战略控制等职能。

(1) 战略研究职能。

战略研究职能包括战略研究和战略性研究两个方面：战略研究是针对未来环境的变化研究企业发展的战略目的和战略规划。战略性研究是在战略研究的指导下，针对变化的某个方面、某个层次、某个局部，研究指导应对的政策和策略。企业的政策和策略研究作为战略性研究必须纳入战略发展部组织，要求各经营部门参与。

(2) 战略情报职能。

战略情报职能不同于企业经营信息管理，战略情报的范围不仅限于市场环境，还包括社会环境和其他环境。针对不同环境的相互作用对企业发展的直接作用和间接作用，针对竞争博弈对企业未来发展的作用，战略情报不仅要调查正在发生的变化，还要预见可能发生的新变化。因此，战略情报的职能不只是收集信息、调查情况，还包括更多的研究方面。市场信息常常只是战略情报的一个参考，战略情报中还包括了预见调查和预测调查，也包括了不同调查方法的设计研究。

(3) 战略组织职能。

战略组织职能是通过组织方方面面的关系和资源，包括可控和不可控的企业内外部各种力量和要素协同进行战略项目，以创造或取得新的机会。

(4) 战略控制职能。

战略控制职能包括规划控制、组织控制、成本控制和宣传控制等。

① 规划控制是由战略部署和战略规划制约的。

② 组织控制，即公司治理结构。不同的公司及公司发展的不同时期，其战略是不同的。如果出现战略同质化，那么企业在竞争中（非竞争除外）必败无疑。企业未来十年或十年以上的发展战略不同，公司治理结构的依据就不同，治理结构也应不同，从而才能起到组织控制的作用。

③ 成本控制，不是直接针对经营，而是针对企业发展态势、发展主动权的，如，发展速度的关系。企业发展的速度和规模对于企业发展的态势和主动权有直接影响，但是在变化的环境中，尤其是快速变化的环境中，速度和规模的发展不一定起正作用，还可能起副作用，可能使优势变劣势。

④ 宣传控制，就是要掌握企业宣传的进度与效应，及时对消费者舆情进行反馈跟踪和把握。

战略管理体系的上述四个主要职能是交织在一起的，不可能机械性地分开。

案例 3-5　查理·芒格眼中，企业有哪五种护城河？

护城河，用哈佛商学院教授迈克尔·波特的话来说就是"企业可持续的竞争优势"。芒格和巴菲特在伯克希尔·哈撒韦公司使用的比喻则是：公司本身等同于"城堡"，而城堡的价值是由"护城河"决定的。

公司需要有强大的"护城河"，因此在查理·芒格（Charlie Munger）看来，如果你在做一项投资决策，至少需要通过"四个过滤器"的筛选，这四个过滤器分别是：该业务是否具有"护城河"；该业务是否能让投资者理解；公司诚信和人才管理；是否可以以具有吸引力的价格实现投资（安全边际）。

这篇文章的主题是"护城河"，芒格列出了与"护城河"相关的四项技能。

第一，创造一个"护城河"。"护城河"的建设需要卓越的管理技巧与一些运气。

第二，找出其他人创造的"护城河"。芒格和巴菲特就是这样做的人。芒格承认，他和巴菲特购买"护城河"，一方面，是因为他们并不能把"护城河"建造得特别好。另一方面，他们的优势在于拥有一个有才华的管理团队，所以对于他们投资的企业来说，即使其管理人才离开了公司，他们也可以帮助企业生存下来。

第三，在初创企业的"护城河"变得明显之前发现它。这是一个优秀的风投希望做的事情，但这种技能非常罕见。

第四，用学术术语进行描述，就像迈克尔·波特那样。

这四项技能中的每一项都很难得，很多人只有一个，而世界上超过90%的人没有以上任何一种技能。芒格认为，发现别人创造的"护城河"与自己建造"护城河"，这两种能力是截然不同的。你不需要知道如何制作汉堡，但却可以发现麦当劳拥有"护城河"。

同样，伟大的经理人也许可以转型成为伟大的风险投资家，但有时候也不一定。迈克尔·波特能够很好地把微观经济学中的一些想法引入商学院，但芒格却说："我不会给他钱让他创业，或者是让他为我做投资决策，因为没有数据表明他可以做得很好。"

而对于芒格本人来说，一方面他认为，四个过滤器中没有什么比"护城河"更重要。另一方面，芒格虽然不会创造"护城河"，但能够识别并且购买它。

那么,"护城河"可能来自哪里呢?以下是几种潜在的来源。

1. 供应方的规模经济

首先,在一些寡头垄断的市场里,大型公司在商品和服务的生产方面产生掌握了规模经济,产品的单位成本随着产量的增加而下降。但是,由于管理大企业的难度过高等因素,规模经济很难帮助企业主宰整个市场。通用汽车就在汽车供给方面拥有很大的规模经济,但它从未主宰整个汽车市场。

其次,一些科技公司把诸如半导体制造等任务外包出去,失去了重要的供给优势,这在短期内看起来是明智的,但外包却会给公司带来长期的损害。

再次,以沃尔玛为例来解释规模经济的好处,通过对其分销系统的投资,沃尔玛拥有了庞大的供应方规模经济。这些投资给沃尔玛带来了"护城河",配合其高度的运营效率,帮助沃尔玛增加了盈利能力。

最后,伯克希尔·哈撒韦公司也看到了供应方规模经济在铁路业务上形成的"护城河"。铁路业务出现竞争对手的可能性极小,而且,随着美国基础设施投资水平的下降和能源价格的上涨,公共道路的情况恶化,铁路基建公司变得更具竞争力。

2. 需求方的规模经济(网络效应)

如果越来越多的人使用它,产品或服务就会变得更有价值,这时候需求侧的规模经济(也称为"网络效应")就会产生。与供应方规模经济不同,网络效应往往表现出两个特点:非线性和可累积。所以,在投资时,如果需要在供应方规模效应和需求方规模效应中选择,最好选后者。

eBay、Craigslist、Twitter、Facebook和其他多边市场都掌握了需求方的规模效应。微信也是,你的微信朋友圈中,你最亲密、最重要的人越多,你就越倾向于更频繁地使用微信。

亚马逊既有供应方也有需求方的规模经济,而且两者相互促进。例如,一方面,由于需求方的规模经济,在亚马逊上写下评论的人越多,对其他用户的参考价值就越大;另一方面,亚马逊在仓库和供应链上的规模经济也为其带来了巨大的竞争优势。

当然,网络效应只是影响利润的一个方面。有时网络效应存在,但市场很小(因为公司正处于一个利基市场),这种"护城河"对公司的影响可能也不会很大。

3. 品牌

芒格和巴菲特在购买喜诗糖果之前,一直不了解品牌的价值。他们在收购后才发现,这家公司可以定期提高价格,而客户并不一定会表示不满。他们称这种能力为"定价能力"。

芒格指出,在收购喜诗糖果之前:"我们不知道一个好品牌的力量。随着时间的推移,我们发现,就算你每年提高10%的价格,也没有人会太过在意。这一点几乎改变了伯克希尔·哈撒韦后来的投资思路。"

可口可乐也是一家类似的公司,它用了100年左右的时间,让人们相信商标也具备无形的价值。人们后来甚至把"可口可乐"这个品牌和一种独特的味道联系起来。

巴菲特和芒格在确定品牌护城河实力的时候,还会进行一项非常重要的思维测试:竞争对手是否可以通过大规模烧钱复制或削弱某家公司的品牌护城河?

举一个例子,巴菲特在2012年伯克希尔·哈撒韦公司会议上对可口可乐的评价是:"如果你给我100亿美元、200亿美元,甚至300亿美元来消除可口可乐的品牌价值,我也不到。"

当然,创造一个伟大的品牌是一件难得的事情,需要相当的技巧。

4. **监管**

很多企业有很强的管理能力,因此可以轻松面对监管,但强监管也会成为竞争对手进入的障碍。所以,相关的法规可能会保护一家公司,为其创造出"护城河"。

对于伯克希尔·哈撒韦公司来说,穆迪在债券评级业务中就具备类似的"监管护城河"。为了发行债券,监管机构要求发行人从极少数债券评级机构那里获得评级,而评级机构本身具备极高的门槛,这意味着对于三大评级机构——标准普尔公司、穆迪投资服务公司、惠誉国际信用评级公司来说,他们都类似"监管护城河"。

比如富国银行,它在这方面的收益也很大,甚至已经到了"大而不能倒"的程度,这同样意味着,它从监管中获益,拥有"监管护城河"。

5. **专利和知识产权**

被政府授予专利或其他类型知识产权的公司实际上拥有合法的垄断权。高通公司就是一个好例子,这家公司通过知识产权建立了"护城河"。它拥有非常多的专利,并且设法将它们变成(或是融入)足够重要的行业标准,再加上需求方面的经济规模,高通公司创建了一个防御性极强的"护城河"。

除了了解以上几类"护城河",我们还需要考虑一个问题:"护城河"的持久性。

在芒格看来,即使你现在有一个好生意,也并不意味着会持续很长时间。

例如,假设你开了一家服装店,开始还算成功,但这会吸引模仿者和竞争对手。对于消费者来说,他们当然很高兴,因为提供给他们的产品和服务会越来越好。但对投资者来说,这是一个痛苦的过程,结果可能会非常不确定。

再如报纸,这是一个曾经拥有惊人"护城河"的行业,现在这个"护城河"正在衰落。对于报纸来说,科技的进步使得他们几乎失去了自己的"护城河"。

最后来思考一下,如何衡量公司"护城河"的深浅?

想象一下,如果你的利润大于资金成本,并且这个利润水平在未来几年内能够保持合理的程度,那么你的"护城河"就很强大。因此,"护城河"的持续时间是其深浅的一个判断标准。

另外,定价能力也可以作为"护城河"深浅的评判标准。实际上,有的企业可以通过提高价格来大幅提高回报——但他们没有这样做。这意味着他们有很大的未开发的潜力,如迪士尼,再如可口可乐,它们都有尚未开发的定价能力。

资料来源:https://25iq.com/2012/12/06/charlie-munger-on-moats-first-of-the-four-essential-filters/

注:帕特·多尔西,2019. 巴菲特的护城河[M]. 刘寅龙,译. 北京:中国经济出版社.(帕特·多尔西认为,"护城河"就是企业的竞争优势,有"护城河"的企业更具投资价值。)

3.3 跨国企业战略管理分析方法（Ⅰ）

3.3.1 SWOT 分析法

1. SWOT 分析概述

SWOT 分析即态势分析，是指将与研究对象密切相关的各种主要内部优势、劣势和外部的机会和威胁等，通过调查列举出来，并依照矩阵形式排列，然后用系统分析的思想，把各种因素相互匹配起来加以分析来进行战略选择。其理论依据是有效的战略应能最大限度地利用业务优势和环境机会，同时能有效避开业务弱势和环境威胁。

优势（S，即 Strengths）：是指企业相对于竞争对手存在的资源、技术、管理、市场等优势。

劣势（W，即 Weaknesses）：是指企业相对于竞争对手而存在的严重制约企业经营效率的资源、技术、管理能力等因素。企业的优势和劣势都属于企业内部因素。

机会（O，即 Opportunities）：是指企业业务环境中有利用价值的形势。它使企业有进一步发展，或者改变目前业务结构，或者改变目前经营状况的余地。

威胁（T，即 Threats）：是指客观世界中的重大不利因素。它是企业发展的约束或障碍，甚至能迫使企业改变业务结构、停止经营。企业的机会和威胁都属于企业外部的客观因素。按照企业竞争战略的完整概念，战略应是一个企业"能够做的"（即组织的优势和劣势）和"可能做的"（即环境的机会和威胁）之间的有机组合。

SWOT 分析模型是将外部机会和威胁，内部优势和弱势对比，得出的四种组合（矩阵四象限），如图 3-6 所示。区域（2）是优势（S）—机会（O）最理想的组合：企业面临较多的发展机会，且有内部优势足以利用这些机会，采取的战略应是发展型战略。区域（3）是优势（S）—威胁（T）组合。企业有两种战略可选择：一是利用优势在其他业务或市场上发展，这是具有其他发展机会的企业常用的策略。注意，此策略适用企业能将优

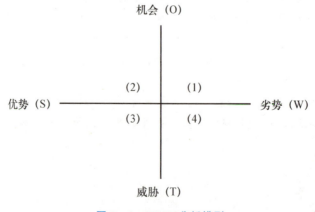

图 3-6 SWOT 分析模型

势用于其他业务时，如改变服务对象、进入新细分市场等；二是以优势正面克服环境障碍，一体化战略和多样化战略就是常用的选择。一般是在企业优势突出，特别是财力强大时才使用。区域（1）是机会（O）—劣势（W）的组合，重点是克服企业内部劣势，以充分利用环境机会。区域（4）是劣势（W）—威胁（T）组合，这时的企业处于最不理想的局面，一般应采取紧缩战略或撤退战略。

2. SWOT分析法的四个基本概念

运用SWOT分析法，应在确定内外部各种变量的基础上，采用杠杆效应、抑制性、脆弱性和问题性这四个基本概念来进行分析。

（1）杠杆效应（优势＋机会）。杠杆效应产生于内部优势与外部机会相互一致和适应时。在这种情形下，企业可以用自身内部优势撬起外部机会，使机会与优势充分结合而发挥作用。但机会往往是转瞬即逝的，企业必须敏锐地捕捉机会，把握时机，以寻求更大的发展。

（2）抑制性（劣势＋机会）。抑制性意味着妨碍、阻止、影响与控制。当环境提供的机会与企业内部资源优势不匹配，或者不能相互重叠时，企业的优势再大也得不到发挥。在这种情形下，企业就需要提供和追加某种资源，以促进内部资源劣势向优势方面转化，从而迎合或适应外部机会。

（3）脆弱性（优势＋威胁）。脆弱性意味着企业优势程度或强度降低、减少。当环境状况对公司优势构成威胁时，优势得不到充分发挥，出现优势不优的脆弱局面。在这种情形下，企业必须克服威胁，发挥优势。

（4）问题性（劣势＋威胁）。当企业内部劣势与企业外部威胁相遇时，企业将面临严峻挑战，处理不当，可能直接威胁到企业的生死存亡。

3. SWOT分析法的应用步骤

（1）优势与劣势分析（SW）。

① 企业竞争优势识别。由于企业是一个整体，并且由于竞争优势来源的广泛性，所以，在做优劣势分析时，必须在价值链的每个环节上，都将企业与竞争对手做详细的对比。例如，产品是否新颖，制造工艺是否复杂，销售渠道是否畅通，以及价格是否具有竞争性等。如果一个企业在某一方面或几个方面的优势正是该行业企业应具备的关键成功要素，那么，该企业的综合竞争优势就强一些。需要指出的是，衡量一个企业及其产品是否具有竞争优势，只能站在现有潜在用户角度上，而不是站在企业的角度上。即企业竞争优势是指消费者眼中一个企业或其产品优于其竞争对手的任何东西。它可以是产品线的宽度，产品的大小、质量、可靠性、适用性、风格和形象与及时的服务、热情的态度等。虽然竞争优势实际上指的是一个企业比其竞争对手有较强的综合优势，但是明确企业究竟在哪一个方面具有优势更有意义。因为只有这样，才可以扬长避短，或者以实击虚。

② 企业竞争优势维持。企业在维持竞争优势过程中，必须深刻认识自身的资源和能力，采取适当的措施。因为一个企业一旦在某一方面具有了竞争优势，势必会吸引竞争对手的注意。一般来说，企业经过一段时期的努力，建立起某种竞争优势；然后就处于维持这种竞争优势的态势，竞争对手开始逐渐做出反应；最后如果竞争对手直接进攻企业的优势所在，或者采取其他更为有力的策略，就会使这种优势受到削弱。所以，企业应保证其

资源的持久竞争优势。

资源的持久竞争优势一般会受到两方面因素的影响：企业资源的竞争性价值和竞争优势的持续时间。

评价企业资源的竞争性价值必须进行四项测试：第一，这项资源是否容易被复制？一项资源的模仿成本和难度越大，它的潜在竞争价值就越大；第二，这项资源能够持续多久？资源持续的时间越长，其价值越大；第三，这项资源是否能够真正在竞争中保持上乘价值？在竞争中，一项资源应该能为公司创造竞争优势；第四，这项资源是否会被竞争对手的其他资源或能力所抵消？

影响企业竞争优势持续时间的主要因素有三个：第一，建立这种优势要多长时间？第二，能够获得的优势有多大？第三，竞争对手做出有力反应需要多长时间？

（2）机会与威胁分析（OT）。

公司面临的潜在机会：市场机会是影响公司战略的重大因素。公司管理者应当确认每一个机会，评价每一个机会的成长和利润前景，选取那些可与公司财务和组织资源匹配、使公司获得竞争优势的潜力最大的机会。潜在的发展机会可能是：客户群扩大趋势或产品细分市场；技能技术向新产品新业务转移，为更大客户群服务；前向或后向整合；市场进入壁垒降低；获得并购竞争对手的能力；市场需求增长强劲，可快速扩张；出现向其他地理区域扩张，扩大市场份额的机会。

危及公司的外部威胁：在公司的外部环境中，总是存在某些对公司的盈利能力和市场地位构成威胁的因素。公司管理者应当及时确认危及公司未来利益的威胁，做出评价并采取相应的战略行动来抵消或减轻它们所产生的影响。公司的外部威胁可能是：出现将进入市场的强大的新竞争对手；替代品抢占公司销售额，主要产品市场增长率下降，汇率和外贸政策的不利变动，人口特征、社会消费方式的不利变动，客户或供应商谈判能力提高，需求减少，容易受到经济萧条和业务周期冲击。

（3）整体分析。

从整体上看，SWOT 分析法可分为两部分：第一部分为 SW，主要用来分析内部条件；第二部分为 OT，主要用来分析外部条件。利用这种方法可以从中找出对自己有利的、值得发扬的因素，以及对自己不利的、要避开的因素。发现存在的问题，找出解决办法，并明确以后的发展方向。根据这个分析法，可以将问题按轻重缓急分类，明确哪些是亟需解决的问题，哪些是可以迟些再办的事情，哪些属于战略目标上的障碍，哪些属于战术上的问题。并将这些研究对象列举出来，依照矩阵形式排列，然后用系统分析的思想，把各种因素相互匹配起来加以分析，从中得出一系列相应的结论。这些结论通常带有一定的决策性，有利于领导者和管理者做出较正确的决策和规划。

如果企业分析清楚了上述三个步骤，就可以明确自己在建立和维持竞争优势中的地位。当然，SWOT 分析法不是仅仅列出四项清单，最重要的是通过评价公司的强势、弱势、机会、威胁，最终得出以下结论。

① 在公司现有的内外部环境下，如何最优地运用自己的资源。

② 如何建立公司的未来资源。

（4）构造 SWOT 矩阵打分评价。

将调查得出的各种因素根据轻重缓急或影响程度等排序方式，构造 SWOT 矩阵。在此过程中,将那些对公司发展有直接的、重要的、大量的、迫切的、久远的影响因素优先排列出来,而将那些间接的、次要的、少许的、不急的、短暂的影响因素排列在后面,并按照通用矩阵或类似的方式打分评价。把识别出的所有企业优势分成两组,分组以两个原则为基础:它们是与行业中潜在的机会有关,还是与潜在的威胁有关。用同样的办法把所有的企业劣势分成两组,一组与机会有关,另一组与威胁有关。

(5)制订行动计划。

制订行动计划的基本思路是:克服劣势或增加优势,使企业内外部发展取得协调。所以,克服劣势或增强优势是战略选择的重要因素。为此,资源将成为影响战略选择的另一个重要因素。

① 战略选择矩阵的制作。矩阵制作时,要考虑"公司战略的基本目标"和"公司获得发展的资源来源"两个变量。第一,战略目标。公司的战略目标有两个:一是克服公司内部能力的劣势;二是增加公司内部能力的优势。第二,资源来源。企业获得发展资源的来源也有两个:一是通过兼并、联合等方式利用外部资源获得发展;二是通过内部资源重新分配,依靠自身资源获得发展。公司战略选择矩阵分析如图3-7所示。

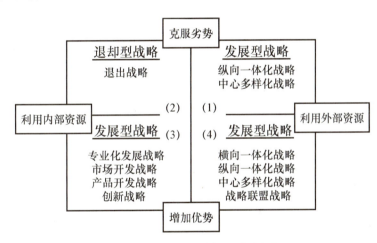

图 3-7 公司战略选择矩阵分析图

② 战略选择矩阵的分析。第一,克服劣势。矩阵(1)和(2)的战略方案都是为克服劣势而设计的。矩阵(1)区业务:企业过去将全部资源集中于一项业务,因而发展机会少,风险大,利用外部资源获得发展空间、克服经营劣势是理想选择。战略包括纵向一体化战略和中心多样化战略。纵向一体化战略可降低企业投入物供应或接近用户的不确定性,因而降低了风险。中心多样化战略既扩大了有利的投资领域,又不远离原经营业务。外部资源克服劣势的战略成本较高,如兼并谈判、购买、协作交易费用等,特别是拓展第二类业务需要大量的资金和时间投入。同时需要防止克服一种劣势,又产生另一种劣势。矩阵(2)区业务:这是最保守的,将某一劣势业务的资源转移到另一业务,虽然企业的资源总量和经营基本宗旨未改变,但却加强了成功业务,增强了企业的竞争力。战略为退出战略。当劣势业务已成为阻碍企业成功的阻力,或者是克服成本过高企业无力承担,或者是成本—效益分析为不合理时,企业就应选择退出战略。退出也是企业重组资源的有效途径,包括清算,虽造成资源流失但仍是企业破产时的有效战略。第二,增加优势。矩阵

区域（3）和（4）推荐的战略是提升企业业务的优势。企业的成功是建立在优势基础上的，但企业必须具有实现经济规模或市场份额的能力。矩阵（3）区的业务：企业认为增加市场份额可提高获利能力，并决定从内部增强优势，则可选择专业化发展战略、市场开发战略、产品开发战略、创新战略等发展性战略。其中最常用的是集中在一项业务上进行市场渗透，即支持现有产品或市场，并追加资源增强企业优势和市场竞争地位。当企业认为现有用户能对企业现有产品的相关产品感兴趣时，则选择"产品开发战略"；当认为企业产品会为新用户接受时，则可选择"市场开发战略"；当企业的优势表现为研发能力或独特技术和管理创新能力时，加速产品更新有利于增加获利，则选择"创新战略"。矩阵（4）区的业务：当企业经营规模扩大使优势业务达到最大时，则选择强调外部因素的战略，即，矩阵（4）区内的战略，可以是横向一体化，它能迅速扩大企业的产能，也可以是纵向一体化，它能发挥企业外部因素的作用。另外，也可选择中心多样化战略，它能使企业业务协调发展。战略联盟战略能使企业优势扩展到新领域，且能利用合资企业的资源降低企业的投资及成本。国际化战略虽未被推荐，但上述战略都可在国际化经营中采用。并根据企业优势及环境变化及时地调整。

案例 3-6　科尔尼咨询公司用 SWOT 分析法得出的矩阵图示例（表 3-3）

表 3-3　SWOT 分析法

	优势（Strengths）	劣势（Weaknesses）
内部能力 / 外部因素	● 作为国家机关拥有公众的信任 ● 顾客对邮政服务的高度亲近感和信任感 ● 拥有全国范围内的物流网 ● 拥有众多的人力资源 ● 具有实现邮政/金融协同作用的可能性	● 上门取件相关人力及车辆不足 ● 市场及物流专家不足 ● 组织、预算、费用等方面的灵活性不足 ● 包裹破损的可能性很大 ● 追踪查询服务不够完善
机会（Opportunities）	SO	WO
● 随着电子商务的普及，对寄件需求增加（年平均需求增加 38%） ● 能够确保应对市场开放的事业自由度 ● 物流及 IT 等关键技术飞跃性的发展	● 以邮政网络为基础，积极进入配送市场 ● 进入 shopping mall 配送市场 ● ePOST 活性化 ● 开发灵活运用关键技术的多样化的邮政服务	● 组成邮政包裹专门组织 ● 通过实物与信息的统一化进行实时的追踪（Track&Trace）及物流控制（Command&Control） ● 将增值服务及一般服务差别化的价格体系的制定及服务内容的再整理

续表

风险（Threats）	ST	WT
● 通信技术发展后，对邮政的需求可能减少 ● 现有配送企业的设备投资及代理增多 ● WTO邮政服务市场开放的压力 ● 国外配送企业进入国内市场	● 灵活运用范围宽广的邮政物流网络，树立积极的市场战略 ● 通过与全球性的物流企业进行战略联盟，提高国外邮件的收益及服务 ● 为了确保企业顾客，树立积极的市场战略	● 根据服务的特性，对包裹详情单与包裹运送网分别运营 对已经确定的邮政物流运营提高效率（BPR），由此提高市场竞争力

资料来源：https://wenku.baidu.com/view/040b6a3817791711cc7931b765ce050876327516.html?_wkts_=1686277369124&bdQuery=SWOT%E5%88%86%E6%9E%90%E6%A8%A1%E5%9E%8B%E8%AF%A6%E8%A7%A3%E5%8F%8A%E7%BB%8F%E5%85%B8%E6%A1%88%E4%BE%8B, 2023-05-21.

4. SWOT分析法的特点

（1）结构化。

首先，在形式上，SWOT分析法表现为构造SWOT结构矩阵，并对矩阵的不同区域赋予了不同分析意义；其次，在内容上，SWOT分析法将公司的战略与公司内部资源、外部环境有机结合起来。其中，优劣势分析主要着眼于企业自身的实力及其与竞争对手的比较，而机会和威胁分析则将注意力放在外部环境的变化及对企业的可能影响上。外部环境的变化可能给具有不同资源和能力的企业带来完全不同的机会与威胁。因此两者之间又有紧密联系，从而形成了结构化的平衡系统分析体系。

（2）系统性。

早在SWOT分析法产生之前的20世纪60年代，就已经有人提出过SWOT分析中涉及的企业内部优势与弱点，外部环境的机会与威胁这些变化因素，但都只是孤立地对它们加以分析。SWOT分析法的重要贡献在于用系统的思想，将这些似乎独立的因素相互匹配起来进行综合分析，使得企业战略计划的制订更加科学全面。

（3）简单直观。

SWOT分析法自形成以来，广泛应用于战略研究与竞争分析，成为战略管理和竞争情报的重要分析工具。分析直观、使用简单是它的重要优点。即使没有精确的数据支持和更专业化的分析工具，也可以得出有说服力的结论。但是，正是这种直观和简单，使得SWOT分析法不可避免地带有精度不够的缺陷。例如，SWOT分析采用定性方法，通过罗列S、W、O、T的各种表现，形成一种模糊的企业竞争地位描述，以此为依据做出的判断不免带有一定程度的主观臆断。所以，在使用SWOT分析法时要注意方法本身的局限性，在罗列作为判断依据的事实时，要尽量真实、客观、精确，并提供一定的定量分析数据以弥补其纯定性分析的不足。

3.3.2 BCG矩阵分析法

1. BCG矩阵分析法简介

BCG矩阵分析法，即波士顿矩阵（BCG Matrix），又称市场增长率——相对市场份额矩阵、波士顿咨询集团法、四象限分析法、产品系列结构管理法等。BCG矩阵分析法是将需求增长率和相对市场占有率作为衡量标准形成矩阵图形，然后对企业的经营领域进行分析和评价的一种综合方法。需求增长率反映了市场需求对企业的吸引力，某种经营领域的需求增长率大，对企业从事该生产经营活动的吸引力也大。相对市场占有率反映了企业某种经营领域在市场中的竞争地位，这一指标高，表示企业在该经营领域的竞争力强。

BCG矩阵分析法是由美国著名的管理学家、波士顿咨询公司创始人布鲁斯·亨德森于1970年首创的。BCG矩阵分析法认为，一般决定产品结构的基本因素有两个：即市场引力与企业实力。市场引力包括整个市场的销售量（额）增长率、竞争对手强弱及利润高低等；其中，最主要的是反映市场引力的综合指标——销售增长率，这是决定企业产品结构是否合理的外在因素。企业实力包括市场占有率，技术、设备、资金利用能力等；其中，市场占有率是决定企业产品结构的内在要素，它直接显示出企业的竞争实力。

销售增长率与市场占有率既相互影响，又互为条件：市场吸引力大，市场占有率高，可以显示产品发展的良好前景，企业也具备相应的适应能力，实力较强；如果只是市场吸引力大，而没有相应的高市场占有率，则说明企业尚无足够实力，则该种产品也无法顺利发展。相反，企业实力强，而市场吸引力小的产品也预示了该产品的市场前景不佳。

通过以上两个因素相互作用，会出现四种不同性质的产品类型，形成不同的产品发展前景：①销售增长率和市场占有率"双高"的产品群（明星类产品），②销售增长率和市场占有率"双低"的产品群（瘦狗类产品），③销售增长率高、市场占有率低的产品群（问题类产品），④销售增长率低、市场占有率高的产品群（金牛类产品），BCG矩阵分析模型如图3-8所示。

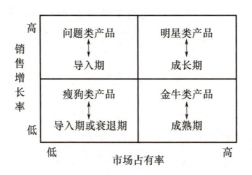

图3-8 BCG矩阵分析模型

2. BCG矩阵分析法的基本步骤

（1）基本原理。

BCG矩阵分析法将企业所有产品从销售增长率和市场占有率角度进行再组合。在坐标图上，以纵轴表示企业销售增长率，横轴表示市场占有率，各以10%和20%作为区分高、低的中点,将坐标图划分为四个象限,依次为明星类产品(★)、问题类产品(?)、金牛类产品(¥)、瘦狗类产品(×)。其目的在于通过产品所处不同象限的划分,使企业采取不同决策,以保证其不断地淘汰无发展前景的产品,保持"问题""明星""金牛""瘦狗"产品的合理组合,实现产品及资源分配结构的良性循环。

(2)基本步骤。

① 核算企业各种产品的销售增长率和市场占有率。销售增长率可以用本企业的产品销售额或销售量增长率,时间可以是一年或三年以至更长时间。市场占有率可以用相对市场占有率或绝对市场占有率,但要用最新资料。

市场占有率基本计算公式如下。

本企业某种产品绝对市场占有率=该产品本企业销售量÷该产品市场销售总量

本企业某种产品相对市场占有率=该产品本企业市场占有率÷该产品市场占有份额最大者(或特定的竞争对手)的市场占有率

② 绘制四象限图:纵坐标(市场成长率)表示该业务的销售量或销售额的年增长率,用0%~20%表示,并认为市场成长率超过10%就是高速增长。横坐标(相对市场份额)表示该业务相对于最大竞争对手的市场份额,用于衡量企业在相关市场上的实力。用数字0.1(该企业销售量是最大竞争对手销售量的10%)—10(该企业销售量是最大竞争对手销售量的10倍)表示,并以相对市场份额1.0为分界线。需注意的是,这些数字范围可能在运用中根据实际情况的不同进行修改。然后把企业全部产品按其销售增长率和市场占有率的大小,在坐标图上标出其相应位置(圆心)。定位后,按每种产品当年销售额的多少,绘制成面积不等的圆圈,顺序标上不同的数字代号以示区别。定位的结果即将产品划分为四种类型。

3. BCG矩阵分析法的战略对策

BCG矩阵对于企业产品所处的四个象限具有不同的定义和相应的战略对策。

(1)明星产品(Stars)。

明星产品是指处于高增长率、高市场占有率象限内的产品群,这类产品可能成为企业的现金牛产品,需要加大投资以支持其迅速发展。采用的发展战略是:积极扩大经济规模和市场机会,以长远利益为目标,提高市场占有率,加强竞争地位。发展战略及明星产品的管理与组织最好采用事业部形式,由对生产技术和销售两方面都很内行的经营者负责。

(2)金牛产品(Cash Cow)。

金牛产品又称厚利产品,是指处于低增长率、高市场占有率象限内的产品群,产品已进入成熟期。其财务特点是销售量大、产品利润率高、负债比率低,可以为企业提供资金,而且由于增长率低,也无须增大投资;因而成为企业回收资金,支持其他产品,尤其明星产品投资的后盾。其采用的发展战略是:①把设备投资和其他投资尽量压缩;②采用榨油式方法,争取在短时间内获取更多利润,为其他产品提供资金。对于这一象限内销售增长率仍有所增长的产品,应进一步进行市场细分,维持现存市场增长率或延缓其下降速度。对于金牛产品,适合于用事业部制进行管理,其经营者最好是市场营销型人物。

金牛业务是指低市场成长率、高相对市场份额的业务,是成熟市场中的领导者,也是企业现金的来源。由于市场已经成熟,企业不必大量投资来扩展市场规模,同时作为市场中的领导者，该业务享有规模经济和高边际利润的优势，因而给企业带来大量财源。企业往往用金牛业务来支付账款并支持其他三种需大量现金的业务。

(3) 问题产品（Question Marks）。

问题产品是指处于高增长率、低市场占有率象限内的产品群。销售的高增长率说明市场机会大，前景好，而低的市场占有率则说明在市场营销上存在问题。其财务特点是利润率较低，所需资金不足，负债比率高。例如，在产品生命周期中处于引进期、因种种原因未能开拓市场局面的新产品即属问题产品。对问题产品应采取选择性投资战略。因此，对问题产品的改进与扶持方案一般均列入企业长期计划中。对问题产品的管理组织，最好采取智囊团或项目组织等形式，选拔有规划能力，敢于冒风险、有才干的人负责。

(4) 瘦狗产品（Dogs）。

瘦狗产品也称衰退类产品，是指处在低增长率、低市场占有率象限内的产品群。其财务特点是利润率低、处于保本或亏损状态，负债比率高，无法为企业带来收益。对这类产品应采用撤退战略：首先，应减少批量，逐渐撤退，对那些销售增长率和市场占有率均极低的产品应立即淘汰；其次，应将剩余资源向其他产品转移；最后，整顿产品系列，最好将瘦狗产品与其他产品合并，统一管理。

4. BCG矩阵分析法的应用法则

按照BCG矩阵的原理，产品市场占有率越高，创造利润的能力越大；另一方面，销售增长率越高，为了维持其增长及扩大市场占有率所需的资金也越多。这样可以使企业的产品结构实现产品互相支持，资金良性循环的局面。按照产品在象限内的位置及移动趋势的划分，形成了波士顿矩阵的基本应用法则。

(1) 成功的月牙环。

在企业生产领域内，各种产品的分布如果显示为月牙环形，这就是成功企业的象征，因为盈利的产品不止一个，而且这些产品的销售收入都比较高，还有不少明星产品，问题产品和瘦狗产品的销售量都很少。如果产品结构显示为散乱分布，那么说明其产品结构未规划好，这时就根据不同产品采取不同策略。

(2) 黑球失败法则。

如果在第三象限内一个产品都没有，或者即使有，其销售收入也几乎近于零，则可用一个大黑球表示。这种状况显示企业没有任何利润大的产品，说明应当对现有产品结构进行调整，并考虑开发新的产品。

(3) 东北方向大吉。

一个企业的产品在四个象限中的分布越是集中于东北方向，则显示该企业的产品结构中明星产品越多，越有发展潜力；相反，产品的分布越是集中在西南角，说明瘦狗类产品数量大，该企业产品结构衰退，经营不成功。

(4) 踊跃移动速度。

从每个产品的发展过程及趋势来看，产品的销售增长率越高，为维持其持续增长所需的资金量也相对越高；而市场占有率越大，创造利润的能力也越大，持续时间也相对长一些。按正常趋势来说，问题产品从明星产品最后变为金牛产品，标志着该产品从纯资金耗费到为企业获取经济效益的发展过程，但是这一趋势移动速度的快慢也影响到其所能提供的收益的大小。

如果某一产品从问题产品（包括从瘦狗产品）变成金牛产品的移动速度太快，则说明其在高投资与高利润率的明星区域的时间很短，因此为企业提供利润的可能性及持续时间都不会太长，总的贡献也不会大；相反，如果产品发展速度太慢，在某一象限内停留时间过长，则该产品也会很快被淘汰。

BCG 矩阵分析法是假定一个企业由两个以上的经营单位组成，每个单位的产品又有明显的差异，并具有不同的细分市场。在拟定每个产品的发展战略时，主要考虑它的相对竞争地位（市场占有率）和业务增长率。以前者为横坐标，后者为纵坐标，然后分为四个象限，各经营单位的产品按其市场占有率和业务增长率高低填入相应的位置。

企业经营者应用 BCG 矩阵分析法就是通过四象限法的分析，掌握产品结构的现状及预测未来市场的变化，进而有效、合理地分配企业的经营资源。在产品结构调整中，不是在产品到了"瘦狗"阶段才考虑如何撤退，而应在"金牛"阶段时就考虑如何使产品损失最小而收益最大。

5. BCG 矩阵分析法的应用

在充分了解了四种业务的特点后，还需要进一步明确各项业务单位在公司中的不同地位，从而进一步明确其战略目标。通常，四种战略目标分别适用于不同的业务。

（1）发展。

此战略以提高经营单位的相对市场占有率为目标，甚至不惜放弃短期收益。要使问题类业务尽快成为"明星"，就要增加资金投入。

（2）保持。

此战略以投资维持现状，目标是保持业务单位现有的市场份额。较大的"金牛"类业务可以此为目标，促使它们产生更多的收益。

（3）收割。

此战略主要为了获得短期收益，目标是在短期内尽可能地得到最大程度的现金收入。对处境不佳的金牛类业务及没有发展前途的问题类业务和瘦狗类业务，应视具体情况决定是否采取此种策略。

（4）放弃。

此战略的目标在于清理和撤销某些业务，减轻负担，以便将有限的资源用于效益较高的业务。这种目标适用于无利可图的瘦狗类和问题类业务。一个公司必须对其业务加以调整，以使其投资组合趋于合理。

6. BCG 矩阵分析法的优缺点

BCG 矩阵分析法的应用不但提高了管理人员的分析和战略决策能力，同时还帮助他们以前瞻性的眼光看问题，更深刻地理解企业各项业务活动之间的联系，加强了业务单位和企业管理人员之间的沟通，及时调整企业的业务投资组合，收获或放弃萎缩业务，加大在更有发展前景的业务中的投资，紧缩那些没有发展前景的业务投资。但同时也应该看到这种方法的局限性，该方法难以同时顾及两项或多项业务的平衡。因此，在使用 BCG 矩阵分析法时要尽量查阅更多资料，审慎分析，避免因方法的缺陷而造成决策的失误。

3.4　跨国企业战略管理分析方法（Ⅱ）

3.4.1　GE 矩阵分析法

1. GE 矩阵分析法简介

GE 矩阵分析法也称通用矩阵分析法（GE Matrix/Mckinsey Matrix）、麦肯锡矩阵、九盒矩阵法、行业吸引力矩阵。即根据企业在市场上的实力和所在市场的吸引力对企业自身进行评估。在需要对产业吸引力和业务实力作广义而灵活的定义时，可以以 GE 矩阵为基础进行战略规划。

GE 矩阵分析法是为了克服 BCG 矩阵分析法的不足而开发出来的。针对 BCG 矩阵分析法所存在的不足，美国通用电气公司（GE）于 20 世纪 70 年代开发了新的投资组合分析方法——GE 矩阵分析法。相比 BCG 矩阵分析法，GE 矩阵分析法也提供了产业吸引力和业务实力之间的类似比较，但不像 BCG 矩阵分析法用市场增长率来衡量吸引力，用相对市场份额来衡量实力，只是单一指标；而 GE 矩阵分析法使用数量更多的因素来衡量这两个变量，纵轴用多个指标反映产业吸引力，横轴用多个指标反映企业竞争地位，同时增加了中间等级。由于 GE 矩阵分析法使用了多个因素，可以通过增减某些因素或改变它们的重点所在，很容易地使 GE 矩阵分析法适应经理的具体意向或某产业特殊性的要求。

2. GE 矩阵分析法的操作步骤

（1）确定战略业务单位，并对每个战略业务单位进行内外部环境分析。

根据企业的实际情况，或者依据产品（包括服务）、地域，对企业的业务进行划分，形成战略业务单位，针对每一个战略业务单位进行内外部环境分析。

（2）确定评价因素及每个因素的权重。

确定市场吸引力和企业竞争力的主要评价指标，以及每一个指标所占的权重。市场吸引力和企业竞争力的评价指标没有通用标准，必须根据企业所处的行业特点和企业发展阶段、行业竞争状况进行确定。但是从总体上讲，市场吸引力主要由行业的发展潜力和盈利能力决定，企业竞争力主要由企业的财务资源、人力资源、技术能力和经验、无形资源与能力决定。确定评价指标的同时还必须确定每个评价指标的权重。

（3）进行评估打分。

根据行业分析结果，对各战略业务单位的市场吸引力和竞争力进行评估和打分，并加权求和，得到每项战略业务单元的市场吸引力和竞争力最终得分。

（4）将各战略单位标在 GE 矩阵上。

根据每个战略业务单位的市场吸引力和竞争力总体得分，将每个战略业务单位用圆圈标在 GE 矩阵上，如图 3-9 所示。在标注时，注意圆圈的大小表示战略业务单位的市场总量规模。有时也可以用扇形反映企业的市场占有率。

（5）对各战略单位策略进行说明。

根据每个战略业务单位在 GE 矩阵上的位置,对各个战略业务单位的发展战略指导思想进行系统说明和阐述(见图 3-9)。

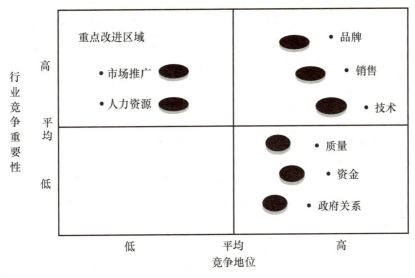

图 3-9　GE 矩阵(战略业务单位)

3. GE 矩阵分析法应用时需注意的问题

(1)评价指标尽量定量化。

对于每项评价指标尽量定量化,没法定量化的要划分量级,对每个量级的得分进行统一规定。

(2)不同业务之间每个评价指标的权重可以不同。

由于每一项战略业务单元所处的生命周期不同,每一项业务的特点不同,企业关注每项业务的侧重点也不同。例如,对于成长型的业务,企业可能更关注该业务的增长潜力和发展速度;对于成熟型的业务,企业可能更关注市场总量和盈利能力。因此,评价指标权重的确定,必须根据每一项业务的特点进行确定。不同业务单元之间,企业竞争力评价指标的权重也不相同,因为对于不同的战略业务单元,企业所处的市场地位不同,关注和追求的目标不同,所以评价指标的权重也不同。

4. GE 矩阵分析法的分析过程

GE 矩阵分析法可以根据事业单位在市场上的实力,和所在市场的吸引力来对这些事业单位进行评估,也可以表述一个公司的事业单位组合,以判断其优势和劣势。在需要对产业吸引力和业务实力做广义而灵活的定义时,可以以 GE 矩阵为基础进行战略规划。按市场吸引力和业务自身实力两个维度评估现有业务(或事业单位),每个维度分三级,共分为九格,以表示两个维度上不同级别的组合。在两个维度上,可以根据不同情况确定评价指标。

绘制 GE 矩阵,需要找出外部(行业吸引力)和内部(企业竞争力)因素,然后对各因素加权,得出衡量内部因素和外部因素的标准。当然,在开始搜集资料前仔细选择那些有意义的战略事业单位是十分重要的。

(1) 定义各因素。

选择要评估业务（或产品）实力和市场吸引力所需的重要因素，在 GE 矩阵内部分别称之为内部因素和外部因素。下面列出的是需要经常考虑的一些因素（可能需要根据各公司情况做出一些增减）。确定这些因素的方法可以采取头脑风暴法或名义群体法等，关键是不能遗漏重要因素，也不能将微不足道的因素纳入分析中。

(2) 估测内部因素和外部因素的影响。

从外部因素开始，纵览图 3-10，并根据每个因素的吸引力大小对其评分。如果一个因素对所有竞争对手的影响相似，则对其影响做总体评估，如果一个因素对不同竞争者有不同影响，则可比较它对自己业务的影响和重要竞争对手的影响。在这里可以采取五级评分标准（1＝毫无吸引力，2＝没有吸引力，3＝中性影响，4＝有吸引力，5＝极有吸引力）。同时使用五级标准对内部因素进行类似的评定（1＝极度竞争劣势，2＝竞争劣势，3＝同竞争对手持平，4＝竞争优势，5＝极度竞争优势），在这一部分，应该选择一个总体

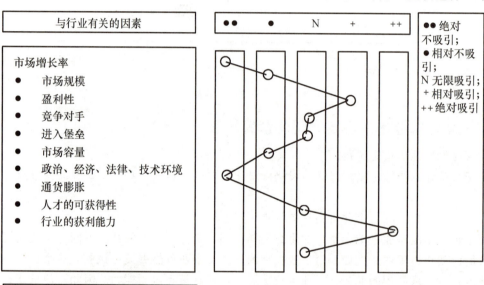

图 3-10 GE 矩阵分析法

上最强的竞争对手做对比的对象。

具体的方法是：首先，确定内外部的影响因素并确定其权重；其次，根据产业状况和企业状况定出产业吸引力因素和企业竞争力因素的级数（五级）；再次，用权重乘以级数，得出每个因素的加权数并汇总，得到整个产业吸引力的加权值；最后，分别用折线图和表格两种形式来表示。

(3) 得出衡量实力和吸引力的简易标准。

对外部因素和内部因素的重要性进行估测，得出衡量实力和吸引力的简易标准，有定性和定量两种方法可以选择。

① 定性方法。审阅并讨论内外部因素，以在第二步中所打的分数为基础，按强、中、弱三个等级来评定该战略事业单位的实力和产业吸引力。

② 定量方法。首先将内外部因素分列，分别对其进行加权，使所有因素的加权系数总和为1，其次用其在第二步中的得分乘以其权重系数，最后分别相加，就得到所评估的战略事业单位在实力和吸引力方面的得分（介于1和5之间，1代表产业吸引力低或业务实力弱，而5代表产业吸引力高或业务实力强）。

(4) 将该战略事业单位标在 GE 矩阵上。

矩阵坐标纵轴为产业吸引力，横轴为业务实力。每条轴上用两条线将数轴划分为三部分，这样坐标就成为网格图。两坐标轴刻度可以为高、中、低或1至5。根据经理的战略利益关注，对其他战略事业单位或竞争对手也可做同样分析。另外，在图上标出一组业务组合中位于不同市场或产业的战略事业单位时，可以用圆来表示各企业单位，图中圆面积大小与相应单位的销售规模成正比，而阴影扇形的面积代表其市场份额。这样 GE 矩阵就可以提供更多的信息。

(5) 对矩阵进行诠释。

通过对战略事业单位在矩阵上的位置分析，公司就可以选择相应的战略举措。例如，高位优先发展，中位谨慎发展，低位只关注是否有利益。

5. GE 矩阵分析法的应用价值

(1) 用途。

GE 矩阵可以用于预测战略事业单位业务组合的产业吸引力和业务实力，只要在因素评估中考虑未来某个时间每一因素的重要程度及其影响大小，就可以建立预测矩阵。由此我们可以看出，GE 矩阵比较全面地对战略事业单位的业务组合进行规划分析，而且可以根据企业实际和产业特性进行分析，因此具有广泛的应用价值。例如，用于产品选择，用于关键因素优化分析等。

关键因素优化分析主要分析各要素对行业竞争的重要性及本企业拥有的程度。通过将各因素根据两维指标在矩阵中定位后，企业可以直观地分析出企业对关键因素的拥有程度。企业应将其核心能力构建在行业关键成功因素上，企业资源投入应从拥有程度高，但本身重要性不高的那些因素中转移出来，转而投到那些目前拥有程度低，但对行业竞争成功意义重大的那些因素中去。

(2) GE 矩阵分析法相比 BCG 矩阵的优点。

① 市场/行业吸引力代替了市场成长被吸纳进来作为一个评价维度。市场吸引力较之

市场增长率显然包含了更多的考量因素。

② 竞争实力代替了市场份额作为另外一个维度，由此对每一个事业单元的竞争地位进行评估分析。同样，竞争实力较之市场份额亦包含了更多的考量因素。

③ GE 矩阵有 9 个象限，而 BCG 矩阵只有 4 个象限，因此 GE 矩阵结构更复杂、分析更准确，如图 3-11 所示。

(3) GE 矩阵分析法的不足。

① 对各种不同因素进行评估的现实程度。

② 指标的最后聚合比较困难。

③ 核心竞争力未被提及。

④ 没有考虑到战略事业单元之间的相互作用关系。

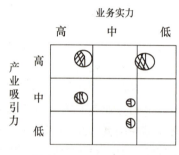

图 3-11　GE 矩阵结构

3.4.2　价值链分析法

1. 价值链分析法简介

价值链分析法是由美国哈佛商学院教授迈克尔·波特提出的一种寻求确定企业竞争优势的工具。价值链分析法即运用系统性方法来考察企业各项活动和相互关系，从而寻求具有竞争优势的资源。

价值链思想认为，企业的价值增加过程，按照经济和技术的相对独立性，可以分为既相互独立又相互联系的多个价值活动，这些价值活动形成一个独特的价值链。价值活动是企业所从事的物质上和技术上的各项活动，不同企业的价值活动划分与构成不同，价值链也不同。

价值链思想可概括为以下几方面。第一，企业各项活动之间都有密切联系，如原材料供应的计划性、及时性和协调性与企业的生产制造有密切的联系。第二，每项活动都能给企业带来有形或无形的价值。例如，售后服务，如果企业密切注意顾客所需或做好售后服务，就可以提高企业的信誉，从而为企业带来无形价值。第三，价值链不仅包括企业内部各链式活动，还包括企业外部活动，如与供应商之间的关系、与顾客之间的关系。

对制造业来说，企业价值活动分为基本活动和支持活动。基本活动包括内部后勤、外部后勤、市场营销、服务。辅助活动包括企业基础设施（企业运营中各种保证措施的总称）、人力资源管理、技术开发、采购。每项活动都包括直接创造价值的活动、间接创造价值的活动和质量保证活动三部分。企业内部某一个活动是否创造价值，要看它是否提供了后续活动所需要的东西、是否降低了后续活动的成本、是否改善了后续活动的质量。

因此，价值链分析法把企业内外价值增加的活动分为基本活动和支持活动，基本活动涉及企业生产、销售、进料后勤、发货后勤、售后服务等，支持活动涉及人事、财务、计划、研究与开发、采购等。基本活动和支持活动构成了企业的价值链。

（1）基本活动。

基本活动按时序分为以下五类。

① 产前准备活动。其包括物料验收、存储管理、库存控制、发放、退货等，这关系到企业生产的连续性、效率、成本和质量。

② 生产活动。其包括加工、包装、质检、设备检修、在制品运管、生产进度及组织安排等。生产活动决定产品的质量、品种、成本和价格。

③ 生产后准备活动。生产后准备活动是指从车间到用户之间的活动，包括完工品存储、厂内运输、入库、交货运输、订货、分销、交货期等。生产后准备活动影响存货、资金周转、商品质量及用户关系。

④ 营销及促销活动。其包括定价与报价、销售渠道及方式、广告与促销、建设客户关系网等。

⑤ 服务活动。其包括安装与维修、用户培训、零部件供应、产品调整、终身服务等。"从设计开始服务"的理念贯穿整个价值链。

（2）支持活动。

支持活动为基本活动提供服务，是企业竞争优势的主要来源。

① 采购活动。其包括原材料、设备、劳务采购与人员招聘。采购成本对价值链影响巨大，因而需受到重视，可设采购部门，也可分口或归口管理。

② 技术开发活动。技术创新与开发存在于各价值活动之中，可以由研发部门或生产管理部门来主持，也可以由专业人员或员工来执行。它是形成企业核心竞争力的关键。

③ 人力资源活动。其包括人员的录用、培训、考评、激励、晋升与淘汰等，与一切基本活动和支持活动有关，是现代企业的管理核心。

④ 行政管理活动。其包括总务、行政、公关、法律、财务、企划及相关活动。它们直接关系企业管理效率。

制造业企业价值链分析法如图 3-12 所示。

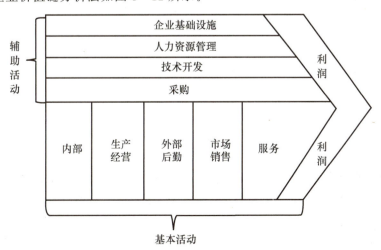

图 3-12 制造业企业价值链分析法

案例 3-7 某复印机企业的价值链图示（见图 3-13）

	企业基础设施				
人力资源管理		招聘、培训		招聘	利润
研究与开发	自动化系统的设计	元件设计、总装设计、机器设计、检测程序、能源管理	信息系统开发	市场研究销售支持	服务手册和程序
采购	运输服务	原材料、能源、物资供应、零部件	计算机服务运输服务	中介服务物资供应	备用件	利润
	进货搬运进货检查邮件检查和交运	邮件装配总装调节和检测设备作业	订单处理装运	广告促销销售队伍	备用件系统服务信誉	
	进料后勤	生产经营	发货后勤	市场营销	服务	

图 3-13 某复印机企业价值链

2. 价值链分析法的特点

（1）价值链分析的基础是价值，各种价值活动构成价值链。

价值是买方愿意为企业提供给他们的产品所支付的价格，也代表着顾客需求满足的实现。价值活动是企业所从事的物质上和技术上的界限分明的各项活动，是企业制造对买方有价值的产品的基石。

（2）价值活动可分为两种活动：基本活动和支持活动。

基本活动是指涉及产品的物质创造及其销售、转移给买方和售后服务的各种活动。支持活动是指为基本活动提供服务并通过提供外购投入、技术、人力资源及各种公司范围的职能以相互支持。

（3）价值链列示了总价值。

价值链除包括价值活动外，还包括利润，利润是总价值与从事各种价值活动的总成本之差。

（4）价值链的整体性。

企业的价值链体现在更广泛的价值系统中。供应商拥有创造和交付企业价值链所使用的外购输入的价值链（上游价值），许多产品通过渠道价值链（渠道价值）到达买方手中，企业产品最终成为买方价值链的一部分，这些价值链都在影响企业的价值链。因此，获取并保持竞争优势不仅要理解企业自身的价值链，而且也要理解企业价值链所处的价值系统。

（5）价值链的异质性。

不同的产业具有不同的价值链；在同一产业中，不同企业的价值链也不同，这反映了企业各自的历史、战略及实施战略的途径等方面的不同，同时也代表着企业竞争优势的一种潜在来源。

3. 价值链分析法的内容

（1）识别价值。

识别价值活动要求在技术上和战略上有显著差别的多种活动相互独立。

（2）确立类型。

在每类基本和支持活动中，都有三种不同类型。

① 直接活动涉及直接为买方创造价值的各种活动，如零部件加工、安装、产品设计、销售、人员招聘等。

② 间接活动是指那些使直接活动持续进行成为可能的各种活动，如设备维修与管理、工具制造，原材料供应与储存，新产品开发等。

③ 质量保证是指确保其他活动质量的各种活动，如监督、视察、检测、核对、调整和返工等。

这些活动有着完全不同的经济效果，对竞争优势的确立起着不同的作用，应该加以区分，权衡取舍，以确定核心和非核心活动。

4. 价值链分析方法

每一种最终产品从其最初的原材料投入到最终送到消费者手中，都要经过无数个相互联系的作业环节，这就是价值链。价值链分析法将基本的原材料到最终用户之间的价值链分解成与战略相关的活动，以便理解成本的性质和差异产生的原因。它是确定竞争对手成本的工具，也是制定本公司竞争策略的基础。价值链分析可以从内部、纵向和横向三个角度展开。

（1）内部价值链分析。

企业内部价值链分析是企业进行价值链分析的起点。企业内部可分解为许多单元价值链，商品在企业内部价值链上的转移完成了价值的逐步积累与转移。每个单元链上都要消耗成本并产生价值，而且它们有着广泛的联系，例如，生产作业和内部后勤的联系、质量控制与售后服务的联系、基本生产与维修活动的联系等。深入分析这些联系可减少那些不增加价值的作业，并通过协调和最优化两种策略的融洽配合，提高运作效率、降低成本，同时也为纵向和横向价值链分析奠定基础。

（2）纵向价值链分析。

纵向价值链反映了企业与供应商、销售商之间的相互依存关系。纵向价值链分析为企业增强竞争优势提供了机会。企业通过分析上游企业的产品或服务特点及其与本企业价值链的其他连接点，往往可以十分显著地影响自身成本，甚至使企业与其上下游共同降低成本，提高这些相关企业的整体竞争优势。例如，施乐公司通过向供应商提供其生产进度表，使供应商能将生产所需的元器件及时运过来，同时降低了双方的库存成本。在对各类联系进行分析的基础上，企业可求出各作业活动的成本、收入及资产报酬率等，从而看出哪类活动较具竞争力、哪类活动价值较低，由此再决定在其上游或下游实施并购的策略，或者将自身价值链中一些价值较低的作业活动出售或实行外包，逐步调整企业在行业价值链中的位置及其范围，从而实现价值链重构，从根本上改变成本地位，提高企业竞争力。四川川投峨眉铁合金（集团）有限责任公司（以下简称川投峨铁）的重组便是个典型的例子。1998年，经四川省人民政府批准，峨眉铁合金厂成为拥有500亿资产的四川省投资集团有限责任公司的全资子公司，同时与嘉阳煤矿、嘉阳电厂共同成功构建了以川投峨铁为龙头的"煤电冶"产业链，从而使川投峨铁拥有了稳定可靠的电力资源优势。重组后占川投峨铁生产成本60%的电价将大幅降低，每年可节约成本几千万元。而对嘉阳电厂和嘉阳煤矿而言，则有了一个稳定的销售市场，其销售费用亦大幅降低。同时川投集团还并购了长钢股份，为川投峨铁打开了销路。这一重组并购搞活了三家劣势国有企业。

如果从更广阔的视野进行纵向价值链分析，就是产业结构的分析，这对企业进入某一市场时如何选择入口及占有哪些部分，以及在现有市场中外包、并购、整合等策略的制定都有极其重大的指导作用。

（3）横向价值链分析。

横向价值链分析是企业确定竞争对手成本的基本工具，也是公司进行战略定位的基础。例如，通过对企业自身各经营环节的成本测算，不同成本额的公司可采用不同的竞争方式，面对成本较高但实力雄厚的竞争对手，可采用低成本策略，扬长避短，争取成本优势，使得规模小、资金实力相对较弱的小公司在主干公司的压力下能够求得生存与发展；而相对于成本较低的竞争对手，可运用差异化战略，注重提高质量，以优质服务吸引顾客，而非盲目地进行价格战，使自身在面临成本低、价格低的小公司挑战时，仍能立于不败之地，保持自己的竞争优势。

 案例3-8　轴承制造行业和埃米尔轴承制造厂的价值链（见图3-14）

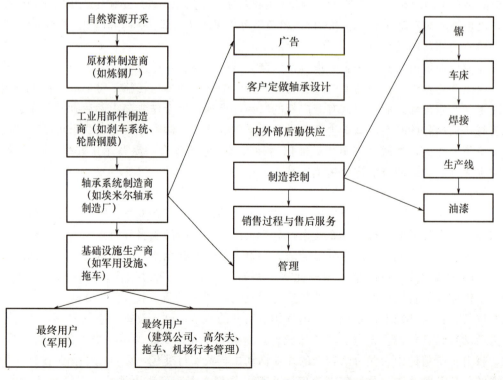

图3-14　轴承制造行业和埃米尔轴承制造厂的价值链

本 章 小 结

跨国公司战略是指着眼于未来制订的一种计划或行动方案,具有竞争性、长期性、动态性、创新性与系统性的特征。跨国公司战略是由一系列不同层次和不同类型的战略构成的有机整体。

跨国公司战略管理是指企业确定其使命,根据组织外部环境和内部条件设定企业的战略目标,为保证目标的正确落实和实现进行谋划,并依靠企业内部能力将这种谋划和决策付诸实施,以及在实施过程中进行控制的一个动态管理过程。跨国公司战略管理的内容具体包含四个关键要素:战略分析、战略选择、战略实施及战略评价和调整,特征是全过程的管理、是循环往复的动态管理。

跨国企业战略管理的 SWOT 分析法,即态势分析,就是将与研究对象密切相关的各种主要内部优势、劣势和外部的机会和威胁等,通过调查列举出来,并依照矩阵形式排列,然后用系统分析的思想,把各种因素相互匹配起来加以分析,从中得出一系列相应的结论,而结论通常带有一定的决策性。运用这种方法可以对研究对象所处的情景进行全面、系统、准确的研究,从而根据研究结果制定相应的发展战略、计划及对策等。

跨国企业战略管理的 BCG 矩阵分析法,即波士顿矩阵,又称市场增长率——相对市场份额矩阵、波士顿咨询集团法、四象限分析法、产品系列结构管理法等。即将需求增长率和相对市场占有率作为衡量标准形成矩阵图形,然后对企业的经营领域进行分析和评价的一种综合方法。需求增长率反映了市场需求对企业的吸引力,某种经营领域的需求增长率大,对企业从事该生产经营活动的吸引力也大。相对市场占有率反映了企业的某种经营领域在市场中的竞争地位,这一指标高,反映该经营领域的竞争地位强。

跨国企业战略管理的 GE 矩阵分析法,也称通用矩阵分析法、麦肯锡矩阵、九盒矩阵法、行业吸引力矩阵。即根据企业在市场上的实力和所在市场的吸引力对企业自身进行评估。在需要对产业吸引力和业务实力作广义而灵活的定义时,可以以 GE 矩阵为基础进行战略规划。

跨国企业战略管理的价值链分析法,是由美国哈佛商学院教授迈克尔·波特提出来的,是一种寻求确定企业竞争优势的工具。即运用系统性方法来考察企业各项活动及其相互关系,从而找寻具有竞争优势的资源。

关 键 术 语

跨国公司战略　公司战略　经营战略　职能战略　国际战略　多国战略　全球战略　跨国战略　跨国公司战略管理　SWOT 分析法　BCG 矩阵分析法　GE 矩阵分析法　价值链分析法

习　题

一、简答题

1. 简述跨国公司战略及其特征。

2. 按制定战略的层次分类有哪些战略类型？
3. 按跨国经营目标分类有哪些战略类型？
4. 一个企业是否可以根据经营需要在多国战略与全球战略之间进行自由转换？
5. 请用跨国公司实例来说明全球战略与多国战略的差异及其实施条件。
6. 简述跨国公司战略管理层次与内容。
7. 什么是 SWOT 分析法？
8. 什么是 BCG 矩阵分析法？
9. 什么是 GE 矩阵分析法？
10. 什么是价值链分析法？

二、讨论题

1. 结合文献阅读，试分析企业进行跨国经营战略选择时应考虑的主要因素。
2. 调查一个企业价值链的构成并绘出图形。
3. 请结合我国企业跨国经营案例研究，谈谈跨国经营战略选择应注意的问题。

分析案例

趋势科技的全球版图

有一家软件公司，创办者是中国台湾人，登记营运在美国，股票上市又在日本，这就是趋势科技。一个从中国台湾走出的企业，能在 24 年的时间里在 38 个国家和地区设立分公司，拥有 7 个全球研发中心，以及 4000 多名员工，年收入达 10 亿美元，其全球化的程度可见一斑。

张伟钦作为趋势科技全球研发长暨大中华区执行副总裁，其研发团队有 1200 名工程师，分布在中国、美国、日本及德国。他的工作状态就是一年到头辗转于这些地方。

"以世界为版图"的组织架构

从创立之初，趋势科技就很全球化，员工一半在东半球，另一半在西半球。他们的高管分布于美国、日本、菲律宾、爱尔兰、德国等地；没有传统企业的大总部概念，只有设在各地的职能总部。

趋势科技的创始人张明正之所以在创业之初就选择全球化，是因为"病毒无国界，如果不能做到世界领先，公司就无法生存"。所以从一开始趋势的产品就在全球销售。

"做防病毒领域，需要熟悉当地的 IT 习惯"，担任研发长的张伟钦认为"防毒也要本地化"。但是本地化不是简单的语言翻译，而是要在世界各地分别设立研发中心，真正贴合合当地市场。

显然，由于行业特性，趋势科技的全球化"与生俱来"，这也注定了它的组织架构必须以世界为版图。趋势科技创业者在设立各地职能总部时，从不以某一国或地区为中心去衡量，而是考虑各国的方便性、发展性，从而形成多元布局的组织。

例如，选择中国台湾作为趋势科技的研发大本营，是因为台湾的理工科学生素质好，电子计算机行业的体系也完整，能培养出许多杰出的工程师。而美国是 IT 业最先进的国家，因此趋势科技美国总部便设在硅谷，同时美国在商业管理、高科技营销方面也是世界一流，于是，市场营销总部也设在了美国。在欧洲，德国客户对产品品质的要求最为严格，于是欧洲总部便设在了德国。菲律宾的大学毕业生英语流利，个性温和，乐于服务，趋势科技的全球客户服务中心便设在了马尼拉，实行7×24小时的全年无休服务。1999年，趋势科技在日本上市，财务中心便设在了日本。而行政中心则选择了多国语言人才齐备的爱尔兰。

多国职能总部的布局避免了一国总部决策的片面，最大限度地贴合了各地区本土实际，可以说为实现决策本地化提供了组织保障。

创业与职业团队的博弈

以世界为版图的趋势科技必然面临国际化的经营管理问题，不同国籍、各种肤色的员工的文化背景差异显著。同时，随着趋势科技的上市，公司规模急剧扩大，仅靠创业初期的几个人已经无法掌控这支多国部队，创始人张明正强烈地感到建立一支可信赖并且配合默契的国际化职业经理人团队的紧迫性和必要性。

在张明正的多方寻访下，纳吉、大三川彰彦、Susan Orbuch、Steve Quene，以及David Rowe和Chandler等一批高管纷纷加入趋势科技。职业经理人的加入给趋势科技带来管理上的革新，但同时，职业经理人与创业团队的关系也随之微妙起来。

首先，创业团队遭遇了心理门槛：面对来自国际知名公司的职业管理人，出身"草莽"的创业团队成员对自己的能力产生了怀疑。开放式、不受时间、程序限制的开会方式是不是一定得变革？原来因为忠诚度高获得升迁的标准是不公平的竞争吗？

"我们知道单一的基因有问题"，作为创业七君子之一的张伟钦说。没有MBA学历，只供职于趋势科技一家公司的他也曾经"自信心不足"，怀疑自己是否能够带领员工完成事业上的跨越。考虑再三，张伟钦主动要求辞去美国总部的管理职位，去接管菲律宾的客服业务。

一方面希望借助职业经理人的职业素养提升企业的整体管理水平，另一方面又想保持创业的激情与创新的文化。在那一两年的时间里，趋势科技经历了"谦逊带来自卑"的阵痛。

除了在管理方式等方面的矛盾冲突，创业团队与职业经理人在公司发展战略上也产生了分歧。在外包、收购问题上，创业团队认为："外包一定比内制昂贵，技术与才能又无法在公司内生根，受制于人，终非长久之计。"而职业经理人则认为："内部没有的技术或才能就要外包或收购，虽然初始觉得花费巨大，但长远来说却是节省固定成本。"

面对这些争论，张明正经过认真思索和反复比较，最终坚持走自主研发的道路，不做与自身文化相抵触的兼并和收购。

创业团队与职业经理人的博弈实质就是企业文化与外来文化的融合过程，从一味地包容到选择性地变革，虽然冒着试错的风险，但这就是"成熟"的代价。

多元文化的沟通

"趋势科技的财务部长是印度人，住在日本；销售部长是埃及人，住在加拿大。他们本身就是跨文化的人。"张伟钦认为趋势科技的优势就在于多元文化的融合。

目前趋势科技高管团队由16人组成，分别来自印度、美国、日本、德国、阿根廷、埃及与中国。

每隔三个月，16位高管成员都会聚在一起，花几天时间开会，中间一个月是视频会议，讨论下一季度的预算；另一个月则是电话会议。

但是，让不同文化背景和行事风格的人合作无间，并不是件容易的事情。中国人做事有弹性，能随机应变；日本人却喜欢按部就班，讲究层级威信；德国人喜欢严谨的程序，对法律的尊重超过其他人；美国人单纯天真，不太愿意妥协认输，不计较面子，就事论事。

为此，趋势科技尽量安排面对面会议，在聚会中，大家吃在一起，玩在一起，开会在一起，虽然操着带各国口音的英语，甚至沟通时需要比划，但彼此分享了困难与创意，信任与理解也在交流中建立起来。

谈及这样的聚会，豪爽干脆的张伟钦兴奋得像个孩子。在最近刚结束的一次聚会上，16名高管就体验了一回"教练式战斗机"，前后两人坐，依靠协作和默契完成飞行。这样的"拉练"不仅拉近了彼此间的距离，更增强了理解和信任。

除管理层团队存在多元沟通问题外，行销人员与研发人员也需要沟通。趋势科技的研发人员大多是中国人，而总公司的产品行销人员大都在美国，所以除职能上的沟通障碍外，还有东西方文化的不同表达。为了缓解两个部门的文化冲突，趋势科技专门组织了一场"睡衣派对"：大家穿着睡衣开会，会议之余跳舞、烤肉、游戏，尽情地玩。在此期间，大家畅快地沟通，双方增进了了解，此后配合推出的新产品获得业界的肯定。

不同国籍、不同肤色、不同语言，超国界管理前路迢迢，趋势科技的全球化实践仍在继续。

问题

请根据趋势科技的创业与发展历程，结合跨国公司组织管理理论与跨国公司战略管理理论等相关理论与知识，分析与回答以下问题。

1. 趋势科技在创业之初是依据哪些因素来确定公司组织架构的？
2. 趋势科技在发展过程中遇到了什么问题？他们是如何解决的？
3. 请以趋势科技为例说明企业组织结构选择的主要因素。

第 4 章

跨国公司组织管理

本章教学要点

熟悉跨国公司组织结构的基本形式,并能说明不同组织结构的适应条件;

理解跨国公司组织结构选择的主要影响因素,并能说明各因素的作用机理;

了解跨国公司内部控制的必要性、机制及控制实现的路径;

了解跨国公司组织结构演变特征及未来发展趋势。

知识架构

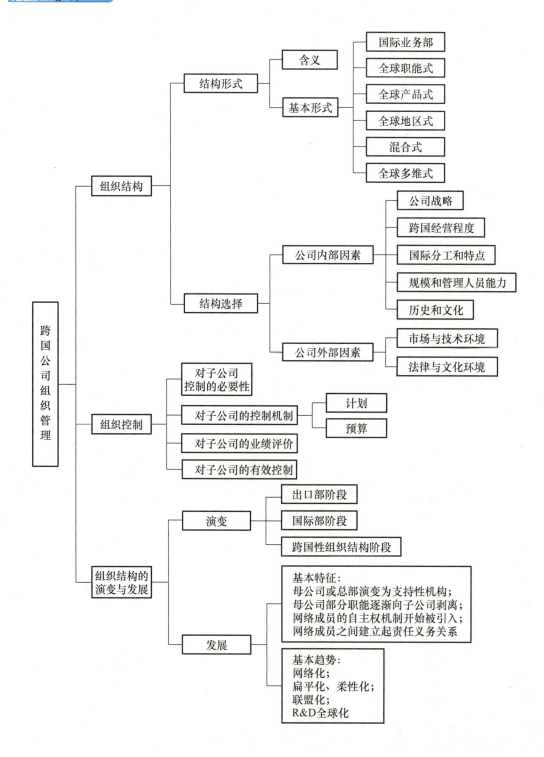

4.1 跨国公司组织结构

4.1.1 跨国公司组织结构形式

1. 跨国公司组织结构的含义

组织结构是指组织内关于规章、职务及权力关系的一套成形的系统，包括机构设置、权责划分、控制与协调机制。组织结构起到说明各项工作如何分配、谁向谁负责及内部协调机制的作用。

跨国公司组织结构是指为实现跨国经营目标而确定的一种内部权力、责任、控制和协调关系的形式。

跨国公司组织结构就是公司内部各构成要素及各要素间确立关系的形式，它决定着跨国公司内部的职能分配和责任及协调机制。良好的跨国公司组织结构形式是提高跨国经营活动效率、培育竞争优势的保证。由于跨国公司总是处在一个复杂多变的环境中，国际化的市场环境、政策环境、科技环境、地域环境及地缘政治环境等，比国内经营环境更加复杂多变。环境的复杂性使跨国公司与其环境的相互作用关系变得复杂。在这种特定的经营环境中，跨国公司必须从全球观点出发，创建与全球化经营管理相匹配的组织结构，利用不同国家和地区的区位比较优势，把价值链上的各个环节和职能加以分散和配置，并使它们有机地结合起来，实行综合一体化经营，努力降低生产经营成本，以期实现最大化的全球效率。

现代组织理论起源于艾尔弗雷德·钱德勒（Alfred Chandler）关于企业与环境关系的研究。他发现，当一个企业的规模和其业务的复杂性增大到一定程度后，企业组织结构一般会由职能型（F-form）演进到部门型（M-form）。于是钱德勒认为，不仅企业战略与环境之间存在清晰的相关关系，而且企业战略和组织结构之间的关系也是确定的，"结构跟着战略走"。钱德勒的研究对跨国公司组织理论的产生有着重要的影响。跨国公司战略决定其组织结构，反过来，组织结构对跨国公司战略的顺利实施也有着重大影响。跨国公司的组织结构不仅在很大程度上决定了目标和政策是如何建立的，而且还决定了跨国的资源配置。

2. 跨国公司组织结构基本形式

跨国公司的产业特征不同、发展阶段不同、战略目标不同，相应的组织结构也就不同。企业在跨国经营的初级阶段，通常采取出口部的组织形式。随着跨国公司对外业务的扩展，逐渐发展为国际事业部组织结构及现代的全球性组织结构等。因此，一般来说，职能结构、产品结构和地区结构是现代跨国公司组织结构基本形式。

（1）国际业务部组织结构。

这种组织结构是在母公司国内组织结构中增设一个"国际业务部"，它与其他国内事业部处于同等地位。该类型组织结构的优点是：能够在企业内部建立正规的管理和沟通协调国际业务的机制，使国际业务管理走上规范化的轨道，便于总部有效地了解和增强对海外子公司的控制，在国际经营活动中实施全面监控；能够统筹安排海外子公司的活动，使各子公司之间在战略管理、市场营销、融资、内部交易、互通情报与信息等方面进行有效的协作，以实现企业整体利益最大化；由国际部集中管理复杂广泛的跨国经营业务，有利于提高国际部对海外业务的管理水平，提高海外公司的经营能力。国际业务部组织结构如图4-1所示。

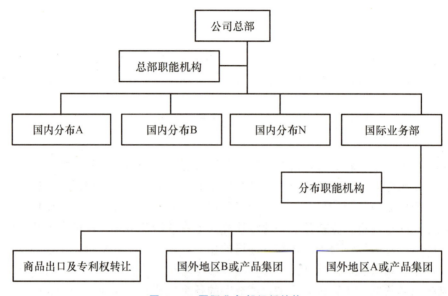

图4-1　国际业务部组织结构

这种组织结构的主要缺点是：不利于国际、国内部门间的互相支持和协调，难以在统一的战略目标下进行公司资源的整体优化配置。因而比较适用于从事跨国生产经营不久、产品标准化、地区分布不广的中小型跨国公司。

(2) 全球职能式组织结构。

全球职能式组织结构是按生产、营销、财务、人事、研究开发等职能设置部门，直接管理和协调该职能部门在国内外的业务活动。这种组织结构的主要特点是以职能或工作为中心，将同一类职能或工作任务分解，由组织中各层次相应的部门来承担，对公司在世界范围内的主要活动实行专业化管理和控制。这种组织结构中的各个职能部门相互依存性强，集权程度较高。全球职能式组织结构如图4-2所示。

全球职能式组织结构的优点是：能够把跨国公司庞大的国内外业务机构按管理职能和业务工作统一起来，有利于提高各职能部门工作的专业化水平，提高工作效率，强化公司对职能部门活动和效果的约束与考核。但职能式组织结构存在的主要问题是：公司决策层权力的集中，易影响基层部门的主动性和积极性，不利于基层部门根据市场的变化迅速做出反应；按部门控制方式对某职能的相关活动进行指挥，不易协调各职能部门之间的联系和沟通；由于各职能部门的业务范围窄，当公司增加经营品种，扩展经营区域时，职能式组织结构难以适应多元生产经营和区域间合作协调的要求。

职能式组织结构比较适合于产品单一或产品系列不复杂，或者产品在市场上具有通用性的中小型跨国公司。例如，采掘业、石油加工业等行业的跨国公司。再如，日本制造业

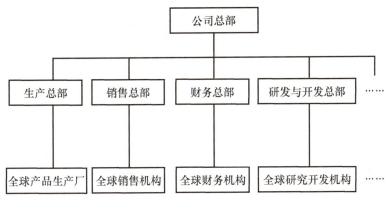

图 4-2 全球职能式组织结构

的跨国公司,其文化背景强调各部门管理者对上级的服从,因而在 20 世纪 80 年代中期以前,当日本公司规模还不十分庞大时,多采用职能式组织结构模式。而美国公司尊重各部门经理独立个性的文化背景,使美国制造业跨国公司很少采用职能式组织结构模式。

(3) 全球产品式组织结构。

全球产品式组织结构是以产品为基础设立若干产品部,以产品部为单位形成利润中心并负责与该产品有关的经营管理活动。这种组织结构是为适应产品多样化、系列化的要求而设计的,以产品为基础,根据主要产品或服务来组织的,对全球产品负责的产品经理对每一种主要的产品或服务负责。以这种方式组成的全球企业是由许多全球性业务组成的,每一种业务都由致力于管理某种世界性产品或服务的管理部门和职员负责。全球产品式组织结构如图 4-3 所示。

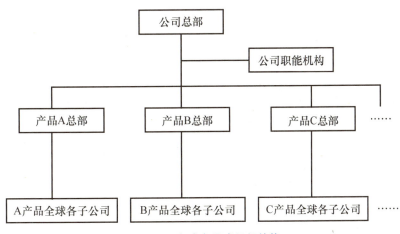

图 4-3 全球产品式组织结构

这种组织结构的优点是:各产品部在公司总目标和战略下独立指挥日常经营活动,有利于其对世界市场的变化迅速做出反应,使各产品部对所负责的产品的设计、制造、营销和技术转化等活动进行有效的控制、指挥和信息处理,确保各类产品的竞争力;有利于减轻总部负担,使其致力于公司长远战略规划和重大决策;有利于保证国内外经营活动的一致性,使公司在全球范围内更合理地配置经营资源,同时以各产品部作为利润中心,可以调动各部的积极性，提高效益，分散风险。但全球产品式组织结构也存在较明显的不足。由于各个产品类之间的联系不密切，相互之间甚至存在高度独立的倾向，增加了各类产品在一国经营活动中相互协调、联系的障碍，易造成公司资源的重复和浪费；总部在计划协调各产品部的活动时难度加大，各产品部为追求本位利益，可能影响公司整体战略目标的实现和统一政策的贯彻执行。

全球产品式组织结构适合于多品种经营、产品系列复杂，并且各品种之间的生产、技术差异较大，各品种的研究开发工作量也较大的跨国公司。由于这些公司产品种类多，相互间差异大，国外市场差异性也较高，按产品分类设置部门，实行分别管理，有利于各类产品适应相关的市场需求，增强市场竞争力。

案例 4-1　英国钢铁公司：从职能组织到多分部专业化

英国钢铁公司成立于1967年，由14个国有化钢铁生产商组成。在此之前的几十年内，公司尝试过多种组织形式——按地区或按产品构造分别管理，但为了整合其凌乱的业务，一直在加强总部的控制。1983年，英国钢铁公司开始实行事业部制但权力仍由总部控制，贸易、购买和工业关系职能都是集中化的。在事业部无法对投入或产出进行决策的情况下，英国钢铁公司实际是以职能模式组织的。1988年，英国钢铁公司进行私有制改革，转向一种更注重盈利的组织形式。1990年，英国钢铁公司收购了英国主要的钢铁批发商 Walker Group，随之组成了批发事业部。1992年，英国钢铁公司发动了名为"组织、深度变革、风格的重组"的计划。该计划旨在大幅度地消减总部职能和成本，并将管理责任分散到12个业务单位。其中关键的一条是业务领导不再在董事会任职，而是向相对独立的执委会成员报告。

（4）全球地区式组织结构。

全球地区式组织结构是将国际范围的业务活动划分为若干区域，按区域设立分部，地区分部负责该区域的生产经营活动，协调和控制该区域内分支机构的一切产销、财务活动。总部负责制定全球经营目标和战略，监督各地区分部的执行。全球地区式组织结构使企业摆脱国家障碍，按照主要的地理区域进行划分，每一个主要的地区都有自己的总部和执行官。在每个区域的首席执行官下面，以国家为单位做进一步划分。每一个国家的企业经理向所在地区的执行官汇报工作，地区执行官负责协调处于这一区域内的所有公司的事务。全球地区式组织结构如图4-4所示。

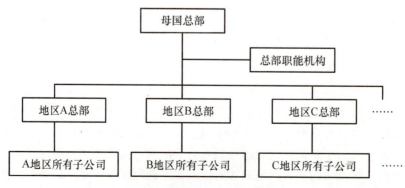

图 4-4　全球地区式组织结构

这种组织结构的优点是：有利于跨国公司在同一地区市场内协调产品的生产、销售活动，可以根据地区市场的特点和变化，采取灵活的营销组合策略，减少因地区差异给公司总部集中决策造成的困难；东道国每家子公司都由所在地区的地区总部管理，可以减少公司总部和分部与其下属单位之间在管理、控制、监督、通信等协调上的困难，避免地区式组织结构必须与远方其他部门的管理机构联系、沟通的问题，减少管理、通信等协调成本。地区式组织结构的主要缺点是：地区分部倾向于关注地区绩效，忽略产品多样化发展，同时可能会影响地区之间在商品的生产、销售及资金融通上的协调发展和业务配合；产生地区本位主义，长期发展会造成地区机构重叠、管理人员增多、经营成本上升等问题；各地区之间在制定生产标准、转移价格时也易产生矛盾。

地区式组织结构适合于产品种类较少、生产技术成熟、标准化程度高、市场销售条件相似、地区分布广泛的跨国公司。尤其对一些谋求地域扩展战略目标的跨国公司，更适宜采用这种模式。例如，许多经营食品、饮料、汽车、化妆品的跨国公司，按地区设置分部，更适应其产品销售市场的广泛性和产品在全球的普遍性的特征。

案例 4-2　苹果公司的世界地区结构（见图 4-5）

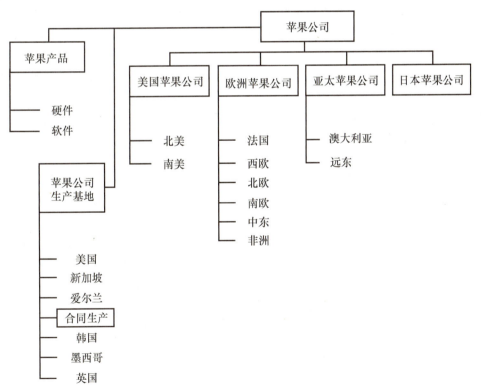

图 4-5　苹果公司的世界地区结构简图

（5）混合式组织结构。

混合式组织结构是把上述组织结构形式组合在一起而形成的组织结构。混合式组织结构的一种典型形式是把地区式组织结构与产品式组织结构组合起来，使跨国公司中的一些部门以地区为主，管理和协调该地区的跨国生产经营活动；另一些部门则以产品为主，管理和协调该产品在全球范围的生产经营活动。混合式组织结构如图 4-6 所示。

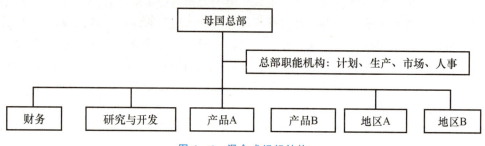

图 4-6 混合式组织结构

混合式组织结构适用于规模庞大、产品种类繁多、经营业务分布于多个行业的跨国公司。由于产品的供给和需求条件不同，不同行业的特征和决定因素也不同，客观上要求企业根据不同产品和行业情况制定跨国经营战略，建立能够保证跨国经营战略有效实施的相应组织结构。这种组织结构的优点是既弥补了单项组织结构的不足，又照顾了不同经营活动的特点。

（6）全球多维式组织结构。

全球多维式组织结构是指在组织结构的设计上授予两个或三个层面上的单位以同等权限与责任，形成的纵横交错的立体结构体系。这种模式是为解决一维结构模式存在的控制和协调方面的问题而设计的。职能式、产品式和地区式的组织结构，基本都属于单维结构或以单维结构为主的结构，主要侧重于公司经营活动的某一个方面。随着公司规模的进一步扩大，产品种类不断增多，地区分布更加广泛，单维结构很难去完成各种职能、产品和地区市场之间的协调。当跨国公司需要对职能、产品及地区给予同等重视、全方位协调其经营活动时，往往选择多维式组织结构。

多维式组织结构包括矩阵式结构和多维立体式结构。矩阵式结构是在同一组织结构中把职能部门和产品部门结合起来，在明确权责关系的前提下实行交叉控制和管理；经理与专家组合起来，共同负责控制与协调业务活动，同一管理者既是以对象为原则组织起来的机构成员，又是职能机构的成员。矩阵式结构为现今众多大型的组织和跨国企业所采用，尤其是产品部门化和区域部门化相融合的二维矩阵结构，是跨国企业经营的基本模式。这种结构的目的是更好地协调企业的活动，无论是在所经营的不同国家之间还是在围绕几种产品而形成的几个全球产品部门之间。各单位的经理不仅向负责某一特定产品群的全球产品经理，而且向在各国的当地企业的总部汇报工作。

矩阵式组织结构的优点是：能促进各部门、各层经理的合作与协调，在保持专业分工的同时加强联系和沟通；有利于把管理职能，产品的产销及地区市场因素综合起来加以考虑，为实现共同的利润目标合理配置资源。这种模式的缺点是：多重领导易导致低效率，协调不当易在经理之间产生矛盾。这种组织结构较适合于建筑工程、航天、营销及有许多专家共同为一个项目工作的管理咨询公司。矩阵式组织结构如图 4-7 所示。

多维立体式组织结构是由美国的道-科宁化学工业公司在 1967 年首创的。它将产品事业部、职能参谋机构和区域管理机构结合起来，分别承担产品利润中心、专业成本中心和地区利润中心的责任。在全球多维式组织结构中，事业部经理不能单独做出决定，必须由产品事业部、职能机构和地区机构三方组成的产品事业委员会对各方面工作进行协调后做

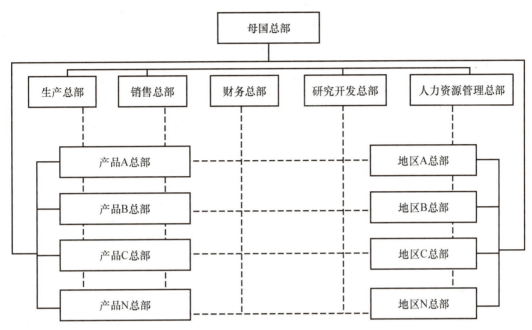

图 4-7 矩阵式组织结构图

出决策。通过这种组织上的多重结构，确保公司对营运的多维管理和协调。但这种模式同样存在权力交叉、多重领导的问题，多元化的权力指挥系统易延误决策，并使下属无所适从。多重机构的存在不仅增加了协调的难度，也增加了管理、协调和信息沟通的成本，降低了工作效率。

全球多维式组织结构适合于产品、劳务多样化程度和地区分散化程度都很高的跨国公司；各项职能既难于全部下放到产品部或地区机构，同时这些职能与产品部以下各单位（如子公司）之间的协调又非常重要；以及那些产品、职能、客户、地区市场等信息和知识必须集中为全球战略目标服务的跨国公司。

案例 4-3　飞利浦产品联系的跨国网络结构

在信息化技术高速发展的今天，企业国际化与经济全球化相互作用、相互促进，大型跨国公司已形成了跨国网络结构。跨国网络结构代表着对当地的反应能力，并利用全球规模经济、寻找诸如全球知识来源等地方优势的复杂性需要的一种最新的解决方法。与矩阵结构一样，跨国网络结构试图获取各种组织结构方案的所有优势，它综合了职能、产品和地区的下属单位。但是，与具有对称性的矩阵结构不同，跨国网络结构不具备基本形式，它不具有对称性组织的产品与地区之间的平衡，而是一种连接世界范围内不同类型子公司的网络，处于网络中心结点的单位协调产品、职能和地区方面的信息。不同的产品类型单位与地区单位具有不同的结构，通常没有两个下属单位是完全相同的。跨国单位的演变是为了利用其所在世界某一地方的资源、人才和市场机会，这些资源、人才和思想可以全方位流动。飞利浦产品联系的跨国网络结构如图 4-8 所示。

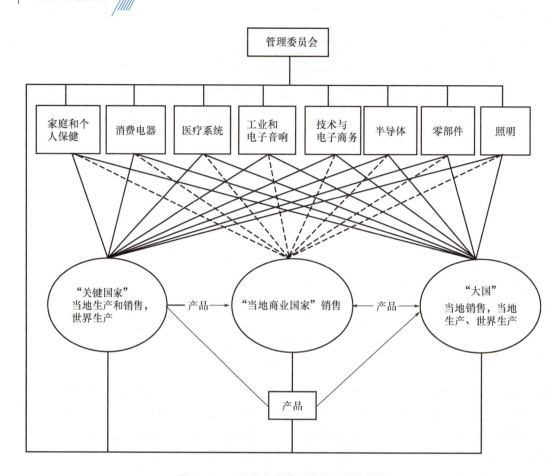

图 4-8 飞利浦产品联系的跨国网络结构

4.1.2 跨国公司组织结构选择

研究跨国公司的组织结构选择和类型，必须要对影响组织结构的各种因素进行考虑和分析，这些影响因素主要有公司内部因素和公司外部因素两大类。

1. 公司内部因素

（1）公司战略。

组织结构应适应企业战略的需要，保证企业战略目标的实现。美国学者艾尔弗雷德·钱德勒通过对美国 70 家大公司特别是通用汽车公司、杜邦公司、美孚石油公司及西尔斯-罗布克公司发展史的考察，得出了"结构跟着战略走"的结论。企业战略决定组织结构的主要原因是：战略确立了企业不同时期的关键活动和关键部门，这种不同时期经营重心的转移和调整与其他配套部门的关系，客观上要求组织结构作相应的变动，以有效地贯彻企业的战略。跨国战略、结构与发展之间的关系如图 4-9 所示。

不同的企业战略直接影响跨国公司的组织结构。

① 以本国为中心的战略要求总部集中众多有实力的计划人员，并监督检查计划在各子公司的执行情况；将研究和开发部门直接归属总部，制造部门虽分属各子公司，但

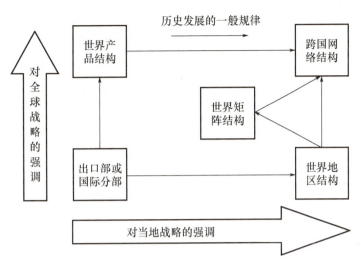

图 4-9 跨国战略、结构与发展之间的关系

受计划的严格控制，子公司只保留销售售后服务的自主权。这种战略多适用于一些上游部门（研究开发、制造等）附加值比重大的行业，如汽车、化工、钢铁、电子设备等跨国公司。

② 实施多国战略的公司通常由各子公司负责实现利润目标，总部在经营原则上进行指导，总部的计划人员较少，专门设财务部门监督和控制各子公司的经营活动。这种战略适合于一些下游部门（推销、服务等）附加值比重大的行业，如包装、消费品等跨国公司。

③ 全球协调战略要求把职能、产品、地区结合起来，采用多维结构，协调多重关系，着重于一体化。

因此，一般来说，实行国际战略的跨国公司（即国际公司）通常采用国际业务部组织结构；实行多国战略的跨国公司（即多国公司）通常采用地区组织结构；实行全球战略的跨国公司通常采用产品组织结构；实行跨国战略的跨国公司通常采用混合式组织结构或矩阵式组织结构。

(2) 跨国经营程度。

企业的跨国经营程度可以用不同指标衡量，具有代表性的两个指标是：①国外销售额占销售总额的百分比；②国外生产多样性，即跨国经营产品品种数量。一般来说，企业的跨国经营程度不同，所采用的组织结构形式也不同。美国学者约翰·斯坦福（John Stanford）在 20 世纪 60 年代末对美国最大的 187 家跨国公司进行的研究证实了这种关系，跨国经营程度与组织结构如图 4-10 所示。

(3) 跨国公司内国际分工和特点。

跨国公司内国际分工的形态不同直接影响其组织结构。

① 水平式国际分工，即各子公司生产和销售与母公司相同或类似的产品，这就要求采用全球产品结构，以利于公司充分利用其技术能力扩大市场，实现规模经济，提高市场占有率。

② 垂直式国际分工，即利用不同国家的子公司进行跨国公司内部的国际分工，各自

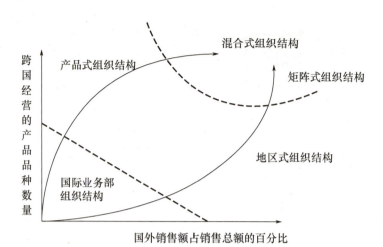

图 4-10 跨国经营程度与组织结构

完成原料生产、零部件制作与采购、生产及销售等环节的全部或一部分。一般来说，全球职能式组织结构有利于合理利用各国的要素优势，适合于采矿业或产品生产各阶段结合紧密的行业。

③ 水平式、垂直式相结合的国际分工，即将分布在国内外的分工活动系统结合起来，形成一个由水平和垂直分工交织成的网络，多维结构就是这种分工在组织结构上的体现。这种结构适合于大型、多样化经营的跨国公司。

简单、重复性的工作采取集权结构更能保证公司目标的实现，而复杂、多变、专业性强的工作任务采用分权结构更合适。企业的生产特点不同，要求技术和设备也不同，这些特点决定部门的划分也要与之相适应。例如，大批量生产、流水线生产及小批量多品种的生产，各自对技术、设备都有不同的要求，相应的也要有与之相适应的部门，因而组织结构的类型也不尽相同。

(4) 跨国公司规模与管理人员能力。

跨国公司规模的大小与公司组织结构的正规化程度有密切关系。因为不同的规模下中间管理层的作用也不同，随着规模的扩大，管理人员的直接监督功能将被规范和标准所取代，从而使中间管理层的职能发生相应变化，进而影响组织结构的设计。

管理人员能力包括管理人员的经营思想、业务素质和对外部条件变化的适应能力。管理人员能力对特定组织结构形式的选择具有重要影响。

① 管理人员的经营思想。跨国公司中的管理人员如果敢于创新、勇于冒险、富于开拓精神，则在管理上就可以采用分权程度较高的组织结构形式。如果管理人员思想比较保守，缺乏独立承担风险、开拓业务的能力，则在管理上应采用集权程度较高的组织结构形式。

② 管理人员的业务素质，尤其是跨国经营管理的能力与经验。如果跨国公司中高级管理人员具有丰富的跨国经营管理经验，高素质管理人员较多，组织结构形式的选择会有更大的余地。

③ 管理人员适应变化的能力。跨国公司所处的国内外经营环境发生变化，以及跨国公司的业务扩展和经营战略调整，都会对组织结构的调整提出要求。组织结构的重大调整

会打破公司内部的平衡关系,引发部门之间和管理人员之间的利益冲突。不能适应这种变化的管理人员会对组织结构的调整设置障碍。因此,管理人员适应变化的能力越强,就越有利于跨国公司根据变化选择合适的组织结构。

(5) 跨国公司历史和文化。

企业创立初期所形成的资源配置决定了其以后的发展方向和道路,也影响着企业组织结构的选择,这就是经济学上所谓的"路径依赖"。企业往往根据其自身历史发展过程中所积累的经验来选择组织结构,这也是成本最小、风险最低的方式,易于被企业所采用。另外,习惯也决定了企业中全体员工对某种组织结构的可接受程度。

不同类型的企业文化对跨国公司组织结构也会产生影响。在较为宽松平等的公司易适应柔性、扁平的公司结构,如计算机、电子、通信等高科技企业。而规章严明、等级壁垒严格的跨国企业中较多采用集权、垂直的公司组织结构,如劳动密集程度较高,从事标准化生产的跨国公司。

2. 公司外部因素

(1) 市场与技术环境。

国际市场的需求结构、潜力及竞争情况等影响着跨国公司的多样化经营,进而影响其组织结构,而竞争的程度又决定公司对组织结构变革的审慎程度和变革速度。因为对组织结构的变革需要时间,这段时间往往会使公司在与竞争对手的较量中处于劣势,因而必须选择适当的时机。

现代科学技术尤其是通信技术的发展,决定了公司管理中对信息的利用效率,从而决定着组织中的层级。例如,理财技术影响到各利润中心的绩效考核,关系到各独立核算单位责任人的报酬和积极性。

(2) 法律与文化环境。

首先,跨国公司必须了解和遵守母国和东道国的法律、规则和条例,如外国资本在东道国设立企业的股权比重、利润的汇出、高层管理人员的构成、产品内外销比例等。其次,各国的具体规定不同,影响着跨国公司的组织结构。例如,IBM公司曾在印度设立全资子公司,而印度政府要求IBM公司将其所有权降到40.96%,致使双方争议达两年之久。最后,IBM公司为不改变其对子公司全资拥有的一贯政策,只好决定放弃印度市场。

拓展视频

世界各国、各地区由于文化背景的差异,形成了不同的风俗习惯、教育水平、宗教信仰和价值观念,跨国公司的直接投资活动必须与其所处的文化环境相适应,否则其跨国经营很难获得成功。不同的文化环境会产生不同的领导方式,例如,美国公司强调个性因素,其主管人员的观念和行为总会在组织结构中体现出来;日本公司的主管人员与公司必须融为一体。这种差异会影响公司组织体系中各部门的联系沟通的方式,从而产生各具特色的组织结构。

4.2　跨国公司组织控制

4.2.1　跨国公司对子公司控制的必要性

跨国公司与其他社会组织一样,是一种人造系统。人造系统具有四个特征,即集合性、相关性、目的性和环境适应性。跨国公司系统的集合性和相关性是指它具有从事跨国经营活动所必需的各种生产要素的相互结合和运转。生产要素的结合和运转表现为物流、资金流和信息流。跨国公司系统的目的性主要表现为垄断资本循环必定要增值的要求。跨国公司系统的环境适应性主要表现为公司内部环境随着外部环境的变更而作适应性调整。因此,跨国公司系统要运行下去,就必须对其活动进行控制。

跨国公司对其子公司的控制是一个调节过程,即通过保持公司系统而稳定的生产经营管理活动,实现公司总目标的不断调节过程。这种控制要求公司最高领导层通过信息的收集和反馈,比较实际效果与计划要求的差距,然后对出现的明显差异或问题做出相应的决策。跨国公司的管理控制职能,应使公司每位成员充分地明确、理解和完成自己的职责。

1. 跨国公司对子公司控制不力引发的问题

在跨国公司实际运营过程中,由于控制职能未能有效发挥而引发的问题比比皆是。其中,以下四方面问题较为典型。

(1) 子公司与母公司在费用与收益分配上的矛盾和冲突。

在母公司与子公司之间的金融活动或其他职能活动中,母公司可能要求当地利率高低不等的各子公司参与到一系列金融关系中,低利率地区的借款可能被调至跨国公司总部或调给其他高利率地区的子公司。在成果考核过程中,上述交易的费用与收益势必会产生在各单位之间的分配及负担是否均等的问题。如果费用与收益的分配失宜,考核每个作为利润中心的子公司时,将引起子公司与公司整体之间、子公司与子公司之间的利益冲突。而这种利益冲突的根源在于国外子公司财务报表的调整不清晰,致使母公司对各子公司的成本和收益缺乏清楚的了解。总而言之,不仅一种内部转让价格(公司内部单位之间的利率)会引起母公司与子公司管理机构之间的利益冲突,而且一切形式的转让价格都可能如此,进而还可能导致跨国公司与东道国和母国政府之间的利益冲突。

(2) 公司下属各子公司或各分部门之间容易发生争夺市场客户的情况。

当跨国公司将既有产品推向国外新市场或向国外推出新产品时,公司下属各单位都认为这是一件有利可图的事情,于是,就会产生在各自的既定经营分目标与其他单位分目标利益不一致的情况下,互相争夺市场及客户的情况。此外,跨国公司兼并其他公司或与其他公司合并时,如果投资、生产、营销计划未能得到及时的相应调整,也会产生同样的矛盾和冲突。总而言之,由于产品市场战略、多种经营战略、收购与合并战略或地域扩展战略的实行,在公司总体层次上不一致,或者在投资、生产与营销方面的组织战略不协调,都可能导致公司内部有关单位和部门的自相竞争。

(3) 在同一个国家或地区往往会成立过多的经营实体现象。

在一些跨国公司内部，由于分部门握有很大权力，每个产品分部门在进入国外市场时，都要成立一个新的国外子公司，结果往往有四五个，甚至更多的小经营实体挤在同一地区经营，同时，也会有类似的行政管理及国外服务机构重复设置的现象。

(4) 可能会产生国外生产设施开工不足的问题。

当各大类产品的生产都有一部分生产设施转移到国外生产时，或者企业合并之后尚未稳固时，如果公司缺乏整体的协调，或者说，缺乏以协调形式出现的管理控制，则可能会产生开工不足的问题。

上述问题的出现，都是由于控制松懈，某个或若干个业务环节未能按计划或设想正常运转而造成的。控制就是为了监督这些环节，在某些环节发生偏差时，使经营管理者能够及早采取必要的措施，以保证公司总目标的实现。

2. 跨国公司对子公司控制的程度

在国外子公司业务中，母公司有必要对子公司实行控制，换个说法，即所谓母公司有必要参与子公司的经营管理，但是控制程度却因多种因素而不同。在这些因素中，除了母公司所在国的文化因素（这一般不是最重要的因素）以外，还有许多更重要的因素起作用。

(1) 子公司的规模和数量。

国外研究结果表明：子公司尤其是国外子公司的规模越大，其可能拥有的自主权也就越大。其原因在于，这样的子公司可以主要以子公司内部筹供的方式，为自己的要素投入（如半成品投入、其他劳务投入和货币金融投入）提供自我服务。因此，子公司的规模越大，越难以严密控制，原因是控制的成本较高。此外，相对于控制所致的利益而言，对于规模小的子公司设计和实行严密的控制程序，其成本也过高。因此，国外学者认为，只有中等规模的子公司受到母公司最严密的控制。与此同时，随着国外子公司数量的增加，母公司对它们的控制程度趋向于逐步加深。这是因为，随着子公司数量的增加，母子公司及各单位之间有必要形成更正式的业务联系制度和更为频繁的汇报制度，母公司（或某种程度上，地区分部门或产品分部门机构亦如此）借此便于决定计划的哪一部分应变更。

有鉴于此，一些研究者认为，控制程度会随着跨国公司发展阶段不同而有所变化。在发展初期，母公司控制程度较低，随着子公司规模和数量的扩大而到来的中期阶段，控制的程度会加深，接下来，由于子公司数量的增加，母公司控制成本因业务情况太复杂而急剧提高，此时，控制程度反而有所下降。

(2) 生产的产品类型。

生产的产品类型是决定控制程度深浅的最重要变量。母公司对生产资本密集型产品子公司的监督和控制，要严于生产劳动密集型产品的子公司。原因在于，一是资本密集型产品生产所需的人均固定资本高，可变成本较少，较容易建立财务控制系统；二是母公司对生产劳动密集型产品的国外子公司的生产较难进行评价，因为母公司本身往往难以找到足够数量的熟悉国外劳动力市场情况的专家。而生产资本密集型产品的子公司，其大部分机器是由母公司亲自提供或负责提供的，母公司对子公司生产情况较熟悉，使母公司有能力建立起正规、严格的控制系统。

(3) 产品和业务的多样化程度。

① 子公司产品和业务的多样化。子公司产品和业务的多样化程度越高，其经营活动就越复杂，子公司业务的复杂性导致母公司需要付出更大的努力进行控制，母公司可以通过其控制系统掌握具有多类产品和多个部门子公司的经营活动，协调其他子公司与该子公司的经营计划。

② 母公司或分部门的经营多样化。母公司或分部门经营的多样化程度越高，生产的产品品种和劳务越多，则越需要控制，但是由于经营业务多样化导致跨国公司内部和外部经营环境日趋复杂多变，控制的成本和副作用也可能会随之增加。较稳妥的解决办法是，跨国公司对某些最重要的职能（如财务）实行集中控制，即加强控制的程度，而对某些职能（如分销渠道和促销手段的选择）则采取分散控制，由子公司或产品（地区）分部门去处理。

3. 跨国公司对子公司控制的目标

（1）发现公司各部门和各子公司偏离本公司全球战略目标的误差，并采取措施纠正偏差，以确保全球战略计划和全球战略目标的实现。

（2）促使各部门和参谋组织之间、各子公司之间及母公司和子公司之间保持全球战略目标与分目标的平衡，保持整体战略计划和经营计划的协调。公司各层级管理人员可通过控制体系，使公司组织稳定和有序。

（3）保证国内外子公司和各部门管理人员（尤其是国外公司经理）的素质。

4.2.2　跨国公司对子公司的控制机制

控制机制是指控制活动内部诸因素相互结合和相互作用的方式。跨国公司管理控制机制可分为两个主要方面。

1. 计划

（1）计划是预先控制的手段。

计划是对跨国公司经营活动具有关键作用的控制机制。计划是一种进行预先控制的手段，大多数跨国公司都同时制订年度计划和中、长期计划。制订计划属于计划职能，但贯彻计划则是控制职能的一部分。通过贯彻计划而进行的预先控制，其中心问题是尽量避免公司组织中所使用的资源在质与量上产生与计划指标的偏差。因此，在可行的范围内，所制订的计划必须使公司和它的业务分部门及子公司的目标，具体化为指标或标准，如在利润、支出和投资水平等方面的指标或标准。

（2）计划的产生过程。

大多数跨国公司的计划都是经过各子公司的负责人、有关地区或产品的经理或执行委员会的成员共同协商决定的。在制订计划过程中，母公司与地区分部门保持密切的信息交流，以便母公司对子公司在特定的竞争和环境条件下的能力和机会进行客观的评价。从而使公司整体的计划建立在较牢靠的基础上，并使子公司努力与公司的战略计划和经营计划相配合，完成子公司自己的次一级或第三级计划。子公司制订的计划也称为战术计划。战术计划是详细的、常规的，且一般是短期的，是根据母公司制定的指导纲领、目标和政策而制订的。

当然，地区分部门的作用在公司计划制订过程中并不起决定性作用。计划最后还是取决于总部管理部门的意图，取决于计划的最终决策者。子公司可以在各种可供选择的途径中，即在公司计划所允许的范围内做出一些初步的选择，以形成自己的战术计划。

2. 预算

计划的构成一般包含两个最基本的部分：一是各个单位的分目标和公司整体的总目标；二是预算。

预算，尤其是年度预算，是计划和管理的核心。预算一般分为经营预算和资本预算。

（1）经营预算。

经营预算包括销售、费用支出和现金流量方面的预算等内容。经营预算作为跨国公司管理控制的一个重要手段，主要包括三种方式。

① 母公司对子公司经营预算的参与。母公司依靠各授权部门参与子公司制定经营预算的过程。但是，不同行业的跨国公司参与子公司经营预算的程度并不相同：在技术和市场发展变化较低的行业中，母公司往往很少参与子公司经营预算的制定过程；而在那些市场发展变化高的行业中，母公司常常参与子公司经营预算的制定过程，在电子行业的跨国公司中就是如此，这有利于子公司经营活动与母公司的协调，有利于各子公司之间的经营业务协调。

母公司通过对子公司经营预算制定过程的参与，可以使跨国公司在制订多目标、多准则及长期计划时，避免经营预算被不必要的大幅度改动，尤其是子公司的经营预算被不必要的大幅度改动。较稳定的经营预算对子公司业绩的评估起着衡量标准的作用。但是由于经营环境经常变化，子公司预算又需要灵活机动的部分，这被称为灵活预算。例如，美国许多跨国公司规定子公司无须经过总部的同意，就可在一定限度内自行决定借款或支出。可见，灵活预算是调整企业活动以适应新经营条件的手段。

② 现金流量预测。现金流量预测是经营预算中一个很重要的问题。跨国公司为了充分有效地利用公司资金，必须不断地进行现金流量预测。为了搞好预测，母公司往往要求子公司向自己提供关于资金流量的最新情况、意见和建议。跨国公司把现金流量预测作为各项资金转移政策执行的基础。

③ 销售收入和费用支出的预算。在母公司对国外子公司新业务不熟悉的情况下，往往需要立即确定支出预算，以便估算成本，制订出切实可行的计划。

（2）资本预算。

资本预算是跨国公司对经营活动和各项战略实施根本性控制的措施。由于对投资活动的控制，是公司对经营活动和各项战略实施控制的根本性手段，因此，跨国公司的投资控制权大都掌握在母公司手中。母公司通过年度资本预算，限制子公司的自动开支金额，以此来行使投资控制权。

资本预算的编制存在着一定的困难。一方面是因为母公司对国外投资的政策混合在一起。由于情报准确性问题，国外风险的可预测性比国内低；再加上在复杂多变的环境中资本成本不同，编制资本预算是一件相当困难的事情。另一方面是因为母公司与子公司对金融准则运用的理解不同。在某些情况下，母公司和子公司对金融准则的理解可能有相当大的差异，因此，适用于母公司的准则未必适用于国外子公司。例如，由于国内外税收差异，可能出现国外子公司可接受的投资收益率而母公司却断然不能接受的情况。再如，由于子公司和母公司对投资风险的观察和所见不同，国外子公司总愿意对有高收益率的项目进行投资，母公司更侧重于考虑该子公司所在国货币可能贬值和外汇管制加强等，将会使公司整体遭受损失而不愿投资。

上述这些差异，可能会使母公司改变通常对国外投资所要求的收益率。同样，由于上述这些差异，母公司在资本预算的编制或审批过程中，会更倾向于诉诸主观判断标准和总体层次的评价，而较少依靠数字和信息。

除上述控制手段外，跨国公司还会运用许多其他控制手段，如有关公司政策的文件、经营手册等。这些文件和手册将保证公司经营计划的正确实施，使公司活动不脱离战略计划的指导具有重要意义。其中，经营手册是指将公司政策规范化的手册，规定什么人在什么情况下应采取什么样的行动、报告如何起草、以什么方式提供报告及多长时间报告一次等。由此可见，经营手册也属于预先控制类型的负反馈控制手段。

4.2.3 跨国公司对子公司的业绩评价

跨国公司总部为了充分地了解各子公司的业务，并对整个公司的经营活动实行有效的控制，需要对子公司的业绩进行及时有效的评价。

1. 业绩评价内容

母公司对国外子公司的业绩进行正确的评价，有助于协调跨国公司的各种业务活动，有助于跨国公司资源的优化配置，有助于改进经营状况和激发员工的工作热情，从而有助于公司战略计划的顺利完成。对国外子公司业绩的评价包括多方面内容，每一方面内容又可细分为若干方面。

（1）利润评价。

只要跨国公司以利润最大化为总目标，利润层面的评价就居于首要地位。利润评价是一个高度复杂的财务指标分析过程，在这个过程中，跨国公司控制系统需要做以下几项工作。

① 确定反映投资的指标。例如，投入的资金总额、净资产或净固定资产等。

② 确定计算利润的基础。例如，以子公司总的账面利润为计算基础。

③ 利润扭曲的调整。摸清是哪些因素对国际利润计划的完成产生影响，使子公司的真正利润被扭曲，据此对被扭曲的利润量加以调整。

④ 用母国国内所使用的标准财务比率对子公司进行评价。这些财务比率包括投资收益率、流动比率、销售和存货周转率、销售盈利和销售边际分析。

⑤ 检查子公司经理独立运用手中资金和投资的情况。考察子公司资产的分布，特别是在通货膨胀时期，子公司经理是否在较大幅度上减少了通货膨胀的影响。

⑥ 将业绩与预算目标作对比分析。

⑦ 用长期的母国货币实际利润的预测来调节以上活动。使即期利润不妨碍对长期利润的评估。

（2）市场和产品的评价。

① 测定和评价销售额。
② 定期测定产品的市场占有率。
③ 研究市场上替代产品的影响，预测竞争的激烈程度，包括子公司所在国的国内外市场。
④ 分析子公司的广告和市场发展计划。
⑤ 记录有关新产品开发和改进现有产品的建议数量。
⑥ 检查售后服务的质量。
⑦ 评价子公司领导下的经销商业绩和态度。

(3) 生产评价。
① 确定在暂不考虑成本条件下的小时生产率。在通货膨胀、汇率变动导致以货币表示的生产率被严重扭曲的情况下，可使用实物单位表示生产率。
② 用增值法或销售法测算有关产出成本。
③ 调整工资等级、产品品种、自动化程度、设备效率的差异对产出的影响。
④ 研究与开发的成果。在跨国公司对国外子公司的生产做评价和控制时，必须考虑到母公司在国内外生产管理上的差异。

(4) 人员发展评价。
① 统计部门内提升的人数与总人数之比。
② 记录向公司其他单位高级职务调动的人数。
③ 确定现有人员提升的数字。
④ 评价子公司的中、长期发展中人员需要的预测结果。

(5) 计划评价。
① 评价关于子公司在其计划中确定的未来目标是否现实，是否与公司总目标相协调。
② 评估和平衡子公司长期目标和短期要求之间的关系。
③ 检查国外子公司各级职能和人员计划的一致性。

除上述五个层面的评价以外，还有两个层面，有时也可能列入子公司的评价内容中：一是劳资关系的评价，包括评价雇员的工作积极性、考察人员政策的管理和培训计划效果、考察工会关系，特别是由于抗议和罢工所损失的时间；二是与公众和政府关系的评价，包括东道国的目标与该子公司活动的关系、估计公共关系的发展趋势、检查与国外和国内企业界领导者的关系，以及与政府官员的关系。

2. 业绩评价的标准

(1) 共同的选择倾向。
① 国外学者对美国 200 家跨国公司的调查研究发现，这些公司往往选择投资收益率 (ROI) 作为衡量所有子公司业绩的标准。
② 由于在计算投资收益率方面存在着固有的缺陷，几乎所有的跨国公司都采用一些辅助性的评价标准，其中最普遍采用的是预算比较，即预算与业绩的比较，包括诸如有关预算与实际投资收益率比较、与实际利润比较、与实际销售比较等。
③ 在确定反映投资的指标时，还有许多应计入原始投资的内容，例如，母公司为子公司所做的贷款担保的价值或成本，经营所需的存货安全存量成本，为防止被挤出某一市

场所做努力的潜在成本。

④ 大部分评价标准所用的技术方法,既可用于国内子公司,也可用于国外子公司。

⑤ 如果对国内外子公司的评价使用了不同的技术方法,那么,总的倾向是对国外子公司强调财务分析,而对国内子公司强调经营控制的分析。

国外学者杰佛里·S. 阿潘、李·H. 瑞德堡曾指出,跨国公司普遍把 ROI 作为主要的业绩评价标准使学者们费解。他们认为,不按市场价格作转让定价标准的跨国公司在大量进行生产要素和产品的内部转移时,其 ROI 的分子(收益)带有很大的随意性,因此,ROI 这个标准是一把扭曲的尺子。如果拿 ROI 作为主要标准对国外子公司经理进行业绩评价,则该经理就可能大量借入外国货币,从而影响整个企业的借款能力,并潜在地影响企业股票波动。如果子公司以硬通货借债就会使母公司的合并财务表上出现较大的外汇损失。

由此可以得出结论:尽管 ROI 可能是评价国外子公司业绩的重要指标,但不宜用以衡量子公司经理的业绩。罗宾斯和斯托鲍夫在一篇发表于《哈佛商业评论》上的文章中指出:在评价经理工作成绩时,采用"与预算对比"要比采用"ROI 率对比"好。也就是说,ROI 的计量方法可能更适合计量同全球性资源配置决策有关的单位经营业绩,而预算比较方法对管理者的评价也许更有用。

(2) 利润评价标准的不适用范围。

跨国公司在对国外子公司作业绩评价时,有一个共同的偏好倾向:喜欢采用利润评价标准。但利润评价标准有其不适用范围。

① 子公司经营的直接动机短期化、多元化问题。

以利润为评价标准实质是以财务指标为轴心,来衡量跨国公司的经营业绩。它是以下列动机为前提的,即欧洲、日本和美国跨国公司经理人员中存在着一个明显的倾向——以最大程度地增加公司盈利作为经营的财务目标,而其他非财务目标都是为这种财务目标直接服务的,这些非财务目标都是可用货币单位予以量化的。然而在某些场合,这些动机假设前提脱离了跨国公司子公司国外经营的特定性质。或者说,一些跨国公司在国外直接投资和经营首要的、直接的动机中,有许多与中短期利润增加无关,诸如:确保原材料的稳定供应;绕过市场所在国的关税壁垒;防止国外市场被主要竞争对手夺走;为元件和有关产品开辟市场;分散业务风险;寻求新市场;满足政府的规定等。

这些动机有一些共同之处:为跨国公司的战略计划服务而不惜增加中短期的经营成本,不惜亏本经营。从这些动机出发进行经营的国外子公司,其对公司整体的贡献,显然难以完全用货币来衡量。如果对这些以战略性动机为主而进行国内外经营的子公司贡献做出评价,纯粹以财务指标为核心的评价标准就不适用。在操作上,就可能出现重视中短期货币利益、忽视长期战略利益的危险。如果发生这种情况,则从战略计划和战略管理的角度来看,评价结果将会产生使子公司误入歧途的信号。

② 跨国经营战略使子公司业绩模糊化。

随着跨国公司全球化发展,子公司之间的相互依赖性不断增强。当子公司之间相互依赖程度很高,子公司业绩部分取决于其他子公司的成果时,经营业绩就变得模糊起来,从而为子公司业绩评价带来困难。跨国经营战略的四种类型展示了企业跨国经营国际化发展的不同水平,发展的国际化水平越高、子公司之间的相互依赖性越强、子公司业绩变得越模糊，业绩评价也就越难、控制成本就越高。表4-1展示了四种跨国经营战略的相互依赖性、业绩模糊性及与控制成本的关系。

表4-1　四种跨国经营战略的相互依赖性、业绩模糊性和控制成本

跨国经营战略	相互依赖性	业绩模糊性	控制成本
多国战略	低	低	低
国际战略	中	中	中
全球战略	高	高	高
跨国战略	很高	很高	很高

（3）业绩评价标准的选择。

在对国外子公司业绩评价标准的选择上，跨国公司不能只拘泥于上述某一方面的评价内容及其相关联的某个或若干个评价标准。应该根据跨国公司自身及各子公司的经营动机和内外部环境特点，对评价标准加以选择，并对选中的标准进行前后顺序安排，以体现各个评价标准及其评价目标的轻重之别。

在具体操作方面，国外学者中曾提出他们认为可能是合适的标准选择的意见。

① 为适应整个公司范围的目标，跨国公司总部可提出最低限度的 ROI，将它应用于各个子公司或产品系列。或者，总部为各子公司或产品系列定出不同的 ROI 或其他标准，如毛利率。这些标准可以结合到子公司的预算中，以待后期与实际结果进行比较。

② 跨国公司可以将其国外子公司经营业绩同竞争对手相比较。例如，石油跨国公司雪佛龙曾确定其目标（业绩标准）是：与其他大石油公司相比较，在所在业务部门和地区内"争夺第一"，要以此来评价业绩，而不是泛泛地提出工作比上一年"提高几个百分点"。当然，对于子公司众多、子公司的分目标比较一致、各子公司所受风险大体相近的公司，也可以将确定的标准主要用于在公司内部各单位间的比较。

有些跨国公司将子公司所在的东道国资金外汇风险指数化，借以对整个公司的 ROI 进行调整，增强了各国子公司之间的经营业绩可比性。例如，IBM 公司对每一个有关国家的风险做出估计，假设甲国的风险指数是 65%（公司的规定是风险指数越高，表明风险越小），乙国的风险指数是 75%。该公司对所有国家的目标 ROI 在未经风险指数调整前都是 15%，经风险指数调整后，甲国的 ROI 为 23%（15%÷65%＝23%），乙国的为 20%（15%÷75%＝20%）。如果其他条件都一样，甲国子公司的实际 ROI 为 23.5%，而乙国子公司的实际 ROI 为 21%，说明乙国子公司的经营业绩优于甲国子公司，因为乙国子公司预期和实际的 ROI 之间差异是＋1%，而甲国的只有＋0.5%。

显然，IBM 公司这个构想有其缺陷，首先，因为一国总的风险指数是根据主观判断得出的，难免有脱离实际之嫌；其次，在同样一个东道国，子公司的资金外汇风险可以因不同公司而不同。因此，一国的风险指数还必须根据每一子公司的具体风险来修正。最后，是否可以将整个公司的 ROI 标准（其他标准亦如此）普遍地应用到该公司所有子公司的业绩评价上？这也是一个值得探讨的问题。除了国外经营活动受全球战略计划目标的直接影响，各国政府和公司总部也都影响着国外子公司获利能力的发挥，这些因素是一国子公司的经理所无法控制的。由此推论，同属一个公司的各国子公司业绩评价标准的统一化，

将很可能导致一家跨国公司战略管理的失败。

③ 当国外子公司确实是跨国公司全球经营系统中的一个战略性组成部分时，这些子公司业绩就不应该当作一个独立的利润中心来评价。

④ 最好为每个国外子公司制定与经营业绩预算相联系的一系列具体目标，制定时考虑到每个子公司的内外部环境，甚至包括子公司所遇到的季节性特征。

⑤ 应该将子公司的经营业绩与子公司经理的管理业绩分开来评价。子公司经理不应该对他们控制不了的结果负责，否则，奖惩经理人员的措施在公司实施组织战略和公司的控制系统中就失去了重要意义。同样是为了贯彻权责利统一的原则，对于其管理业绩要加以单独评价的子公司经理，应该全程参与子公司分目标的制定过程。

⑥ 跨国公司总部对国外经营业绩的评价应采取多方面内容的多种标准，既要有财务方面的利润评价标准，也要有非财务方面的标准。没有任何单独的一个比率能够判断跨国公司的全部财务状况和经营管理业绩。只有对一系列仔细选择出来的标准——其中既有数量标准，又有质量标准——同时作出分析与比较，才有可能作出接近实际的评价。

4.2.4　跨国公司对子公司的有效控制

1. 有效控制的基本要求

跨国公司对经营活动的有效控制，就是要实现以最高的效率进行负反馈，以完成跨国公司全球经营目标。

（1）有效控制基本要求的内容。

① 能使公司总部将各部门、各子公司的目标集中统一为共同的目标。

② 使公司总部在环境预示需要改变公司战略计划时，能够不失时机地评价与修正公司的战略计划。

③ 使公司总部能够评价每一责任层级制的下属单位真实的经营业绩。

（2）有效控制基本要求的实现。

① 通过战略计划、经营和财务政策、内部报告制度、经营预算等手段，使下属单位为实现本身的局部利益，而偏离总目标的诸种非最优行为减少到最低限度，并使下属单位得到激励。

② 通过信息系统的正常运转，使公司总部及时了解对公司经营可能带来重大影响的环境变化。

③ 通过保证使下属单位只对其可以控制的事项负责的措施，使下属单位及其负责人处于权责利统一的状态。

虽然跨国公司是拥有多方面垄断优势的大企业，而且多数还是大企业集团，但要顺利地通过上述三条途径实现有效控制，也是不切合现实的理想。跨国公司总部的控制，总是在与各种各样的客观限制因素打交道的过程中实现的。

2. 有效控制的限制因素

（1）市场差异带来的负面影响。

由于各国市场存在差异，每个国外子公司都力求为其每种主要产品和主要市场制订出能够适应当地情况的具体计划,都认为需要按各自所处的不同环境特点、相对独立地制订计划、开发产品、安排工作重点等。与此同时,由于各子公司之间在一定程度上是相互依存的,因此,在制订全球市场的战略计划(以及经营计划)时,公司总部为统一全球目标,必定对国内外一切子公司的经营活动进行统筹安排,所有下属部门和子公司都必须首先在统一目标和整体计划的指引下制订各自的计划。这样,子公司和母公司之间必然经常发生矛盾。

(2) 子公司在地理上分散性的负面影响。

子公司分散在世界各地,使母子公司和各子公司之间的通信耗时长、成本高、信息质量低和数量不足、总公司发现问题不及时和修正能力下降。国外子公司与公司总部管理部门之间的遥远距离,成为阻碍有效控制的重要因素。

(3) 企业外部不可控因素的负面影响。

公司总部在对企业经营活动实施控制的过程中,常常会遇到许多因素,例如,国外的股东所追求的目标和公司目标不一致、外国政府修改了法令条例、东道国政府对外商持股企业的态度有重大改变等。这些因素有的是外部不可控因素,有的是外部不可控因素对内部环境的渗透,导致公司内部某些方面的可控程度降低,可能导致公司整体控制的失效。

(4) 信息资料的质量和数量不足的影响。

国外子公司所处的东道国的经济和工业的完整信息资料不一定都能搜集到。公司整体计划是以各国的经济预测为基础的,但由于母国和各东道国的政治、经济的不稳定性,这种经济预测结果的质量和数量往往难以保证,东道国为发展中国家的往往更甚。因此,公司的计划都难免在一定程度上脱离客观实际,这势必影响跨国公司对经营活动的有效控制。

3. 增强控制有效性的措施

要使跨国公司的有效控制能够落到实处,必须采取相应的对策和措施,最大限度地减少甚至避免这些因素对控制所导致的不利影响。

(1) 集中力量于某些职能部门。

由于跨国公司所处的内外部环境复杂多变、跨国公司业务规模巨大且多种多样,加之并非所有的职能部门对各国子公司的成功同等重要,因此,跨国公司很难,也不必要对所有的职能部门都实行统一控制。跨国公司只能在集中控制与分散控制之间进行平衡,在有限的经营资源约束条件下集中人力、财力和物力,做好最重要职能部门的集中控制。在重要职能部门中进行集中决策和严密控制,有利于这些最重要的职能为国际市场竞争提供最优良的服务。当然,由于各跨国公司所处的经营环境各不相同,在对哪种职能是最重要的认识上也会有所不同。

(2) 健全高效的全球信息系统。

跨国公司的信息系统、控制系统和决策系统三者之间有着密切的联系。控制系统必须保证跨国公司所有单位在总目标上的协调一致,并能根据计划及环境变化来评价各单位的经营业绩,因此,必须有一个有效运转的信息系统,及时充分地把各种相关信息传输给决策系统,决策做出后由控制系统去执行。可见,信息系统、控制系统和决策系统是共生于跨国公司机体内的,信息系统对控制系统的高效率运行具有关键性的作用。同时,为了提高信息系统的效率，必须保证全球信息系统的统一性。实践表明，跨国公司国际经营范围越广泛，国际经营规模越大，保证全球信息交流和处理方式的统一性就显得越发必要。

(3) 完善公司组织结构。

随着跨国公司国外经营部分的比例不断提高，信息、控制和决策三大系统日益国际化，跨国公司组织设计上的变革也不可避免。跨国公司为了实现对国外经营活动的有效控制，必须不断地改进和完善其组织结构。例如，跨国公司刚开始在国外进行少量的直接投资时，并没有专门的国际性组织结构，国外的生产、销售分别由国内的生产、销售部门控制和管理。而随着国外经营业务的扩展，国内职能部门对国外经营活动的控制越来越力不从心，甚至无能为力。这时，国际部结构应运而生，于是，跨国公司总部通过国际部实现对国外子公司的有效控制。随着国外业务进一步增加，公司组织结构应继续实施变革，以保证跨国公司对经营活动控制的有效性。当然，无论是哪种国际组织结构形式，从有效控制的角度看，都不是万能的。在国际经营环境中，并没有完全符合公司总部有效控制需要的组织结构。但是，跨国公司还可以采取其他战略、策略和方法，来避免或减少跨国经营中各种因素和条件对有效控制的阻碍。

最后，需要强调的是，跨国公司总部采取的措施必须符合公司的具体情况，否则，可能造成更大的控制失效。总之，只有在保持跨国公司这一巨型人造系统稳定运行的前提下，才能对偏离总目标的经营活动进行调节，从而达到有效控制的目的。

4.3 跨国公司组织结构的演变与发展

4.3.1 跨国公司组织结构的演变

跨国公司组织结构是为实现公司的发展战略服务的。跨国公司在其发展过程中，为了适应国际经营环境，应对国际市场复杂多变、激烈竞争的挑战，协调与控制海外子公司的经营活动，必须相应调整其发展战略，其组织结构也必须适应公司战略的变化而不断调整。英国学者邓宁认为，跨国公司组织结构的变化主要取决于以下六种因素：①企业所有权结构与法定状况；②成立的年限与规模；③所从事的增值活动及其有关交易的数量和特点；④与其他企业（包括供货商、顾客和竞争对手）建立关系的形式；⑤跨国经营活动的区域分布；⑥制定并正在实施的跨国经营战略。

在不同类型的跨国公司，以及跨国公司的不同阶段中，这些因素所产生的影响并不相同。一般来说，跨国公司组织结构会经历以下几个阶段的演变。

1. 出口部阶段

跨国公司早期的组织结构主要是从出口部门开始的。企业通常委托独立经营的贸易公司代理其出口业务。随着产品的出口量不断增大，企业可以设立一个出口部门专门负责出口业务，并逐步在国外建立自己的销售、服务和仓储机构。

仅依靠出口开拓国际市场具有很大的局限性。东道国的关税、限额和其他进口壁垒会限制出口业务的发展。为了避开这些进口壁垒，企业可以采取许可证贸易和国外生产的方式。但是在这个阶段，跨国公司在海外投资的项目较少，兴办的海外子公司数量不多，这些子公司的投资和经营规模也较小，在母公司整个经营活动中的地位也不是十分重要。加上公司初涉海外投资领域，尚缺乏海外经营和对子公司实施有效控制的经验，只能设置独立性较高的海外子公司。此时，母公司与子公司关系比较松散，通常采取在总公司下设一个出口部的组织形式，全面负责对外业务。因此，母公司原组织结构不变，子公司与母公司保持松散的联系，海外子公司的自主权很高。跨国公司这种组织结构适应初始时期对外直接投资的条件，有利于在海外经营中放手让子公司大胆探索、积累经验。同时，将国内经营业务与国外经营业务分离，也可以避免因海外子公司经营失败而影响公司整体经营的情况。母公司仅以其投资为限，对其有独立法人地位的海外子公司的债务承担责任。

随着在出口地区生产的增加，出口部门与公司其他部门的利益冲突会日益尖锐。由于在国外生产会导致出口部门的出口销售份额降低，所以出口部门宁愿继续出口而不希望增加海外生产。但对于大多数成功的跨国公司来说，这种情况持续时间不会太长。海外子公司的成功，使其在公司中的地位得到加强。跨国生产经营积累的经验，使得母公司能够对海外子公司实施更加有效地控制，组织结构也会做出相应的调整。

2. 国际部阶段

当跨国公司把国际经营作为发展战略时，有必要在母公司设立一个部门，集中负责公司国外经营业务。这样，公司的组织结构就分成两大块：国内业务部和国际业务部，各自分管国内和国际的商务活动。20 世纪 60 年代以前，许多跨国公司采取了这种国际业务部的组织结构。在总经理的领导下，把公司的各种国际业务分成许多自我管理的部门，各个部门配有自己的职员和服务机构。这种分散的形式是一种特殊的具有弹性的结构，这种结构被证明是适合各种类型的公司并能适应各种情况的，它为不同部门的合作提供了利于协调的方式。直到今天，这种组织形式还是运用广泛的类型之一，尤其是在美国的企业中。

3. 跨国性组织结构阶段

当企业的跨国经营规模进一步扩大、海外子公司的数量和分布区域增加到一定程度时，只依靠一个部门来协调和管理跨国经营业务很难满足组织管理的需要。实际上在这个阶段，企业的其他部门也都在不同程度上介入了跨国经营业务。为了适应跨国生产经营活动中组织管理的需要，企业的组织结构也会做出相应调整。一般来说，企业组织结构的调整与企业制定的跨国经营战略相一致。

实行多国经营战略的企业通常采取以地区为导向的组织结构，总公司设立不同部门负责管理和协调不同地区的跨国经营活动。实行全球经营战略的企业通常采取以产品为导向的组织结构，总公司设立不同部门负责管理和协调不同产品的跨国经营活动。实行跨国经营战略的企业采取以地区导向和产品导向相结合的某种网络一体化式的组织结构，负责不同地区的部门与负责不同产品的部门交叉在一起，管理和协调跨国经营活动。四种跨国经营战略与跨国组织结构设计及控制的关系如表 4-2 所示。

表4-2　四种跨国经营战略与跨国组织结构设计及控制的关系

组织结构与控制	多国战略	国际战略	全球战略	跨国战略
垂直决策权	分散	核心竞争力集中，其他分散	某些集中	结合
水平决策权	世界地区结构	世界产品结构	世界产品结构	非正式矩阵
协调要求	低	中	高	很高
整合机制	无	少	多	很多
业绩模糊性	低	中	高	很高
文化控制需求	低	中	高	很高

总之，跨国公司的组织结构是在国内企业组织结构的基础上逐渐演变过来的。在这一演变过程中，组织结构随着企业采取的跨国经营战略不同，以及跨国经营业务的发展而不断变化和完善。一般来说，跨国公司组织结构的演变过程可表示为：销售部→出口部→国际部→地区划分的组织结构→产品划分的组织结构→地区划分与产品划分结合在一起的组织结构。

4.3.2　跨国公司组织结构的发展

跨国公司组织结构的具体模式很多，等级模式、纽带模式、网络模式是其中具有典型意义的企业组织模式。在等级模式中，管理层次多，管理幅度小，企业中的分工主要以工作流为基础，决策权力集中在少数管理者手中，企业组织是一种机械结构。纽带模式的出现是组织模式发展的一次飞跃，其具体形态有事业部式、矩阵式和集团式等。纽带模式组织结构有力地支持了企业或集团内部的专业化分工与协作群的生产经营活动。网络模式则是层次更高的一次飞跃，其主要特点是组织结构之间非固定的动态有机联系，很好地满足了知识化、国际化的动态环境变化对企业组织结构适应性的要求。在等级模式中，分工是以工作流来划分的，即每个员工完成工作的一部分。而纽带模式下的矩阵式分工就有了两层含义：一层是基于工作流，另一层是基于项目，这样便给了员工发挥的空间，这种专业化分工给组织带来了灵活性。到了网络模式，企业的分工依据是员工各自的技术技能，一个人负责某一方面工作，而不是工作的一部分，整个项目的组成是由各个单元之间动态决定的。纵观这几种典型的组织模式不难发现，组织模式的发展具有很强的继承性和延续性，形成了一个组织模式连续发展的演进过程，并且组织结构呈现很明显的专业化加强的趋势。

1. 跨国公司组织结构发展演变的基本特征

传统的跨国公司结构中呈现等级模式的金字塔形：企业中各成员公司内部和母子公司之间，表现出一种单向传递式控制的清晰的科层组织关系，最高负责人的指令向下逐层分解，因此这是一种典型的集权式计划经济模式。这种严格的科层模式在经济全球化的今天逐渐受到了挑战，这种挑战主要来自市场竞争的加剧、产品生命周期的缩短和企业规模的不断壮大。考察20世纪80年代后期跨国公司（特别是跨国化程度较高的大型跨国公司）

组织结构的演变可以发现，其演变呈现如下基本特征。

(1) 母公司或总部演变为支持性机构。

母公司或总部负责规划整个企业系统的远景目标、战略，以及成员公司的经营目标；协调成员的利益关系；建立系统内部的沟通和协调机制及对成员的激励机制；协调配置企业系统中的人力、技术和资本资源；决定对外购并和缔结联盟事宜等。同时，子公司从在资本、技术和管理上全面依附于母公司的生产或销售组织，转变为具有自我规划和开拓能力、能够及时对经营环境做出反应的价值链网络成员。当然，不同的跨国公司企业网络，在对网络成员的功能配置方面也存在差异，因此，有时部分网络成员也承担支持性机构的某些功能。

(2) 母公司部分职能逐渐向子公司剥离。

为了适应复合一体化战略对企业系统内部职能专业化提出的要求，企业系统内部或地区性子系统的一些适于集中运行的共同职能，常常由一些特定的职能性总部掌握。国际性采购机构、协调营销活动的子公司或专司售后服务的子公司都属于职能性总部。例如，日本电气股份有限公司（简称 NEC 公司）在新加坡设有一个职能总部，专门负责指挥和协调经营于东盟国家的各个分支企业的研发工作；丰田公司的新加坡管理服务处是丰田的一家独资子公司，它的建立是为了协调亚洲各丰田子公司之间的部件交易。这些母国以外职能性总部的设立，缩小了母国总部的职责范围，为后者集中精力从全局角度协调所有分散性经营活动提供了保证。此外，分支机构职能的专业化还可以体现在产品系列的维度上。

(3) 网络成员的自主权机制开始被引入。

为了鼓励网络成员开展面向市场的主动经营，网络成员的自主权机制开始被引入。例如，在 3M 公司，每位员工都可以提出一个项目计划。不过在项目实施的过程中——从最初的设想到设计和生产，再到产品的营销，项目负责人都必须提出具体的预算和时间进度方案。当然，这些预算和方案的审批是由企业高层进行的。与此同时，在那些网络成员职能逐渐专业化和单一化的跨国公司中，网络成员的规模逐渐小型化。

(4) 网络成员之间建立起责任义务关系。

由于职能的专业化和网络成员自主权的增加，不仅支持性机构与网络成员之间存在责任义务关系，不同的网络成员之间也存在责任义务关系。当然，在把母公司职能下放到网络成员的过程中，这些网络成员并不是仿效以往"战略性经营单位"的全功能定位，并不拥有所有的关键性资源，并不对经营绩效负完全责任。

2. 跨国公司组织结构演变的基本趋势

信息技术的进步和经济全球化的浪潮，已经改变了企业管理者对竞争方式的认识。企业利用现代化的通信工具和交通工具，能够观察市场和环境的变化并预测竞争者的行动，它们正在以一种全新的方式进行全球性资源配置和转移。为了在全球竞争中保持继续领先优势，跨国企业对其组织结构进行了深刻而广泛的调整、重组和创新，其变化趋势在内部主要表现为网络化、扁平化和柔性化趋势，在外部主要表现为联盟化和 R&D 全球化的趋势。

(1) 网络化趋势。

知识经济带来了对跨国企业现存组织结构的网络化改造，促进了跨国企业的适应性、学习性和创新性。在网络化的结构下，跨国企业采取了全球经营方式，根据不同的区位优势，将研发、供应、生产、销售等环节分布于全球各地，把所有分支机构联结成统一的一体化经营网络，这样使分散于世界各地的各种企业活动能够服务于跨国企业的全球发展战略。跨国企业内部的不同部门、不同地域的组织在服从总体的战略之外，可以根据具体环境及组织目标来构建不同的组织结构。学习和创新不仅是跨国公司全球战略特征之一，也是其生存和发展的一种关键手段。跨国公司所处环境的多样性使其暴露于多种影响因素之中，具备更多的学习机会，使其积累各种经验和发展多方面的能力。多元的环境为跨国公司学习提供了潜在的机会。为了获得这种能力，跨国公司必须采取网络化的结构来保证其学习和创新得以产生和持续。这种既是适应型又是学习型的网络化组织结构，成为跨国公司组织结构变革的必然趋势。

（2）扁平化、柔性化趋势。

信息技术的迅猛发展，要求跨国企业对市场变化做出迅速的反应，从而保证其竞争力。传统的层级制下决策是相对缓慢的。扁平化的组织结构是一种有效率的结构，管理层次的减少将有助于增强组织对市场的反应能力。扁平化的组织结构彻底改变了原来由上而下的纵向信息传递方式，大大加强了横向联系，使组织更具弹性和灵活性。组织结构应当提供跨国公司在循环发展过程中持续反复地获取、积累、运用、创造新知识的能力，创新活动的内在特性要求组织结构必须进行相应的调整或变革。因此，跨国公司的组织结构出现了柔性化的趋势。而互联网技术的应用，使企业的所有部门及人员都能够更直接地面对市场，加快对市场和竞争动态变化的反应，从而使组织能力变得更具柔性化。随着企业经营全球化的发展，在世界主要投资区域设立地区总部已成为跨国企业组织结构变革的潮流。伴随着组织结构重组的进程，现代跨国企业的母公司与子公司的关系也发生了变化，一是母公司与子公司关系更加密切，已形成统一的战略系统；二是跨国企业倾向于控制关键的功能公司，如研发和销售。

（3）联盟化趋势。

经济全球化所带来的国际竞争加剧的压力，迫使跨国公司不得不寻求新的合作形式。这种压力迫使处在前沿的跨国公司率先进行组织形式的变革，以提高其创新能力和适应环境的能力。实践经验表明，跨国公司联盟有利于它们通过各种形式进行互补性的技术共享和专利交换，并在此基础上开发更高层次的新产品。当今企业竞争模式已逐渐从过去单纯追求生产效率和低成本而转向灵活性、高效率及知识学习和创新，企业要求同时在这几个方面具有竞争优势是一件不容易的事。要在这相互冲突的目标之间求得平衡或有重点地发展，企业的组织结构与战略行为都面临着新的挑战，联盟网络可能是解决这一挑战的好方法。

为适应这种形势，跨国企业之间缔结了战略联盟。联盟双方在快速变化的环境中，保持了各自独立的市场主体身份。由于国际市场的竞争加剧，单个跨国公司难以完全左右和垄断全球市场和技术开发。因此，许多跨国公司从全球战略出发，开展了竞争中的合作。它们利用对方的优势联合开发和生产，达成协作关系，以争取实现其全球利润的最大化。跨国公司间的战略联盟更多的是以技术、信息、管理等形式为基础的知识联盟，其目的是实现个人或企业学习方向的调整及知识的更新和流动，从而实现战略资源或优势的互补。

知识联盟的中心目标是学习知识和创造知识，它着眼于未来先进技术的开发和未来竞争知识的创新。知识联盟有利于跨国公司学习其他企业的知识，有利于企业之间的知识优势互补，有利于更广范围的参与者的加入。创造新的交叉知识，特别是通过企业之间员工的紧密合作、相互切磋技艺并进行知识交流，能够实现隐性知识向显性知识的转移与共享。这使得跨国公司根据人才优势、科技实力及科研基础设施上的比较优势，在全球范围内组织安排研发机构来从事新技术和新产品的研究开发，从而使跨国公司的研发活动日益朝着全球化的趋势发展。知识联盟不仅使跨国企业赢得核心专长从而建立核心竞争能力，更重要的是能够使它们长期保持这种竞争优势。

（4）R&D 全球化趋势。

过去，跨国公司的研发中心一般只设在母国，通过内部市场以转让价格手段向海外子公司转移技术。然而随着经济全球化的深化，越来越多的行业变成了全球性的行业，这些行业的产品与服务在世界范围内基本上是同一的，不需要或只需要很少的国别适应，如计算机和通信器材。在这些行业中，企业的竞争是高度的全球竞争，竞争实力在很大程度上取决于进行大规模集中研发和集中制造，并向全球出口标准产品的能力。因此，就处于这些行业的跨国公司而言，全球战略就显得至关重要。全球化市场的发展使得跨国公司对市场的变化、顾客的反应必须做出及时的回应，因此也提出了加速新产品开发、工艺的革新以及新技术应用的需求。这种需求与全球性资源短缺相结合，加剧了企业降低成本与扩大影响力的矛盾。跨国公司 R&D 全球化的趋势正是对市场全球化所做出的反应。跨国公司根据不同东道国人才、科技实力及科研基础设施上的比较优势，在全球范围内组织安排研发机构，以从事新技术、新产品的研发工作，从而使跨国公司的研发活动日益全球化。

本 章 小 结

跨国公司组织结构是指为实现跨国经营目标而确定的一种内部权力、责任、控制和协调关系的形式。跨国企业组织结构的具体形式很多，国际业务部组织结构、全球职能式组织结构、全球产品式组织结构、全球地区式组织结构和全球多维式组织结构是其中具有典型意义的基本组织模式，适用于不同产品和产业特征的跨国公司。企业内部战略、分工和技术特征、公司规模、历史文化及跨国公司所处的市场、技术、法律、文化环境都会对跨国公司组织形式的选择产生直接或间接的影响。

跨国公司对子公司控制不力会引发很多问题，因此，跨国公司的母公司有必要控制子公司的经营管理，但所需的控制程度却要考虑以下三方面因素：子公司的规模和数量、生产的产品类型、产品和业务的多样化程度。跨国公司对子公司的管理控制机制一般采取计划与预算两个途径。跨国公司要实现对子公司的有效控制，会受到以下因素的负面影响：市场差异，子公司在地理上的分散性，企业外部不可控因素，信息资料的质量和数量不足等。要增强控制有效性，就需采取有效措施：集中力量于某些职能部门；健全高效的全球信息系统；完善公司组织结构。

20 世纪 60 年代后期，全球性组织结构开始迅速发展。信息社会的到来，规模不经济的存在是导致原有组织结构失效的重要原因，也是促使企业选择网络型组织结构的外部因素。从西方大型企业近年来的组织变革来看，这种新的组织模式日渐成型，形成了一种跨国公司网络型组织结构，它不仅包含由母公司通过股权关系拥有或控制国内外子公司所构成的控制性股权网络，还包含供应商、合作伙伴等利益相关方签订长期契约合同而形成的非控制性契约网络。整个跨国公司的组织结构呈现明显的网络化、柔性化、扁平化和联盟化的特征，跨国公司的研发活动也日益朝着全球化的趋势发展。

关 键 术 语

组织结构　跨国公司组织结构　国际业务部组织结构　全球职能式组织结构　全球产品式组织结构　全球地区式组织结构　全球多维式组织结构　网络化组织结构　控制机制

习　　题

一、简答题

1. 跨国公司组织结构有哪些基本类型？各自有何优缺点？
2. 影响跨国公司组织结构选择的企业内外部因素有哪些？
3. 为什么网络化组织结构会成为跨国公司的选择？
4. 影响跨国公司对子公司控制程度的选择主要有哪些因素？
5. 跨国公司对子公司实施控制的路径主要是什么？
6. 跨国公司应如何实施对子公司的有效控制？
7. 跨国公司组织结构的发展趋势如何？

二、讨论题

请通过实际调查，分析一家中国企业国际化发展过程中的组织结构形式，尝试用本章的有关理论知识予以解释，并提出自己的看法与建议。

分析案例

杜邦公司的组织机构改革

美国杜邦公司（DuPont Company）是一家大型的化学公司，自建立至今已有200多年。在这200多年中，企业的组织机构历经变革，其根本点在于不断适应企业的经营特点和市场情况的变化。杜邦公司所创设的组织机构，曾成为美国各公司包括著名大公司效仿的模式，并反映了企业组织机构发展演变的一般特点。

1. 成功的单人决策及其局限性

杜邦家族曾是法国贵族，1789年法国大革命开始，老杜邦带着两个儿子伊雷内和维克托逃到美国。1802年，儿子们在特拉华州布兰迪瓦因河畔建起了火药厂。由于伊雷内在法国时是个火药配料师，加上美国历次战争的需要，工厂很快站住脚且发展起来。

在整个19世纪，杜邦公司基本上采用的是单人决策式经营，这一点在亨利这一代尤为明显。亨利是伊雷内的儿子，军人出身，由于接任公司以后完全是一副军人派头，所以人称"亨利将军"。在公司任职的40年中，亨利用军人严厉粗暴的铁腕统治着公司。他实行的一套管理方式，被称为"凯撒型经营管理"。这套管理方式无法传递，也难以模仿，实际上是经验式管理。公司的所有主要决策和许多细微决策都要由他亲自制定，所有支票都得由他亲自开具,所有契约也都得由他签订。他一人决定利润的分配,亲自周游全国,监督公司的好几百家经销商。在每次会议上,总是他发问,别人回答。他亲自过问账款收回工作,严格限定支付条件,促进交货流畅,努力降低价格。亨利接任时,公司负债高达 50 多万美元,但他后来却使公司成为行业的领头人。

在亨利的时代,这种单人决策式的经营基本上是成功的。这主要是因为:①公司规模不大,直到 1902 年合资时公司资产才 2400 万美元;②经营产品比较单一,基本上是火药;③公司产品占了绝对优势,竞争者难以超越;④市场变化不甚复杂。此外,单人决策之所以取得了较好的效果,与"亨利将军"的非凡精力也是分不开的。72 岁时,亨利工作起来仍无须秘书的帮助;任职期间,他亲自写的信不下 25 万封。

但是,正因如此,亨利去世后,继承者在经营过程中终于崩溃了。

亨利的侄子尤金毫无准备地被推上舵位,他缺乏经验,试图承袭其伯父的作风经营公司,也采取绝对的控制,亲自处理细微末节,亲自拆信复函,但他最终陷入公司错综复杂的矛盾之中。1902 年,尤金去世,合伙者也都心力交瘁,两位副董事长和秘书兼财务长相继被累死。这不仅是他们身体的原因,还因为当时的经营方式已与时代不相适应。

2. 集团式经营的首创

正当公司濒临危机、无人敢接重任,家族拟将公司出售的时候,三位堂兄弟站出来力挽狂澜,以低廉的价格买下了杜邦公司。

这三位堂兄弟不仅具有管理大型企业的丰富知识,而且具有在铁路、钢铁、电气和机械行业中采用先进管理方式的实践经验,甚至还请过泰罗当顾问。他们果断地抛弃了"亨利将军"那种单枪匹马式的管理方式,精心地设计了一套集团式经营的管理体制。在美国,杜邦公司是第一家把单人决策改为集团式经营的公司。

集团式经营最主要的特点是建立了执行委员会,隶属于最高决策机构董事会之下,是公司的最高管理机构。在董事会闭会期间,大部分权力由执行委员会行使,董事长兼任执行委员会主席,高级经营者年龄大多在 40 岁左右。

杜邦公司抛弃了当时美国流行的体制,建立了预测、长期规划、预算编制和资源分配等管理方式。在管理职能分工的基础上,建立了制造、销售、采购、基本建设投资和运输等职能部门。在这些职能部门之上,是一个高度集中的总办事处,控制销售、采购、制造、人事等工作。

由于在集团经营的管理体制下,权力高度集中,实行统一指挥、垂直领导和专业分工的原则,所以秩序井然,职责清楚,效率显著提高,大大促进了杜邦公司的发展。20 世纪初,杜邦公司生产的五种炸药占当时全国总产量的 74%,生产的无烟军用火药则占 100%。第一次世界大战中,协约国军队 40% 的火药来自杜邦公司。到 1918 年,公司的资产增加到 3 亿美元。

3. 充分适应市场的多分部体制

杜邦公司在第一次世界大战中的大幅度扩张,以及逐步走向多角化经营的道路,使组织机构遇到了严重挑战。每次收购其他公司后,杜邦公司都因多角化经营而遭到严重亏损。这种困扰除了由于第一次世界大战后通货从膨胀到紧缩,还因为公司原有的组织机构缺乏弹性,对成长缺乏适应力。这使人们认识到:企业需要一种能力,即易于根据市场需求的变化改变商品流量的能力。继续保持那种使高层管理人员陷入日常经营，不去预测需求和适应市场变化的组织机构形式，显然是错误的。一个能够适应大生产的销售系统对于一家大公司来说，已经成为至关重要的因素。

杜邦公司经过周密的分析，提出了一系列组织机构设置的原则，创造了一个多分部的组织机构。在执行委员会下，除了设立由副董事长领导的财力和咨询两个总部，还按各产品种类设立分部，而不是采用通常的职能式组织如生产、销售、采购等。在各分部下，则有会计、供应、生产、销售、运输等职能处。各分部是独立的核算单位，分部的经理可以独立自主地统管所属部门的采购、生产和销售。

在这种形式的组织机构中，自治分部在不同的、明确划定的市场中，通过协调从供给者到消费者的流量，使生产和销售一体化，从而使生产和市场需求之间建立起密切联系。这些以中层管理人员为首的分部，通过直线组织管理所属部门。总部高层管理人员在大量财务和管理人员的帮助下，监督这些多功能的分部，用利润指标加以控制，使它们的产品流量与需求波动相适应。

由于多分部管理体制的基本原理是政策制定与行政管理分开，从而使公司的最高领导层摆脱了日常经营事务，把精力集中在考虑全局性的问题上，研究和制定公司的各项政策。新分权化的组织使杜邦公司很快成为一家高效的集团，所有单位构成了一个有机的整体，公司组织具有了很大的弹性，能根据需要随时改变。这使杜邦公司得以在20世纪20年代建立起美国第一个人造丝工厂，以后又控制了赛璐珞（塑料）生产，垄断了合成氨的生产。不仅如此，在20世纪30年代后，杜邦公司还能以新的战略参与竞争，致力于发展新产品，垄断新的化学产品生产。从20世纪30年代到20世纪60年代，被杜邦公司首先控制的、有着重要意义的化学工业新产品有合成橡胶、尿素、乙烯、尼龙、的确良（涤纶）、塑料等。

4. "三头马车式"的体制

杜邦公司的执行委员会和多分部的管理机构，是在不断对集权和分权进行调整的情况下去适应需要而发展形成的。例如，20世纪60年代后期，公司发现各部门的经理过于独立，因此杜邦公司的组织机构又发生了一次重大的变更，这就是"三头马车式"组织体制。

新的组织体制是为了适应日益严峻的企业竞争而产生的。20世纪60年代初，杜邦公司由于许多产品的专利权纷纷到期，在市场上受到众多竞争者的挑战，陶氏化学、孟山都、美国人造丝、联合碳化物及一些大石油化工公司相继成为它的劲敌。再加上杜邦公司被迫出售10亿多美元的通用汽车公司股票，美国橡胶公司转到了洛克菲勒旗下，杜邦公司又没有强大的金融后盾，真可谓四面楚歌，危机重重。1962年，公司的第十一任总经理科普兰上任，他被称为"危机时代的起跑者"。

杜邦公司新的经营战略是：运用独特的技术情报，选取最佳销路的商品，强力开拓国际市场；发展传统优势产品，发展新的产品品种，稳住国内势力范围，争取巨额利润。

有了新的经营方针，还必须有相应的组织机构作为保证。除了不断完善和调整公司原有的组织机构，1967年年底，科普兰把总经理一职让给了非杜邦家族的人，财务委员会主任也由非杜邦家族人员担任，自己专任董事长一职，从而形成了一个"三头马车式"的体制。1971年，科普兰又让出了董事长一职。

这一变革具有两方面的意义。一方面，杜邦公司是美国典型的家族公司，公司有一条不成文的惯例，即非杜邦家族的人不能担任最高管理职务。现在这条惯例却被废除，不能不说是一个重大的变革。虽然杜邦公司一直由家族控制，但是董事会中的家族成员比例越来越小。在庞大的管理等级系统中，没有经验的杜邦家族成员，已经没有发言权。另一方面，如今的企业机构日益庞大，业务活动非常复杂，环境的变化日新月异，管理所需的知识越来越高深，实行集体领导，才能更好地进行决策。在新的体制下，最高领导层分别设立了办公室和委员会，作为管理大企业的"有效的富有伸缩性的管理工具"。科普兰说："'三头马车式'的集团体制，是今后经营世界性大规模企业不得不采取的安全设施。"

20世纪60年代后期，杜邦公司的几次成功都与新体制有关。所以，可以毫不夸张地说，杜邦公司成功的秘诀，主要在于使企业的组织机构设置适应需要，即适应生产特点、企业规模、市场情况等各方面的需要。而且，这样的组织机构也不是长久不变的，还需要不断加以完善和发展。

资料来源：https：//zhuanlan.zhihu.com/p/560047388，2023-06-08.

问题

通过对杜邦公司案例的分析，总结跨国公司组织结构变迁的规律。

拓展视频

第 5 章

跨国公司市场进入管理

本章教学要点

掌握跨国公司市场进入的主要类型及其选择影响因素与策略；

掌握跨国公司购并的基本形式及其动因与原则，熟悉跨国公司在购并与新建之间选择的策略与方法；

熟悉跨国战略联盟发生的理论基础，并能结合实际分析跨国公司跨国战略联盟的类型与动因，了解跨国战略联盟运行与管理的基本方法。

知识架构

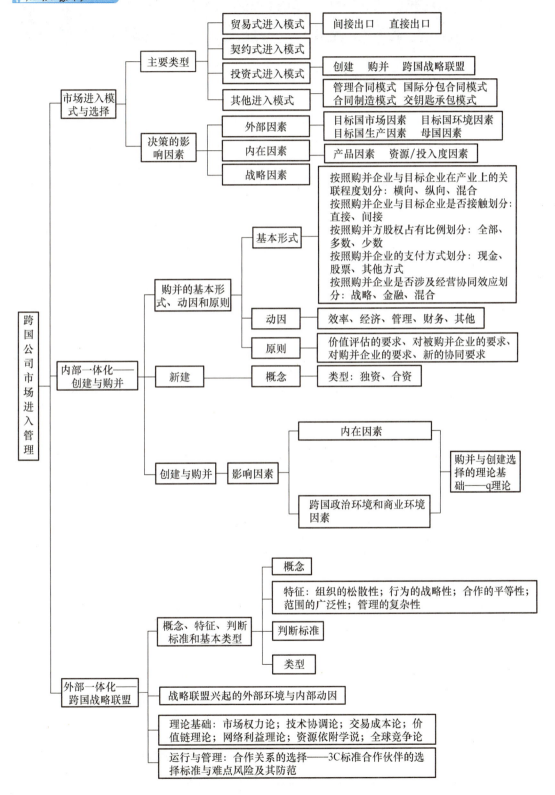

5.1 跨国市场进入模式与选择

5.1.1 跨国市场进入模式的主要类型

1. 贸易式进入模式（Export Entry Modes）

贸易式进入模式，是指以通过目标国以外的生产基地向目标国家出口商品的方式进入该国市场的模式。出口商品只适用于有形产品，其进一步又可分为间接出口和直接出口两种类型。总体而言，贸易式进入模式相比于其他市场进入模式，其对国际市场的渗透是有限的。

（1）间接出口。

间接出口是指通过中间商（本国或目标国的）或代理人使企业的产品进入国际市场的方式。间接出口额的主要渠道有专业国际贸易公司、"搭便车"出口、出口管理公司、外国企业驻本国的机构等。

出口管理公司是以生产企业的名义从事产品外销活动的公司，这在欧美国家比较普遍，它是中小型企业进行间接出口的主要形式。例如，美国制造业出口额的10％是利用出口管理公司进行的。

间接出口形式可以使企业在不增加固定投资的前提下开展国际业务，其费用与风险较小。企业自身由于将生产集中于一地，可获得规模经济效益。但这种形式也有其局限性：不能迅速获取国际市场信息；国际化经营水平提高的速度慢；商品的国际市场价格与销售渠道难以控制；企业信誉很难提高等。

（2）直接出口。

直接出口是指企业通过在国外建立销售组织与销售渠道，使其新产品进入国际市场的方式。直接出口的主要形式有企业驻外办事处、建立国外销售子公司、直接卖给最终用户、设立国内出口部等。

与间接出口相比，直接出口的优点不仅体现在潜在收益高，更体现在企业的主动权及控制能力上，能很好地保护公司的商标、专利、商誉和其他无形资产。但在直接出口模式中，企业需要在海外设立各种营销网络，投资较大、风险较高，也很容易受到各种贸易壁垒的干扰。因此，在间接出口与直接出口两者之间，很难简单地判断哪一种更具有优势。企业需要在综合比较两者各自优缺点的基础上，根据商品的特点及企业自身的条件加以综合考虑。

贸易式进入模式的优劣势如表 5-1 所示。

表 5-1 贸易式进入模式的优劣势

优 势	劣 势
● 资本投入少 ● 可帮助企业实现区位优势和规模经济优势 ● 可成为企业获取出口经验的有效途径 ● 具有高度灵活性	● 关税及非关税壁垒可能导致出口产品与当地产品相比的竞争劣势 ● 高额运输成本 ● 产品到达当地市场的时间过长 ● 难以保持对当地代理商和当地市场需求的监测

2. 契约式进入模式（Contractual Entry Modes）

契约式进入模式，是指企业通过与目标国家法人订立长期的、自始至终的、非投资性的无形资产转让合同，使公司的技术或人力从本国转移到外国的模式。契约式进入模式主要有许可经营、特许经营、技术协议、管理合同、国际分包合同和合同生产等。

许可证贸易是技术贸易最基本、最主要的形式。许可证贸易的无形资产包括各种工业产权（如专利技术、商标、技术管理、诀窍、工艺技能、营销技能等）和版权。按照受让方取得使用许可证项目的权限不同，可将许可证协议分为：独占许可证、排他许可证、普通许可证、双向许可证。在服务贸易中，许可证贸易一般表现为特许经营方式。现代大型知名零售企业发展了一种特许方式"专用品牌"，即要求生产商专门为其设计开发独家销售的商品品牌。例如，耐克为沃尔玛专门设计有专款品牌商品而让其独家销售。

契约式进入模式与贸易式进入模式的区别主要在于：企业输出的是技术、技能、工艺，而不是产品。契约式进入模式与投资式进入模式的区别是：不对目标国投资。因此，契约式进入模式的主要优点是经营风险小、能带动企业产品的出口、能保护企业的专利和商标、分摊研究与开发成本等。契约式进入模式的主要缺点是对国际市场控制程度低、培养了潜在竞争对手等。契约式进入模式的优劣势如表5-2所示。

表5-2 契约式进入模式的优劣势

优 势	劣 势
● 可绕过进口限制与投资环境的障碍 ● 避免高额运输成本 ● 由于资本投入较，低风险也较低 ● 在国外直接投资受到限制的国家可以从工艺技术上获得收益 ● 节省项目营运时间	● 只有当企业具备先进的技术或突出的品牌时才有效 ● 缺乏对技术的控制 ● 面临产生新竞争者的风险 ● 如果质量标准无法保持的话，将危及企业的全球声誉 ● 因合同期限而导致灵活性比较差 ● 低利润回报

案例5-1 麦当劳在欧洲的特许经营

麦当劳在全世界的所有快餐店中大约70%采用的是特许经营模式。在欧洲，建立一家特许经营店需要为期两年的考察与选择过程，特许经营的候选者必须在麦当劳店工作两年，并接受指定的培训。这些被选中的候选者需为一项20年的合同支付45 000美元。作为回报，麦当劳取得销售额的4%的特许使用费，另有销售额的8.5%作为公司所有店铺的租金。麦当劳在全球的规模十分庞大，其一般的欧洲店平均每年可获得20万美元的利润，主要城市的大型店的利润甚至可以达到上述的3倍。

麦当劳签订许可协议的主要内容如表5-3所示。

表 5-3　许可协议的内容

许可内容	使用条件	补　偿	其他条款
● 专有技术：特别的知识或技术 ● 专利：使用发明的权力 ● 商标：品牌名称 ● 设计：复制生产设计或最终产品的权利 ● 版权：知识产权的使用	● 谁：哪个公司可以使用许可专利 ● 时间：许可持续多长时间 ● 地点：在哪些国家可以使用 ● 保密性：保护商业机密或涉及的条款 ● 业绩：被许可方要做什么 ● 改进：与许可产权的改进有关的许可方与被许可方的权利	● 货币：以何种货币支付 ● 日期：何时必须支付补偿 ● 方式：支付可以是一次性支付、分期付款 ● 最小支付款：有关支付最小使用费的协议 ● 其他：技术服务、产品改进和培训的费用	● 终止：怎样终止协议 ● 争议：采用什么类型的争端解决机制 ● 语言：合同的官方语言是什么 ● 法律：合同适用哪个国家的法律 ● 惩罚：达不到业绩要求何种惩罚 ● 报告：被许可方何时及报告什么 ● 检查与审计：许可方有什么权利

3. 投资式进入模式（Investment Entry Modes）

投资式进入模式与贸易式进入模式一样，也可分为间接投资式进入模式和直接投资式进入模式。所谓间接投资式进入模式就是对外证券投资。制造业跨国公司也会对外进行证券投资，只不过制造业跨国公司对外证券投资的主要战略考虑与专业投资公司不一样。制造业跨国公司进行国际证券投资，可能是其直接投资的前奏，可能是其长期计划的一部分（有助于加强技术、许可证和销售协议）；也可能是扩大企业在其他国家利益的一种方法。但是，证券投资与直接投资相比有两个基本弱点：一是不能管理企业所持有的资产；二是很难充分发挥公司技术或产品的优势，从而妨碍了企业将证券投资与其所持有的国外资产充分地结合起来进行使用。因此，制造业很少会把它的长期计划建立在证券投资上。综上所述，通常说的投资式进入模式一般指的是对外直接投资式进入模式。

对外直接投资是指企业进入国外市场进行投资建立生产机构的活动。它包括创建新企业、兼并并购及跨国战略联盟等形式。

对外直接投资式进入模式与贸易式进入模式及契约式进入模式相比，其进入市场程度更深，资金投入更高，经营周期更长，风险也相对更高些。表 5-4 展示了对外直接投资式进入模式的优劣势。

表 5-4　对外直接投资式进入模式的优劣势

优　势	劣　势
● 对战略和经营更大的控制 ● 以较低的成本向东道国供应产品 ● 避开对原材料供应与最终产品的进口配额 ● 调整产品适应当地市场 ● 更好的售后服务 ● 更大的利润潜力	● 增大投资，引起更大风险 ● 投资回报的时间较长而导致初期成本过高 ● 因投入成本过高导致公司战略调整缺乏灵活性

4. 其他市场进入模式

除了以上市场进入模式，20世纪70年代以来被广泛采用的一种新的国际市场进入模式是非股权安排，又称非股权投资或合同安排。非股权安排是指跨国公司在进入东道国的企业中没有股份投资，而是通过一系列合同为东道国提供各种服务，与东道国的企业建立起密切联系而从中获得各种利益的进入模式。非股权安排主要有管理合同、国际分包合同、合同制造、交钥匙承包等多种模式。联合国称其为"直接投资的替代物"。

(1) 管理合同（Management Contracts）模式。

管理合同模式是指当地公司在保留对公司所有资产所有权的同时将管理功能委派给外地管理公司的合作模式。管理公司以合同形式承担当地公司的一部分或全部管理任务，以按利润额或销售额比例提取管理费、按具体服务支付一部分利润或以某一特定价格购买该公司的股票作为报酬。这种模式可以保证东道国企业在经营控制权不丢失的同时获取国外先进管理经验，适用于在医院、机场、港口和公用设施等投资领域。

(2) 国际分包合同（Turnkey Contracts）模式。

国际分包合同模式是指发达国家的总承包商向发展中国家的分包商订货，后者负责生产部件或组装产品，最终产品由总承包商在国内市场或第三市场出售的合作模式。

(3) 合同制造（Contract Manufacture）模式。

合同制造模式是指企业与目标国企业签订供应合同，要求对方按合同规定的技术要求、质量标准等生产本企业产品，交由本企业销售的合作模式。合同制造模式的优点在于企业将生产责任转移给合同的对方，可以将精力集中在营销上；同时母公司负责销售，仍然掌握市场控制权；在国外投资少、风险小。合同制造模式的主要局限性在于：一是不一定能在东道国找到有资格的制造商；二是有可能把合作伙伴培养成潜在的竞争对手；三是有可能失去对产品生产过程的控制，使质量难以控制。

(4) 交钥匙承包（Engineering-Procurement-Construction）模式。

交钥匙承包模式是指企业通过与外国企业签订合同并完成某一大型项目，然后以将该项目交付给对方的方式进入外国市场的合作模式。交钥匙承包所签订的合同往往是大型长期项目，利润颇丰，但正是由于其长期性，也使得这类项目的不确定性因素增加，如遭遇政治风险等。

案例5-2　索尼电视机进入美国市场

1972年以前，索尼公司的管理者一直认为所有的生产都应该在日本本土进行，进入美国市场的方式应主要是销售和市场营销。直到索尼公司在美国被诉倾销，才开始考虑在美国进行直接投资。在内外部压力下，索尼公司决定对美国进行初级职能（最后的组装）水平的直接投资。那些到美国工作的索尼公司电视部的日本员工，将索尼电视的加工流程和生产技术带到了美国，在美国圣迭戈建立了一条索尼电视的装配线。索尼公司驻美国的工作人员经过努力，逐步在美国本土租赁厂房、雇佣员工、就地采购零件设备，并从日本总公司获取资金、技术、管理等资源。圣迭戈工厂开工后，将母公司与美国当地的资源结合在一起，开始电视整机生产。当索尼公司对在美国组装的电视机质量表示满意后，开始让下属公司执行更多的职能。后又考虑到在越洋运输过程中显像管容易损坏且运输费用巨大,索尼公司将显像管的生产也搬到了美国。在下属公司成立20年之际,索尼公司才确立了在北美电视业务领域中的战略领导地位。

瑞典学者约翰森(Johanson)和瓦伦(Vahlne)对瑞士跨国公司的研究表明,瑞士跨国公司倾向于首先将其产品出口到外国市场,然后再建立管理这些进口产品的外国销售下属公司,最后建立全资子公司。这些公司建立后,母公司在本国业务范围内的各项职能继续发挥作用,这些职能有利于本国研究和开发、生产规划、战略决策等方面形成规模经济。在东道国,他们所执行的职能只是那些需要当地知识的职能,如市场营销和分销。经过一段时间之后,这些子公司就会执行更多的职能,包括组装生产、本地化设计及物资采购等。甚至当子公司在其生产领域获得国际化专业技术后,还可以担当起经营规划,甚至是战略领导的角色。

5.1.2 跨国市场进入模式决策的影响因素

一般来讲,跨国市场进入模式决策的影响因素可分为外部因素、内部因素和战略因素。外部因素包括目标国市场因素、目标国环境因素、目标国生产因素和母国因素等。内部因素包括产品因素和资源/投入度因素(见图 5-1)。

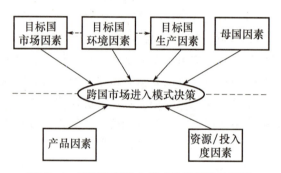

图 5-1 跨国市场进入模式决策的影响因素

1. 外部因素

目标国与本国的市场、产品和环境因素很少受管理层决策的影响,对于公司来说是外部的因素,可视为进入模式决策的参数。单个外部因素不可能对公司决策起决定性影响,但是却可能对特定的进入模式产生积极或消极的影响。

(1)目标国市场因素。

目标国市场因素主要包括目标国市场规模及潜力、目标国市场竞争结构及目标国市场营销基础环境的可利用性与质量等因素。高销量收支平衡的进入模式是采用分支机构/附属机构出口和在当地进行投资生产的模式;而低销量收支平衡的进入模式是采用间接出口和代理商/分销商出口模式、许可经营及契约合作的模式。

(2)目标国环境因素。

目标国政治、经济和社会文化特征对跨国市场进入模式选择有决定性影响,主要包括目标国政府政策与法规、地理距离、经济特征及其他特征。例如,经济规模(国内生产总值 GNP)、生产力绝对水平(人均国内生产总值)指标,以及其他各项经济指标在经济中的相对重要性(占 GNP 比重)指标,与公司产品在目标国市场规模有密切联系的一些指标等。其还包括目标国经济动态的一些相关特征指标（投资率、国内生产总值与个人收入增长率、就业情况变化等）、目标国家对外经贸关系评价（进出口方向、组成和进出口额、外汇收支平衡、偿还能力、汇率变动状况等）、文化差距及政治风险等因素。一般而言，活跃的经济体能接受高收支平衡的跨国市场进入模式。

（3）目标国生产因素。

目标国生产因素主要包括基础设施成本与质量、生产要素成本和协作条件等因素。

（4）母国因素。

母国因素主要包括母国国内市场竞争格局、生产成本及母国政府对出口和国外投资的政策等。

2. 内部因素

（1）产品因素。

产品因素主要包括产品要素的密集度、产品的差异性、产品技术内涵与寿命、产品的服务及产品的适应性等因素。

（2）资源/投入度因素。

资源/投入度因素主要包括资源丰富情况和投入度等因素。

表 5-5 列出了部分影响进入模式决策的外部和内部因素，以及其对进入决策的影响。

表 5-5 影响进入模式决策的外部和内部因素

影响因素	二级指标	三级指标	对进入决策影响
外部因素	目标国市场因素	目标国市场规模及潜力	● 规模大，采用高销量收支平衡的进入模式； ● 规模小，采用低销量收支平衡的进入模式
		目标国市场竞争结构	● 完全竞争市场，采用低资源承诺的出口等方式进入； ● 寡头垄断或独占市场，采用投资式进入模式（独资经营）； ● 采取出口或投资方式竞争都很激烈时，采用经营许可或其他契约模式
		目标国市场营销基础环境的可利用性与质量	● 当地优秀的代理商或经销商与竞争公司关系密切或很难找到合适的中间商时，出口企业只能采取分支机构或子公司进入模式
		目标国政府政策与法规	● 限制进口政策（高关税、低配额和其他壁垒）不利于出口模式； ● 限制外资政策因不利于资本投资模式不鼓励独资模式而鼓励合资、并购等新建模式
		地理距离	● 距离远，运输成本高，限制出口模式； ● 当"可拆卸的货物"航运价格使运输成本大幅下降，出口企业采取在目标国建立生产线以利于竞争的进入模式

续表

影响因素	二级指标	三级指标	对进入决策影响
外部因素	目标国环境因素	目标国家经济特征	● 限制非市场经济国家采用股权投资进入方式（合资或独资），只允许采用非股权投资进入方式（出口、许可或其他契约）
		文化差距	● 差距大，应采取非资本投资进入模式； ● 差距小，影响选择目标国市场时间先后顺序
		政治风险	● 风险大，政局不稳或有资产被没收威胁，选择限制资源、投入的进入模式； ● 风险小，鼓励在目标市场上进行投资
	目标国生产因素	基础设施成本与质量生产要素成本协作条件	● 低生产成本会鼓励经营者采用某种形式的当地生产而非出口； ● 高生产成本会限制投资进入，鼓励契约进入模式
	母国因素	国内市场	● 巨大的国内市场使公司在进入国外市场前先成长为一个大型公司，大企业更倾向于使用资产投资的进入模式； ● 处在小规模国内市场的公司更乐于使用出口模式
		国内市场竞争格局	● 处于寡头垄断行业的公司更倾向于采取投资模式进入目标国市场； ● 处于完全竞争行业的公司更倾向于以出口或许可经营的模式进入目标国市场
		生产成本	● 母国生产成本比较高时，促使企业采用本地化生产的进入模式（许可、制造合同和投资等）
		母国政府对出口和国外投资政策	● 当政府为国内企业出口提供税收或其他鼓励性政策时，却对向国外投资持中立或限制态度，那么政策偏向于鼓励出口和许可经营等其他契约模式进入国外市场
	产品因素	产品要素的密集度	● 劳动密集型和资源密集型产品主要以具有丰富的廉价劳动力和自然资源的国家为进入目标，且偏向采取投资式进入；资本密集型产品以发达国家为目标
		产品的差异性	● 高差异性产品更倾向于出口进入模式； ● 标准化产品更倾向于选择当地化生产（合同生产或资产投资）的模式

续表

影响因素	二级指标	三级指标	对进入决策影响
内部因素	产品因素	产品技术内涵与寿命	● 技术密集型产品应采用许可经营模式。通常工业品的技术密集程度往往高于消费品
		产品的服务	● 要求广泛服务的制造产品倾向于采用分支机构/附属机构类型的出口进入模式； ● 服务产品（工厂设计、广告、计算机）倾向于培训当地公司（如特许经营）、建立分公司/附属机构（如银行分行或广告代理）或与国外客户直接签订销售服务合同等进入模式
		产品的适应性	● 适应性强，选分支机构/子公司出口、许可经营或进入当地生产模式； ● 适应性弱，选间接出口和代理商/分销商出口模式
	资源/投入度因素	资源丰富情况	● 资源丰富，选分支机构/附属机构出口模式 ● 资源有限，选间接出口和代理商/分销商出口或许可经营模式
		投入度	● 高投入度，选分支机构/附属机构出口、资产投资/生产或服务性合约模式 ● 低投入度，选间接出口和代理商/分销商出口或许可经营模式

3. 战略因素

战略因素主要通过生产经营控制水平影响进入模式的选择，不同的跨国经营目标和进入战略要求有不同的生产经营控制水平，从而影响不同进入模式的决策（见表5-6）。

当企业采用多国战略时，如果选择出口这种贸易式进入模式，就要考虑适应不同国家需求来出口产品；如果选择许可经营这种契约式进入模式，就要考虑许可当地公司按当地条件做出适合的产品；如果选择战略联盟这种进入模式，前提是产品或服务即将进入的地点恰好需要合作者的知识才使用；如果选择新建企业或跨国并购等直接投资进入模式，其目的是在每个国家拥有从原材料到服务的全部价值链。

当企业采用全球战略时，如果选择出口贸易式进入模式，就要考虑向每个地区出口相似的产品；如果选择许可经营这种契约式进入模式，就要考虑许可当地公司生产按地区条件做出适合的产品；如果选择战略联盟这种进入模式，前提是当产品或服务的地区适应需要合作者的知识时才使用；如果选择新建企业或跨国并购等直接投资进入模式，其目的是在地区内拥有全部价值链活动——在地区内按区位优势分配活动。

当企业采用国际战略时，如果选择出口这种贸易式进入模式，就要考虑在世界范围内出口母国生产的全球产品；如果选择许可经营这种契约式进入模式，就要考虑仅在出口壁垄和其他当地要求限制了从母国进口时进行许可；如果选择战略联盟这种进入模式，前提是当被自己资源要求时，对价值链上游活动进行联盟；在与许可条件相同时，采用下游环节的联盟；如果选择新建企业或跨国并购等直接投资进入模式，一般是对下游销售和售后服务使用。

当企业采用跨国战略时，如果选择出口这种贸易式进入模式，就要考虑向任何其他国家或地区出口在最有利的区位生产的全球产品；如果选择许可经营这种契约式进入模式，要考虑仅在出口壁垒或当地要求限制了从最优生产区位进口时，或者当地风险因素或其他壁垒限制了直接投资时进行许可；如果选择战略联盟这种进入模式，前提是当受自己资源约束时（如投资成本或知识），对价值链上游活动进行联盟；在与许可条件相同时，采用下游环节的联盟；如果选择新建企业或跨国并购等直接投资进入模式，一般按区位优势将研究开发、生产或销售投入世界各地。

表 5-6　跨国公司经营战略与跨国进入模式

跨国进入模式	跨国公司经营战略			
	多国战略	全球战略	国际战略	跨国战略
出口	出口适应不同国家的产品	向每个地区出口相似的产品	在世界范围内出口母国生产的全球产品	向任何其他国家或地区出口在最有利的区位生产的全球产品
许可经营	许可当地公司生产按当地条件做出适合的产品	许可当地公司生产按地区条件做出适合的产品	仅在出口壁垒和其他当地要求限制了从母国进口时进行许可	仅在出口壁垒或当地要求限制了从最优生产区位进口时，或者当地风险因素或其他壁垒限制了直接投资时才进行许可
战略联盟	当产品或服务的地点恰好需要合作者的知识时才使用	当产品或服务的地区恰好需要合作者的知识时才使用	当被自己资源要求时，对价值链上游活动进行联盟；在与许可条件相同时，采用下游环节的联盟	当受自己资源约束时（如投资成本或知识），对价值链上游活动进行联盟；在与许可条件相同时，采用下游环节的联盟
直接投资	在每个国家拥有全部价值链活动——从原材料到服务	在地区内拥有全部价值链活动——在地区内按区位优势分配活动	对下游销售和售后服务使用	按区位优势将研究开发、生产或销售投入世界各地

4. 经验研究结论

关于跨国公司市场进入模式的理论研究文献较多，对影响因素的结论各异。这里选择了从 1987—1992 年 8 个经验研究的相关成果进行简要综述，这 8 个经验研究是建立在过去研究的积累和结果上的，得出了 17 个显著的变量，不仅反映了早先的研究结果也显示了在该领域的新发展。

（1）公司规模。

公司规模是衡量一个公司管理能力和资源多少的重要指标，也会影响公司进入外国市场模式的选择。经验研究证明，公司规模对外商直接投资方式有积极的影响，公司规模和国外市场进入模式正相关，特别是在进入模式为全资子公司和国际合资公司的时候。

（2）跨国经营经验。

跨国经营经验的多少对于选择进入国外市场的方式起到不可忽视的作用。国际商业经验或跨国经营经验短缺的公司，将会试图寻找降低风险的方式。这样的公司倾向于选择低控制、低资源投入、非投资进入的模式，如出口或特许权租赁协议等。相反，那些有较长跨国经营历史的公司愿意选择高控制、高资源投入的投资式进入模式，如合资企业或全资子公司。

（3）行业增长能力。

跨国公司在目标国的行业增长能力，是反映公司在该国竞争程度和盈利可能性的指标，因此目标国的行业增长能力会对国外市场进入模式的选择产生影响。

（4）全球行业竞争。

Hamel 和 Prahalad 证明了全球的行业性质由全球的竞争决定。公司在全球战略保护下针对竞争对手的竞争行动，不只局限于公司所在国市场，同时也会延伸到竞争者所在国市场或第三国市场。对于这样的公司，它们必须控制自身的国外机构。如果无法控制，它们就不可能对竞争者进行全球反击。假定全球垄断是和全球竞争相关的，那么这类行业的企业，倾向于高控制力度的进入模式，如全资子公司。

（5）技术集中度。

大多数研究发现，市场无法调和技术和不易模仿的知识交换过程的矛盾，这使得很多技术密集型公司倾向于全资子公司的进入模式。反之，进入国外市场的公司试图寻求技术和不易模仿的知识，可能会选择与拥有该公司所需技术的公司成立合资企业。

（6）广告集中度。

如果公司所在行业是需要做很多广告的行业，则该公司倾向于不选择建立合资公司，而选择那些能提供高度控制力的国外市场进入模式。

（7）国家风险。

公司尽量避免进入那些拥有高政治风险（如没收财产或国有化）和经济风险（如严格限制汇出资产）及其他一些在经营和管理方面存在各种限制的国家开发业务；如果公司选择进入这样的国家，会选择非投资型（低控制）的进入模式。

（8）文化差异。

公司进入一个与本身文化差异较大的国家时，倾向于选择特许权租赁协议或合资公司，而不选择全资控制子公司的进入模式。

（9）市场潜力。

在高市场潜力国家，公司倾向于采用合资或全资子公司的进入模式，这样能给公司带来高收益和高市场渗透。

（10）市场相关知识。

公司拥有所在国市场从事业务的经历并了解该国的环境，将倾向于设立全资子公司而不是采用合资公司的方式进入该市场。当公司跟随客户进入外国市场时，倾向于采用高控制力度的进入模式。例如，汽车生产商的零件供应商跟随汽车公司进入外国市场，一般选择设立全资工厂或与当地合作伙伴建立合资工厂的进入模式。因此，之前在外国市场的经历或跟随买家进入市场的行为，都和进入模式的控制度正相关。

(11) 公司专有资产。

如果公司拥有专有资产如公司拥有的某种可以让公司获得连续竞争优势的技术，这样的资产在公司拥有极高的价值，公司更愿意选择能够获得完全控制的进入模式，而不是选择和当地合伙人建立合资企业的形式，以避免该合伙人会只为自己利益服务的情况。在这个问题上，研究人员用不同的变量去代表公司专有资产的价值，如 Agarwal 和 Ramaswami 用公司"生产差异化产品的能力"，Gatignon 和 Anderson 则用"公司专有技术的价值"来代表公司的专有资产的价值等。

(12) 合同风险。

如果签署和执行合同以减少当地合伙人投机行为的成本很高，那么公司宁愿选择可以对它们的资产和技术提供高控制的进入模式。因此，当合同的签署与执行成本较高时，公司愿意追求高控制的进入模式。

(13) 知识不易模仿的特性。

如果公司的专有知识是隐含的，即不是很容易有效地传输给合伙人，那么全资经营增加了公司有效利用，积累不易模仿的知识的能力。因此，不易模仿的知识与控制程度也是正相关的。

(14) 合资企业的规模。

Gatignon 和 Anderson 的研究表明，经营业务的规模会对进入者的控制程度产生影响。经验证据表明，当国外业务的规模较大时，公司不会选择全资子公司，宁愿设立合资企业的方式进入市场。

(15) 开展研发活动的意向。

进入模式中如果不涉及股权投资，一般不会提供必要的控制以管理复杂的任务如研发活动。因此，有意向在海外市场与合伙人共同进行研发活动的公司，倾向于采用合资企业，而不倾向于采用其他只能提供较低控制权的进入模式。

(16) 全球战略驱动。

一些研究人员证明了进入国外市场的策略，是战略性的驱动而不是短期的效率考虑。建立战略据点和开发国际原料来源基地，或者进入竞争者获利丰富的市场等战略目标，激励公司倾向于设立全资子公司或成立合资企业的方式进入市场，而不倾向于采用只能提供较低控制度的特许权租赁协议。

(17) 全球资源整合。

公司为了追求整合的全球战略，会寻求对母公司和国外分支机构交互性较高的层级控制。因此，当在公司的全球战略中潜在的整合资源能力很强时，公司倾向于选择高控制力度的全资子公司，或者拥有大部分股权的分支机构进入模式。

拓展视频

5.1.3 跨国市场进入模式选择策略

1. 跨国进入模式选择的综合评价策略

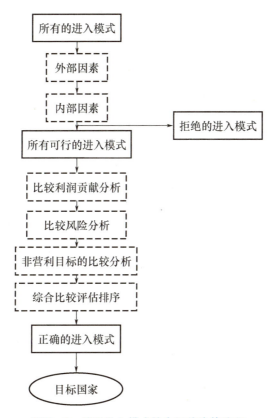

图 5-2 跨国进入模式综合评价决策流程

图 5-2 展示了跨国进入模式综合评价决策流程，由该图可知，企业在考虑了内部和外部因素后就可以拒绝某种进入模式，留下所有可行的进入模式而进入下一流程，即按顺序进行可行性筛选。可行性筛选就是根据国外目标市场和公司资源及投入度，审核各种进入模式的可行性。按顺序进行可行性筛选的方法，有比较利润贡献分析、比较风险分析、非营利目标的比较分析和综合比较评估排序等。经过对进入模式的综合排序，确定企业适宜的进入模式后，就可进入目标国家。

（1）比较利润贡献分析。

利润贡献是指在战略规划期间为公司获取的净收益。估计利润贡献是指预测每种进入模式直接或间接产生的所有成本和收益。

比较利润贡献分析步骤为：明确/衡量/预测整个规划期（如5年），公司采用各种可行进入模式而获得的全部收益（扣除各种税收）；对启动和运行成本进行同样操作；根据前两步推算，计算出各种可行进入模式每年的净利润贡献；以公司最低收益率计算预期利润贡献的净现值，从而调整预期利润贡献的时间价值；根据净现值大小排序。

例如，一家公司初始投资为25万美元，计算为期5年的预期利润贡献。表5-7为年度预期估计利润贡献，表 5-8 为年度预期估计利润贡献的净现值（以 15% 计算）。本例说明投资进入模式的预期估计利润贡献为 560 万美元，超过了出口进入模式的预期估计利润贡献 170 万美元；投资进入模式的利润贡献的净现值为 237.2 万美元，超过出口进入模式 97.1 万美元的利润贡献的净现值。按照利润贡献最大化的战略决策原则，公司会选择投资进入模式。但是从投资回报率最大化的战略决策原则进行考虑，公司会考虑选择出口进入模式。因为出口进入模式（97.1÷25＝3.9 万美元）大于投资进入模式（237.2÷200＝1.2 万美元）。

表 5-7 年度预期估计利润贡献

单位：万美元

模式	每年年终						累计
	0	1	2	3	4	5	
出口进入	(25)	15	30	50	50	50	170
投资进入	(200)	10	50	150	250	300	560

表 5-8 年度预期估计利润贡献的净现值（以 15% 计算）

单位：万美元

模式	每年年终						累计
	0	1	2	3	4	5	
出口进入	(25)	13.0	22.7	32.9	28.6	24.9	97.1
投资进入	(200)	8.7	37.8	98.6	142.9	149.2	237.2

（2）比较风险分析。

通过考虑目标国市场的政治风险来调整各种可行的进入模式的年度利润贡献。采用逐年为政治风险调整现金流的方法，对每年发生的具体政治事件（如财产没收）的可能性进行评估，然后以这些可能性衡量每年现金流将获得的预期值或"确定性等值"。直接调整现金流，对应对经营风险和转移风险效果最强、对应对普通政治风险效果最弱、对应对财产没收风险效果介于两者之间。

（3）非营利目标的比较分析。

非营利目标是指销售量及其增长目标、市场份额、控制力、撤销能力（出现错误，进入模式可撤销程度）及树立声誉等。

（4）综合比较评估排序。

对利润贡献、风险与非营利目标分析进行综合整体性评估。客观地说，每种进入模式的选择实际是风险与控制的权衡（见图 5-3）。假如我们只考虑战略目的、公司能力、当地政府规定、目标市场特征、文化差异、地理距离、控制要求、风险期望八项影响因素，应如何选择合适的跨国进入模式？

第一步，比较利润贡献分析。首先预测每种进入模式直接或间接产生的所有成本和收益。

第二步，比较风险分析。通过考虑目标国市场的政治风险来调整各种可行的进入模式的年度利润贡献。采用逐年为政治风险调整现金流的方法。对每年发生的具体政治事件

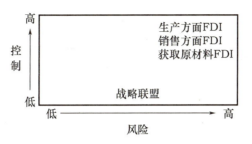

图 5-3 风险与控制的权衡

(如财产没收)的可能性进行评估,然后以这些可能性衡量每年现金流将获得的预期值或"确定性等值"。直接调整现金流,对经营风险和转移风险最强,对普通政治风险最弱,对财产没收风险介于两者之间。

第三步,非营利目标的比较分析。非营利目标包括销售量及其增长目标、市场份额、控制力、撤销能力(出现错误,进入模式可撤销程度)、树立声誉等。制定跨国进入模式决策的矩阵见表 5-9。

表 5-9 跨国进入模式决策矩阵

因素		跨国进入模式				
		间接出口	直接出口	技术许可	战略联盟	直接投资
战略目的	了解市场 目前利润	vvv	vvv	vvv	vvv	vvvv
公司资源	资金充足 国际专长				vvvvv	vvvvvv
目标市场	难以运输 易于适应	vv	vv	vvvv	vvvv	vvvv
地理距离	远			vv	vv	vv
文化差异	大	vv	v	vv	vvv	v
控制需要	高				v	vvv
风险要求	低	vvv	vvv	vv	v	v
v 越多表明对参与战略越有利						

第四步,综合比较评估排序。按照表 5-10 进行综合比较评估排序,找出最合适的跨国进入模式。

表 5-10 综合比较评估排序表

因素	权重	备选跨国进入模式		
		进入模式 1	……	进入模式 n
战略目的				

续表

因素	权重	备选跨国进入模式		
		进入模式1	……	进入模式 n
公司能力				
当地政府规定				
目标市场特征				
文化差异				
地理距离				
控制需要				
风险期望				

2. 跨国进入模式选择单项评价策略

（1）依据价值的跨国进入模式选择。

企业在面临多个可行方案的情况下，常用的决策准则是避开较大风险而选择风险较小的方案。但这往往会导致企业舍弃风险报酬相对高的方案。因此，可以把风险损失看作取得风险报酬的"成本"，将风险损失与风险报酬二者进行综合比较，从而找到更为合理的方案。同样地，在选择正确的进入方式过程中，必须弄清楚进入国际市场的企业是如何从国际市场上获得收益的。

价值链理论为分析一个企业从国际市场上获得风险报酬的途径，提供了科学的框架。根据该理论，企业为顾客创造的最终价值来自两类职能：一是管理控制职能，包括对各项生产要素的选择、配置及激励等，为生产经营正常有效进行提供生产要素的供给环节，能够创造人力价值、技术价值、信息价值、资本价值及管理价值；二是生产经营职能，包括采购、制造、储运、销售和顾客服务等横跨生产、销售和售后服务三大领域的运作环节，统称为"基本业务"。一个在有效的管理职能支持下的企业，能从基本业务中获得包括要素价格折扣与减让、技术创新、规模经济、要素替代与重组及学习曲线等带来的收益。此外还有来自技术领先、品牌效应和分销渠道整合的超额利润。进入国际市场的企业必定进入到一定的价值链，其风险报酬就取决于它们在有关价值链中的位置。

出口进入方式以利用母国资源和设置以母国生产基地为基础，其生产成本就是商品生产过程中所消耗和利用的母国生产要素价格之和。这里可能的成本节约由于其发生在母国内，因此不能算作企业从国际市场上获得的收益。出口进入方式能够给企业带来的风险报酬，仅仅来自两个可能的功能：一是由于出口提高了生产规模，从而产生规模经济；二是由于技术领先或品牌声誉，从而产生销售溢价收益。如果以出口销售利润为基础来计算出口方式的风险报酬，那么需要从该利润中扣除国内销售可能获得的利润、进出口费用及代理人佣金等。

许可协议方式是通过分享海外资本利用企业的知识产权所创造的利润而使企业获益的。这种收益在转化成企业的风险报酬时，需要扣除以下三个部分：一是由于转让技术而减少的企业本可以获得的销售利润，二是可能发生的技术扩散损失，三是技术保护费用。

当然，海外资本在利用企业知识产权的过程中，也可能发生技术创新、规模经济、要素重组、学习曲线等方面的成本节约及技术领先带来的溢价收益。

如果采用海外直接投资方式，企业将生产经营活动转移到国外，则可以从价值链的多个环节获益。例如，根据生产要素的比较成本、运输与仓储费用及顾客服务的便利性等，合理选择海外生产地点。利用先进技术和管理手段科学组合和配置生产要素，就能获得更高的收益。显然，这样的收益不仅来自销售环节的溢价收益，还可能来自对生产的科学组织和对海外资源的有效整合与利用的成本节约。采用海外直接投资方式的企业能获得的风险报酬，除了海外经济实体的盈利，由于该经济实体与母国内生产基地之间可能存在一体化分工及转移价格等因素，还要加上母国生产基地与海外实体进行交易所产生的溢价收益。

（2）依据功能的跨国进入模式选择。

生产经营体系国际化是企业进入国际市场开展经营的前提。不同的市场进入方式在利用国际市场和海外资源方面的差异，必然导致生产经营体系国际化情况的不同。因此，在国际市场进入方式决策过程中，必须认真考虑生产经营体系国际化的功能依据。各种进入方式对企业生产经营体系国际化的影响主要表现在以下三个方面。

① 向国际市场延伸的深度。即企业的生产经营体系中有多少功能是在国际市场上执行的。这种差异可以用两个指标来衡量：一是企业在海外经营中的投入，二是在海外形成的资产。从物理角度来看，传统三类市场进入方式的差别主要表现为对国际市场投入物的不同：典型的贸易进入方式仅仅是商品进入国际市场，典型的许可协议进入方式是指无形资产的投入，而海外直接投资通常包括无形资产、有形资产及产品的投入。从价值角度来看，任何一个企业进入国际市场都或多或少地发生海外直接投入（如人工成本、固定资产投资等）。如果把直接出口看作最低的海外投入，那么，海外直接投入依次升高的顺序是在直接出口贸易方式下的海外广告促销、人员推销、常设海外销售机构、东道国储运与配送机构，许可协议方式下的技术投入、管理投入，海外生产方式下的装配与包装、零部件制造、一体化制造系统及跨国经营体系。

② 供应链的国际化程度。市场进入方式决定着海外供应链的建设，决定着生产经营体系调整中对海外资源的兼容和利用程度。跨国公司的经验研究表明，生产经营体系的国际化可以通过国际供应链联盟来实现。国际供应链联盟不仅可以减少生产经营体系向国际市场延伸过程中的资本需求量，也可以大大降低企业进入国际市场的风险。在出口和许可贸易方式下，企业必须借助外部资本才能进入国际市场。这种必然性是由有关市场进入方式决定的。在直接投资方式下，有些国家规定只能与当地投资者合资，且不能持有多数股权。即使在海外直接投资没有管制的场合，有些企业通常也会谋求有效利用更多的海外资源，甚至谋求利用东道国对当地实体优惠政策的方式，实施经营本土化战略。

③ 企业在国际化生产经营体系中的地位。这主要是由企业对海外经营业务的控制权来决定的。不同市场进入方式对海外经营业务加以控制的范围及能达到的控制程度各不相同。在直接出口方式下，企业有可能控制商品分销渠道及终端促销和销售价格，而在间接出口方式下却难以控制商品的销售价格。对外直接投资是跨国企业谋求有效控制全部海外经营业务的市场进入方式。事实上，跨国企业对所投资的海外经济实体的控制权，在很大程度上取决于其在该经济实体中拥有的股权比重大小。只有在拥有海外经济实体的多数或

全部股权的情况下，企业才能真正有效控制相应经济实体的海外经营业务。

（3）依据数量分析的跨国进入模式选择。

跨国公司为跨国经营而选择的跨国进入方式，目的在于追求利润最大、成本最小或净收入最大。因此，可以通过数量分析，对不同类型市场进入模式的成本、收益或利润做出比较，从而选择最佳的市场进入模式。

赫尔施法和净现值法是跨国公司按照成本最小化或利润最大化原则，在出口、许可证交易和对外直接投资之间做出最佳选择的两种方法。

跨国公司国际经营成本分为两大类：基本生产成本和特别生产成本。

基本生产成本是跨国公司的边际生产成本，无论在母国还是在东道国经营都会发生。C 表示母国基本生产成本；C' 表示东道国基本生产成本。

特别生产成本是指跨国公司分别采取三种方式进入东道国时发生的成本。M' 为出口销售成本；M 为进口销售成本；A' 为国际经营成本，是指由于母国与东道国社会文化差异而产生的信息成本；D' 为许可证交易后使技术优势损失的成本。

① 赫尔施法，本质是进行三种不同进入方式的成本比较。跨国公司成本与利润之间的关系如下。

$$利润＝销售收入－基本生产成本－特别生产成本$$

当跨国公司的销售对象是外国市场时，涉及三种成本组合：出口成本（$C+M'$），对外直接投资成本（$C'+A'$），许可证交易成本（$C'+D'$）。跨国公司可按照下列关系做出选择（出口同对外直接投资、许可证贸易的比较）。

如果 $C+M'<C'+A'$ 且 $C+M'<C'+D'$，则选择出口；

如果 $C'+A'<C+M'$ 且 $C'+A'<C'+D'$，则选择对外直接投资；

如果 $C'+D'<C'+A'$ 且 $C'+D'<C+M'$，则选择许可证贸易。

当跨国公司的销售对象是母国市场时，也涉及三种成本组合：在母国的基本生产成本 C；在国外直接投资并进口其产品的成本（$C'+M+A'$）；在国外发放许可证并进口其产品的成本（$C'+M+D'$）。于是跨国公司有如下选择。

如果 $C<C'+M+A'$ 且 $C<C'+M+D'$，则选择在母国生产。

如果 $C'+M+A'<C$ 且 $C'+M+A'<C'+M+D'$，则选择国外生产、产品返销母国。

如果 $C'+M+D'<C$ 且 $C'+M+D'<C'+M+A'$，则向外国企业发放许可证并进口其产品。

有学者认为，赫尔施法仅考虑到成本之间的比较，忽略了风险等因素。一般来说，对外直接投资的风险因素远高于出口，两者的差距越大，跨国公司越有可能选择出口方式，而不是直接投资。

② 净现值法即利润的净现值比较。净现值法的特点是考虑到进入方式最佳选择中的动态因素，认为应选择在整个经营时间内具有最大净现值的进入方式。尤其要考察特别生产成本的变化。三种特别生产成本的初始值关系是 $M'<A'<D'$。特别成本随着时间的推移而逐渐减少。特别成本减少的速度、大小正好与上面不等式的排列顺序相反。企业开始进入目标市场时，由于对环境不了解，国际经营成本必定很高，但随着时间的推移，对目标国环境的适应能力逐步提高，则国际经营成本会逐渐降低。转让无形资产的耗散成本通常也是在开始时很高，甚至高于国际经营成本，但随着产品日益成熟，技术逐渐普及，耗

散成本会逐渐下降。当然这也是一般趋势。

设 R 为最终产品的销售收入，三种进入方式的净现值计算公式如下。

贸易式：
$$\mathrm{NPV_E} = \sum_{i=t_0}^{t}(R_i - C_i - M')/(1+r)i$$

直接投资式：
$$\mathrm{NPV_F} = \sum_{i=t_0}^{t}(R_i - C'_i - A')/(1+r)i$$

契约式：
$$\mathrm{NPV_L} = \sum_{i=t_0}^{t}(R_i - C'_i - D')/(1+r)i$$

跨国公司可以通过比较三种进入方式的净现值的大小来作出选择。

当 $\mathrm{NPV_E} > \mathrm{Max}(\mathrm{NPV_F}, \mathrm{NPV_L})$ 时，则选择出口；

$\mathrm{NPV_F} > \mathrm{Max}(\mathrm{NPV_E}, \mathrm{NPV_L})$ 时，则选择对外直接投资；

$\mathrm{NPV_L} > \mathrm{Max}(\mathrm{NPV_E}, \mathrm{NPV_F})$ 时，则选择许可证贸易。

影响跨国公司对出口、许可证交易和对外直接投资之间做出选择的各种因素，一般都与跨国公司的基本生产成本和特别生产本具有直接和间接的关系。

5.2　内部一体化——创建与购并

5.2.1　跨国购并的基本形式、动因与原则

1. 跨国购并的基本形式

购并，即兼并与并购（Merger & Acquisition，M&A）。跨国购并（Cross-Border Merger & Acquisition），即跨国兼并和并购的合称，是指一国企业（又称购并企业）为了达到某种目标，投入资金或其他生产要素来拥有其他国家企业经营控制权的行为，它一般涉及两个及两个以上的国家。在跨国购并中，企业资产和经营的控制权从当地企业转移到外国公司。跨国购并也是国际直接投资方式的一种，目前其在国际直接投资中的地位正在日渐赶超新设投资。

（1）按照购并企业与目标企业在产业上的关联程度划分。

① 横向跨国购并（Horizontal Cross-Border M&A）。购并方与被购并方拥有的产品系列和市场基本相同或类似，属于同一行业的竞争对手。横向购并的目的通常是提高对世界市场的控制力，确保能扩展市场份额，甚至发展成为垄断或寡占者。由于购并发生在相同行业内，购并企业具有对这个行业相当成熟的认知度，因此无论在购并过程中或购并后的整合方面，成功率都较高，风险可控性强。通过整合资源，进行购并后的企业旨在获得协同效果（其资产的联合价值超过这些企业独立时各自资产的总和）。出现此类购并的典型行业有电子、石油等，一些服务业如银行、保险等也相继出现此类购并。例如，我国的

TCL购并汤姆逊、阿尔卡特，联想集团购并IBM笔记本电脑业务，以及新桥投资对深圳发展银行的控股等。

② 纵向跨国购并（Vertical Cross-Border M&A）。购并双方是处于相同产业价值链上不同阶段的企业，它们的市场服务领域相同但生产技术不同，或者技术相同而市场不同。购并的目的通常是为寻求降低生产链前向和后向关联的不确定性与交易成本，以及获得范围经济的收益。原料供应商与产品生产者之间的购并就是很好的例子，如钢铁企业对铁矿石厂商的购并或化工企业对原油开采者的购并。

以上两种购并方式都具有争夺市场份额、提高市场控制能力，甚至形成寡占或垄断的目的，比较容易引起东道国反垄断机构的注意并受到限制。

③ 混合跨国购并（Conglomerate Cross-Border M&A）。购并双方处于不同行业，属于跨行业购并。混合跨国购并的基本目的在于分散经营风险并且寻求范围经济。这种购并方式是同跨国公司的全球发展战略和多元化经营战略密切联系在一起的，减少了跨国公司单一行业经营的风险，可以最大限度地利用企业现有资源，降低生产成本，增强企业在世界市场上的整体竞争实力。这种购并的表象往往避开了垄断的动机，其目的是隐蔽的，所以通常较少受到限制，如银行对保险公司的并购。

这种购并双方没有显著的投入产出关系的购并，也称为多元化购并。多元化购并还可以细分为产品扩展多元化购并、市场扩展多元化购并和联合多元化购并。产品扩展多元化包括与企业的生产或需求有一定程度联系的产品生产，如果与生产有联系，则产品的多元化是以技术为中心的多元化；如果与需求有联系，则产品的多元化是以推销为中心的多元化。市场扩展多元化是指一种产品在不同地域市场上的销售。联合多元化是指企业经营在生产或需求方面似乎互不相关的产品。衡量多元化的指标较多，常用的有行业数、专业化率、贝里（Berrry）指数、熵指数和厄顿（Utton）指数等。

(2) 按照购并企业与目标企业是否接触划分。

① 直接购并。直接购并又称协议收购或友好接管，是指购并公司直接与目标公司接触，双方通过一定程序进行磋商，共同商定条件，根据双方商定的协议完成所有权转移的行为。

② 间接购并。购并公司并不向目标公司直接提出购并的要求，而是通过在市场上购并目标公司已发行和流动的具有表决权的普通股票，从而取得目标公司控制权的行为。由于这种购并不是建立在双方共同意愿的基础上，往往会演化为敌意购并，其成功率一般较低。

(3) 按照购并方股权占有比例划分。

可分为全部购并（100%）、多数股权购并（55%～99%）和少数股权购并（10%～49%）。

(4) 按照购并企业的支付方式划分。

① 现金购并。现金购并是指以现金（包括票据）作为支付方式进行的购并。具体分为两种：一是资产购并，二是股权购并。资产购并是指一家企业购买另一家企业的部分或全部资产。股权购并是指一家企业直接或间接购买另一家企业的部分或全部股票，并根据持股比例与其他股东共同承担目标企业的权利与义务。

② 股票购并。股票购并又称股票互换，是指以股票作为支付方式进行的并购。购并方增发新股换取被购并企业的旧股。其特点是目标公司股东并不因此失去其对原公司的所

有权。股票购并又分为股票购买资产（Stock for Assets）和股票交换股票（Stock for Stock）两种。股票购买资产是指购并方以自身的股票或股权来交换目标公司的全部或部分资产的购并方式。股票交换股票又称换股购并，是指购并方用自身的股票或股权来交换公司的股票或股权的购并方式。

③ 其他方式购并。除了现金购并和股票购并的购并方式，还有杠杆购并和企业剥离等。

杠杆购并是指购并企业在银行贷款或在金融市场融资的情况下所进行的企业购并行为。企业剥离是企业资产结构重组战略的重要组成部分，通过剥离资产，增强企业的核心竞争力。企业剥离是指潜在的被购并企业对付购并企业敌意购并的一种重要策略。

(5) 按照购并企业是否涉及经营协同效应划分。

① 战略购并。战略购并涉及经营协同效应，意味着两个公司合并后比单独存在时盈利更多。自20世纪80年代以来，战略购并的数量逐渐增加并成为目前购并的主要形式。

② 金融购并。金融购并是不包含经营协同效应的购并。金融购并最常见的原因是，购并方认为目标公司的价值相对于其资产被低估是因为它管理不善。与战略购并相反，金融购并自20世纪80年代末开始大量减少。

③ 混合购并。混合购并又称多元化购并，它涉及没有明显经营协同效应可能的公司。混合购并更可能是出于财务协同效应的目的，财务协同效应降低了公司的成本，因而即使合并后的公司没有从中获利，合并仍创造了价值。在20世纪50～70年代发生于美国的购并大多是混合购并。

2. 跨国购并的动因

(1) 效率动因。

效率动因是从购并后企业效率改进的角度来研究跨国购并的，主要体现在购并后产生的协同效应上。这些协同效应包括管理协同效应、经营协同效应及财务协同效应。

(2) 经济动因。

经济动因与购并企业之间所从事业务的关联程度相关。具体地说，经济动因主要是考察横向购并、纵向购并和混合购并对企业绩效产生的主要影响。经济动因认为，横向购并的主要动因是通过实现规模经济（即固定成本在日益增长的产品产量中分摊）来提高行业集中度，以增强企业在同行业市场中的市场实力；纵向购并的主要动因是降低交易费用；混合购并的主要动因是通过实现范围经济（即运用当前生产特定产品的特殊技能或资产来生产相关产品）分散经营风险而实现多样化经营。

(3) 管理动因。

管理协同理论认为，如果一家公司的管理能力超过了公司日常管理的需求，该公司可能会收购另一家管理效率低的公司，使其过剩的管理资源得以充分利用，从而将被收购公司的非管理性组织成本与收购公司过剩的管理成本有机组合在一起，达到管理协同、提高企业价值的目的。

(4) 财务动因。

财务协同理论认为，盈利的企业可以与一个有累积税收损失和税收减免的企业进行合并，从而实现合法避税的目的。大多数国家的税法都有此项税收优惠政策，这些税收政策的优惠对于那些内部投资机会短缺而现金流动又很宽裕的公司而言，是一个实施购并的直接动机。

(5) 其他动因。

其他动因是指除了效率动因、经济动因、管理动因及财务动因的其他购并动机,包括利益驱动动因、投机动因、快速进入市场动因等。利益驱动动因是指企业管理层(经理)受利益驱动而扩张企业规模,以使自己的薪金、津贴和地位随企业规模的扩大而提高。投机动因是1969年美国经济学家戈特(Gort)在其经济失调购并论中提出的。戈特认为,通过投机可以从高涨的购并市场上获得巨额的资本收益。快速进入市场动因指跨国购并的一个重要动机是谋求快捷地进入东道国市场,降低进入新行业的壁垒,并提高时间收益。因为领先于竞争对手,购并企业不仅能较优先地获得当地资源,而且还能够谋取在东道国的市场结构效应的收益。

关于跨国购并有利于企业对市场做出快速反应、抓住市场机会的问题,希利曼的研究结论证实了这一观点。他对联邦德国和英国的跨国公司在巴西的14例购并活动进行了实证研究,发现其中有12例(约占86%)在购并年份和购并后重新开始生产的年份之间没有时间滞差。据研究,采用创建方式建成的新经营单位一般要经过8年的时间才能获利,经过10~12年的时间,该单位的效益才可能达到成熟业务的水平;12年后才能获得最高的收益和较高的市场占有率。在有些国家,如美国,会有关于环境问题、工厂安全问题等方面的严格检查,而购并就省去了这些麻烦。

总之,在市场经济条件下,促使企业进行跨国购并的动因有许多外在因素,如产业结构变动、经济周期变化、政府的行政干预等。但无论从哪种角度来分析购并的动因,激发企业购并行为发生的内在根本原因,还是企业追逐利润最大化的动机,这是企业购并的原始动力。

案例 5-3 经典的跨国公司购并案

例1:美国通用电气公司医疗设备公司长期苦于在欧洲市场缺乏竞争力,1987年购并法国汤姆森医疗设备公司,获得了大举进入欧洲市场的机会。1990年公司利润达到8亿美元,1991年达到10亿美元,居西门子公司和飞利浦公司之上。

例2:思科公司是世界上最大的互联网设备供应商之一。但由于思科公司不具备光纤的专门生产技术,面临可能被挤出市场的危险,而重新投入研究和开发,同样面临时滞的危险。1998年思科公司以63亿美元购并CERENT公司,获得了CERENT公司的光纤技术和光纤设备,一下子掌握了市场主动权。

例3:法国阿尔卡特在短短的几年内迅速崛起,成为能与朗讯、北电、思科这些世界一流电讯设备供应商相提并论的少数欧洲电讯企业之一。但是,阿尔卡特在亚太地区的业务却相对较弱,而亚太地区(特别是中国),又是电讯设备投资最为活跃和潜力最大的地区。当各大电讯设备商巨头都将目光投向亚太地区时,阿尔卡特在这一区域却恰恰缺乏一艘旗舰。而上海贝尔已形成很强的品牌知名度和影响力,有覆盖中国的营销服务网络,这些优势对于在中国通信市场欲加大力度攻城略地的阿尔卡特来说具有相当大的吸引力。2001年,阿尔卡特将上海贝尔纳入旗下,从而大大加强了它在亚太地区市场的制造能力,并扩大了市场份额。

3. 跨国购并的原则

（1）价值评估的要求。

无论是否通过股票市场，价值评估都是购并战略买卖双方较量的焦点。

案例 5-4　跨国购并的经典案例

2001年，美国通用汽车公司收购韩国大宇公司。人们预测，今后数年中，全球汽车市场增长将有70%来自亚洲，而韩国大宇公司拥有先进的汽车技术设备、强大的研发能力和全球营销网络。它无论被哪家公司收购吞并，对其他企业巨头来说，在全球市场尤其是亚洲的市场竞争份额中，都是一种极大的损失。正因为韩国大宇公司具有这种重要的战略意义，2000年6月，在韩国上演了一出举世瞩目的收购大战。戴姆勒-克莱斯勒公司与韩国现代汽车公司合力竞标；美国通用汽车公司与意大利菲亚特公司结成收购联盟；福特汽车公司则单独加入角逐。最终，福特汽车公司以69亿美元的最高报价击退竞争者。然而，大戏并未就此结束，3个月后，福特汽车公司突然宣布放弃收购计划，美国通用汽车公司卷土重来。曾经是香饽饽的韩国大宇公司这次面对的买家只有一个，自然难以卖出理想的价格。对于美国通用汽车公司来说，在全球经济和市场未来趋势都还有许多不确定性因素的情况下，又在福特汽车公司、戴姆勒-克莱斯勒公司这些强劲的敌手纷纷退出竞标时，它的收购热情也大大降低了。经过长期的拉锯战式的讨价还价，于2001年9月1日，美国通用汽车公司与韩国债权团达成收购韩国大宇公司的协议，这场大戏仅以4亿美元（占新公司67%股份）的投资而草草收场。

（2）对被购并企业的要求。

① 被收购企业的产品、市场是否符合收购企业的发展方向。

② 被收购企业内部的资源状况是否适合收购企业的发展。鉴于此，有些企业在收购过程中提出部分收购。

案例 5-5　跨国并购的经典案例

被称为"世界购并第一"的思科公司非常重视对购并企业的选择。思科公司人力资源部总监巴巴拉·贝克甚至认为，除非一家公司的文化、管理做法、工资制度与思科公司很类似，否则即使对公司很重要也不会收购。思科公司掌门人杰夫·钱伯斯为购并活动制定了五条经验法则：①购并对象必须与思科发展方向相同或角色互补；②被购并公司员工能成为思科文化的一部分；③被购并公司的长远战略要与思科的相吻合；④企业文化和气质特征与思科接近；⑤地理位置接近思科现有产业地点。思科公司在企业购并的实际操作过程中尤其谨慎。先对购并对象进行广泛的评估，评估后并不急于购买，先注入10%的资金以监视这家公司的发展情况，确认其确有发展潜力时才最终购买。例如，1999年冬天，它对蒙特雷公司的收购就是这样做的，先注入10%的风险投资以观察，几个月后，在认定这家位于得克萨斯州里查森的新公司能使它进入每年200亿美元规模的光纤网市场后，它才买下了余下的股份。但是，1996年思科公司对一家千兆比特以太网交换设备生产商格拉尼特公司的收购并不太成功。其原因是格拉尼特的产品远不如思科公司想象得那样先进。这从反面说明了购并中必须注重对被购并企业的选择。

(3) 对购并企业的要求。

购并企业是否有能力发扬被购并企业的优势、克服被购并企业的弱点，直接决定着购并之后能否实际获益。

案例 5-6　跨国购并的经典案例

1996 年，思科公司对 Strata.com 公司的收购十分艰难，由于 Strata.com 公司太大，其产品也很先进，思科难以将自己的操作系统集成进该公司的交换机中。因此，此后思科公司就不再收购太成熟的公司。对于大公司，思科公司的战略是结盟。

(4) 新的协同要求。

即使购并双方都能符合上述要求，而合并后依然可能产生新的协同要求。新的协同要求表现在很多方面，最难以协同的是企业文化以及与利益相关者的利益再分配。例如，1998 年，梅赛德斯·奔驰和克莱斯勒购并，组成新公司——戴姆勒·克莱斯勒集团，该购并案耗资 360 亿美元。新公司打算让梅赛德斯的工程技术人员与克莱斯勒的营销人员结合起来，发挥双方的长处，开发出一种适合所有驾驶人员的车型，这种结合极具竞争力，可以实现资源、技术及市场的共享。然而，合并之后的几年里，情况的发展与目标相差非常远。2000 年，克莱斯勒利润减少 90%，股票从每股 108 美元降到 43 美元。在购并最初的两年里，克莱斯勒 2/3 的高级管理人员或被解雇，或者自动离职。同时公司的财富也在迅速转移，使新公司陷入困境。

拓展视频

跨国购并所带来的文化冲突是购并后的重要管理问题。英国学者查尔斯·汉迪曾经将企业文化从理论上分为四类：权力导向型、角色导向性、任务导向型和人员导向性。四种文化差异很大，相互融合需要一段很长的时间。一般来说，我国国有企业文化是角色导向型的，民营企业文化大多是权力导向型的，跨国公司文化大多是任务导向型的。因此，选择购并时，文化的一致性应是重要的考虑因素。另外，购并后原有企业老雇员身上所积累的专用性资产问题也须正确处理，否则，会产生极大的负效应。

5.2.2　跨国购并与新设之间的选择

1. 新设企业的概念与类型

(1) 跨国新设企业的概念。

跨国新设企业，又称新设投资或绿地投资（Greenfield Investment），是国际直接投资方式的一种，是投资者以"一揽子"生产要素投入的方式在东道国设立全新的企业，形成新的生产能力。

与出口和许可证贸易进入方式相比，企业将管理、技术、营销、资金等资源以自己控制企业的形式转移到目标国家（地区），能够在目标市场更充分地发挥自身的优势。但新设企业的直接投资需要大量的资金、管理和其他资源的投入，风险更大，灵活性更差。因此，这种跨国新设企业的投资方式，在企业国际直接投资的初期占有重要地位，目前一般在发达国家企业向发展中国家进行生产性投资时被采用。实施投资行为的企业一般是具有雄厚实力的大型跨国公司。

(2) 跨国新设企业的类型。

按照跨国公司持有股权的多少,跨国创设新企业,又可分为独资企业和合资企业。

① 独资企业,是指外国投资者依据东道国法律,在东道国设立的由外国投资者全部控股的企业。这种进入方式的主要优点是,具有经营灵活性、控制技术、独享经营成果和具有财务灵活性等优势;主要缺点是,企业投入的资金多,风险大,经营灵活性也较差。按照该公司在东道国是否为独立的法人,可进一步分为国外子公司和国外分公司。只有国外子公司具有独立的法人地位。

② 合资企业,是指由不同国家的投资者共同出资在东道国设立的共同管理、共担风险、共享收益的企业。在当代跨国公司的历史上,合资企业一直被推崇为最好的或高级的市场进入形式。因为合资企业的本质是联合冒险,在经营中共同发挥双方的优势,合作创业。而且这种进入方式还具有利用合作对象的资源、获得优惠待遇及缓解东道国民族意识的优势。但由于这种进入方式容易造成合资双方的冲突,如产品定价、利润分配、出口方向和数量、原料采购和产品设计等,其失败率较高。因此,许多企业纷纷把重点从合资企业转向独资企业,后者可以更好地控制和协调,获得更大的行动自由。据有关调查显示,发达国家的合资经营企业的失败率高达50%,而在工业化国家与发展中国家之间的合资经营企业中这一比例更高。

合资企业根据企业参股比例多少,还可进一步对其参股形式进行选择。参股形式可分为全部控股、多数控股、对等控股和少数控股等类型。如果公司在合资企业中的股份达到95%以上则为全部控股;如果公司在合资中的股份为51%~94%则称为多数控股;如果公司在合资企业中的股份为50%则称为对等控股;如果公司在合资企业中的股份在49%以内则称为少数控股。

2. 影响跨国购并与新设之间选择的因素

(1) 跨国公司内在因素对选择的影响。

① 技术性等企业专有资源。拥有最新技术和其他重要的专有资源的跨国公司更多地选择新建方式进行直接投资,如果为了降低研发风险和成本,减少产品开发时间,则采用购并方式。例如,20世纪70年代英国和联邦德国的跨国公司在巴西建立的40多家子公司,其中英国56%的子公司是通过购并方式建立的;联邦德国79%的公司是通过新建方式建立的。其主要原因是联邦德国公司一般拥有的是最新的技术。

② 全球战略与竞争战略。采取混合多样化战略的公司,它的国外扩展一般采取购并方式;采取跟进战略的竞争对手们也会采取购并战略。例如,1974年茨巴-盖因公司购买了一家美国种子公司,同年,其竞争对手,另一家主要的瑞士药品公司桑多士也购买了美国一家种子公司。接着,美国的其他种子公司也很快被外国公司收购。在寡头垄断竞争市场更容易发生运用威胁交换式竞争手段的现象。

③ 多样化经营。多样化经营一般包括两种:一是产品多样化,二是地理多样化。跨国公司常常以购并手段来实现这两种多样化,以此抵消世界商业周期对企业收益的损失。20世纪70年代中期以来,跨国公司通过购并经营不同类产品的外国公司来实现多样化,已成为普遍现象。但是跨国公司多样化的程度也反过来影响跨国公司的购并活动。有学者研究发现,在国外已经实现高度地理多样化的企业,通过购并方式来建立子公司的可能性较小,更多采用新建方式。因为地理多样化帮其积累了经验和信息储存,减少了不确定

性，从而使其更容易采用新建方式。

④ 国际经营经验。企业国际化发展水平高，积累的国际经营经验多，对国际市场的适应能力强，就更有能力承担国际经营风险，也就更倾向于新设投资，以利于实现自己的战略意图，相反，国际化发展水平低的企业，国际经营经验少，对风险的认知与承担能力较弱，也就更倾向于以购并方式进入国际市场。

⑤ 企业的增长率。一般来说，增长率高的公司比增长率低的公司更倾向于选择并购方式。这是因为跨国公司信息和经验的储存与其经营时间长短成正比。一般来说，对于相同规模的跨国公司，增长快的企业所储存的信息和经验比增长慢的企业要少。这就导致增长快的企业比增长慢的企业更多地倾向于采用购并方式。同时，在企业国际化发展中会常常面临人才短缺问题，如果购并现有企业来进行直接投资，就能克服人才短缺的限制，有利于跨国公司的快速发展。

（2）跨国政治环境和商业环境对选择的影响。

① 东道国对企业行为的管制。一般来说，东道国欢迎以新设方式在当地投资。当然，东道国因国情不同其对购并行为的限制也有很大的不同。例如，有的发展中国家为了限制某个行业的总生产能力，防止重复建设，会鼓励购并行为。

② 东道国工业化的程度。工业化程度高的国家倾向于采用购并方式，而工业化程度低的国家倾向于采用新建方式。这是因为，适合跨国公司购并要求的目标企业一般大多集中在工业化发达国家，不仅企业的数量较多，而且质量也较高。

③ 东道国与母国的市场增长率。当企业所处的东道国与母国的市场增长率都处于高速增长时期，这说明国际投资活动也正处于迅速增长的时期，企业要快速进入市场抓住机遇，则更倾向于购并。反之，则倾向于新设。

④ 产业特征。对于从事高科技产业的跨国公司来说，购并的比例一般较低，而成熟产业的购并较多。这是由于在高科技产业领域，购并企业要找到合适的购并对象不容易。而且高科技企业一般都具有自己的个性，独立性很强，购并之后的整合难度也大。

3. 跨国购并与创建选择的理论基础——q 理论

托宾的 q 理论体系建立了购并与创建选择的理论基础。托宾将 q 定义为：

$$q = 企业盈利率 \div 为筹措资本所需费用的利率$$

在这个公式中，如果按企业股票总现价计算的盈利率大于为新成立一个跟该企业具有相同内容的企业而筹措资本所需费用的利率时，收买该企业就比建立一个新企业更为有利。这一标准既适合于收购国内企业，也适合于国际购并活动。两者的不同之处在于后者是跨国直接投资的一种方式。这一标准有一个暗含前提，即只要使用被收购企业的现有资源便可获得预期的企业盈利率。按照这一标准通过收购所进行的对外投资，并不需要转移实物的经营资源，只要转移货币资本便可实现。因此，它是一种从短期观点出发的"货币博弈"，换言之，即以获得短期投机利润为目的而进行的跨国购并行为。

日本经济学家原正行在此基础上，把对外投资划分为三种类型加以分析，对 q 理论进行了展开。假定收购是指跨国公司将优越的经营资源注入被收购企业，把双方的经营资源合在一起加以运用的行为。

设 R_1、R_2 分别为收购和创建企业盈利的预期现值；C_1、C_2 分别为收购和创建的总成本，则有：

收购：
$$q_1 = R_1/C_1$$

创建：
$$q_2 = R_2/C_2$$

当 $q_1>1$ 且 $q_2<1$ 时，显然选择收购；当 $q_1<1$ 且 $q_2>1$ 时，显然应选择创建。当 $q_1\leq 1$ 且 $q_2\leq 1$ 时，任何方式的对外投资都是不合算的；当 $q_1>1$ 且 $q_2>1$ 时，假如 $q_1/q_2>1$，则应选择收购；假如 $q_1/q_2<1$，则应选择创建。

有时，在收购成本高于创建成本，即 $C_1>C_2$ 的条件下，虽然 $q_1<q_2$，但有可能 $R_1>R_2$，跨国企业仍可能选择收购方式。这是因为在企业没有剩余资源的情况下，采用收购方式可保住目标企业的经营资源，立即运用并获利。

5.3 外部一体化——跨国战略联盟

5.3.1 跨国战略联盟的概念、特征、判断标准与基本类型

1. 跨国战略联盟的概念

战略联盟，最早是由美国 DEC 公司前总裁简·霍普兰德和管理学家罗杰·奈格尔提出的。随后，学者们在各自的文献中分别做了不同的解释。例如，库尔盼侧重于从目标来定义：战略联盟是指跨国公司之间为追求共同的战略目标而签订的多种合作安排协议。迈克尔·波特在其《竞争优势》一书中则定义为：战略联盟是指企业之间进行的长期合作，超越了正常的市场交易但又未曾达到合并的程度。显然，将战略联盟看作一般协议未免过于宽泛，而把企业合并也视为战略联盟，又模糊了企业一体化与战略联盟的关系。总之，到目前为止，在理论上战略联盟仍然没有公认的定义。在研究企业间合作问题时，学者们使用的概念除了"战略联盟"，还有"战略伙伴"（美国、欧洲）、"虚拟企业"（美国、日本）、"战略提携"（日本）、"强强联合"（中国）等词的。这些概念在内涵和外延上还是有一定的区别，但"战略联盟"范畴更为大多数学者认同和使用，以描述企业之间建立的一种长期战略合作伙伴关系。

"战略联盟"这一术语意味着一种超越短期市场交易的关系，其中包含着某种合作意图，旨在获得纯粹的"现场交易"所不能获得的某种共同利益。它也意味着合作各方的平等地位，其中一方可能比其他各方更强大，但与其他当事人并非上下级关系，而是一种"合伙"关系。因此，战略联盟处于以纯粹的市场关系为一端，同一母公司的完全所有为另一端的中间地带。这一中间地带覆盖了多种多样的关系，而"战略联盟"这一说法可以用来指称一系列相当不同的关系类型。

跨国战略联盟（Strategic Alliances），常指跨国企业间的合作伙伴关系，是指两个或两个以上有着对等实力或有着互补资源的跨国公司之间，为了达到共同的战略目标，在保持自身独立性的同时，通过股权参与或契约联结方式而建立的一种较为稳定的，并在某些

领域采取协作行动的合作伙伴关系。

跨国战略联盟这种跨国合作的伙伴关系,可以存在于从供应商协议到国际合资企业的一个广阔的合作范围。随着全球经济与技术的发展,战略联盟的重要性日益增加。当公司面对市场的不确定性,发展多元化资源与能力时,战略联盟已经作为一个重要的过程模式出现。尤其是在国际市场环境中,战略联盟甚至发挥着其他市场进入方式不可替代的作用,有时还是企业进入外国市场的唯一选择。

2. 跨国战略联盟的特征与判断标准

(1) 跨国公司战略联盟的特征。

① 组织的松散性。战略联盟以共同占领市场、合作开发技术等为基本目标。其所建立的并非一定是独立的公司实体,联盟各成员之间的关系也并非正式。联盟本身是一个动态的、开放的体系,是一种松散的公司间一体化的组织形式。

② 行为的战略性。战略联盟的方式和结果,不是对瞬间变化所做出的应急反应,而是对优化企业未来竞争环境做出的长远谋划。联合行为注重利用外部经济,从战略的高度来改善联盟共有的经营环境和经营条件。

③ 合作的平等性。战略联盟是各方在资源共享、优势互补、相互信任、相互独立的基础上通过事先达成协议而结成的一种平等关系。这就从根本上改变了合资、合作企业之间依赖股权多少或其他控制能力的强弱来决定母公司与子公司之间不平等关系的局面。

④ 范围的广泛性。随着战略联盟的发展会出现联盟网络的现象。联盟各方围绕在具有主导影响力的联盟中心的周围,根据各自的核心专长及所处的研发或生产的不同环节,形成距离不等、错综复杂的联盟网络。这时联盟的目标指向不再局限于单一产品或产品系列,而更多集中于知识的创造。

⑤ 管理的复杂性。企业为增强对全球市场的领导力量,纷纷与竞争对手建立战略联盟,为竞争而合作,靠合作来竞争。由于这样的联盟中存在着管理关系模糊、各方收益不平衡、企业文化的冲突及合作伙伴的背叛危险等,给联盟带来了诸多不利影响,也增加了组织管理的难度,直接威胁到联盟的存在。

战略联盟最根本的特征在于,它是竞争性合作组织,是介于市场和企业之间的一种特殊的组织结构。联盟的企业之间虽然签署了超出正常市场交易的长期协定,但只是以市场机遇和契约为纽带,而非以资本为纽带,并未达到合并的程度。所以战略联盟是一种扩大范围(如市场范围、产业范围)而不扩大企业的方法。

战略联盟不同于市场交易,它更注重长期性承诺,以及对合作伙伴企业的战略收益的贡献。战略联盟不同于少数寡头为操纵市场价格而缔结的卡特尔组织,而把目标聚焦于新产品、新市场和新行业,通过对各成员企业技术、管理、资金、信息和市场等资源的重新组合,形成新的、更强大的协同优势,共同做大市场,为客户和股东创造最高的价值。战略联盟也不同于企业间的购并,并不强调伙伴之间的全面相容性,它所重视的是相互之间某些经营资源的共同运用,对相容性的要求是部分的、有选择的。战略联盟是市场力量的自然扩张,它促使企业提高管理效率,引导资源向利用率最高的领域转移,其结果是资源配置效率的改善和企业竞争实力的增强。

(2) 跨国战略联盟的判断标准。

跨国企业之间的合作关系是否属于战略联盟，有两个判定标准：一是其目的首先是战略性的；二是通过联盟来达到其战略目的。战略联盟的判定标准要求，要使一种合作关系成为战略联盟，其目的必须是为了追求公司的一个或多个战略目的或目标。战略联盟可能会给公司在战术上、运作上和财务上带来好处，但其首要目的是为公司战略服务。

3. 跨国战略联盟的主要类型

根据产品的特点、行业的性质、竞争的程度及战略的意图和相对优势等因素的不同，可以构成各种不同的联盟方式。

(1) 根据成员之间依赖程度的不同划分。

① 股权式跨国战略联盟。这种联盟又分为对等占有型跨国战略联盟和相互持有型跨国战略联盟。对等占有型跨国战略联盟是指联盟各方将各自不同的资产组合在一起进行生产，共担风险，共享利益的联盟。这种联盟方式较合资经营方式的不同之处在于，各方母公司各拥有50％的股权，合资生产和经营的项目分属联盟成员的某些局部功能，联盟各方的母公司保持相对独立性。相互持股型跨国战略联盟是指企业之间为了巩固它们之间现有的良好合作关系，通过购买彼此的少量股份而结成的跨国联盟。与对等占有型跨国战略联盟不同的是，这种方式不需要合并设备和人员等要素，只通过交换彼此的股票来建立长期友好的合作关系。

② 无资产性投资跨国战略联盟。这类联盟是指企业之间在一个或两个以上的具体项目中进行合作的联盟，以联合研究开发和联合市场行动最为普遍，并且在合作以外的项目上仍保持竞争状态。最常见的形式包括：A. 研究开发合作和技术转让，联盟成员合作进行新产品的研究开发，相互交换研发技术材料，共同享有新的技术和生产能力，并且提高各自的技术水平；B. 合作生产和营销，在一定的协议基础上，利用各联盟成员不同的生产优势共同生产新产品。这种联盟方式不改变联盟各方的资金、组织及管理等方面，仅通过协议来规定合作项目及完成时间。

相对于股权式跨国战略联盟而言，无资产性投资跨国战略联盟更强调相关企业的协同效应，其在经营的灵活性、自主权和经济效益等方面比股权式跨国战略联盟具有更大的优越性。例如，无资产性投资跨国战略联盟结构比较松散，不需要设立机构等经济实体；联盟各方处于平等和相互依赖的地位，在经营过程中保持相互独立性；联盟各方根据自己的情况，承担经营活动并享有各自的利益等。当然，尽管无资产性投资跨国战略联盟具有较高的灵活性，但也有一些先天不足，例如，企业对联盟的控制能力差，松散的组织缺乏稳定性和长远利益，联盟内成员之间的沟通不充分，组织效率低下等。

③ 国际联合。这种形式的联合主要是美国、西欧和日本的跨国公司之间为应对技术与开发的高额成本和风险而建立起来的。

(2) 按联盟双方所从事的活动性质不同划分。

① 横向国际联盟。它是竞争对手之间的联盟，其目的在于改善跨国企业在创造价值活动中的联合地位。其优势在于联盟各方的相似性，通过相互学习来完成不能由各方独自完成的项目。

② 纵向跨国联盟。它是联盟各方通过签约和协商，相互承诺完成对方的某些活动的一种联盟方式。纵向跨国联盟一般以长期供货协议、许可证转让、营销协议等方式进行。

其优势来自价值链活动的互补型差异。

(3) 按照跨国联盟技术创新阶段的不同划分。

① 研究开发型跨国战略联盟。这是跨国企业为了研究开发新技术、新产品、新材料及新能源而采取的一种联盟方式。参与联盟各方共享经营资源，协调合作，充分利用联盟的综合优势。这类联盟包括许可证协约、交换许可证合同、技术交换、技术人员交流计划、共同研究开发和以获得技术为目的的投资。

② 生产制造型跨国联盟。为了实现规模经济和减少生产压力，跨国企业会采取联合制造的联盟方式以降低生产成本。例如，委托定制供给、辅助资源合同、零部件标准协定及产品的检验和标准协定。

③ 联合销售型跨国战略联盟。这是跨国企业为了提高市场销售的效率和市场控制的能力而联合起来，抢占市场，满足多样化的市场需求的一种联盟方式。

(4) 按照资源结合方式的不同划分。

伯克莱和卡森（Buckley, Casson）将国际战略联盟分为九种类型，如表 5-11 所示。依照他们的观点，企业之间最为典型的联盟表现为互补性资源的联合，这些资源包括企业专有知识和能力及企业间通过知识共享带来的联合效率。企业提供的专有知识可能是来自市场方面的，也可能是来自技术方面的，或者两者都有。

表 5-11 资源结合方式不同的国际战略联盟分类

企业 1	企业 2		
	技术	营销能力	技术和营销能力
技术	类型 1：R&D 协议	类型 2：企业 1 进入 B 国市场	类型 7：进入 B 国市场的 R&D 协议（企业 2"回购"）
营销能力	类型 3：企业 2 进入 A 国市场	类型 4：在 A 国与 B 国市场上进行协议	类型 9：企业 2 提供技术用于双方市场（企业 2"回购"）
技术和营销能力	类型 6：进入 A 国市场的 R&D 协议（企业 1"回购"）	类型 8：企业 1 提供技术用于双方市场（企业 1"回购"）	类型 5：进入双方市场的 R&D 协议（企业双方"回购"）

资料来源：BUCKLEY P J, CASSON M. An Economic Model of International Joint Verture Strategy [J]. Journal of International Business Studies, 1996, (27): 849—876.

① 从跨国战略联盟的组织结构和联盟各成员国的平等程度来看，根据地域开发的生产技术通常比营销能力具有更为广泛的基础，而且更具有本地化的特征。新技术和营销能力的良好结合通常与跨国企业所进入的市场有关。例如，对于高科技企业来说，跨国企业投资的资产与其联盟方付出的本地化资产是对等的。因此，高科技企业之间建立一系列市场进入型跨国联盟在所难免。

② 通过研究与开发（R&D）协议所进行的技术联盟，新技术的占有是跨国企业在竞

争中获胜的关键因素。为了占领和扩大市场份额，跨国公司每年都要投入大量的人力和资金进行应用型和开发型的研发活动。但是，随着研发活动国际化趋势的加强，新技术的研发工作趋于高成本、高风险和长周期。因此，组建跨国战略联盟势在必行。与此同时，为挖掘销售潜力，同样需要对营销能力进行组合。R&D 的固定成本越高，生产中的规模经济性越显著，全球销售中的一体化就越重要。

在表 5-11 中，左上角的四种类型（类型 1，类型 2，类型 3，类型 4）是单一知识（技术或营销能力）的结合，而余下的五种类型中至少有一个企业投入了两类知识。通常人们最关心的是类型 1，即 R&D 协议。这类联盟分享资源，共同研究开发新的技术。但是，一旦获得了新的技术，联盟各方又会在产品之间进行竞争，从而导致联盟成本的增加。为此，联盟成员必须在营销中加强协作，以弥补由于产品竞争所带来的损失。营销协议在合作各方共享营销能力时可能是最有效的。R&D 协议（类型 1）和共享营销能力协议（类型 4）的结合所产生的新联盟类型（类型 5）是一个最为新的生产和市场环境，会出现类型 6 和类型 7 两种情况。双方都投入技术，但只有一方投入营销能力。此外，当新技术带来的新产品需要独特的零售渠道，而当地消费者信息只被合作对方独占时，将出现双方都投入营销能力，但只有一方投入技术的情形（类型 8 和类型 9）。

拓展视频

5.3.2 跨国战略联盟兴起的原因与理论基础

1. 跨国战略联盟兴起的外部环境与内部动因

一般认为，跨国战略联盟是在 20 世纪 80 年代以后兴起的成长方式。其产生和发展有着强烈的时代背景。

（1）新保护主义的抬头。

第二次世界大战以后，以美国为首的西方发达国家奉行自由经济政策，对进口干预不多，世界贸易发展迅速。但随着各国经济的迅猛发展，特别是日本和"亚洲四小龙"的经济起飞，西方发达国家开始感到了竞争的威胁，纷纷开始寻求以非关税壁垒为主要手段的新贸易保护政策。旧的非关税壁垒有进出口许可证、自动出口限额、进出口配额等硬性的有形非关税壁垒，新的非关税壁垒包括反倾销、绿色壁垒、技术标准及卫生检疫壁垒等。无论是何种形式的壁垒，其目的都是保护本国内成熟的产业，阻碍外国同类产品的进入。各国的跨国公司开始寻求新的市场进入战略，需要尽可能绕过这些贸易壁垒，建立跨国公司竞争战略联盟便是重要途径之一。通过战略联盟，跨国公司可以形成各自的核心力量而排斥其他竞争者，共同发展或互相帮助进入对方市场。

（2）全球一体化及相关态势的变化。

① 信息产业的发展。1993 年 3 月，以美国最大的通信公司——美国电话电报公司为首的 14 家企业，共同向白宫和国会提出了"建设信息高速公路"的建议，吸引了美国所有的电信、有线电视和计算机公司。信息产业再次成为人们瞩目的焦点。"全球村落"的比喻已变为不远的现实。信息技术的提高，使通信更快捷、更便宜，为全球一体化提供了必要的基础，对跨国经营提供了现实的基础，并产生了深远的影响。

② 国际货币体系的自由化。布雷顿森林体系崩溃之后，资本在国际上的流动日益频

繁。20世纪70年代，美元汇率高估将近50%，使得大量美元外流。而20世纪80年代末，美元币值的贬值又促使大量外资涌入美国。这既促进了国际资本的流动，也促进了跨国公司的发展，使全球一体化的进程加速。

③ 区域一体化的发展和世界经济的重组。1992年欧洲统一大市场建立，新加坡、中国台湾地区、中国香港地区等生产力水平相近、文化价值观相似的国家和地区的经济也联成一体，使世界经济进入一个新时代。许多跨国公司面临新形势下的企业重组，战略联盟作为一种灵活的组织形式自然被广泛应用。

(3) 跨国企业一体化的发展。

跨国企业一体化是跨国企业发展的重要原因之一。通过一体化可以使企业间交易内部化，降低交易成本，增强竞争力。例如，原料供应的稳定、产品分销系统的分布及产品链的扩展等。但是，一方面，专业化分工又要求各企业集中各自的优势，而不是分散力量，面面俱到；另一方面，兼并和收购会带来极大的风险，并受到有关法律政策的限制。企业一体化发展与专业化分工发展是一对矛盾，如何解决这种矛盾，战略联盟提供了极佳的选择。例如，麦当劳公司与可口可乐公司的战略联盟，使麦当劳快餐配上可口可乐公司的饮料，而可口可乐也打入了快餐市场，双方相得益彰，扩充了服务的范围。这种相互关联的一体化产品往往是一个公司所不能胜任的。因此，跨国一体化发展也给战略联盟提供了广阔的空间。

(4) 国家与企业竞争关系的变化。

美国哈佛商学院教授里克多在他的《美国的选择》一书中写道，"国际竞争力"作为政治问题于1987年在美国登台，美国很早就注意到了由于企业问题而产生的竞争力问题，并对此进行了许多研究。但是美国经济的国际竞争力这一概念，在以前几乎没有引起人们的重视。当代人类共同的主题是和平与发展，但和平没有消除竞争，发展更会加剧竞争。例如，20世纪80年代，美国对日本东芝公司违反《巴统协议》，向苏联出售高科技产品的行为做出了强烈反应。同时，国际合作也不断增加，例如，英、法联合开凿英吉利海峡海底隧道工程，这使国家、企业、竞争三者紧紧联系在一起，提高了企业在国际竞争中的战略地位。

从跨国企业集团自身来看，不同企业组建跨国战略联盟的动因各有不同，而学者们总结的动因主要有：①增强建立全球性市场的能力；②适应全球经济发展和世界经济区域集团化发展的要求；③分担研究与开发的昂贵费用和风险；④推动企业技术进步的需求；⑤适应全球公司发展的需要；⑥防止跨国企业之间过度竞争和挑战"大企业病"；⑦获得网络经济效果，等等。

需要注意的是，虽然战略联盟出现的时间并不长，但战略联盟的主流动因已经发生了很大的变化。过去，战略联盟主要是为了在进入新市场时减少资本投资和降低风险，合作关系的建立也是为了保证快速和可靠地进入一个原来关闭的市场，或者满足当地政府的要求，使当地合作伙伴分享商业机会。但现在技术更新度加速、产品生命周期的缩短和全球市场竞争的强化，使战略联盟的形成主要是为了分散新技术开发过程中的风险，并在合作关系中获得各方开发技能的互补。因此，如果说过去跨国公司与东道国小公司建立合资企业，是为了更好地占领东道国市场的话，那么今天的战略联盟，更常见的是由实力都较强的企业组成，且它们往往本身就是或可能成为直接的竞争对手。

2. 有关跨国战略联盟的基本理论观点

跨国战略联盟的迅速发展，引起了国际经济学术界的高度重视，但目前并没有一个的统一理论来解释企业战略联盟。不同学者从不同角度对战略联盟进行了分析，其中有代表性的主要理论有以下几种。

(1) 市场权力论。

持这种观点的学者认为，跨国战略联盟只是垄断企业之间相互勾结共同控制价格、谋取垄断利润的一种卡特尔形式。其驱动力是各大公司企图寻求操纵市场的权力，限制竞争并形成市场结构的有序分布。实际上，市场权力论暗含着合作各方皆为投机者的假设，主张建立严格的控制机制以对付经济机会主义行为。基于这种假设，各派学者大都对联盟持慎重态度，他们更推崇企业内部化策略。

(2) 技术协调论。

这一观点认为公司之间的合作是由于在各项经济活动中，它们各自所从事的职能不同而彼此关联，因此需要加以协调。例如，在垂直型的市场结构中，有着大量的互换交易。当交易成本不容忽视时，竞争性公司间的垂直合作是有效且有利的。这种合作机构将有助于提高市场功能。技术协调论虽然明确指出了企业间合作的利益所在，但在分析和权衡其优劣方面却显得缺乏说服力。

(3) 交易成本论。

内部化交易机制、外部化市场安排和企业间战略联盟三者之间谁优谁劣，如何进行权衡和选择，这是技术协调论遗留的未解之题。威廉姆森提出，在竞争环境中，最佳管理机制或组织机制的选择，是以最可能低成本管理的效率来决定的，而战略联盟可视为有效的交易方式之一。该观点认为，知识资产的交易机制，由于其特殊性、业务的复杂性，倾向于企业内部交易机制。因为它在协调不同的经济活动时耗费的资金较少；需要大量生产与购买的商品和劳务，却以外部的市场安排更为适合。企业间的战略联盟介乎两者之间，在某些市场成本十分敏感的行业里，既不能实施内部化，又不能建立与研究及开发活动的复杂性不相适应的松散关系，战略联盟就成了最佳方案。

传统意义上的内部化，是通过所有权关系的扩张（兼并、收购或创建）所形成的深层次一体化，来加强对价值链中所有环节的控制；而跨国战略联盟则是针对选定的项目，按照优势相长的原则，共享各自价值链上的战略环节，以集中优势的经营资源和能力，加强彼此的薄弱环节。跨国战略联盟不是单个企业的内部化，而是实实在在地扩大了单个企业的边界，因而可以将其视作两个或两个以上企业内部化的"共生"形式。

(4) 价值链理论。

企业创造价值的过程，可分解为一系列不相干但又相互影响的增值活动。不同增值活动的组合构成了企业实现产品价值的"价值链"。价值链的每个环节在实现最终产品价值中的重要性各有不同。企业的价值系统具体包括供应商价值链、经营单位价值链、销售渠道价值链和买方价值链等。任何企业在价值链的每个环节中不可能具有相同的优势，只能具有比较优势。

价值链的价值活动由基本活动和辅助活动构成。基本活动是指一般意义上的生产经营活动，辅助活动包括管理和技术开发等增值活动。基础活动中原材料供应、产品开发、生产运行被称为上游环节，成品储运、市场营销和售后服务被称为下游环节。上游环节的增值活动为产品生产，下游环节的增值活动为服务顾客。上游环节的增值活动通过下游环节来实现，而下游环节的活动又依赖于上游环节的生产。价值链各环节之间实现价值的特点，否定了跨国公司之间整体合作的必要性，为达到"双赢"的协同效应，联盟各方在各自最具竞争优势的核心环节展开合作。

(5) 网络利益理论。

网络利益理论认为，在增强企业组织活力和形成企业之间价值连锁效应的过程中，网络型企业起着很大的作用。网络理论是将组织的各部分松散地结合起来，以利于保持组织的灵活性，从而较好地适应市场的动态变化。网络结构是信息服务业时代的代表性结构，这种结构能更加有效地实现知识的交流和才能的发挥。

由于就业重心迅速从手工劳动者和办公室职员向知识型工作人员转化，跨国公司逐渐成为信息型组织。经济全球化的发展也要求跨国企业改革创新、加强管理，而信息技术也在不断地推动这种变革。网络结构多在协作企业群体的共同防御和相互影响下运作，具有长久的连续性，既可提高单个企业的自律性，又可在相互协调、共同运作的基础上促进彼此的交流。

跨国战略联盟存在分工，分工使跨国企业间产生依存关系，导致联盟企业之间的活动需要相互协调，而这种协调不是通过各层组织的行政手段来解决，也不是通过传统市场模型中的价格机制来完成，而是通过联盟网络中各企业间的关系加以实现。因此，跨国战略联盟发挥着"连锁型组织化市场"的功能，能够较好地适应信息化时代把市场竞争和组织管理连为一体、综合运作的要求。

传统市场往往根据竞争者之间的相互关系来分配资源，而传统组织则根据企业组织管理的目的来分配资源，两者都难以有效地降低交易成本。而跨国战略联盟能够发挥乘数效应，通过有效地组织联盟内的资源实现资源共享，保证从投入到产出全过程的"节约"。当这种采取多数主体和多数组织结合的联盟形式跨越行业时，联盟的结果有可能改变竞争的性质，而产生围绕资源共享的竞争和超越市场界限的竞争。这意味着企业必须从产业化时代的预测系统，转向信息网络化时代的学习系统。

跨国战略联盟作为公司间的网络化体系，其最大着眼点是在经营活动中积极地利用外部经验。即当企业内部不能充分利用已积累的经验、技术和人才，或者缺乏这些资源时，可以通过公司之间的联盟形式弥补资源的不足，以避免对已有资源的浪费及在可获得资源方面的重复建设。跨国战略联盟的建立，使企业对资源的使用界限扩大。一方面可提高企业资源的使用效率，减少沉没成本；另一方面又可节约企业在获取资源方面的新投入，降低转置成本，从而降低企业的进入和退出壁垒，提高企业战略调整的灵活性。

(6) 资源依附学说。

在这一理论中，资源包括营销、技术、资金、人力资源和原材料等。当一个企业所需的某种稀缺资源被其他企业独占时，这种资源较难获得（或由于企业本身的原因，如过度经营而造成资源消耗殆尽），导致企业往往通过与拥有资源的企业建立合作关系，借助跨国战略联盟的方式获得所需的经营资源。

(7) 全球竞争论。

从全球竞争的观点来看，联盟是两种失败同时发生条件下的产物：即企业外部转移知识与内部快速积累知识的失败。当今时代是技术变革不断加速,产业结构显著变动及企业全球化的时代,任何企业唯有成为全球竞争者,才不会被淘汰。由于战略联盟比内部化发展或跨国收购兼并更富有弹性和应变性,更能兼顾多种目标,因而将更普遍地涌现。

5.3.3 跨国战略联盟的运行与管理

1. 合作关系的选择

跨国战略联盟的组建需要具备一定的条件。英国学者福克纳和鲍曼以"与行业最佳水平比较"(企业实力比较)和"活动的战略重要性"为向量,建立了"制造—外购—联盟"矩阵,如图 5-4 所示。

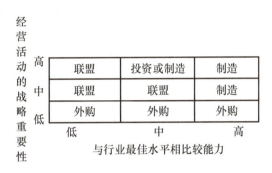

图 5-4 "制造—外购—联盟"矩阵

资料来源:福克纳,鲍曼,1997. 竞争战略[M]. 李维刚,译. 北京:中信出版社.

根据福克纳和鲍曼的分析,可以得出以下结论:如果企业资源和能力相对有限,每项活动的战略重要性较低,即使该企业能够以行业中最佳的效率进行生产,也应采取外购方式。这样做的原因在于节省资源,并将其应用到战略重要性更高的活动中去;当企业的活动具有中等或很高的战略重要性,但企业的能力处于较低水平时,应采取联盟措施;当企业活动具有中等的战略重要性,而相对于行业最佳水平而言,企业的能力仅仅为一般时,选择联盟更为合适。

2. 合作伙伴的选择标准与难点

(1) 合作伙伴的选择标准。

一旦一个公司决定建立跨国战略联盟,应首先决定如何选择合作伙伴。1987 年《企业国际化》杂志提出战略联盟的标准是所谓的"3C",即和谐一致(Compatibility)、能力(Capability)和承诺(Commitment)。后来这一说法被许多跨国战略联盟的管理者所证实。

① 和谐一致。它是跨国战略联盟存在的重要基础。这种跨国战略联盟的和谐一致性,主要反映在联盟成员之间在经营战略、合作的指导思想、企业的组织结构和管理方式上的和谐一致。

② 能力。由于跨国公司的竞争越来越激烈,产品更新换代不断加快,对某些跨国企业来说,仅仅依靠自己的力量和资源很难应对这种激烈的竞争,因此必须依靠外部力量来补充。当然,这种外部力量必须能够对本公司所拥有的资源、技术和资金起替代作用,只

有这样企业之间才能得到互惠互利。

③ 承诺。跨国战略联盟成员之间互相承诺建立一种长期、稳固的关系是非常重要的。当然，建立起这种长期的合作关系，仅仅通过承诺是不够的，最主要的是相互承担一定的义务和责任，彼此相互依赖，相互依存。联盟双方理解这一点是非常重要的，因为建立跨国战略联盟可以弥补企业内部自有资源与经营战略目标之间的差距，战略双方可借助对方的力量来加强各自的竞争能力。

(2) 合作伙伴选择的难点。

虽然对合作伙伴的选择可以建立起一整套的评价指标体系，但现实中具体操作起来还是存在很大困难。选择合作伙伴的困难主要源于两个方面。

① 对联盟伙伴的评价是综合性评价。这就要求不仅了解潜在合作者的有形资产数据，还需要一些无形资产的数据及组织能力的资料。而后者对于合作的价值至关重要，但往往不易获得，并且难以评价。

② 建立联盟要考虑合作伙伴之间资源的长期互补性及合作的潜力。任何企业的资源都不是静态的，由于合作者的竞争地位及战略优势是随时间动态变化的，而且这种变化与合作关系的维持有密切的关系，因而有必要对潜在合作者的资源和能力进行动态跟踪和监控。但要做到这一点是相当困难的。

3. 跨国战略联盟的风险及其防范

虽然组建跨国战略联盟的意图是长期合作，但合作关系的实际维持时间并不一定长久。从总体上看，跨国战略联盟确实存在着较高的失败率。因此，跨国公司在考虑战略联盟这种方式之前，必须对跨国战略联盟的风险有充分的考虑。跨国战略联盟风险是指由于战略联盟系统内外部环境的复杂性和动态性而导致合作关系失败的可能性。可从两个方面分析联盟的风险：一是竞争性合作带来的风险，二是合作关系管理的复杂性带来的风险。跨国公司应针对联盟风险的产生原因采取相应的对策。

(1) 竞争性的合性关系。

跨国企业之间进行合作的目的很大程度上是获取使双方互利互惠的资源，而联盟各方竞争地位的平衡是联盟得以维持的一个重要因素。当联盟企业之间既存在合作关系，又存在竞争关系时，联盟中的一方可能利用合作关系发展自身的优势，从而给另一方造成风险，并最终导致竞争地位的失衡与合作关系的解体。

在合作关系中，随着联盟双方技术、资源、能力的交换与更新，如果一方在学习另一方优势的同时，也能充分保护自己的优势，可能导致一方的竞争地位上升，而另一方的竞争优势衰退，竞争地位的平衡格局就会逐渐被打破。竞争地位的失衡最可能出现在两种情形：一种情形是双方的资源和技能的性质不同。一方的资源和技能显性较强并容易模仿，而另一方的资源和技能隐性较强而难以模仿。此时拥有隐含性资源和技能的企业显然在相互学习中占有优势地位。另外一种情形是一方企业通过积极主动的投资，获得了相对合作者的更大的控制权，从而使该方在保证自身独立性的前提下，能有效地约束另一方，造成对方对自己的单方面依赖，进而侵蚀对方的竞争性优势。

因此，在选择合适的合作伙伴之后，参与合作的企业面临双重任务：在向对方充分学习并将所学到的东西充分运用的同时，还需要防止不必要的信息泄露以保护自身的优势资源。这两个方面是维持竞争地位平衡的基础条件。要做好这两方面的工作，首先，选择合适的联盟界面管理者，这些管理者必须熟悉企业内部的组织过程，熟悉企业的业务和战略，并具备与组织内不同部门主要负责人联系的资格和条件。其次，在企业内建立支持性的机制。机制的建立一是为了使信息可以进行系统化的传递，以保证有效的学习；二是对有关人员和数据的流动进行规范，以保护某些信息和知识的独占性。最后，为了保证学习效果的实现，企业应构建一个内部知识网络，不但接受来自合作伙伴的知识和技能，并且将这些知识和技能加以充分运用。

（2）合作关系管理的复杂性。

跨国战略联盟内外部环境条件的多样性和动态性，使合作关系趋于复杂，并导致风险。

① 合作关系管理的复杂性首先源于合作各方具有不同的管理传统，给联盟带来了不同的战略思想和管理实践，使组织呈现复杂化的趋势。尤其是各个跨国公司在长期的经营管理实践中形成了自己独特的企业文化，或者是自己特有的规章制度和管理模式，文化的冲突有可能造成联盟运行过程中的冲突。

② 合作关系管理的复杂性还源于环境的不确定性。没有一个联盟能够事前预知所有可能的未知变量，而联盟的战略目标具有高度的环境敏感性。这意味着联盟各方的合作义务并非一成不变，而是要随着环境的变化进行相应的调整。因此，管理合作关系必须不断地监控联盟的目标、任务和进程，并调整协议，使之适应不断变化的外部环境。但这种随时的监控和调整无疑在增加投资的同时，也增加了合作关系的风险。

联盟最初的协议往往建立在有限的信息和不现实的期望之上，只有通过双方的合作实践，才有可能寻找到更好的合作途径并创造更高水平的合作价值。应对联盟内部管理模式和文化的多样化问题，做好文化的管理与整合，增强员工之间的心理磨合，因地制宜地调整经营战略，适应不同的社会经济文化的特点，都至关重要。针对联盟外部环境的动态性，合作关系应是尽量灵活的，其目标、合作的任务和范围、联盟的管理都要适应外部动态变化的环境而作及时的调整。而且还应当注意，联盟的解体并不等同于失败。如果达到了既定目的，则可以终止联盟；如果联盟已不适应变化了的环境条件，则应放弃联盟。

本 章 小 结

本章介绍了跨国公司国际市场进入模式的主要类型，对影响跨国公司市场进入模式选择的主要因素做了归纳，并分别对跨国公司内部一体化购并与新建模式、外部一体化市场进入模式国际战略联盟的主要类型、动因及影响因素和选择与管理策略进行了全面介绍与评析。

跨国公司国际市场进入模式主要包括贸易式进入模式、契约式进入模式、直接投资式进入模式及其他市场进入模式。影响跨国公司市场进入模式的因素主要包括跨国公司内部因素、外部因素。跨国公司内部因素主要有产品因素、资源/投入度因素、战略因素。外部因素主要有目标国的市场因素、环境因素、生产因素及母国因素。跨国市场进入模式选择应遵循综合评价决策流程进行，具体评价标准有价值、功能、数量分析等。

跨国公司内部一体化市场进入模式，包括购并与创建。这两种方式各有利弊和适用条件，跨国公司应综合分析企业内外部因素进行选择。外部一体化是资源外取的方式，对于国际化运作就是组建国际战略联盟。作为企业之间国际合作的新型方式，跨国战略联盟从20世纪80年代开始出现并迅速发展。组建跨国战略联盟有多种方式，企业可以借助不同方式达到利用外部资源的目的。但是鉴于实践中跨国战略联盟存在较高的失败率，跨国公司应审慎地选择合作关系和合作伙伴，对联盟运行过程进行有效管理，并防范联盟带来的风险。

关 键 术 语

贸易式市场进入模式　契约式市场进入模式　投资式市场进入模式　许可经营管理合同模式　国际分包合同模式　合同制造模式　交钥匙承包模式　购并　横向并购　纵向并购　混合并购　新设　独资　合资　q 理论　跨国战略联盟　横向跨国战略联盟　纵向跨国战略联盟

习　　题

一、简答题

1. 一家家电企业面临国内市场饱和、竞争激烈的局面，希望能通过海外拓展保持企业的发展势头。但公司过去从未外销过产品，缺乏参与海外市场的经验。你认为该公司应采取什么方式打入海外市场？
2. 请说明贸易式市场进入模式的类型及其对企业的利弊。
3. 举例说明通过契约式市场进入模式进入海外市场的利弊。
4. 影响跨国进入模式选择的因素有哪些？
5. 跨国公司为什么要采取跨国购并模式进入海外市场？
6. 跨国购并的基本类型有哪些？
7. 跨国公司如何在购并与新建之间进行抉择？
8. 跨国公司采用跨国战略联盟模式进入海外市场的动因是什么？
9. 跨国战略联盟有哪些基本类型？
10. 如何防范跨国战略联盟模式所带来的风险？

二、讨论题

1. 试结合中国企业海外国际化发展实践，分析说明海外市场进入模式选择的影响因素。
2. 试结合中国吉利并购沃尔沃的案例，分析跨国购并这种市场进入模式的利弊得失及应注意的问题。
3. 试结合中国企业跨国战略联盟的实践，分析战略联盟模式的利弊、理论依据及联盟中的风险防范等问题。
4. 托宾的 q 理论是什么？试举一例来说明托宾 q 理论的应用。

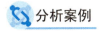 分析案例

同仁堂的跨国经营战略

同仁堂是我国中药行业的老字号，创始至今已有300多年历史。1992年7月，经北京市政府批准，以北京市药材公司所属18家工、商、科研单位为基础，组建了中国北京同仁堂集团公司（以下简称同仁堂）。1993年，同仁堂被授予自营进出口权。此后，同仁堂一直是全国500家最大的工业企业之一，如今已发展成为国有大型企业，拥有24个剂型800多个品种的生产能力。"同仁堂"作为中国第一个驰名商标享誉海内外，其品牌优势得天独厚。目前，同仁堂商标已在《马德里协定》和《巴黎公约》注册，受到国际组织的保护。这为同仁堂向国际化发展、向跨国公司迈进，创造了极为有利的条件。

20世纪末，同仁堂就制定了"站稳亚洲，开辟大洋洲，进入美洲，开发欧洲，让同仁堂产品走向全世界"的战略方针，为同仁堂与国际市场迅速接轨奠定了基础。同仁堂的跨国经营之路大致分为三步。

第一步，以品牌和技术优势开拓国际市场。自1993年起，同仁堂相继在香港设立了北京同仁堂御膳（香港）有限公司并开设了4家分店；在马来西亚、澳大利亚、英国开办了分公司。

这些合资公司有以下特点：①均以"同仁堂"品牌名作为无形资产的形式入股，在合资公司投资总额中占一定份额；②"同仁堂"品牌的无形资产蕴涵在企业经营的各个方面，最突出的表现就是技术的精湛与独到之处；③名医名药综合，合资公司有条件开设药店，选派北京名老中医作为坐堂医生，为当地病人诊病，介绍并销售同仁堂产品，使当地居民对"同仁堂"老字号有了深刻的认识；④各合资公司经营的产品都是以贸易的方式从总公司进口的产品，扩大了总公司的出口。

通过这些合资公司的开办，同仁堂在20世纪90年代逐步摸索出一条以"品牌、技术"投资为主、部分资金投资为辅、具有行业特点、品牌优势的对外投资之路，为日后在海外开办控股公司、相对控股公司奠定了基础。

第二步，直接向海外投资，设立控股或相对控股公司。1999年，在美国成立了北京同仁堂（美国）有限公司，同仁堂控股70%，由同仁堂派人出任合资公司董事长和总经理，进行直接经营。这样，市场需要什么剂型、什么品种、什么样的包装，同仁堂心明眼亮，迅速开展了产品的通关和销售网络的建设。现已有4个产品完成了美国FDA的通关工作，并在美国各大超市开始销售，还有9个品种正在办理之中，为同仁堂产品进一步打入美国市场、辐射加拿大市场奠定了基础。2000年3月，同仁堂又在泰国相对控股成立了北京同仁堂（泰国）有限公司，引起了泰国各界极大的关注。在泰国，相信中医、相信中药、了解同仁堂的人很多，北京同仁堂（泰国）有限公司的开办，为泰国人民寻医问药带来了福音。泰国卫生部以北京同仁堂（泰国）有限公司开办为样板和契机，大力宣传中医中药，使得中医行医合法化，并以法律形式固定了下来。这也为同仁堂进一步开发泰国市场打下了基础。

第三步，抓住机遇，大力发展跨国经营。企业的国际化经营是当代世界经济发展的大趋势，企业积极参与国际市场竞争，充分利用国际资源，制定国际化经营战略，变得越来

越重要。我国加入 WTO 以后，各行各业都面临着机遇和挑战，同仁堂也不例外。生物工程发展异常迅猛，部分西药厂转产中药，其厂房、设备、人员素质、技术力量和管理都比中药企业好，所以发展很快；新型中药企业发展起点高、速度快；各个国家对中药管制日益严格等，这些对同仁堂的发展都是严峻的挑战。但是，机遇与挑战并存，要发展同仁堂就必须发挥同仁堂的优势，坚持特色发展，以绿色药品为切入点，扬长避短，绕开壁垒。同仁堂有充分利用国外资源、占领国外市场的理念，有依靠外部力量把企业经营好、做大、做活和做强的创新精神，有资金条件、技术条件、人才条件和市场条件，这些构成了同仁堂国际化经营的基本条件。

2000 年，同仁堂发起成立了北京同仁堂科技发展股份有限公司，该公司以全新的运行机制、现代化的科研机构、先进的生产设备和面向国际的营销策略，充分发挥同仁堂绿色药品的优势，努力开发符合国际技术标准的高科技含量、高文化附加值、高市场占有率的新型优质中药产品。同仁堂突破了传统发展模式，拟在一些国家或地区办特许经营连锁店、建立中药分装加工厂、设立办事处等，大力进军国际市场。同时，同仁堂将与德国一家著名医药公司合作，共同开发生物工程药品，力争填补国内空白，实现从传统型企业向高科技知识型企业的飞跃。此外，同仁堂还将在海外合作建立集生产、科研和销售于一体的生产、科研基地，为同仁堂以高科技含量、高附加值产品开发海外市场奠定基础。同仁堂将在未来 5 年内，分别再在日本、韩国、新加坡、印度尼西亚、加拿大、德国、秘鲁等国开办合资公司，为真正实现同仁堂跨国经营而努力。

资料来源：鲁桐，2003. 中国企业跨国经营战略 [M]. 北京：经济管理出版社.

问题

1. 同仁堂跨国经营的三个阶段各有什么特色？
2. 分析同仁堂在不同的国家可能会碰到的问题。
3. 同仁堂的竞争优势是什么？这种竞争优势的持久性如何？
4. 你对同仁堂未来的跨国经营有什么建议？

第6章 跨国公司竞争战略管理

本章教学要点

掌握三种基本竞争战略的概念及其相互关系；
了解成本领先战略、差异化战略和集中战略的驱动因素；
了解三种基本竞争战略各自的竞争地位和实施方法；
了解三种基本竞争战略各自的竞争优势、应用条件和风险；
理解"战略钟"的分析方法并能用于企业竞争战略实践问题分析。

知识架构

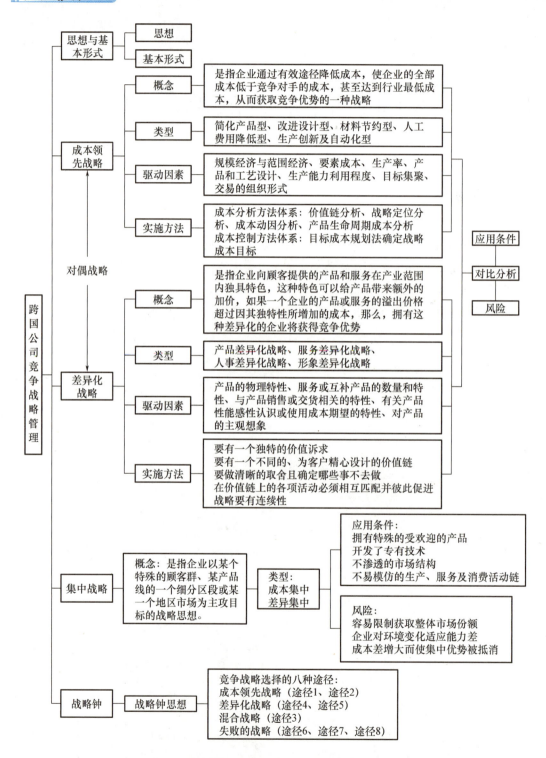

6.1 竞争战略思想与基本形式

6.1.1 竞争战略思想

1. 竞争战略的概念

竞争战略的概念,是迈克尔·波特(Michael Porter)于 1980 年在其出版的《竞争战略》一书中提出的。他在这本书中将竞争战略定义为:竞争战略是指企业在同一使用价值的竞争上采取进攻性或防守性行动,在产业中建立起进退有据的地位,成功地应对五种竞争作用力,从而为公司赢得超常的投资收益。为了达到这一目的,各个公司可采用的方法是不同的,对每个公司来说,其最佳战略是最终能反映公司所处的内外部环境的独特产物。但是,从最广泛的意义上,波特归纳了三种具有内部一致性的基本竞争战略,即成本领先战略(Cost Leadership Strategy)、差异化战略(Differentiation Strategy)和集中战略(Focus Strategy),它们是企业获得竞争优势的基本途径和手段。

> **小知识 迈克尔·波特(Michael Porter)**
>
> 迈克尔·波特(Michael Porter),哈佛商学院教授,1979 年麦肯锡基金会"哈佛商业评论最佳文章"奖获得者,《华尔街日报》客座专栏作家。他毕业于普林斯顿大学,后获哈佛大学商学院企业经济学博士学位。他拥有瑞典、荷兰、法国等国大学的 8 个名誉博士学位。2000 年 12 月,迈克尔·波特获得哈佛大学最高荣誉"大学教授"资格,成为哈佛大学商学院第四位得到这份"镇校之宝"殊荣的教授。
>
> 作为最受推崇的商学大师之一,波特教授撰写过 17 部书及 100 多篇文章。他提出的"竞争五力模型""三种竞争战略"在全球范围被广为接受和实践,其竞争战略思想是哈佛商学院学生必修科目之一。波特教授的著作中,《竞争战略》一书已经再版了 53 次,并被译为 17 种文字;另一本著作《竞争优势》,至今也再版 32 次。
>
> 波特教授不仅担任杜邦、宝洁、壳牌、瑞士信贷、波士顿第一银行、英特尔、爱德华·琼斯、Navistar 等著名跨国公司的顾问,也在政府和国际组织的政策制定中扮演着重要角色。

2. 竞争战略的主要观点

(1) 企业在产业中的竞争位置。

竞争位置决定企业的获利能力是高出还是低于产业的平均水平。即使在产业结构不佳、平均获利水平差的产业中,竞争位置较好的企业,仍能获得较高的投资回报。

每个企业都会有许多优点或缺点,任何优点或缺点都会对相对成本优势和相对差异化产生作用。成本优势和差异化是企业比竞争对手更擅长应对五种竞争力的结果。将这两种基本的竞争优势与企业相应的活动相结合,可以推导出能让企业获得较好竞争位置的三种一般性战略：总成本领先战略、差异化战略及专一化战略。

（2）三种竞争战略。

① 总成本领先战略要求企业建立起高效、规模化的生产设施，全力以赴地降低成本，严格控制成本、管理费用及研发、服务、推销、广告等方面的成本费用。为了达到这些目标，企业需要在管理方面对成本给予高度的重视，确保总成本低于竞争对手。

② 差异化战略，是将企业提供的产品或服务差异化，树立起在全产业范围中具有独特性的东西。实现差异化战略可以有许多方式，如设计名牌形象，保持技术、性能特点，顾客服务，商业网络及其他方面的独特性等。最理想的状态是企业在多方面都具有差异化的特点。但这一战略与提高市场份额的目标不可兼顾，在建立企业差异化战略的活动中总是伴随着很高的成本代价，有时即便全产业范围的顾客都了解企业的独特优点，也并不是所有顾客都愿意或有能力支付企业要求的高价格。

③ 专一化战略又称为集中战略，是主攻某个特殊的顾客群、某产品线的一个细分区段或某一地区市场。低成本与差异化战略都要在全产业范围内实现其目标。专一化战略的前提思想是：企业业务的专一化能够以较高的效率、更好的效果为某一细分的战略对象服务，从而超过在较广阔范围内竞争的对手。企业或者通过满足特殊对象的需要而实现了差异化，或者在为这一对象服务时实现了低成本，或者二者兼得。这样的企业可以使其盈利的潜力超过产业的平均水平。

6.1.2 竞争战略基本形式

三种基本竞争战略之间的关系可由图 6-1 表示。

		竞争优势	
		被顾客察觉的独特性	低成本优势
战略目标	全产业范围	差异化战略	总成本领先战略
	特定细分市场	集中战略 专业型的差异化	集中战备 只以成本为竞争焦点

图 6-1　三种基本竞争战略

资料来源：波特，1997. 竞争战略 [M]. 陈小悦，译. 北京：华夏出版社.

从图 6-1 可见，在三种基本竞争战略中，总成本领先战略和差异化战略是竞争战略的基础，它们是一对"对偶"战略，而集中战略不过是将这两种战略运用在一个特定的细分市场而已。

6.2　成本领先战略

6.2.1　成本领先战略的基本思想

1. 成本领先战略的概念

成本领先战略（Cost leadership Strategy），又称低成本战略，是指企业通过有效途径降低成本，使企业的全部成本低于竞争对手的成本，甚至达到行业最低成本，从而获取竞争优势的一种战略。

成本领先战略的理论基础是经验曲线理论。经验曲线由美国波士顿咨询公司于20世纪六七十年代发现并用于企业战略分析。经验曲线理论的基本概念是：当总产量增加时，标准产品的制造成本会以某一个固定、可以预计的方式下降。由此可得出结论：在存在经验曲线效应的情况下，产出规模大的企业制造成本会低于产出规模小的企业，因而形成成本优势。20世纪70年代，由于经验曲线的流行，总成本领先战略也日益得到普遍的应用。

按照波特的思想，成本领先战略应该体现为产品相对于竞争对手而言的低价格。但是，成本领先战略并不意味着仅仅获得短期成本优势或仅仅是削减成本，它是一个"可持续成本领先"的概念，即企业通过其低成本地位来获得持久的竞争优势。也就是说，成本领先战略要求一个企业就是成本领先者，而不只是争夺这个位置的若干企业中的一员。当渴望成为成本领先者的企业不止一家时，他们之间的竞争通常很激烈，每个百分点的市场占有率都被认为是至关重要的。所以，除非重大的技术变革使一个企业得以彻底改变其成本地位，否则成本领先战略就是特别依赖于先发制人策略的一种战略。成本领先战略的成功，取决于企业日复一日地实施该战略的技能。它是艰苦工作和持之以恒重视成本工作的结果。要改善相对成本地位，与其说需要在战略上做出重大转变，不如说需要管理人员更多的重视。

2. 成本领先战略的主要思想

（1）保持竞争优势思想是成本领先战略的动因。

从竞争的角度看，无论企业采取何种战略，成本问题始终是企业战略制定、选择和实施过程中需要考虑的重点问题。如何为企业赢得成本优势和竞争优势，是企业战略管理的重要内容，也是成本领先战略的动因。

（2）节约思想是成本领先战略的动力。

节约可以以相同的资源创造更大的价值，可以使有限的资源延长使用时间。在市场经济条件下，节约不仅是卖方所追求的，也是买方乐意接受的。作为买方所期望的是同等质量下价格最低。正是买卖双方的共同追求，形成了成本领先战略的原动力。

（3）全员参与思想是成本领先战略的基础。

在影响成本的诸因素中，人的因素占主导地位，人的素质、技能、成本意识及降低成本的主动性都对成本产生重要影响。在企业的经济活动中，每一个人都与成本有关。因此，降低成本必须全员参与，树立起全员的成本意识，调动全员在工作中时刻注意节约成本的主动性，这是成本领先战略的基础。

（4）全过程控制思想是成本领先战略的保障。

成本产生于企业经营活动的各个环节，从产品设计、材料采购、产品制造到产品销售及售后服务的全过程中，时刻都有成本发生。因此，控制成本不是控制哪一个环节的成本，尤其不能误解为只控制制造成本，必须全过程控制，从而达到综合成本最低的目标。只有综合成本最低，才能保障成本领先战略的实施。

3. 采用成本领先战略常见的错误

许多企业缺少从战略的角度充分理解它们的成本行为，不能利用改善其相对成本地位的机会。企业的估价和按照成本地位采取行动时会犯的一些最常见的错误包括以下几个方面。

（1）集中于生产活动的成本别无他顾。

提起"成本"，大多数管理人员都会自然而然地想到生产。然而，总成本中即使不是绝大部分，也有相当大一部分产生于市场营销、推销、服务、技术开发和基础设施等活动，而它们在成本分析中却很少受到重视。审查一下整个价值链，常常会得出能大幅度降低成本的相对简单的步骤。

（2）忽视采购。

许多企业在降低劳动力成本上斤斤计较，而对外购投入却全然不顾。它们往往把采购看成一种次要的辅助职能，在管理方面几乎不予重视；采购部门的分析往往过于集中在关键原材料的买价上。企业常常让那些对控制成本既不专业又无积极性的人做采购工作；外购投入和其他价值活动的成本之间的联系不为人们所认识。对于许多企业来说，采购方法稍加改变便会产生成本上的重大效益。

（3）忽视间接的或规模小的活动。

企业降低成本的规划通常集中在规模大的成本活动和（或）直接的活动上，如元器件制作和装配等，占总成本较小部分的活动难以得到足够的审查。间接活动如维修和常规性费用常常不被人们重视。

（4）对成本驱动因素的错误认识。

企业常常错误地判断它们的成本驱动因素。例如，全国市场占有率最大的且成本最低的企业，可能会错误地认为是全国市场占有率推动了成本。然而，实际上成本领先地位可能来自企业所经营地区中较大地区的市场占有率。企业不能理解其成本优势来源，可能试图以提高全国市场占有率来降低成本。结果可能是，企业因削弱地区上的集中程度而破坏了自己的成本地位，也可能将其防御战略集中在全国性的竞争厂商上，而忽视了由强大的地区竞争厂商所造成的更大的威胁。

（5）无法利用联系。

企业很少能认识到影响成本的所有联系，尤其是和供应厂商的联系，以及与各种活动之间的联系，如质量保证、检查和服务等。利用联系的能力是许多日本企业成功的基础。松下电器公司和佳能公司的成功就是充分认识和利用了这种联系。无法认识联系会导致犯以下错误，如要求每个部门都以同样的比例降低成本，而忽视了有些部门提高成本可能会降低总成本的客观事实。

（6）成本降低中的相互矛盾。

企业常常企图以相互矛盾的方式来降低成本，如试图增加市场占有率，从规模经济中获益，而又通过型号多样化来抵消规模经济。它们将工厂设在靠近客户的地方以节省运输费用，但在新产品开发中又强调减轻重量。成本驱动因素有时是背道而驰的，企业必须认真对待它们之间的取舍问题。

（7）无意之中的交叉补贴。

当企业不能认识到存在成本表现各有不同的部分市场时，就常常在不知不觉中被卷入交叉补贴之中。传统的会计制度很少分别计量产品、客户、销售渠道或地理区域之间所有的成本差异。因此，企业可能对一大类产品中的某些产品或对某些客户定价过高，而对其他的产品或客户却给予价格补贴。例如，白葡萄酒由于变陈的要求低，因此所需要的桶比红葡萄酒的便宜。如果酿酒厂商根据平均成本对红、白葡萄酒制定同等的价格，那么成本低的白葡萄酒的价格就补贴了红葡萄酒的价格了。无意之中的交叉补贴，会使那些懂得成本并利用成本来削价抢生意以改善自身市场地位的竞争厂商有机可乘。交叉补贴也把企业暴露在了那些只在定价过高的部分市场上集中一点的竞争厂商面前。

（8）增值的考虑。

企业为降低成本所做的努力常常是在现有的价值链争取增值改善，而不是寻求重新配置价值链的途径。增值改善可能会达到收益递减点，而重新配置价值链却能通往一个全新的成本阶段。

（9）损害别具一格的形象。

企业在降低成本的同时如果抹杀了产品别具一格的特征，那么就可能损害其形象。此外，成本领先的企业，只要在控制成本的基础上下功夫使产品别具一格，也会提高效益。

6.2.2 成本领先战略的类型与驱动因素

1. 成本领先战略的主要类型

根据企业获取成本优势的方法不同，成本领先战略可概括为以下五种类型。

（1）简化产品型成本领先战略，即使产品简单化，将产品或服务中添加的花样全部取消。

（2）改进设计型成本领先战略。

（3）材料节约型成本领先战略。

（4）人工费用降低型成本领先战略。

（5）生产创新及自动化型成本领先战略。

2. 成本领先战略的驱动因素

（1）规模经济与范围经济。

规模经济是指在一定时期内企业所生产的产品或劳务的绝对量增加时，其单位成本趋于下降。如果随着企业经济活动的多样化，如产品品种的多样化，企业能够降低成本，则存在着范围经济。一般用平均成本函数来定义规模经济，而用相对总成本来定义范围经济。相对总成本即公司作为整体时生产多种产品的总成本与分离成两个或多个公司时其总成本的相对数。

（2）要素成本。

与各种投入相关的包括资金、劳动力、原材料和零部件等在内的生产要素，是企业成本的直接来源。

（3）生产率。

生产率即单位要素的产出，它与单位产出的成本互为倒数，生产率与成本效率密切相关，学习或经验对生产率的提高有着重要的作用。

（4）产品和工艺设计。

企业价值工程研究的一个重要内容是寻找物美价廉的替代品，这说明了改进产品设计对提高成本效率的作用。同时，工艺设计的改进对提高成本效率的作用是显而易见的，因为其本身就是以降低生产成本为目的的。

（5）生产能力利用程度。

生产能力利用程度决定了分摊在单位产品上的固定成本有多少。

（6）目标集聚。

当企业在产品（服务）的品种、顾客对象、市场范围等业务领域实施目标集聚战略时，可以从生产要素、生产率（学习或经验）等角度降低成本。

（7）交易的组织形式。

这一要素涉及许多方面。例如，在不同的情况下，采取内部化生产还是靠市场获取，成本会有很大的不同；又如，在经济全球化进程中，物流的组织方式与效率对成本的影响也是不可忽视的。

企业应根据自身的资源和能力状况选择获得成本效率的最佳途径。例如，大企业可以利用规模经济来获得成本效率，小企业则可以运用学习（经验）曲线或重点积聚来降低成本；在产品生命周期的导入期和成长期，产品设计可能是获得成本效率的主要途径，而到了成熟期和衰退期，要素成本、生产能力利用程度、工艺创新等又成为主要的成本要素；对于资金密集型企业来说，其固定成本投入占成本比重大，因而利用规模经济降低成本的作用显著。而对于劳动密集型企业来说，要素成本特别是劳动力成本是影响成本的主要因素，充分利用学习（经验）曲线也是降低成本的主要途径。

案例6-1　实施成本领先战略的企业

成本优势的来源因产业结构的不同而不同。它们包括追求规模经济、专利技术、原材料的优惠待遇和其他因素。例如，在电视机行业，取得成本上的领先地位需要有足够规模的显像管生产设施、低成本的设计、自动化组装和有利于分摊研制费用的全球性销售规模。在安全保卫服务业，成本优势要求极低的管理费用、源源不断的廉价劳动力和因人员流动性大而需要的高效率培训程序等。追求低成本的生产厂商地位不仅需要向下移动学习曲线，而且必须寻找和探索成本优势的一切来源。

如果一个企业能够取得并保持全面的成本领先地位，那么它只要能使价格相等或接近于该产业的平均价格水平，就可以成为所在产业中高于平均水平的超群之辈。当成本领先的企业的产品价格相当于或低于其竞争厂商时，它的低成本地位就会转化为高收益。然而，一个在成本上占领先地位的企业不能忽视产品的独特性，一旦成本领先的企业要进一步削减产品价格,使之大大低于竞争厂商的水平以增加销售额,这就可能抵消它有利的成本地位所带来的好处。得克萨斯仪器(Texas Instruments,手表工业)公司和西北航空(Northwest Airlines,航空运输业)公司就是两家陷于这种困境的低成本厂商。前者因无法在产品独特性上实现突破而退出了手表行业,后者则因及时发现了问题,并着手努力改进营销工作、乘客服务和为旅行社提供的服务,而使其产品进一步与其竞争对手的产品并驾齐驱。

因此,尽管一个成本领先的企业是依赖其成本上的领先地位取得竞争优势的,但它要成为经济效益高于平均水平的超群者,则必须与其竞争厂商相比,在产品别具一格的基础上取得价值相等或价值近似的有利地位。产品别具一格基础上的价值相等,使成本领先的企业得以将其成本优势直接转化为高于竞争厂商的利润;产品别具一格基础上的价值,意味着为取得令人满意的市场占有率,所必需的降低幅度还不至于冲销成本领先企业的成本优势,因此,成本领先企业才能赚取高于平均水平的收益。

资料来源:http://wiki.pinggu.org/index.php? doc-innerlink-%E6%88%90%E6%9C%AC%E9%A2%86%E5%85%88%E6%88%98%E7%95%A5,2023-06-08。

6.2.3 成本领先战略的目标和实施

1. 成本领先战略的目标

成本领先战略在不同的企业和同一企业的不同发展阶段,所追求和所能达到的目标是不同的、多层次的。企业应当根据自身的具体情况,整体筹划,循序渐进,最终实现最高目标。

(1)成本领先战略的最低要求是降低成本。

以最低的成本实现特定的经济目标是每个企业都追求的,当影响利润变化的其他因素不变时,降低成本始终是第一位的。但成本又是经济活动的制约因素,降低成本意味着对企业中的每个人都有成本约束,而摆脱或减轻约束是人的本性所在。因此,实施成本控制、加强成本管理,在企业中是一个永恒的话题。在既定的经济规模、技术条件和质量标准条件下,不断地挖掘内部潜力,通过降低消耗、提高劳动生产率、合理的组织管理等措施降低成本,是成本领先战略的基本前提和最低要求。

(2)成本领先战略的高级形式是改变成本发生的基础条件。

成本发生的基础条件是企业可利用经济资源的性质及其相互之间的联系方式,具体包括劳动资料的技术性能、劳动对象的质量标准、劳动者的素质和技能、企业的管理制度和企业文化、企业外部协作关系等方面。在特定的条件下,生产单位产品的劳动消耗和物料消耗有一个最低标准,当实际消耗等于或接近这个标准时,再要降低成本就只有改变成本发生的基础条件。如企业可通过采用新设备、新工艺、新设计、新材料等,使影响成本的结构性因素得到改善,为成本的进一步降低提供新的平台,使成本在新的平台上进一步降低,这是降低成本的高级形式。这一点在一些对安全和质量要求高的产品上,显得尤为重要和困难。例如,航空产品的制造和维修,降低成本的困难在于承担技术革新的风险。

(3)成本领先战略的最低目标是增加企业利润。

在其他条件不变时,降低成本可以增加利润,这是降低成本的直接目的。在经济资源相对短缺时，降低单位产品消耗，以相同的资源可以生产更多的产品、实现更多的经济目标，从而使企业获得更多的利润。但成本的变动往往与各方面的因素相关联，如果成本降低导致质量下降、价格降低、销量减少，则反而会减少企业的利润。因而成本管理不能仅仅着眼于成本本身，要利用成本、质量、价格、销量等因素之间的相互关系，以合适的成本来维系质量、维持或提高价格、扩大市场份额等，使企业能够最大程度地获得利润。同时成本还具有代偿性特征，在不同的成本要素之间，一种成本的降低可能导致另一种成本的增加；在成本与收入之间，降低成本可能导致收入下降，通过高成本维持高质量可提高收入，也有可能获得高利润。

（4）成本领先战略的最终目标是使企业保持竞争优势。

企业要在市场竞争中保持优势，在采取的战略措施和战略组合中，成本领先战略是其中的重要组成部分，其余各项战略措施通常都需要成本管理予以配合。战略的选择与实施是企业的根本利益所在，降低成本必须以不损害企业基本战略的选择和实施为前提，并要有利于企业管理措施的实施。成本管理要围绕企业为取得和保持竞争优势所选择的战略而进行，要适应企业实施各种战略对成本及成本管理的需要，在企业战略许可的范围内，在实施企业战略的过程中引导企业走向成本最低化，这是成本领先战略的最终目标，也是成本领先战略的最高境界。

2. 成本领先战略的实施方法

实施成本领先战略必须有一套实用的方法体系，而这些方法体系本身也是成本领先战略的重要组成部分。因此，构建一套科学、完整的方法体系，既是实施成本领先战略的手段，也是成本领先战略的重要内容。实施成本领先战略的方法和措施多种多样，总体上可归结为分析和控制两大类。

（1）成本分析方法体系。

成本分析的目的在于揭示企业成本的优势和劣势，从而为确定目标成本和实施成本控制提供科学依据。实施成本领先战略，从企业自身考虑，价值链分析、战略定位分析和成本动因分析是最基本的方法。从企业和顾客两方面考虑，还应进行产品生命周期成本分析。

① 价值链分析。价值链反映出企业经营活动的历史、重点、战略、实施战略的方法，以及未来的发展趋势。企业反映在价值链上所创造的价值，如果超过成本便盈利，如果低于竞争对手的成本便有竞争优势。因此，价值链分析成为成本领先战略的基本出发点。实施成本领先战略就要了解企业在行业中所处的位置，了解自身的劣势和竞争对手的优势。通过行业价值链分析可以明确企业在行业价值链中的位置，分析自身与供应商及顾客价值链的关系，充分利用供应商及顾客的价值链活动，促进成本降低，调整企业在行业价值链中的位置与范围，把握成本优势。通过企业内部价值链分析可以找出最基本的价值链，然后将其分解为单独的作业，考虑该作业所占成本的比重，以揭示出哪些是增值作业，哪些是非增值作业，探索提高增值作业的效率，达到降低成本的目的。通过竞争对手价值链分析可以了解竞争对手的产品成本水平、成本构成、与成本项目支出情况、本企业产品成本进行对比，找出差距，采取措施，以达到或低于竞争对手的产品成本，并据此确定自己的产品定价策略，把握竞争主动权。

② 战略定位分析。企业战略同其竞争环境相协调是企业战略管理的基本原则。一个行业的竞争环境是决定企业战略的重要因素，企业的战略必须同行业中各竞争要素及其组合相匹配，如价格、产品质量、性能、特色和服务等。如果竞争环境发生了变化，企业应该做出积极的反应，采取恰当的战略行动，捍卫其竞争地位。从战略成本管理的角度看，战略定位分析就是要求通过战略环境分析，确定应采取的战略，从而明确成本管理的方向，建立起与企业战略相适应的成本管理战略，在确定了企业的战略定位后，实际上也就确定了企业的资源配置方式及相应的管理运行机制。因此，只有通过战略定位分析，将成本管理同具体的战略相结合，才能体现出战略成本管理应有的管理效果。

③ 成本动因分析。在经过价值链分析和战略定位分析后，还需要通过成本动因分析进一步明确成本管理的重点。所谓成本动因，是指引起产品成本发生变动的原因，即成本的诱致因素。通过成本动因分析，首先，要尽可能地把成本动因与特定价值作业之间的关系量化，并识别成本动因之间的相互作用，从而对成本动因进行战略上的权衡与控制；其次，要从战略上分析、查找、控制一切可能引起成本变动的因素，从战略上考虑成本管理，以控制日常生产经营中大量潜在的问题。

④ 产品生命周期成本分析。对产品生命周期成本的全面计量和分析，有助于企业更好地计算产品的全部成本，做好产品的总体成本效益预测；有助于企业根据产品生命周期成本各阶段的分布状况，来确定进行成本控制的主要阶段；有助于扩大对成本的理解范围，从而在产品设计阶段考虑顾客使用成本与产品报废成本，以便有效地管理这些成本。

(2) 成本控制方法体系。

战略成本控制的目的在于确定战略成本目标，并采取一系列的日常成本控制方法实现目标。企业通常采用目标成本规划法来确定战略成本目标。

所谓目标成本规划法，就是通过市场研究，预测市场需求量及可能的价格，了解竞争者的产品功能和价格，根据企业中长期目标利润计划，确定由市场驱动的目标成本。目标成本规划法的核心工作是制定目标成本。产品的目标成本确定后，可与企业目前相关产品成本相比较，确定成本差距，逐步明确实现成本降低目标的具体途径，最后运用质量功能分解、价值工程、工程再造等方法来寻求满足需求的产品与工序设计方案。

案例6-2 格兰仕的总成本领先战略

1. 企业及其竞争战略简介

格兰仕前身为桂州羽绒制品厂。1991年，格兰仕看到微波炉市场将是一个潜力巨大、增长速度快的大市场，于是决定战略转移，进入微波炉市场。格兰仕之所以能够在微波炉领域成功，是因为它从一开始就注重培养和提升自身的竞争力，选择了适合自己的总成本领先发展战略，并为之努力奋斗。

产品成本在竞争中有决定性的意义。成本越低，说明企业在生产和销售中消耗的物化劳动和活劳动越少，在产品价格相对稳定的情况下，企业获得的利润就越大，或者说在消耗同样多的社会必要劳动的情况下，企业可以生产出更多的产品。成本越低，单位产品的价格也有可能越低，就越能提高产品的竞争力。成本竞争实际上是企业生产技术水平和经营管理水平的竞争。

成本领先要真正转化为竞争优势的一个基本前提，是在差异化方面创造的价值必须与竞争厂商相等或相近。如果成本领先，也采用低价策略，但产品质量低于竞争者，顾客在质量上损失的价值不能从低价中得到弥补，那么仍然无法形成竞争优势。对于任何一家企业来说，如果仅仅有生产规模的扩大，而销售费用、采购成本、管理费用及研发成本居高不下，仍然会陷入困境。对此，格兰仕有清醒的认识，格兰仕的规模经济不是仅仅局限于生产规模，而是基于质量的全方位的实践。

2. 成本领先战略的实施举措

（1）产品细分化。

从微波炉产品生命周期来看，现在单一品种、单一款式、单一功能则已很难在市场上立足，市场已经开始进入产品细分阶段。于是格兰仕针对不同消费层面的消费需求开发适销对路的新产品。

公司开发具有个性化特征鲜明，工艺款式独特的产品，不但受到消费者欢迎，而且带动了整个微波炉市场需求层次的升级。格兰仕在产品开发上的策略是消除品种系列空白，对竞争对手实行全方位包围，实行品牌的高低档双向延伸。在2001年7月底召开的格兰仕电器全球新品推广会上，就有100多款新技术新产品推出。

（2）低成本促销。

为降低促销费用，格兰仕动了大脑筋，在媒体上发布软性广告来提升自己的形象，保持一种亲和力。格兰仕善于制造新闻，使自己的知名度在短期内迅速提高。相对于那些不惜血本大做广告的企业来说，格兰仕的策略可谓成本极低，另辟蹊径，谨慎明智。

（3）国际采购。

格兰仕非常重视企业间尤其是国际的分工与合作。有些辅件如果自己生产，成本更高，格兰仕就从国内采购；有些关键部件，为确保质量降低相应成本，就采取不自己生产而依赖进口或合作生产。格兰仕通过与相关企业建立采购上长期的合作关系，既降低了相互间的交易成本，又形成了整合经济。

（4）多层次管理。

为降低内部的交易成本，提高劳动效率，格兰仕采取增强与其他企业的合作、引入竞争机制、塑造企业文化、减少管理层次等措施。平均来说，其工人的劳动生产率要比同类企业高50%以上，而其管理费用却只有同类企业的一半左右。格兰仕通过严格的内部管理措施，即使企业规模相同，也能使其产品成本比同类企业低5%～10%。

格兰仕实行的总成本领先战略，基于规模经济不断调整价格的创举，堪称把管理会计中的量本利分析、微观经济学与市场营销学结合的典范，连海尔的张瑞敏都惊呼"预想不到"。但有不少人对格兰仕规模大、成本低的做法总持半信半疑的态度。因为，对于任何一家大企业来说，如果仅仅生产规模在不断扩大，销售量却未能同时跟上的话，企业同样也会陷入困境。而对于微波炉这种处于成长期的产品来说，由于有市场容量的不断扩大做基础，所以人们的担心也似乎就多余了。

目前，格兰仕已经把微波炉行业做精、做透、做强了，格兰仕的微波炉技术工艺已达到世界先进水平。中、高、低三个档次它都是第一，不但做得好，而且价格便宜。他们从低档开始，到中档，再到高档，都使对手不断削减利润空间，从而将整个优势全部体现出来，进行一种实力较量。在专业化领域中做大、做强、做透，一定要靠规模化的支撑。技术投资要在规模的基础上做出比较优势，规模决定了企业的成本分摊。

3. 案例分析

格兰仕集团总成本领先贯彻始终，不断扩大规模、降低平均成本、实现规模经济。格兰仕集团从1993年产销1万台微波炉开始，以惊人的发展速度迅速达到了规模经济水平，到2000年产销1200万台，将主要竞争对手远远甩在后面。

就总成本领先战略来说，格兰仕具备较高的相对市场份额或其他竞争优势，如与原材料供应商的良好关系、建立高效的生产设施等，是赢得总成本最低的有利地位的基本要求。尽管存在着强大的竞争对手，一旦赢得了总成本领先地位，为了维护成本上的领先地位，所获得的较高的边际利润又可以重新对新设备进行投资，这样就形成一个良性的发展循环。

拓展视频

所以，规模的迅速扩大、生产成本的降低，为发动价格战提供了有力的保证。而价格战所引发的市场占有率的扩大，又进一步促使格兰仕扩大生产规模，最终使格兰仕坐上了全球微波炉市场的头把交椅。

资料来源：https：//wiki.mbalib.com/wiki/％E6％80％BB％E6％88％90％E6％9C％AC％E9％A2％86％E5％85％88，2023-06-08．

6.3　差异化战略

6.3.1　差异化战略的基本思想

1. 差异化战略的概念

差异化战略又称别具一格战略，是指企业向顾客提供的产品和服务在产业范围内独具特色，这种特色可以给产品带来额外加价。如果一个企业的产品或服务的溢出价格超过因其独特性所增加的成本，那么，拥有这种差异化的企业将获得竞争优势。

差异化战略的重点是创造被全行业和顾客都视为独特的产品和服务。差异化战略的方法多种多样，如产品差异化、服务差异化和形象差异化等。实现差异化战略，可以培养用户对品牌的忠诚。因此，差异化战略是使企业获得高于同行业平均利润水平的一种有效的竞争战略。

2. 差异化战略的主要思想

（1）实现差异化战略的主要方式。

实现差异化战略可以有许多方式，设计或品牌形象（如Mercedes Benz在汽车业中）、技术特点（如Coleman在野营设备业中）、外观特点（如Jenn-Air在电器领域中）、客户服务（如Crown Cork and Seal在金属罐产业中）、经销网络（如Caterpillar Tractor在建筑设备业中）及其他方面的独特性。最理想的情况是公司使自己在几个方面都差异化。例如，卡特彼勒公司（Caterpillar Tractor）不仅以其经销网络和优良的零配件供应服务著称，而且以其优质耐用的产品享有盛誉，所有这些对于大型设备都至关重要，因为大型设备使用时发生故障的代价是昂贵的。应当强调，差异化战略并不意味着公司可以忽略成本，但此时，成本不是公司的首要战略目标。

（2）差异化战略对付竞争力的路径。

如果差异化战略成功地实施了，它就成为在一个行业中赢得高水平收益的积极战略。产品差异化带来较高的收益，可以用来对付供方压力，同时可以缓解买方压力。当客户缺乏选择余地时，其价格敏感性也会降低。最后，采取差异化战略而赢得顾客忠诚的公司，在面对替代品威胁时，其所处地位比其他竞争对手也更为有利。

（3）差异化战略实施中的矛盾。

实现产品差异化有时会与争取占领更大的市场份额相矛盾。它往往要求公司对这一战略的排他性有思想准备，即这一战略与提高市场份额两者不可兼顾。比较常见的情况是如果建立差异化的活动总是成本高昂，如广泛的研究、产品设计、高质量的材料或周密的顾客服务等，那么实现产品差异化将意味着以成本地位为代价。然而，即便全产业范围内的顾客都了解公司的独特优点，也并不是所有顾客都愿意或有能力支付公司所要求的较高价格。当然，在如挖土机械设备这类行业中，愿出高价的客户占了多数，因此卡特彼勒公司的产品尽管标价很高，却仍有着占统治地位的市场份额。而在其他产业，差异化战略与相对较低的成本和与其他竞争对手相当的价格之间才可以不发生矛盾。

6.3.2 差异化战略的类型与驱动因素

1. 差异化战略的主要类型

（1）产品差异化及其类型。

一种商品可以用一组特性来描述：质量、区位、时间、适用性及质量的信息等。每个消费者对这些特性都有一种排序。根据商品的特性和消费者特定偏好之间的关系，可以将产品差异化分为两种类型。

① 纵向差异（Vertical Differentiation）。纵向差异是指所有消费者对所提及的大多数特性组合的看法是一致的，换句话说，偏好次序是一致的。典型的例子是关于商品质量与价格关系的看法，大多数人会同意：在价格相等的条件下，质量越高是越好；一分钱一分货。

② 横向差异（Horizontal Differentiation）。由于人们的偏好不同，对于某些特性，最优选择（给定价格相同）与特定消费者有关。明显的例子是对于颜色的偏好。另一个例子是对于地点。在这些横向差异的情况下，不存在"好"与"坏"的区别。

事实上，产品差异性最终要落实到购买者对产品或服务差异程度的感受上。所以，企业通过广告、商标、销售技术等途径可以提高产品和服务的差异化程度。

（2）差异化战略的类型。

① 产品差异化战略。产品差异化的主要因素有特征、工作性能、一致性、耐用性、可靠性、易修理性、式样和设计等。

② 服务差异化战略。服务的差异化主要包括送货、安装、顾客培训、咨询服务等因素。

③ 人事差异化战略。训练有素的员工应能体现出下面六个特征：胜任、礼貌、可信、可靠、反应敏捷、善于交流。

④ 形象差异化战略。塑造了与其他企业相比有显著差异的企业形象，且获得了消费者认可。

2. 差异化战略的驱动因素

（1）产品的物理特性。

这些特性与产品本身有关，包括产品性能、质量、特色、美感、耐用性、安置和操作的难易度等。

（2）服务或互补产品的数量和特性。

其包括顾客培训或咨询服务等售后服务，与产品成套出售的互补品（如预备部件），产品保修或维修合同，以及修理质量或服务能力等。

（3）与产品销售或交货相关的特性。

其包括交货的速度和及时性，信用和信用优惠，销售者的地理位置及售前技术性建议的质量。

（4）有关产品性能感性认识或使用成本期望的特性。

其包括产品性能的声誉，销售者被察觉到的持久力或财务稳健性（在商业交易中这是很重要的，因为购买者预计就要与销售者达成交易），以及产品的装备基数（即当前使用该产品的顾客数，顾客基数较大，人们预期该产品的使用技术的成本较低）。

（5）对产品的主观想象。

想象是消费者在购买、占有和消费产品时获得心理满足的简单方法，想象受到广告信息、包装、商标及销售者声望等因素的影响。

6.3.3 差异化战略的特征和实施

1. 差异化战略的主要特征

差异化战略的主要特征主要表现在基础研究能力强（产品创新）；有机式的组织结构，各部门之间协调性强；超越思维定式的创造性思维能力和洞察力；市场运作能力强（市场研究能力，促销能力等；基于创新的奖酬制度；公司在产品质量和技术领先方面的声望。

2. 差异化战略的实施

（1）要有一个独特的价值诉求。

价值诉求主要有三个重要的方面：准备服务于什么类型的客户？满足这些客户什么样的需求？会寻求什么样的价格提供给客户？这三点构成了企业的价值诉求。企业的选择要与对手有所不同，必须制定一个战略、采取一种独特的视角、满足一种独特的需求。

（2）要有一个为客户精心设计的价值链。

营销、制造和物流都必须和对手不同，这样才能有特色，否则只能在运营效率上进行竞争。

（3）要清晰地确定哪些事情不去做。

制定战略时就要考虑取舍问题，这样可以使竞争对手很难模仿你的战略。取舍非常重要，要有所为而有所不为，企业常犯的一个错误就是他们想做的事情太多，而不愿意舍弃。如果企业有取舍，就算对手学了、模仿了也只会伤害自身，这就迫使对手作出取舍：

或者彻底放弃自己已有的核心优势，或者放弃模仿，或者至少不会有效地模仿你。

（4）价值链上各项活动要相互匹配并彼此促进。

西南航空的低成本模式、戴尔的直销和大规模定制模式为什么难以模仿？因为他们的优势不是某一项活动，而是整个价值链一起作用。竞争对手要想模仿，不能只模仿一件事情，而是要把整个战略都模仿过去才能有效。

（5）战略要有连续性。

任何一个战略必须要实施三至四年，否则就不算是战略，如果每年都对战略进行改变的话，就等于没有战略。当然也不意味着企业要永远一成不变，而是要不断地寻找先进的做法，并且要寻找更好的方式来实施战略。如果有了新的技术，那么就要问，如何利用新技术才能使企业战略变得更有效？如果你有一个很清晰的战略，就会使企业发展速度加快。因为有战略，企业就会确定出优先顺序，确定出哪些是重要的，并持续的实施推进。

6.4 成本领先战略与差异化战略的对比

6.4.1 成本领先战略与差异化战略的竞争定位

1. 在产品和营销战略方面

采用成本领先战略的公司，在产品和营销战略上通常以大量生产和易于提供服务的标准化产品为中心。采用差异化战略的公司通常比采用成本领先战略的公司，要求更注意产品线的宽度、广告促销预算的规模、使用的担保及为消费者服务所需的资源数量。

2. 在生产操作方面

寻求成本优势的公司在制造和后勤方面追求规模经济，同时也追求存货管理的效率。而追求差异优势的公司由于希望通过更好的价格获得更多的收益，更愿意放弃这些优势。由于以增加生产能力和存货来对未来预期的需求做出灵活反应的需要，可能会迫使这些公司按不同的方式进行组织，并发生相对于追求成本优势的公司更多的成本。

3. 在工程与设计活动方面

采用成本领先战略的公司会设计合适的产品以增加可制造性，或者使设计的产品能符合多个市场最低的操作标准（如一些跨国公司为多国市场生产标准化产品）。而采用差异化战略的公司则设计符合重要的消费者或消费者细分市场需要的产品，即使这会使产品设计和服务更加困难。

4. 人力资源和组织管理方面

在竞争方式上的差异通常也与人力资源和组织管理方面的差异相联系。在追求成本优势的公司，尤其是在有稳定技术的低增长产业，公司的特点是更加具体和更少自由度的工作，技术水平一般但数量更多的工人，以及更仔细的控制；相反，追求差异优势的公司更可能将决策任务交给更接近顾客的一线雇员，在决策时更多地听取雇员的意见，实行更广泛但较不正式的监督。因为这些公司在考察雇员工作过程或良好行为的结果方面存在困难。

跨国公司在一个具体的业务上经营，必须明确竞争优势的定位。以巧克力产业为例，美国公司如好时（Hershey's）、玛氏（Mars）都是重视少数几类产品，大量生产和大宗营销，并以形式一致的巧克力棒为主力的产品；而瑞士企业像瑞士莲（Lindt）、托杰（Tobler/Jacobs）则通过有限且专业的营销渠道，销售高价位的高级产品。又如，韩国的钢铁和半导体制造业以极低的成本、雇用低工资、高生产率的工人，再加上国外供应商的先进技术，生产出极具竞争力的产品，以对抗外国竞争者。再如，2001—2003年连续三年在世界500强中排行第一位的商业零售业巨头沃尔玛（Wal-Mart），是众所周知的"穷人店"，它以巨大的规模、通畅的信息网络与物流配送系统，在世界范围内成为该行业的成本领先者。进入中国市场后依然一如既往地实施成本领先战略。而洗涤用品行业的宝洁（P&G）在进入中国的市场初期，是将竞争战略定位于差异化战略。

格兰仕是在国际竞争中成功实施成本领先战略的中国企业。在影响成本的诸要素中，中国企业虽然拥有要素成本低廉、生产率高等优势，但普遍缺乏规模经济优势。格兰仕采用ODM（Original Design Manufacturer，原始设计制造商）模式为国外企业加工配套，抓住成本领先战略的关键环节，获得规模经济，成为世界微波炉生产的成本领先者。

表6-1对比了成本领先战略与差异化战略不同功能领域的竞争定位。

表6-1 功能领域的竞争地位

功能领域	竞争定位	
	成本优势	差异优势
产品和营销战略	● 标准化产品 ● 价格低于竞争者，带来较少的价格—成本差额 ● 低成本的产品促销或广告 ● 节约的售后服务或保养	● 价格高于竞争者，带来较高的价格—成本差额 ● 强调通过品牌、广告和产品促销塑造产品形象 ● 广泛的售后服务和保养 ● 广泛的保证
生产操作战略	● 大批量生产的便利设施以便获得规模经济好处 ● 依据增加的需求扩大生产能力以保证充分的利用 ● 严格控制存货水平，依据存货量生产	● 为迎合顾客需要和对不可预测的顾客需求做出灵活反应，愿意牺牲规模 ● 依据预期保证产品的供应和最小化缺货的需要，扩大产能 ● 依据订货而生产产品
工程和设计	● 产品设计强调可制造性	● 产品设计强调增加消费者的收益或降低成本
研究与开发战略	● 研究开发强调过程创新，而不是开发新产品或基础研究	● 研究开发更强调产品创新和基础研究而不是过程创新

续表

功能领域	竞争定位	
	成本优势	差异优势
人力资源——组织和控制战略	● "传统"的管理风格,以正式的程序和严格的等级制为特征 ● 对工人的讨价还价较强硬 ● 强调成本控制的严格的管理体系	● 较不正式的管理风格,更少正式的程序,更少严格的等级以促进创新和企业家精神 ● 为吸引更有技术的工人而付出高于平均工资的报酬

6.4.2 成本领先战略与差异化战略的优势

波特从产业五种竞争力竞争的角度,分别将成本领先战略和差异化战略可能给企业带来的优势归纳为以下几个方面。

1. 在与产业内现有企业的竞争中获得竞争优势

采用成本领先战略的公司可以获得高于产业平均水平的收益。从而使它可以通过提供更低的成本达到相同或更低的消费者认可的价值,获得比竞争对手更大的成本优势,以比对手更低的价格销售产品。如果这一价格不低于产品的成本,但价格降低的幅度高于可能带来的消费者认可价值的降低幅度,公司将可能比对手提供更多的消费者剩余,并增加在目标市场的份额。

对应地,采用差异化战略的公司,通过花费相同或更高的成本以达到更高的消费者认可的价值,就可以通过溢价而获得差异化优势。如果此溢价幅度不低于公司可能提高成本的幅度,但低于公司产品消费者认可价值的增加幅度,公司将增加在目标市场的份额。例如,海信公司在空调产品激烈的价格竞争中,推出差异化产品——变频空调,其价格高于一般空调产品,但在市场上却供不应求。

2. 形成和提高产业的进入障碍

在成本驱动因素中,无论是规模经济还是其他成本优势,往往也是产业潜在进入者需要克服的进入障碍。因此,拥有成本优势的企业可以抵御潜在进入者的进入威胁;对应地,采用差异化战略的企业,由于产品的特色,顾客对该产品或服务具有很好的忠实程度,从而使潜在进入者要与该企业竞争,则需要克服这种产品的独特性。

3. 增强与购买者和供应者讨价还价的能力

对于拥有成本优势的企业来说,首先,企业的低成本地位能对抗强有力的购买者,因为购买者的讨价还价只能迫使价格下降到居于其次的竞争对手的水平。也就是说,购买者讨价还价的前提是产业内仍有其他的企业能够提供类似产品或服务,一旦价格下降到最有竞争力的对手的水平,购买者也就失去了讨价还价的能力;其次,企业的低成本地位能够有效地防御强大供应者的威胁,在供应者供给的生产要素涨价时,企业仍可利用规模经济、学习曲线、生产能力等,充分利用降低成本的途径以获得低成本地位,从而在供应者的产品涨价中具有较高的灵活性。对于拥有差异化优势的企业来说,企业产品的差异性增强了购买者对品牌的忠诚度,由此产生对价格敏感性的下降,因而削弱了购买者讨价还价的能力;最后,差异化战略可以为企业产生较高的边际收益,增强企业对付供应者讨价还价的主动性和灵活性。

4. 降低替代品的威胁

替代品能否替代老产品,主要取决于两种产品的性能—价格的比较。成本领先战略,通过降低价格提高了现有产品的性能—价格比,可以抵御新产品的威胁。差异化战略,是通过提高产品的性能来提高产品的性能—价格比,同样可以抵御替代品的威胁。

案例 6 – 3　关于两种竞争战略的理论与实践的争论

波特的观点。 由于采用成本领先战略与采用差异化战略的企业获得竞争优势完全不同,所以波特曾指出,两种优势通常难以相容。他说,试图同时追求两种战略的公司会被"夹在中间",即比追求差异优势的企业提供更少的消费者认可的价值,却比追求成本优势的企业成本更高。波特的论证建立在一个简单的经济学权衡基础上:更高质量或更好性能的产品要花更多的钱来生产。

来自理论与实践部门的不同观点。 英国最大百货超市连锁店 Sainsbury 公司总经理戴维·塞恩斯伯里(David Sainsbury)认为,只关心价格或只关心质量的消费者只是非常小的一部分,大多数人既关心价格也关心质量。所以应在成本领先战略与差异化战略之间,探讨这样一种战略,即同时注重价格和质量的战略。

一些经济学家也指出,上述两种竞争战略代表的是极端情况,事实上,一个公司的优势很少完全建立在成本或差异上。现实中可以找到不少以比竞争者更低的成本,提供比竞争者更多消费者认可的价值的例子。

从理论角度看,以下一些因素会使一个企业同时获得两种优势。

(1) 提供高质量产品的公司会增加市场份额,又会因规模经济或经验曲线而降低平均成本。其结果是,公司可同时在该产业取得高质量和低成本的定位。

(2) 高质量产品累积经验降低成本的速度比低质量产品快。其原因与下面的事实有关:即生产线的工人更关注产品的生产,这会使在低质量产品生产中被忽视的错误和缺点容易被发现。

(3) 技术与管理水平的进步,使大规模定制成为可能。事实上,大规模定制是集中差异化与成本领先优势的典型。电脑、网络、电子商务等信息技术的迅速发展是大规模定制战略的技术基础。而供应链的整合、战略联盟等新的管理模式又是大规模定制战略得以实施的组织基础。

6.4.3　成本领先战略与差异化战略的应用条件

企业采用两种不同的战略都可以获得相应的竞争优势,但是,在决定采用哪种战略时,要认真分析两种战略的应用条件。应该考虑在什么情况下,一种优势来源可能胜过其他优势。尽管没有公式化的明确规则,以下关于公司产品、公司目前在产业中的地位及公司的资源、能力与组织状况的分析有助于说明某个战略相对于另一个更可取。此外,即使是采用了同样的竞争战略,各个企业的竞争定位也未必完全相同,所以,分析两种战略的应用条件，还可以帮助企业了解怎样用好这两个战略。

1. 产品生命周期不同阶段的战略适用性

在产品生命周期的不同阶段，采用成本领先战略或差异化战略的效果是不同的。图6-2描述了在产品生命周期不同阶段，分别采用两种战略对企业绩效的影响。

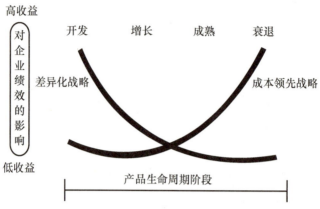

图6-2 成本领先战略和差异化战略对企业绩效的影响

如图6-2所示，在产品的开发阶段，产品刚刚问世，产品创新者投入了大量的产品开发成本，拥有产品特异优势，但产品性能尚不完善，消费者处于等待观望状态。此时，产品价格一般低于成本，产品的需求价格弹性可能相当低，在这种条件下，产品性能的完善是消费者关注的焦点，价格因素还没有成为市场竞争的主要因素。企业也还不具备通过规模经济等手段降低成本的条件。因此在这一阶段，采用成本领先战略的收益很低，而采用差异化战略可能会给企业带来较高的收益。

在产品的成长期，一方面市场需求迅速上升，规模经济效应日渐明显，成本迅速下降，企业已经具备了一定的降低成本的条件；另一方面竞争尚不激烈，产品的性能、规格、特性等还在不断完善，顾客对产品的关注还没有更多地转向价格和成本，在这一阶段，企业采用差异化战略的收益仍大于采用成本领先战略。

在产品的成熟期，市场竞争日趋激烈，随着经验的积累和产品的发展，产品性能、结构都已标准化，价格和成本成为顾客关注的焦点，在这个阶段，采用成本领先战略的收益明显高于采用差异化战略。

在产品生命周期的衰退期，产品将逐渐被新产品取代，竞争的加剧使一些企业已经退出该产业，企业已积累了大量经验，产品市场价格与成本已相差无几，在这一阶段，企业生存的主要手段是削减成本，成本领先战略成为企业最适用的竞争战略。

从图6-2的描述中可以看到，在产品生命周期的不同阶段，采用两种竞争战略会对企业绩效的影响形成一种"此消彼长"的对偶格局。

依据弗农的产品生命周期理论，同一个产业在经济技术发展水平不同的国家可能处于生命周期的不同阶段。在发达国家已处于成熟期或标准化期的产业，在发展中国家时可能还处于创新期。所以，在一些产业中，发达国家跨国公司在进入不同国家时可能采用不同的竞争战略。

2. 产品生产的规模经济、学习经济与战略适用性

如果产品的规模经济和学习经济非常有潜力，但市场上还没有公司利用它们，那么采用成本领先战略可能更有吸引力。因为在这种情况下，以增加市场份额和积累经验为目标的成本领先战略将给公司带来相对于那些竞争对手更大的成本优势。然而，如果市场上已经有公司充分利用了规模和经验，或者是随着市场的竞争加剧，许多公司获得了相同成本优势所需的规模和经验，采用成本领先战略优势的机会就很有限，通往价值创造的最好途径在于水平差异——向市场上某一特定的人群提供非常独特的产品。

3. 消费者对产品价格、差异程度的敏感性与战略适用性

有些产品如化学和金属等产品，由于产品的性质，消费者对其价格的敏感性高于对其差异化的敏感性。对于这类产品，创造额外价值的机会可能更多来自降低成本，而不是增加差异性。当然，需要注意的是，产品差异性远不只包括产品的物理特性，更好的售后服务、更优越的区位，或者比竞争者更快的交货都可能存在差异化的机会。另外一些产品，消费者愿意为有独特性能的产品付出额外的溢价，因此产品性能增加很少的公司就能获得相当大的附加价格。例如，美国吉列公司1990年生产感应剃须刀时就感受到这种效应，许多人愿意付相当高的价格买剃须效果好的刀片而不愿买丢弃式或盒装刀片。对于类似的产品，差异化战略显然更有助于提高收益。

4. 搜寻型、经验型商品与战略适用性

搜寻型商品是指那些客观的质量信息在典型消费者购买时很容易获得的产品，例如，办公设备用品、部分农产品及包装有特点的产品。经验型商品是指只有在使用一段时间以后才能了解其质量的产品，例如，药品、保健饮品、护肤品及耐用消费品等。对于搜寻型商品，差异化的潜力在于加强产品可观察到的特征。但是，如果消费者能在许多不同产品中做出分辨，竞争者也能做到，这就增加了产品独特性被模仿的风险。当出现这一情况时，一个公司创造持续竞争优势的最好机会来自使成本低于竞争者，同时关注在产品改进方面跟上竞争对手。对于经验型商品，差异的基础是想象、声誉或信用，它们比客观的产品特性更难于被模仿或抵消，因而采用差异化战略更可取。这也正是一些名牌产品价格高于同类普通产品的根源所在。

5. 组织落实的必要条件

无论企业采用哪种途径实施成本领先战略或差异化战略，都需要企业内部有相应的组织保障。表6-2展示了波特关于三种基本竞争战略与技能、资源和组织要求的关系分析。

表6-2　实施三种基本竞争战略对于技能、资源及其组织要求

基本战略	通常需要的基本技能和资源	基本组织要求
总成本领先战略	● 持续的资本投资和良好的融资能力 ● 工艺加工技能 ● 对工人的严格监督 ● 所涉及的产品易于制造 ● 低成本的分销系统	● 结构分明的组织和责任 ● 以满足严格的定量目标为基础的激励 ● 严格的成本控制 ● 经常、详细的控制报告

续表

基本战略	通常需要的基本技能和资源	基本组织要求
差异化战略	● 强大的生产营销能力 ● 产品加工对创造性的鉴别能力 ● 很强的基础研究能力 ● 在质量或技术上领先的公司声誉 ● 在产业中有悠久的传统或具有从其他业务中得到的独特技能组合 ● 得到销售渠道的高度合作	● 在研究与开发、产品开发和市场营销部门之间的密切协作 ● 重视主观评价和激励而不是定量指标 ● 有轻松愉快的气氛,以吸引高技能工人、科学家和创造性人才
目标集聚战略 (或集中战略)	针对具体战略目标,由上述各项组合而成	针对具体战略目标,由上述各项组合而成

(1) 成本领先战略组织落实的必要条件。

总成本领先战略要求具备较高的相对市场份额或其他优势,例如,良好的原材料供应、便于制造生产的产品设计、较宽的相关产品系列、批量的大范围客户群等。因此,实行低成本战略就可能要求很高的购买先进设备的前期投资、激进的定价和承受初期亏损,以攫取市场份额。一旦赢得成本领先地位,还需再投资新设备以维护领先地位。所以,有人认为防御型组织是采用成本领先战略的企业所依托的组织类型。防御型组织在企业产品与市场选定以后,要运用大量的资源解决技术问题,该组织要创造出一种具有高成本效率的核心技术,这种技术的效率是组织成功的关键。为了保证组织严格地控制技术效率,防御型组织常常采取"机械"式结构机制。这种机制是由生产与成本控制专家形成的高层管理、注重成本的效率问题的集约式计划、广泛分工的职能结构、集中控制、正式沟通等。

(2) 差异化战略组织落实的必要条件。

开拓型组织适用于采用差异化战略的企业,该组织追求一种更为动态的环境,将其能力发挥在探索和发现新产品和新市场的机会上。为了正确地服务于不断变化的市场,开拓型组织的技术和行政管理要具有很大的灵活性。在技术问题上,该类型组织不局限在现有技术能力上,而是根据现在和将来的产品结构确定技术能力,并且常常通过开发机械化程度低和例外性的多种技术来解决问题。在行政管理方面,开拓型组织奉行的基本原则是灵活性,即在大量分散的单位和目标之间调度和协调工作,这类组织的结构应采取"有机的"机制。这种机制包括由市场、研究开发方面的专家组成的高层管理,注重产出结果的粗放式计划、分散式控制及横向和纵向的沟通。

6.4.4 成本领先战略与差异化战略的收益与风险

成本领先战略和差异化战略,虽然都可从不同角度给企业带来竞争优势和相对较高的收益,但它们也都会面临一定的风险。

1. 成本领先战略的收益与风险

(1) 成本领先战略可能的收益。

成本领先战略通过构造显著低于行业或主要竞争对手的低成本,从而可以获得以下战略收益或竞争优势：抵御现有竞争对手的对抗，削弱购买者讨价还价的能力，更灵活地处理供应商的提价行为，形成进入障碍，树立与替代品的竞争优势。

(2) 成本领先战略可能的风险。

① 技术的变化可能使过去用于降低成本的投资（如扩大规模、工艺革新等）与积累的经验一笔勾销。

② 产业的新加入者或追随者通过模仿或以高技术水平设施的投资能力，用较低的成本进行学习。

③ 顾客需求从注重价格转向注重产品的品牌形象，使得企业原有的优势变为劣势。

④ 采用成本领先战略降低价格（P）而为消费者提供的消费者剩余（B-P），不足以抵消采用差异化战略的竞争对手通过提高顾客认可的价值（B）而为消费者提供的消费者剩余（B-P），使企业失去竞争优势。

⑤ 为降低成本而采用的大规模生产技术和设备过于专一化，适应性差。

波特提供了一个关于成本领先战略带来风险的经典案例。20 世纪 20 年代的福特汽车公司曾经通过限制车型及种类、积极实行后向一体化、采用高度自动化的流水线生产、减少改型以促进学习积累，以及通过学习积累严格推行低成本措施等，取得了所向无敌的成本领先地位。然而，随着美国人收入的增加，许多已经购买过一辆汽车的买主又在考虑购买第二辆，于是开始更加重视风格、型号的多样化、舒适性等。通用汽车公司注意到这种变化，并迅速开发型号齐全的各种汽车。而在这种情况下，福特公司要想对生产线进行改造就不得不花费巨额费用，因为以前的生产线是为降低成本而设计的单一、大规模生产线。

2. 差异化战略的收益与风险

(1) 差异化战略的收益。

实施差异化战略的企业通过塑造企业产品与竞争对手相比的差异性，而可能获得以下收益或竞争优势。

① 建立起顾客对企业的忠诚。

② 形成强有力的产业进入障碍。

③ 增强企业对供应商讨价还价的能力。这主要是由于差异化战略提高了企业的边际收益。

④ 削弱购买者讨价还价的能力。一方面，企业通过差异化战略，使得购买者缺乏与之可比较的产品选择，降低了购买者对价格的敏感度。另一方面，通过产品差异化使购买者具有较高的转换成本，使其依赖于企业。

⑤ 由于差异化战略使企业建立起顾客的忠诚，从而使得替代品无法在性能上与之竞争。

(2) 差异化战略的风险。

① 企业形成产品差异化的成本过高，从而与实施成本领先战略的竞争对手的产品价格差距过大，购买者不愿意为具有差异化的产品支付过高的价格。

② 市场需求发生变化，购买者需要的产品差异化程度下降，使企业失去竞争优势。这一风险在我国家电产品的竞争中表现十分明显。在 20 世纪 80 年代，与国际品牌的家电

产品相比，我国国产家电产品质量相差较多，所以，差异化程度较高的国际品牌在我国市场上的价格远远高于国内品牌。国内家电生产厂商的主要竞争方向也是产品质量的竞争。但是，随着我国家电产品整体质量水平的不断提高，顾客对于产品差异程度的敏感转向了对价格的敏感，一些国际品牌的家电产品也不得不放弃差异化战略，参与到成本价格的竞争中来。

③ 竞争对手的模仿和超越使已建立的差异缩小甚至转向。这是随着产业的成熟而发生的一种普遍现象。例如，101生发精问世后，引起日本消费者的极大兴趣，101生发精大量出口到日本。但几年后，日本企业模仿了101生发精的生产技术，开发出类似的产品，101生发精的出口量大跌。又如，中草药源于中国，在欧美市场上是具有中国特色的差异化产品。但是，在欧美市场上销售的中草药，却大多为日本、韩国企业所生产。这是因为日本和韩国生产出了更符合欧美消费者口味的中草药产品——饮片与口服液，使我国企业的差异优势荡然无存。

6.5 集中战略

6.5.1 集中战略的概述及优势

1. 集中战略的概念

集中战略又称专一化战略（Market Focus/Focus Strategy）、目标集中战略、目标聚集战略、目标聚集性战略，是指企业以某个特殊的顾客群、某产品线的一个细分区段或某一个地区市场为主攻目标的战略思想。这一战略整体是围绕着为某一特殊目标服务，通过满足特殊对象的需要而实现差异化，或者实现低成本。集中战略常常是总成本领先战略和差别化战略在具体特殊顾客群范围内的体现。例如，专为石油开采油井提供钢棒扳手的企业，就是通过钢棒的充足库存、广泛分布服务网点，甚至提供直升机送货服务而成功地实行了集中战略。

集中战略有两种形式，即企业在目标细分市场中寻求成本优势的成本集中，和在细分市场中寻求差异化的差异集中。

2. 集中战略的前提思想

公司业务的专一化能够以更高的效率、更好的效果为某一狭窄的战略对象服务，从而超过在较广阔范围内竞争的对手们。波特认为这样做的结果是公司或者通过集中满足特殊对象的需要而实现了差别化，或者在集中为这一对象服务时实现了低成本，或者二者兼得。这样的公司可以使其赢利的潜力超过产业的普遍水平。这些优势可以保护公司抵御各种竞争力量的威胁。集中战略的核心是取得某种对特定顾客有价值的专一性服务，侧重于从企业内部建立竞争优势。集中战略的实施要做到人无我有、人有我精、人精我专，掌握主动权。

3. 集中战略的优势

（1）以特殊的服务范围来抵御竞争压力。

集中战略往往利用地点、时间、对象等多种特殊性来形成企业的专门化服务范围，以更高的专业化程度构成强于竞争对手的优势。例如，位于交通要道或人口密集地区的超级商场具有销售优势；口腔医院因其专门的口腔医疗保健服务而比普通医院更吸引口腔病特别是牙病患者。企业选择适当的产品线区段或专门市场是集中战略成功的基础。如果选择广泛市场的产品或服务而进行专门化经营，反而可能导致企业失败。例如，口腔问题与人们的生活息息相关，但口腔问题一般不会造成生命危险，患者愿意接受这种专门化服务；而人体其他系统互相牵连，治疗中往往需要全面诊断，专门化的治疗就不再具有优势。又如，肯德基、麦当劳满足了工作节奏快、休息时间短的职员或家庭及旅游者的饮食需要，而迅速发展为一个专门市场。

(2) 以低成本的特殊产品形成优势。

例如，可口可乐利用其特殊配方而构成的低成本，在饮料市场长期保持竞争优势。这一优势的实质是差别化优势，能同时拥有产品差别化和低成本优势则一定可以获得超出产业平均水平的高额利润。

(3) 以攻代守。

当企业受到强大的竞争对手全面压迫时，采取集中战略以攻代守，往往能形成一种竞争优势，特别是对于抵抗拥有系列化产品或广泛市场的竞争对手明显有效。例如，挪威的造船业难以在整体上与欧、美、日等实力强大的造船企业匹敌，而集中选择制造破冰船则大获成功。另外，针对多品种糕点企业的广泛市场，专营的蛋糕店常能成功占有一席之地。

由于采用集中战略是企业在一个特定的目标市场中实施成本领先或差异化战略，所以，成本领先和差异化战略抵御产业五种竞争力的优势也都能在集中战略中体现出来。此外，由于集中战略避开了在大范围内与竞争对手的直接竞争，所以，对于一些力量还不足以与实力雄厚的大公司抗衡的中小企业来说，集中战略的实施可以增强它们相对的竞争优势，即使是对于大企业来说，采用集中战略也能够避免与竞争对手正面冲突，使企业处于一个竞争的缓冲地带。

拓展视频

6.5.2 集中战略的应用条件与风险

1. 集中战略的应用条件

集中战略一般是集中一点进攻对手的弱点，或者是通过专有的业务活动方式以低成本形成对竞争对手的优势，要获得这方面的优势需要具备以下条件。

(1) 拥有特殊的受欢迎的产品。例如，可口可乐、王朝干白葡萄酒。

(2) 开发了专有技术。例如，专有的胶粘接技术形成了稳定的车辆减震器市场；瑞士手表以其高质量的生产技术始终控制着名贵手表市场。

(3) 不渗透的市场结构。由于地理位置、收入水平、消费习惯、社会习俗等因素的不同，形成了专门化市场，这些市场之间的隔离性越强，越有利于集中战略的实施。例如，专为大型建筑物提供中央空调系统的远大中央空调集团就形成了集中战略优势。

(4) 不易模仿的生产、服务及消费活动链。例如，为顾客开辟专门设计、定制服务的服装企业将拥有自己的专门化市场。

当然，上述构成集中战略优势的条件需要企业去寻找和创造，已具备集中战略优势的企业仍须不断改善自身的地位或巩固已有市场。

2. 集中战略的风险

（1）容易限制获取整体市场份额。

集中战略目标市场具有一定的特殊性，目标市场独立性越强，与整体市场份额的差距就越大。实行集中战略的企业总是处于独特性与市场份额的矛盾之中，选择不恰当就可能造成集中战略的失败。与这一对矛盾相对应的是企业利润率与销售额互为代价。例如，为愿意支付高价的顾客而进行专门设计定制服装的企业，可能失去中低档服装市场。有很多企业在获得集中优势的同时又进入广泛市场，这种矛盾的战略最终会使企业丢失其专有的市场。

（2）企业对环境变化适应能力差。

实行集中战略的企业往往是依赖特殊市场而生存和发展的，一旦出现有极强替代能力的产品或市场发生变化时，这些企业容易遭受巨大损失。例如，滑板的问世对旱冰鞋的市场构成极大的威胁。

（3）成本差增大而使集中优势被抵消。

当为大范围市场服务的竞争对手与集中战略企业之间的成本差变大时，会使针对某一狭窄目标市场服务的企业丧失成本优势，或使集中战略产生的差别化优势被抵消。因为这种成本差的增大将降低买方效益或降低买方使用替代品的转移成本，而使专一化市场与广泛市场之间的渗透增大，集中战略所构成的成本优势或差别化优势会逐渐消失。例如，依赖广告宣传效果而占领市场的产品，如化妆品、保健用品等，容易被面向普通用户的产品借助广告宣传的高投入而抢占市场。

3. 集中战略与其他战略的联系

集中战略实质上是针对不同的顾客群或专门的特殊市场而采取的成本领先战略或差别化战略。或者说，集中战略是以成本领先战略和差别化战略为基础的竞争战略，在特殊市场中形成成本优势或差别化优势。总成本领先战略与差别化战略在很多地方是相互矛盾的，而集中战略又是以这两种通用战略为基础，能否正确地分析企业所处的竞争环境即产业竞争结构，寻找其战略优势，合理选择、使用竞争战略，加强其优势和竞争能力，是企业成功的关键。如果采用集中战略的企业既能拥有差别化优势，又能在扩大市场规模而实现低成本时不抵消差别化，使这一对矛盾的战略恰到好处地融合在一起，这个企业一定会极其成功。可口可乐公司、微软公司等企业就是典型的成功实行专一化战略的例子。这三类战略的关系或区别如图6-3所示。

图6-3 三种竞争战略的关系

但是，任何一个实行集中战略的企业总是或从差异化战略入手，或从成本领先战略入手，逐步形成企业的集中战略，这才是成功的途径。如果一个企业不断徘徊在这几类战略之间，是很危险的，最终会使企业处于极不利的战略地位。这是由于差异化战略与成本领先战略之间存在矛盾性，在还没有利用某种通用战略而形成企业的优势地位之前，任何企业都不可能将差异化和成本领先融合在一起。过早地这样做或在几种战略之间徘徊，会使不同战略的优势互相抵消，企业必须特别注意这一点。

拓展视频

6.6 竞争战略的综合分析——"战略钟"

6.6.1 "战略钟"思想

三种竞争战略的概念非常重要，这是因为它们给管理人员提供了思考竞争战略和取得竞争优势的方法。然而，当试图用这些概念解决企业实际战略选择时却会遇到很多问题。企业遇到的实际情况比较复杂，并不能简单地归纳为应该采取哪一种基本战略。而且，即使是成本领先或差异化也只是相对的概念，在它们之中也还有多个层次。克利夫·鲍曼（Cliff Bowman）将这些问题归纳到一个体系内，并称这一体系为"战略钟"。他的这一思想很有参考价值，可以对波特的许多理论进行综合。这里对该模型的原形略做修改加以介绍。

将产品的价格作为横坐标，顾客对产品认可的价值作为纵坐标，然后将企业可能的竞争战略选择在这两维坐标平面上用八种途径表现出来，如图6-4所示。

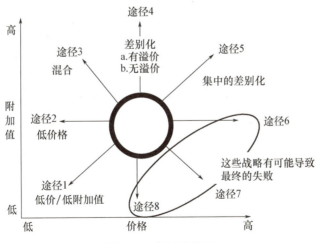

图6-4 战略钟模型

6.6.2 "战略钟"描述的八种途径

1. 成本领先战略（途径1、途径2）

成本领先战略可以进一步分为两个层次：低价/低附加值战略即途径1；低价格战略即

途径 2。低价/低附加值这一途径好似没有吸引力，但却有很多企业按这一路线经营取得成功。这时企业关注的是对价格非常敏感的细分市场，在这些细分市场中，虽然顾客认识到产品或服务的质量很低，但他们买不起或不愿买更好质量的商品。因此低价/低附加值战略是一种很有生命力的战略，尤其是在面对收入水平较低的消费群体时，低档餐馆、小商品批发市场等长盛不衰就足以说明这一点。途径 1 可以看成是一种集中成本领先战略；途径 2 则是企业寻求成本领先战略时常用的典型途径，即在降低价格的同时，努力保持产品或服务的质量不变。

2. 差异化战略（途径 4、途径 5）

差异化战略可进一步分为两个层次：高值战略即途径 4；高值高价战略即途径 5。途径 4 也是企业广泛使用的战略，即以相同或略高于竞争者的价格向顾客提供高于竞争对手的顾客认可价值。途径 5 则是以特别高的价格为顾客提供更高的认可价值。例如，我国一些高档购物中心、宾馆、饭店等，就实施的是这种战略。这种战略在面对高收入消费者群体时很有效，因为产品或服务的价格本身也是消费者经济实力的象征。途径 5 可以看成一种集中差异化战略。

3. 混合战略（途径 3）

在某些情况下，企业可以在为顾客提供更高的认可价值的同时，获得成本优势。这与波特原来的设想有所不同。导致这种战略可能成功的原因，是由于专注于提高产品质量的过程而减少残次品率积累了专门化知识，获取了经验曲线效益，使得劳动效率提高而成本下降。

4. 失败的战略（途径 6、途径 7、途径 8）

途径 6、7、8 一般情况下可能是导致企业失败的战略。途径 6 提高价格，但不为顾客提供更高的认可价值。途径 7 是途径 6 更危险的延伸，降低产品或服务的顾客认可价值，同时却在提高相应的价格，除非企业处于垄断的地位，否则不可能维持这样的战略。途径 8 在保持价格不变的同时降低顾客认可的价值，这同样是一种危险的战略，虽然它具有一定的隐蔽性，在短期内不易被那些消费层次较低的顾客所察觉，但是这种战略是不能持久的，因为有竞争对手提供的优质产品作为参照，顾客终究会辨别出产品的优劣。

本 章 小 结

本章根据迈克尔·波特的竞争战略理论，讨论了跨国公司在一个具体业务或市场领域中的竞争战略，它们属于企业经营单位战略的范畴。

波特提出的三种基本竞争战略。其中，成本领先战略和差异化战略是基本竞争战略的基础，而集中战略不过是将这两种战略运用在一个特定的细分市场上而已。

成本领先战略和差异化战略是一对"对偶"的战略，本章以对比的方法，将这两种战略放在一起，研究它们各自的竞争地位、优势、应用条件和风险。

"战略钟"是一种对基本竞争战略进行综合分析的方法。战略钟将价格和顾客认可的价值作为两维坐标，将基本竞争战略放在一个平面上，归纳出八种不同的战略途径，这是对基本竞争战略理论的全面解释。

关 键 术 语

竞争战略　成本领先战略　差异化战略　集中战略　战略钟

习　　题

一、简答题

1. 简述三种基本竞争战略及其相互关系。
2. 简述竞争战略的基本思想。
3. 简述成本领先战略的成本驱动因素。
4. 简述成本领先战略的主要思想。
5. 简述成本领先战略实施的方法。
6. 简述差异化战略的驱动因素。
7. 简述差异化战略的主要思想。
8. 简述差异化战略实施的方法。
9. 简述成本领先战略与差异化战略的各自优势与风险。
10. 简述集中战略的含义与形式。
11. 简述集中战略的应用条件和风险。
12. 简述战略钟及其主要思想。

二、讨论题

结合一家企业跨国竞争案例的分析，说明跨国公司竞争战略思想及其在企业实施中应注意的问题。

拓展视频

第 7 章

跨国公司生产管理

本章教学要点

掌握跨国公司生产地点决策的意义及影响选择决策的主要因素;

掌握生产地点选择的本质,了解战略选择实际上是在集中生产与分散生产两种类型之间的抉择;

熟悉跨国公司零部件自制或外购的利弊,以及选择决策的主要方法;

掌握跨国公司供应链管理的主要内容与方法,了解跨国公司供应链全球化的趋势及当前主要面临的问题。

知识架构

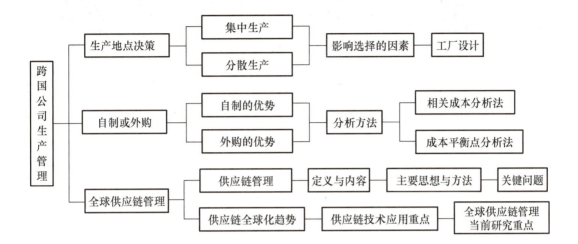

7.1 生产地点决策

7.1.1 与生产地点决策有关的概念

1. 生产和原材料管理

企业的服务和制造活动统称为企业的生产。本章以工业制造为例来研究企业的生产活动。因此,本章内容中将用制造这个词语来指代企业的生产。

跨国公司制造和原材料管理的战略目标:①降低成本,②提高产品质量。这两个目标并不是彼此独立的。如图 7-1 所示,加强质量控制的公司同时也会降低它创造价值的成本。加强质量控制将从以下三个方面降低成本。

(1) 因为劣质品减少,直接导致单位成本的减少。
(2) 降低与次品相关的返工和报废成本。
(3) 降低与修理次品相关的保修和返工成本。

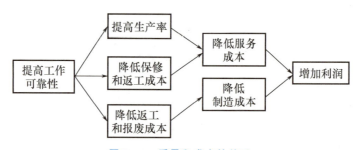

图 7-1 质量和成本的关系

公司用来提高产品质量的主要手段是全面质量管理(Total Quality Management,TQM)。除了降低成本和提高质量,还有两个目标在跨国公司生产管理中尤为重要:一是制造和原材料管理必须反映当地需要;二是制造和原材料管理必须能对客户需求的转变迅速做出反应。

2. 价值活动的配置与协调

(1) 生产地点选择。

生产地点选择包括选择建厂的国家和在该国选择建厂的地点。选择建厂的国家与跨国公司总体经营战略及目标国家的各种比较优势有关,其涉及企业全球价值活动的配置与协调问题;企业进入目标国之后的生产地点选择属于工厂设计问题,将在工厂设计问题中专门讨论。这里先讨论第一个问题,选择建厂的国家。

(2) 生产地点选择战略。

生产地点选择战略,本质上是一个从事国际化竞争的企业决定怎样将价值链活动在各个国家之间进行扩展,即价值活动在全球范围内的配置与协调问题。在国际战略中,一个企业如何开展竞争可以总结为两个维度:一是配置问题,即企业价值链上每一个活动的选址定位,包括有多少个地点,是集中还是分散;二是协调问题,指在不同国家所实施的有关活动彼此之间是如何相互关联的。例如,如果跨国公司拥有三个工厂,一个在德国,一个在日本,一个在美国,这些工厂中的活动怎样彼此联系。

(3) 价值链活动的配置和协调。

跨国公司在价值链活动上的配置和协调可以有一系列选择。配置选择,可以从集中到分散,典型的集中配置是在一个地点实施一种活动并以此服务全球。例如,一个 R&D 中心,一个大型工厂;典型的分散配置是在每个国家都开展价值活动,甚至于在每一个国家都拥有完整的价值链。

协调问题也可以有多种选择。一个极端是活动之间没有协调,例如,上文所说的拥有三个工厂的企业集团,可以在每一个工厂实行完全自治的经营,即各经营活动点之间完全独立,每个点都能独立完成整条价值链的一切功能;也可以让各个经营活动点之间完全统一起来,如让这三个工厂各自从事专业化生产,使各个经营活动点之间相互依存,紧密协调。

每一个价值活动都有配置和协调问题。例如,在技术开发活动上,配置问题可能包括:在哪里实施 R&D 活动?在一个还是更多的地点?在哪一个国家?协调问题则包括:怎样在 R&D 中心之间分配任务?它们之间交流的程度如何?全球产品推广的地点和顺序如何?表 7-1 列出了几种类型的价值活动的某些配置和协调的问题。

表 7-1 价值活动的配置和协调问题

价值活动	配置问题	协调问题
生产	零部件和最终产品的生产设备的选址	● 在分散的设备之间分配生产任务 ● 国际化工厂的网络 ● 在工厂之间转移工艺技术和生产诀窍
营销	● 产品线选择 ● 国家(市场)选择 ● 准备广告和促销材料的地点	● 品牌名称在全球的共同特性 ● 全球渠道和产品定位的相似性 ● 在不同国家价格的协调
服务	服务性组织的选址	全球服务标准和过程的相似性
研究与开发	R&D 中心的数量和位置	● 在分散的 R&D 中心之间分配研究工作 ● R&D 中心之间的内部交流 ● 为不同国家的市场需求开发产品 ● 在全球推广产品的过程
采购	采购职能的位置	● 在不同国家定位并管理供应商 ● 转移有关投入市场的知识 ● 协调共同项目的采购

如果将每一个价值活动的配置和协调结合起来，则跨国企业集团面临多种选择，如图 7-2 所示。横轴表示活动的配置，纵轴表示活动的协调，企业必须对每一个活动做出一系列选择。对价值活动配置和协调的不同决策，代表了企业国际化经营活动的不同战略，波特指出了四种典型的选择：国家集中化战略，基于出口而营销分散的战略，简单的全球战略和带有大量海外子公司间协调的战略。

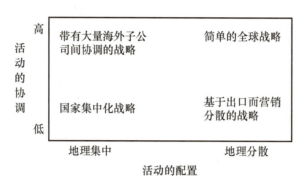

图 7-2　基于价值活动配置和协调的战略

资料来源：哈默，等，2000.战略柔性——变革中的管理［M］.朱戎，等译．北京：机械工业出版社．

3. 生产地点选择的基本战略

制造设施的选址有两个基本战略：集中生产、分散生产。

（1）集中生产。

企业选择集中生产的主要原因：一是可以降低成本，这与一个企业的布点数量有关；二是能充分利用特定地点的比较优势，这与所选地点的位置有关。

① 从布点数量来看，集中布点有利于降低成本，主要是由于规模经济和学习曲线效应两种因素的作用。设立一个或几个世界规模的大型工厂，集中生产并分销世界各国，随着企业累积产量的上升，生产和管理经验也随之增加，必将导致单位生产成本的下降。

② 从特定地点的位置来看，促进生产集中的原因有两点。一是某些地点比其他地方更适合于从事某些价值活动，如果企业将该活动的每个生产点都集中设立在这些最佳地点，就可以降低整个价值链的成本，从而提高整个价值链的竞争能力。二是集中设点生产还有助于协调同一生产点上的其他各种经营活动，例如，在处理产品开发和材料供应、市场营销之间的关系时，如果将各个环节安排在同一地点，则有助于增加交流和沟通，更容易达成共识并促进产销协调。

但集中布点也有其弊端，如会带来较大的运输成本、通信成本和存储成本；同时由于企业所在国家不同，当地的产品需求可能是有差异的，这种差异性足以削弱将生产集中于一个地点的规模经济或学习曲线效应等。

（2）分散生产。

企业选择分散生产的主要原因在于可以更好地响应该地区的顾客需求。另外，分散生产活动也使经营管理者有机会接近更多的市场，可以促进对有关知识、技能的获取，从而有可能加强学习和信息交流。各国政府也是促使生产活动分散的强大力量，如关税、非关税壁垒和向本土企业采购等政策和措施的因素影响。从国家利益角度出发，政府一般希望企业将整个价值链布置在自己的国家。

从企业角度来看，分散可以避免集中在一个地点的风险，如汇率风险、政治风险、干预风险等。因此，在集中和分散之间的权衡通常要根据活动及行业的性质而定。

4. 生产地点选择中的其他问题

（1）配置还需要考虑资源的"专业化"问题。

生产地点选择实际是企业资源的全球配置问题。企业在进行生产地点选择时还需要考虑资源的"专业化"问题，即在每一个子公司所分布的资源与其他子公司资源差异化的程度。尽管不同的跨国公司都采用了分散的价值活动配置方式，但其资源分布的模式可能是大不一样的。例如，同为家用电器生产企业，飞利浦和伊莱克斯就采用了不同的资源分布模式。伊莱克斯是瑞典的家用电器企业，其资源是分散的，但同时也是十分专业的。也就是说，在任何一个国家分布的资源和相关生产都具有足够的规模来满足企业对于这种生产的全球性或地区性的需要，避免了在多个地点从事同样的生产或任务。例如，伊莱克斯在法国的洗衣机工厂只生产上开门的洗衣机，并能满足在整个欧洲对这种产品的需求。类似地，在意大利的工厂只生产前开门的洗衣机，也可以满足整个欧洲对该种产品的需求。同时企业的研究中心、产品开发实验室、零部件制造单位也都是差异化和专业化的。与此相反，飞利浦在欧洲拥有五个工厂，生产相同的或几乎相同的电视机，每一个工厂基本上是服务于一个当地市场。换句话说，飞利浦的资源分布是基于"本地对本地"的模式，资源虽然分散了，但并未差异化，每一个子公司使用同样的资源为满足当地环境的需求而从事本质上类似的任务。

（2）国外工厂能力及其外部环境的动态变化。

无论建立国外生产设施的依据是什么，国外工厂的战略地位也都是随着时间的推移逐步形成的。刚开始，许多国外工厂建立在劳动力成本低的地方。随着时间的推移，这些工厂的战略地位与作用就提升了。例如，自20世纪70年代起，很多美国公司在东南亚设立工厂，主要为了追求低成本，但随着时间推移，这些工厂变成了全球市场重要的设计和装配中心。国外工厂战略地位的提升，是由于国外工厂使自己的能力升级了。这一改进原因主要有：第一，成本压力或本土化压力会引发一系列行为，最终导致工厂发展了新的能力；第二，工厂所在国日益丰富的先进生产要素的形成，使得这些工厂更易于发挥更大的战略作用。

因此，一旦国外工厂建立起来，有价值的技能能够积累起来，仅仅因为一些基本变量如工资率发生变化就把工厂迁移到其他地方可能是不明智的。在审视生产设施选址时必须要注意，有价值的技能可能已经在不同的地方积累，以及这些技能对生产率和产品设计等因素的影响。因此，生产集中与分散的战略选择决策对国外已有工厂设施的企业，必须考虑现有工厂设施的能力和战略地位。

拓展视频

7.1.2 影响生产地点决策的因素与工厂设计

1. 影响生产地点决策的因素

一般来说，影响生产地点决策的因素主要有国家因素、技术因素、产品因素等。影响因素与厂址选择战略之间的关系如表 7-2 所示。

表 7-2 影响因素与厂址选择战略之间的关系

影响因素	有利的制造(生产)战略	
	集中	分散
国家因素		
政治经济差别	相当多	少
文化差别	相当多	少
要素成本差别	相当多	少
贸易壁垒	少	多
技术因素		
固定成本	高	低
最小的效率规模	高	低
柔性制造技术	可得	不可得
产品因素		
价值重量比	高	低
服务全球需要	是	否

(1) 国家因素。

国家因素是指影响国际直接投资的区位因素。有些国家有生产某种产品的比较优势，称为区位优势。区位优势会影响生产成本及产品质量。区位优势包括当地政治、经济、社会文化、自然等各种因素。最直接的影响因素如一国或一地区有适当技能的劳动力资源、支撑产业存在的政治与经济和自然因素、预期汇率的变动等，都会成为吸引外来直接投资的因素。例如，我国台湾地区集中了大量的半导体设备厂商和单晶硅的厂商，这是因为其在半导体行业已拥有大量有经验的劳动力，可以保证这些产品的生产成本较低且质量好。再如，汇率的变动会改变一个国家作为制造基地的吸引力，货币升值会使其由低成本地区变为高成本地区。20 世纪 80 年代至 90 年代中期，日元对美元的汇率上升提高了日本出口产品的成本，使日本作为制造地的吸引力减弱。很多日本公司将工厂撤出日本，转移到东南亚的低成本地区。

(2) 技术因素。

技术因素是指从事特定制造活动的技术，它是选择生产地点的关键要素。一项生产技术值得注意的特点如下。

① 固定成本水平。有些产品建立制造工厂的固定成本很高，以致一家公司必须从一个产地或少数几个产地供应世界市场。例如，建立一个生产半导体芯片的工厂的成本超过 10 亿美元。如果其他条件不变，则以一个理想地点的一家工厂生产的产品来服务世界市场就很有意义了。

相对低的固定成本能使在不同地点同时从事一项生产活动变得经济。这样做既能适应当地市场需求，避免公司对一个生产地点的过分依赖，还可避免货币的不利变动。生产地点的分散化，也能作为实际套期保值的方法来对付汇率波动的风险。

② 最小的成本效率规模。最小效率规模又称最小有效规模、最低效率规模，是指长期平均成本处于或接近其最小值的最小规模。简单地说，是指规模经济达到极限的产量水平。一家工厂最小的效率规模越大，集中在唯一地点还是有限几个生产地点生产的争议就越大。例如，对于一家工厂来说，生产个人电脑的最小效率规模约为每年 25 万台，而全球总需求量每年超过 3500 万台。与全球总需求相比，较低的最小效率规模使得像戴尔这样的公司，同时在全球六个地方生产个人电脑在经济上是合理的。

在固定成本较低的情况下，其优势包括允许公司适应当地需要或通过在几个地点生产同样的产品以规避货币风险。

③ 柔性制造与大规模定制。规模经济的中心思想是：获得高效率及由此产生的低单位成本的最好办法就是大量生产标准化产品。根据这个逻辑，提高效率和降低单位成本的方法，就是限制产品多样性并大批量生产标准化产品。

这一制造效率的观点已受到近年来出现的柔性制造技术的挑战。柔性制造技术通常也称作精益生产技术，其著名的例子就是丰田的生产系统。柔性制造技术不仅能提高效率、降低成本，还能使公司根据小客户群的需求定制产品，并以大批量生产标准化产品才能达到的成本进行生产，这就是大规模定制。大规模定制提高了对客户的适应能力，而且不会提高成本。

总之，技术因素正使公司将生产设施集中于最佳区位成为可行和必要。贸易壁垒和运输成本可能是这个趋势的主要障碍。

（3）产品因素。

① 产品的价值重量比。产品的价值重量比即价值密度，在商品流通中用于衡量商品体重与价值的比率。它是指单位重量物品的价值。它在决定一个物品的运输方式和物品的存储位置时有着重要的决策作用。在跨国公司全球生产环境下，它对于厂址的选择也有着重要的决策作用。例如，电子产品、药品等有很高的价值重量比，假设其他条件不变，这些产品可以在最佳生产地集中生产以供应全球各国市场。相反，精制白糖、油漆、石油产品等，其价值重量比很低，应在主要市场附近的多个生产地设点生产以降低运输成本。

② 产品是否属于通用的需要。产品是否属于通用的需要是指这种产品的需要是否在全世界都是相同的。例如，工业电子产品、钢铁、大批量化学制品及袖珍计算器、个人电脑等，各国消费者对这些产品的消费偏好没有差异，因而可以集中生产以供应全世界。

2. 工厂设计

工厂设计是跨国生产活动中的一项重要内容，它包括厂址选择、工厂规模、生产系统设计等方面的内容。

（1）厂址选择。

厂址选择主要指跨国公司进入目标国家后对于具体建厂地点的选择。有三个问题需要考虑：一是有哪些影响厂址选择的因素，二是如何对这些因素进行权重分析，三是如何在多个地点之间进行选择决策。

① 影响厂址选择的因素。选择一个合适的厂址应考虑多种因素，其中主要因素包括以下几点。

A. 气候条件。一些幅员广阔的大国，不同地区气候条件差异较大。而一些产品的生产对温度和湿度的要求较高，选择气候条件合适的厂址十分重要。B. 基础设施，包括电信、交通、供电、供水等。C. 劳动、资本和土地等生产要素的成本。D. 原材料、零部件的可供量。E. 人力资源可供量，包括技术人员、管理人员、熟练工人和非熟练工人的可供量。F. 接近市场的程度，包括主要市场的位置、运输费用、分销渠道与设施等。G. 当地政府的补贴或其他优惠政策。例如，在保税区或经济特区建厂，通常可以享受一些优惠政策。

② 规定适当权属。不同因素对厂址选择的影响程度不同，不同公司的生产特点不同，对不同因素的考虑也不同。例如，生产食品的企业通常对气候条件要求较高，而生产工业品的企业则更注重投入要素的可供性；实行多国战略的公司希望厂址选择在接近当地主要市场的地方，而实行全球战略的公司则可能倾向于在便于进出口贸易和运输的港口城市设立工厂。因此，权属的确定会因公司而异。

③ 比较和选择。对可供选择的厂址进行加权评分后，通常选取得分最高的地点建厂。除自然条件外，厂址的选择在很大程度上取决于谈判的结果。谈判的对象包括备选厂址所在地的当地政府机构、供货商或合资伙伴。尤其对于采用合资经营方式的跨国公司，最终厂址的确定很可能取决于在哪儿可以找到合适的合资伙伴。因此，厂址的选择可能是一个动态过程，通过多轮谈判、对比、优惠条件的获得来确定。

(2) 工厂规模。

决定工厂规模的因素有很多，主要包括以下几个方面。

① 市场潜力。新工厂更主要是为未来市场而不是已有市场建立的，市场潜力大小对工厂规模的确定起决定作用。市场潜力大，工厂规模就应该大些，以保证满足将来不断增长的市场需求。然而，市场潜力的大小又与跨国公司实行的跨国经营战略有直接关系。实行多国战略，其重点是当地市场，其规模很难与全球市场相比，因此，以全球市场为目标建立的工厂，规模通常较大。

② 市场结构。市场结构决定了进入市场的障碍。在垄断竞争型市场结构中，由于市场中企业的规模普遍较小，新进入企业建立的工厂规模相对较小。在寡头垄断市场中，产品的生产和销售集中在少数几家大型企业手中，这些企业的生产规模较大，因此产生绝对成本优势形成了重要的进入障碍。进入这类市场，必须建立较大规模工厂，才有能力与大型寡头企业抗衡。

③ 行业特征。不同行业对工厂规模的要求不尽相同。例如资本密集型行业（汽车制造、化工产品等），要求工厂具有较大生产规模；食品生产要求的生产规模则要小得多。

④ 投资力度。工厂规模的大小与投资规模直接相关。受资金所限，有的企业在初期所建工厂规模较小，随着业务的扩大和资金的充裕，会逐步扩大规模。

⑤ 生产活动的一体化程度。一种产品的生产是由相互衔接的多个生产环节、多道工序完成的。生产的一体化程度高，涉及的生产环节和工序较多、较全，工厂规模就较大；反之，如果许多零部件是外购的，或者工厂只为生产某一种或少数几种零部件而建立，规模就要小得多。

拓展视频

7.2 自制或外购决策

7.2.1 自制或外购决策及其利弊

1. 自制或外购决策的含义

零部件自制或外购的决策是指企业围绕既可自制又可外购的零部件的取得方式而开展的决策,又叫零部件取得方式的决策。

产品、零部件、原材料是自制还是外购,是每一个企业都不可避免要回答的问题。从总体上看,这个问题涉及企业的纵向一体化政策。在生产某个新产品,建立或改进一个生产系统之前,均需要对自制与外购做出决策。这些决策不仅影响工艺过程的选择、生产制造系统和管理系统的设计,而且关系到企业生产的经济效益,正确的选择是企业成功发展的关键。如果从某个具体零部件的自制与外购的微观决策而言,无论是零部件自制还是外购,并不影响产品的销售收入,只需考虑两个方案的成本,哪一个方案的成本低则选择哪一个方案。

2. 自制或外购的利弊比较

(1) 自制的优势。

① 更低的成本。如果一家公司比其他企业在生产活动上更有效率,那么公司自己继续生产产品或零部件是有利的。例如,波音公司已就商用喷气式飞机的自制或外购决策进行了一项细致的研究,决定外购一些零部件,但自己设计和进行最终的整机装配。波音的基本理由是:波音在大型系统综合方面拥有核心竞争力,在这方面,它比世界上其他任何可比的企业效率更高。因此,波音将这项活动安排在公司外部没有意义。

② 促进专业化投资。如果一家公司必须投资于专业化资产以供应另一家公司,就会产生互相依赖,在这种情况下,双方都害怕对方会滥用这种关系以寻求更优惠的条件。因此,当生产一种元件需要大量投资于专业化资产时,公司将选择内部制造原件而不是向外承包给供应商。

③ 保护专利产品技术。为了保持对某项专利技术的控制,公司可能宁愿在自己公司内部来生产。例如,波音决定把许多制造飞机所需要的重要零部件的生产向外转包时,仍明确决定保留座舱的生产,因为只有这样做才不会把关键技术泄漏给潜在的竞争对手。

④ 改进相邻工序的时间安排。垂直一体化使对相邻生产工序做出调度的计划与协调更容易。例如,在 20 世纪 20 年代,福特公司由于向上游的钢铁铸造、铁矿石运输和采矿实行垂直一体化,使它从紧密的协调和调度中获利。大湖区福特铸造工厂的交货协调得很好,铁矿石在 24 小时内就变成了一组引擎。由于不需要保有大量的铁矿石库存,因此大幅度削减了福特的生产成本。

(2) 外购的优势。

① 战略灵活性。向独立供应商购买零部件的一大优势是公司可保持灵活性,根据情况需要在各供应商之间转移订货,这在国际上尤其重要。因为汇率的变化和贸易壁垒能改

变一个供应商的吸引力。向独立供应商采购不仅可以避免经济风险还可以避免政治风险。这是因为：A. 自制零部件往往会限制产品设计的灵活性和降低生产系统的适应能力。如果一家企业在自制零部件上进行了很大的设备投资，就会限制企业在完全不同的新产品方面的灵活转移。而外购件、外协件较多的企业则不用担心投资过时的问题。环境变化往往会对企业生产系统的适应性提出更高的要求。当需求增加时，就会产生增加生产能力的要求；当产品品种组合发生重要变化时，就需要调整生产过程；当供应来源发生重大变化时，生产部门也要做出调整。因此，外购件或外协件较多的企业在生产系统的适应性方面处于有利的地位。B. 技能与材料。某些零件的制造技能可能非常专门化，或者所需材料非常稀缺，或者出于环境保护及政府政策的限制，致使某些零部件不易在本厂自制或某道工序不易在本厂加工，如此，采取外购就成为客观需要。

② 更低的成本。对于加工装配类的企业，生产的专业化程度越高，外购或外协零部件的数量就越多。例如，波音公司的生产材料中有70%是外购的。一些大工厂不愿把零部件扩散给小厂去生产，主要是担心质量、成本、期限达不到要求。事实上，大厂与小厂搞好协作，可以节省设备投资，还可以利用小厂员工工资低、生产成本低等特点，这对大厂是有利的。从理论上来说，零部件的垂直一体化生产扩大了组织的生产范围，但随之而来的组织复杂化会提高公司的成本结构。而向独立的供应商购买零部件可以避免垂直一体化所带来的低效率，以及由此导致的成本提高。

③ 有利于东道国的接纳。向其他国家的独立供应商转包某些生产活动，有助于从该国得到更多的订单。

(3) 自制或外购的利弊权衡。

自制或外购的各自利弊除了以上几点，还有诸如营业秘密的控制，供需双方互惠和友谊关系的保持，以及政府的某些规定等，在一定程度上也会影响企业的自制与外购决策。例如，企业在生产缓慢发展时期，为了利用闲置设备，自制可能更有利，然而会造成同供应商关系的紧张或中断。所以，为了保持与重要供应商的良好关系或互惠关系，企业往往会放弃自制的打算。对于一些掌握特殊技术诀窍、工艺配方等的企业，出于保密考虑，也通常采用自制政策或部分自制政策。再如，某些电子行业的工厂，对于使用其产品关键技术、工艺生产的原材料、元器件等，均采用自制政策，其他可采用外购、外加工、外装配等外购政策。

当涉及高度专业化资产，以及垂直一体化更有利于保护专利技术时，或者本公司从事某一活动更有效率时，就应该自制。否则，就更应该强调战略灵活性的组织控制。

因此，自制或外购的利弊权衡需要综合分析，既需要进行短期利益权衡，还需要从长远的战略需要来权衡抉择。

7.2.2 自制或外购决策的分析方法

零部件自制或外购的决策分析，一般可采用相关成本分析法和成本平衡点分析法。但无论采用哪种方法进行分析，自制或外购都可能存在以下三种情况。

1. 零部件自制不需要增加固定成本且自制能力无法转移

在企业已经具备自制能力且无法转移的情况下，原有的固定成本属于沉没成本，不会因零部件的自制或外购而发生变动。因此，在这项决策分析中，只需将自制方案的变动成本与外购成本进行比较。如果自制变动成本高于外购成本，应外购；如果自制变动成本低于外购成本，应自制。

案例 7-1　A 零部件是自制或还是外购？

某企业每年需用 A 零部件 100 000 件，该零部件既可以自制又可以外购。如果外购，每件单价为 40 元；如果自制，企业拥有多余的生产能力且无法转移，其单位成本如下。

直接材料 30 元；

直接人工 6 元；

变动制造费用 3 元；

固定制造费用 5 元；

单位成本合计 44 元。

问题 A 零部件是自制还是外购？

根据题意，可采用相关成本分析法。由于企业拥有多余的生产能力，固定成本属于沉没成本而不需考虑，自制单位变动成本为 39 元（直接材料 30 元，直接人工 6 元，变动制造费用 3 元），外购单价为 40 元。

自制总成本＝100000×39＝3 900 000（元）

外购总成本＝100000×40＝4 000 000（元）

结论：企业应选择自制方案，可节约成本 100 000 元。

2. 零部件自制不需要增加固定成本且自制能力可以转移

在自制能力可以转移的情况下，自制方案的相关成本除了包括按零部件全年需用量计算的变动生产成本外，还包括与自制能力转移有关的机会成本，无法通过直接比较单位变动生产成本与外购单价做出决策，必须采用相关成本分析法。

案例 7-2　A 零部件是自制还是外购？

仍依上例资料。假定自制 A 零部件的生产能力可以转移，每年预计可以获得贡献毛利收益 1 000 000 元。

问题 A 零部件是自制还是外购？

根据题意，可采用相关成本分析法。由于企业拥有多余的生产能力，固定成本属于无关成本，无须考虑，自制单位变动成本为 39 元（直接材料 30 元，直接人工 6 元，变动制造费用 3 元），外购单价为 40 元。那么，自制 A 零部件的机会成本为 1 000 000 元，依题意编制的相关损益分析表如表 7-3 所示。

表 7-3　相关损益分析表　　　　　　　　　　　　　　　　　　（单位：元）

项目		方案	
		自制 A 零部件	外购 A 零部件
	变动成本	100000×39＝3 900 000	100000×40＝4 000 000
	机会成本	1 000 000	
	相关成本合计	4 900 000	4 000 000

结论：企业应选择外购方案，可节约成本 900 000 元。

3. 零部件自制但需要增加固定成本

当自制零部件时，如果企业没有多余的生产能力或多余生产能力不足，就需要增加固定成本以购置必要的机器设备。在这种情况下，自制零部件的成本，就不仅包括变动成本，而且还包括增加的固定成本。由于单位固定成本是随产量呈反比例变动的，因此对于不同的需要量，决策分析的结论就可能不同。这类问题的决策分析，根据零部件的需要量是否确定，可以分别采用相关成本分析法和成本平衡点分析法来进行分析。如果零部件的需要量确定，可以采用相关成本分析法，如果零部件的需要量不确定，则采用成本平衡点分析法。因零部件的需要量确定情况下的零部件自制与否的决策与前例相似，这里仅就零部件需要量不确定情况下的自制与否的决策进行举例。

案例 7-3　B 零部件是自制还是外购？

企业需要的 B 零部件可以外购，单价为 60 元；如果自制单位变动成本为 24 元，每年还需增加固定成本 45 000 元。

问题　B 零部件是自制还是外购？

由于本例零部件的需要量不确定，因此需采用成本平衡点分析法进行分析。

设：x_0 为成本平衡点业务量，自制方案的总成本为 y_1，固定成本为 a_1，单位变动成本为 b_1；外购方案的总成本为 y_2，固定成本为 a_2，单位变动成本为 b_2。

其中：$a_1 = 45\ 000$ 元

$b_1 = 24$ 元

$a_2 = 0$

$b_2 = 60$ 元

则有：$y_1 = a_1 + b_1 x = 45\ 000 + 24x$

$y_2 = 60x$

$x_0 = \dfrac{45\ 000}{60 - 24} = 1\ 250$（件）

结论：当零部件需要量在 1 250 件时，外购总成本与自制总成本相等；当零部件的需要量在 1 250 件以内时，外购总成本低于自制总成本，应选择外购方案；当零部件需要量超过 1 250 件时，自制总成本低于外购总成本，应选择自制方案。

7.3　全球供应链管理

7.3.1　供应链管理及其主要思想

1. 供应链管理的定义与内容

供应链管理（Supply Chain Management，SCM）是指在满足一定的客户服务水平的条件下，为了使整个供应链系统成本达到最小而把供应商、制造商、仓库、配送中心和渠道商等有效地组织在一起进行产品制造、转运、分销及销售的管理方法。供应链管理包括计划、采购、制造、配送、退货五大基本内容。

（1）计划。

计划是供应链管理的策略性部分。企业需要有一个策略来管理所有的资源，以满足客户对企业产品的需求。好的计划是运用一系列的方法来监控供应链，使它能够有效、低成本地为顾客递送高质量和高价值的产品或服务。

（2）采购。

选择能为企业的产品或服务提供货品和服务的供应商，和供应商建立一套定价、配送和付款流程并改善管理，把对供应商提供的货品和服务的管理流程结合起来，包括提货、核实货单、转送货物到企业的制造部门及批准对供应商的付款等。

（3）制造。

安排生产、测试、打包和准备送货所需的活动，是供应链中测量内容最多的部分，包括质量水平、产品产量和工人的生产效率等的测量。

（4）配送。

配送，也称"物流"，是指调整用户的订单收据、建立仓库网络、派递送人员提货并送货到顾客手中、建立货品计价系统、接收付款的过程。

（5）退货。

退货环节是供应链中的问题处理部分。建立网络接收客户退回的次品和多余产品，并在客户应用产品出问题时提供支持。

现代商业环境给企业带来了巨大的压力，不仅是销售产品，还要为客户和消费者提供满意的服务，从而提高客户的满意度。要在国内和国际市场上赢得客户，必然要求供应链企业能快速、敏捷、灵活和协作地响应客户需求。

2. 供应链管理思想

供应链管理是一种先进的管理理念，它是以顾客和最终消费者为经营导向，以满足顾客和消费者的最终期望来生产和供应的。除此之外，供应链管理还有以下几种特点。

（1）供应链管理实现全过程的战略管理。

供应链管理把所有节点企业看作一个整体，实现全过程的战略管理。传统的管理模式往往以企业的职能部门为基础，但由于各企业之间及企业内部职能部门之间的性质、目标不同，造成相互的矛盾和利益冲突，各企业之间及企业内部职能部门之间无法完全发挥其职能效率，因而很难实现整体目标化。

供应链是由供应商、制造商、分销商、销售商、客户和服务商组成的网状结构。链中各环节不是彼此分割的，而是环环相扣的一个有机整体。供应链管理把物流、信息流、资金流、业务流和价值流的管理贯穿于供应链的全过程。它覆盖了整个物流，从原材料和零部件的采购与供应、产品制造、运输与仓储到销售的各种职能领域。它要求各节点企业之间实现信息共享、风险共担、利益共存，并从战略的高度来认识供应链管理的重要性和必要性，从而真正实现整体的有效管理。

（2）供应链管理是一种集成化的管理模式。

供应链管理的关键是采用集成的思想和方法。它是一种从供应商开始，经由制造商、分销商、零售商、直到最终客户的全要素、全过程的集成化管理模式，是一种新的管理策略，它把不同的企业集成起来以增加整个供应链的效率，注重的是企业之间的合作，以达到全局最优。

(3) 供应链管理提出了全新的库存观念。

传统的库存思想认为：库存是维系生产与销售的必要措施，是一种必要的成本。而供应链管理使企业与其上下游企业之间在不同的市场环境下实现了库存的转移，降低了企业的库存成本。这也要求供应链上的各个企业成员建立战略合作关系，通过快速反应降低库存总成本。

(4) 供应链管理以最终客户为中心。

供应链管理以最终客户为中心，这也是供应链管理的经营导向。无论构成供应链的节点企业数量有多少，也无论供应链节点企业的类型、层次有多少，供应链的形成都是以客户和最终消费者的需求为导向的。正是由于有了客户和最终消费者的需求，才有了供应链的存在。而且，也只有让客户和最终消费者的需求得到满足，才能有供应链的更大发展。

3. 供应链管理方法

(1) 快速反应。

快速反应（Quick Response，QR）是指物流企业面对多品种、小批量的买方市场，不是储备了"产品"，而是准备了各种"要素"，在用户提出要求时，能以最快的速度抽取"要素"，及时"组装"，提供所需服务或产品。QR 是美国纺织服装业发展起来的一种供应链管理方法。

(2) 有效客户反应。

有效客户反应（Efficient Consumer Response，ECR）是 1992 年从美国的食品杂货业发展起来的一种供应链管理策略，也是一个由生产厂家、批发商和零售商等供应链成员组成的，各方相互协调和合作，更好、更快以更低的成本，满足消费者需要为目的的供应链管理解决方案。有效客户反应是以满足顾客要求和最大限度降低物流过程费用为原则，能及时做出准确反应，使提供的物品供应或服务流程最佳化的一种供应链管理战略。

(3) ECR 与 QR 的比较。

① ECR 与 QR 的差异。ECR 主要以食品行业为对象，其主要目标是降低供应链各环节的成本，提高效率。QR 主要集中在一般商品和纺织行业，其主要目标是对客户的需求做出快速反应，并快速补货。这是因为食品杂货业与纺织服装行业经营的产品的特点不同：杂货业经营的产品多数是一些功能型产品，每一种产品的生命周期相对较长（生鲜食品除外），订购数量过多（或过少）的损失相对较小。纺织服装业经营的产品多属创新型产品，每一种产品的生命周期相对较短，订购数量过多（或过少）造成的损失相对较大。

因此，ECR 与 QR 的差异具体表现在以下几个方面。A. 侧重点不同。QR 侧重于缩短交货提前期，快速响应客户需求；ECR 侧重于减少和消除供应链的浪费，提高供应链运行的有效性。B. 管理方法的差别。QR 主要借助信息技术实现快速补货，通过联合产品开发缩短产品上市时间；ECR 除新产品快速有效引入外，还实行有效商品管理、有效滚动。C. 适用的行业不同。QR 适用于单位价值高，季节性强，可替代性差，购买频率低的行业；ECR 适用于产品单位价值低，库存周转率高，毛利少，可替代性强，购买频率高的行业。D. 改革的重点不同。QR 改革的重点是补货和订货的速度，目的是最大限度地消除缺货，并且只在商品需求时才去采购；ECR 改革的重点是效率和成本。

② ECR 与 QR 的共同特征。表现为超越企业之间的界限，通过合作追求物流效率化。具体表现在三个方面：A. 贸易伙伴间商业信息的共享；B. 商品供应方进一步涉足零售业，提供高质量的物流服务；C. 企业间订货、发货业务全部通过电子数据交换来进行，实现订货数据或出货数据的传送无纸化。

事实上，供应链管理是一个复杂的系统，涉及众多目标不同的企业，涉及企业的方方面面。因此，实施供应链管理必须确保理清思路、分清主次，抓住关键问题。

4. 供应链管理中的关键问题

（1）配送网络重构。

配送网络重构是指采用一个或几个制造工厂生产的产品来服务一组或几组在地理位置上分散的渠道商时，当原有的需求模式发生改变或外在条件发生变化后，引起的需要对配送网络进行的调整。这可能是由于现有的几个仓库租赁合同的终止，或者渠道商的数量发生增减变化等原因引起的。

（2）配送战略选择。

在供应链管理中配送战略也非常关键。采用直接转运战略、经典配送战略还是直接运输战略？需要多少个转运点？哪种战略更适合供应链中大多数的节点企业呢？

经典配送战略是指在中央仓库中保留有库存的一种配送战略。直接转运战略是指在这个战略中终端渠道由中央仓库供应货物，中央仓库充当供应过程的调节者和来自外部供应商订货的转运站，而其本身并不保留库存的一种配送战略。直接运输战略则相对较为简单，它是指把货物直接从供应商运往终端渠道的一种配送战略。

（3）供应链集成与战略伙伴。

由于供应链本身的动态性及不同节点企业间存在着相互冲突的目标，因此对供应链进行集成是相当困难的。但实践表明，对供应链集成不仅是可能的，而且它能够对节点企业的销售业绩和市场份额产生显著的影响作用。要使供应链集成，关键在于信息共享与作业计划。但是，什么信息应该共享，如何共享，信息如何影响供应链的设计和作业；在不同节点企业间实施什么层次的集成，可以实施哪些类型的伙伴关系等，就成为进一步需要解决的关键问题。

（4）库存控制。

库存控制问题包括：一个终端渠道对某一特定产品应该持有多少库存？终端渠道的订货量是否应该大于、小于或等于需求的预测值？终端渠道应该采用多大的库存周转率？终端渠道的目标在于决定在什么点上再订购一批产品，以及为了最小化库存订购和保管成本，应订多少产品等。

（5）产品设计。

有效的产品设计在供应链管理中起着多方面的关键作用。其问题包括：什么时候应该对产品进行设计来减少物流成本或缩短供应链的周期？产品设计是否可以弥补顾客需求的不确定性？为了利用新产品设计，对供应链应该做什么样的修改等。

(6) 信息技术和决策支持系统。

信息技术是促成有效供应链管理的关键因素。供应链管理的基本问题包括：应该传递什么数据？如何进行数据的分析和利用？互联网的影响是什么？电子商务的作用是什么？信息技术和决策支持系统能否作为企业获得市场竞争优势的主要工具等。

(7) 顾客价值的衡量。

顾客价值是衡量一个企业对于其顾客的贡献大小的指标，这一指标是根据企业提供的全部货物、服务及无形影响来衡量的。近几年来这个指标已经取代了质量和顾客满意度等指标。

案例 7-4　丰田汽车的精细流程

从时间及空间上，重新规划企业的运作流程，以提高客户满意度，是企业目前的紧迫任务，要么重构，要么被淘汰，企业已经站在精细供应链管理的十字路口。

丰田汽车公司总装厂与零部件厂家之间的平均距离为 95.3km，日产汽车公司为 183.3km，克莱斯勒公司为 875.3km，福特公司为 818.8km，通用公司为 687.2km。从各大汽车公司总装厂到各零部件厂的平均距离可以看出，合理的布局起着十分重要的作用。丰田汽车公司这种平均距离近的优势，充分地转化为管理上的优势。丰田汽车公司的零部件厂家平均每天向总装厂发运零部件 8 次以上，每周平均 42 次。通用汽车公司零部件厂的发运频率仅为每天 1.5 次，每周平均为 7.5 次。显然，日本汽车公司的平均存货成本要低于美国汽车公司。由于丰田公司的零部件协作企业离公司总装厂相距较近，这给各企业管理人员、工程技术人员之间的相互沟通带来了便利。丰田公司总装厂与零部件厂人员年平均面对面的沟通次数为 7 236 人/天，通用公司为 1 107 人/天。丰田公司这种频繁的人员交流为总装厂和零部件厂的充分沟通和协作创造了条件，便于双方解决在新车型开发、技术改造和生产中遇到的问题，从而加快新产品开发速度、提高产品质量，并降低经营成本。

运货卡车还未到达工厂大门，安装在车上的基于卫星全球定位技术的移动数据终端就已将卡车即将到来的消息传递到工厂的计算机系统，同时下载指令指引司机到正确的卸货区。当卡车驶入工厂大门时，计算机系统自动记录下所装货物的品种和数量，并使得零部件恰巧在需要时的前几分钟就到达装配线上。丰田汽车公司还通过信息的实时沟通，实现了零库存的目标。

资料来源：赵铭，高雪娟，2005 [N]. 从案例看供应链管理的重要性分类. 北京：中国计算机报.

7.3.2　全球供应链与供应链全球化趋势

1. 全球供应链的概念与发展趋势

(1) 全球供应链的概念。

全球供应链（Global Supply Chain）是指在全球范围内组合供应链，它要求以全球化的视野，将供应链系统延伸至整个世界范围，根据企业的需要在世界各地选取最有竞争力的合作伙伴。全球供应链管理强调在全面、迅速地了解世界各地消费者需求的同时，对其进行计划、协调、操作、控制和优化,在供应链中的核心企业与其供应商及供应商的供应商、核心企业与其销售商乃至最终消费者之间,依靠现代网络信息技术支撑,实现供应链的一体化和快速反应,达到商流、物流、资金流和信息流的协调通畅,以满足全球消费者需求。

全球供应链是实现一系列分散在全球各地的相互关联的商业活动,包括采购原料和零件、处理并得到最终产品、产品增值、对零售商和消费者的配送、在各个商业主体之间交换信息,其主要目的是降低成本扩大收益。

(2) 供应链全球化趋势。

自 2005 年以来,全球化在物流和供应链领域的影响日趋明显。全球供应链涉及运输和仓储等主要物流环节和基本业务的全球化,采购、外包、供应链流程的全球化。全球化的影响范围包括主要发达国家和南美、非洲、中东、亚洲等新兴物流市场,还涉及全球供应链安全的挑战、全球供应链的速度、敏捷性与成本效益优化等领域。供应链全球化影响已经深入到企业商业活动的方方面面。供应链全球化的趋势和影响主要表现在以下两个方面。

① 物流外包已经发展到供应链管理流程的全球化外包。供应链管理是企业内部和企业之间所有物流活动和商业活动的集成。随着运输时效、信息技术的进步,运输、仓储等主要物流活动的全球化已经开始了很长时间,全球采购、全球配送等物流环节近年来的全球化趋势明显,而供应链商业过程,如制造、研发、IT、客户服务近年来外包发展迅速。供应链商业流程外包增加了企业的价值增值能力。

领先的全球化物流服务供应商,已经从提供全球物流服务,向提供全球供应链服务转化。仅仅具备资产和物流服务能力已经不能满足跨国企业的要求。物流企业要具备供应链管理技术,从提供物流能力,转化到提供知识管理服务的层面,其中涉及供应链战略、供应链网络设计、供应链流程再造和优化、为生产企业提供完整的供应链管理服务。

供应链全球化的趋势表明,物流企业的能力,必须从提供以资产为基础的物流服务,向提供以管理能力为核心的完整的供应链服务转型,才能在竞争中处于优势地位。

② 跨国公司的全球供应链战略在不同的国家侧重点不同。跨国公司在实施供应链全球化战略的过程中,在不同的国家所考量的因素和重点不同。例如,中国和印度是供应链流程全球外包的两个主要承接地,但两国的优势和承接外包的主要商业流程不同,跨国公司所考虑的侧重点也明显不同。中国在承接制造业外包方面有明显优势,印度在承接完整的供应链外包、IT 外包和离岸业务外包方面有明显优势。而当跨国公司考虑供应链流程外包的时候,需要考虑中国经济高速发展的因素、知识产权保护、政府的政策和规则的影响等方面因素。在物流和供应链方面,跨国公司担心的是中国产业在向内地转移的过程中,沿海地区的港口和物流枢纽与内地的连接度不足,而增加物流成本和时间成本。

2. 当前全球供应链管理技术的应用重点

自 2005 年全球物流进入供应链时代以来,供应链管理技术的应用和影响日趋广泛深入。新的管理技术在供应链管理过程中得到广泛应用,精益供应链、闭环供应链、六西格玛、供应链流程标准、供应链运作参考模型等管理技术,正在提高企业的绩效。供应链管理技术应用的重点主要表现在以下几个方面。

(1) 供应链设计。

供应链设计是企业核心战略的主要内容之一。好的供应链设计，能够使企业获得供应链竞争优势，优化成本和服务。作为供应链流程的首要环节，供应链设计受到越来越多的关注。供应链设计能够为企业带来更大的利益，但也同样要求重视企业间的合作和供应链的协同。企业间的联合必须能够冲破部门的限制，从而保持供应链伙伴之间的战略一致性。

(2) 供应链合作。

供应链上独立企业间的横向合作可以改进服务水平，降低成本，为资本合理利用创造良好的环境。企业之间的供应链协同战略，可以实现链上企业同时获得价值增值的能力，创造更多的经济附加值（Economic Value Added，EVA）。

(3) 供应链与客户服务。

客户满意度对企业发展起着关键的作用。提供卓越的客户服务的关键是要有强大、高效供应链的支持，可满足客户需求，有创新、灵活的工作流程。优秀企业可以让供应链更贴近客户的需求。

(4) 可持续的供应链。

麻省理工学院成立了一个专门的研究小组来研究2020年的供应链管理。麻省理工学院的研究认为，影响2020年供应链管理的假设条件和可能的宏观因素，包括石油冲击、绿色法规、国际贸易、全球贸易和亚洲经济增长等。其中，建立对环境负责的供应链是保证供应链可持续发展的关键。

3. 全球供应链在当代研究的主要问题

(1) 企业社会责任是当代研究的主要问题。

自20世纪80年代以后，企业社会责任运动在欧美发达国家逐渐兴起。和平、环保、社会责任和人权等非政府组织也不断呼吁，要求社会责任与贸易挂钩。迫于日益增大的压力和自身的发展需要，跨国公司纷纷制定对社会做出必要承诺的责任守则，或者通过环境、职业健康、社会责任认证应对不同利益团体的需要。

1990—2008年，是全球供应链研究的转型期。跨国公司迫切需要解决这样一个问题：如何平衡全球供应链上各个相关利益方的利益，更好担负起全球社会责任（Global Corporate Social Responsibility，GCSR）问题。为解决这一问题，社会责任理论、利益相关者理论被引入全球供应链管理理论体系当中。全球供应链的利益相关方包括股东、债权人、雇员、消费者、供应商等交易伙伴，也包括政府部门、本地居民、本地社区、媒体、环保主义等压力集团，还包括自然环境、人类后代等客体。这些利益相关者与全球供应链生存发展密切相关。全球供应链的经营决策必须考虑他们的利益或接受他们的要求。全球供应链的生存和发展依赖于对各利益相关者利益要求回应的质量，而不仅仅取决于股东。

(2) 研究的主要方法和流派。

对于GCSR问题，主要研究范式是案例分析方法，其研究占据了总成果的80%左右。但在具体研究过程中，由于学者们选取了不同的行业背景，因而对社会责任关注的重点不同。可用社会责任重点、业绩指标、案例对象和建议履行方式来归纳研究成果。

各国的经济发展水平不一,利益相关方的诉求不尽相同,因而对各国学者的研究需求也不一致。最终形成了三个主要方向。

① 以研究环境无害化为主的环境学派,响应了发达国家压力集团的诉求,强调公司社会义务,要求建立产品回收系统和环境检测系统。

② 以研究社会福利整体改进为主的社会福利学派,响应了发展中大国压力集团的诉求,强调国家社会责任,要求政府干涉全球供应链的运作过程。

③ 以研究劳工权益维护为主的劳工权益学派,响应了发展中大国劳工集团的诉求,强调劳工权益,反对全球供应链管理中的不平等现象,要求建立全球统一的劳工标准。

由于研究出发点不同,这三个学派的学者在选取案例时,往往有倾向性。环境学派选取的案例为电子电器、汽车、核电、通信、医疗等高附加值产业,案例所属国家多为美国、欧洲、澳大利亚等发达国家和地区。社会福利学派选取的案例为粮农、化工、化纤、养殖、水产、纺织等关系国家经济安全的产业,案例所属国家多为东欧、东亚、东南亚等发展中国家和地区。劳工权益学派选取的案例多为成衣、鞋帽、玩具、塑料制品、造纸、计算机组装、快餐、娱乐、零售等劳动密集型产业,案例所属国家多为中国、越南、罗马尼亚等廉价劳动力国家。发展中国家的全球供应链社会责任研究集中在社会福利提高和劳工权益保障方面,而发达国家则集中在环境和资源使用方面。随着研究工作的不断深入,在劳工集团和生产者集团之外,消费者、政府、学者集团也作为重要力量提出对应的社会责任要求。

本 章 小 结

随着贸易壁垒的下降及全球市场的发展,很多公司面临着不断增加的相互关联的一系列问题。第一,生产活动究竟应该在什么地方进行?各国在要素成本、关税壁垒、政治风险等方面存在差异,在这种情况下,为实现成本最小化和增值最大化,生产应该集中在一个国家还是分散在全球各地?第二,国外生产选址的长期战略作用应该是什么?如果要素成本发生变化,公司是否应该放弃在一国生产转向另一个更为有利的地方?还是即使优惠的经济条件变化了,维持在既定的地方生产经营仍然有价值?第三,公司应当拥有控制国外制造活动的所有权,还是向独立的卖主外购这些活动?第四,应当如何管理全球分布的供应链?互联网信息技术在全球物流管理中有何作用?第五,公司应当自己来管理全球物流,还是把它外包给专业从事物流的企业外购管理层?

本章逐一考察了以上所列问题,探讨了在这一领域中影响决策的各种因素。同时集中讨论了两项活动:生产和原材料管理(物流),阐明它们如何在国际范围内运行以降低创造价值所需要的成本。

关 键 术 语

工厂设计　供应链管理　快速反应(QR)　有效客户反应(ECR)　全球供应链

习　题

一、简答题

1. 跨国公司制造和原材料管理的战略目标是什么？
2. 简述跨国公司生产地点选择的本质及其基本战略。
3. 简述影响跨国公司集中生产与分散生产决策的主要因素。
4. 简述跨国公司零部件自制与外购决策的含义及其利弊。
5. 简述跨国公司零部件自制或外购决策的分析方法。
6. 简述供应链管理的主要思想。
7. 简述供应链管理的主要方法。
8. 简述供应链管理的关键问题。
9. 简述供应链全球化趋势的主要表现。
10. 简述当前全球供应链管理技术的应用重点。
11. 简述全球供应链在当代研究的主要问题。

二、讨论题

供应链管理的主要思想是什么？试结合京东集团成功运作网络零售服务的实践进行分析，说明供应链管理思想尤其是在供应链全球化趋势下，企业如何通过供应链管理获取竞争优势。

分析案例

戴尔公司面向大规模定制的供应链管理

1. 大规模定制供应链管理实施的背景

（1）戴尔公司简介。

迈克尔·戴尔 1984 年创立了戴尔公司，总部设在美国得克萨斯州的奥斯汀，是全球领先的工厂产品及服务提供商，也是全球工厂界发展最快的公司之一。戴尔公司于 1996 年开始通过网站 www.dell.com 采用直销模式销售戴尔计算机产品，2004 年 5 月，戴尔公司在全球计算机市场占有率排名第一，成为世界领先的计算机系统厂商。戴尔公司在 20 年的时间里从一个计算机零配件组装店发展成为世界 500 强的大公司，直销模式及高效的供应链管理是其实现高速发展的保证。

（2）实施大规模定制供应链管理的原因。

戴尔公司创立之初是给客户提供计算机组装服务的，先天在研发能力和核心技术方面与业界的 IBM、惠普等公司有着一定差距，要想在市场竞争中占据一席之地，必须进一步分拆计算机价值链的机会，依靠管理创新获取成本优势。因此，戴尔公司在发展过程中虽有业务和营销模式的革新，但把重点放在成本控制和制造流程优化等方面，尤其是创造了直销模式，这可以减少中间渠道，直接面对最终消费者，达到降低成本的目的。而实施面向大规模定制的供应链管理更能帮助戴尔公司与供应商有效合作和实现虚拟整合，降低库存周期及成本，从而获取高效率、低成本的优势，这也正是其核心竞争力所在。

2. 大规模定制供应链管理的实施基础

（1）零部件标准化。

产品的模块化设计，零部件的标准化和通用化是大规模定制的基础所在。对产品按照其功能进行划分而进行模块化设计，建立产品族和零部件族，设计出一系列功能模块，通过模块的选择和组合构成不同的产品。这样，模块化产品便于按不同要求快速重组，把产品的多变性和零部件的标准化有效地结合了起来，这有助于将定制产品的生产转化为批量生产，也就是说，人们对产品功能的需求尽管有差别，但也有共性，大规模定制并非100%定制。因此，实行大规模定制的关键在于真正从本质上弄清顾客的个性化需求和共性需求，然后，把顾客的个性化需求和共性需求分别进行总体规划，按不同的供应链来组织生产和供应，以确保定制产品的高质量、低成本和快速交货。戴尔产品最大的特点是完全标准化。从戴尔公司近几年的发展来看，它虽然不断扩充自己的产品线，但是所有产品都是标准化的产品。它的主要产品 PC、笔记本、服务器，包括 OEM 的 EMC 的存储系列、Brocade 的交换机系列等，都是兼容性、开放性极强的标准化产品。

（2）按订单装配。

参照大规模定制的四种分类，戴尔公司属于采用按订单装配（Assemble-to-Order）的典型代表。基于以下几个原因，按订单装配的模式特别适合个人计算机：产品更新快和配件价格下降快使得售后库存成本很高；由于 PC 的模块化设计使得装配十分简单快捷，所以劳动力成本只占 PC 成本的很小部分；顾客关注的是产品价格和服务，却不太在意等待时间和独特设计。按订单装配的生产模式着眼于满足个性化需求，实现这一宗旨的前提是及时、准确地获取和处理市场需求信息。戴尔公司依托其现代化的信息平台，通过信息资源的共享，增强了供应链中各方获得信息的能力，准确、及时地捕捉需求信息，实现了企业响应能力的提高，使供应链管理成为差别化竞争优势的重要来源。

（3）信息技术的发展。

随着互联网络的发展和电子商务的普及，电子商务平台已经部分地取代了分销商和零售商职能。首先客户通过电子商务平台向主体企业提出定制要求，主体企业通过数据挖掘等技术从中进行信息的采集和整理，而后通过客户关系管理对客户的订单进行分解。分解后的订单信息成为企业进行采购的依据，而通过采购也使主体企业与其供应商和制造商联系在一起。信息技术和电子工具的广泛应用帮助戴尔公司实现以上要求，戴尔公司电子化的供应链系统为处于链条两端的用户和供应商分别提供了网上交易的虚拟平台。戴尔公司有 90% 以上的采购程序通过互联网完成。通过与供货商的紧密沟通，工厂只需要保持 2 小时的库存即可应付生产。除此之外，戴尔公司还推出一个名为 valuechain.dell.com 的企业内联网，所有供货商都可以在网站看到专属其公司的材料报告，随时掌握材料品质、绩效评估、成本预算及制造流程变更等信息。不仅如此，"电子化"还贯穿了从供应商管理、产品开发、物料采购一直到生产、销售乃至客户关系管理的全过程，成为戴尔公司面向大规模定制供应链管理的实施基础。

3. 面向大规模定制的供应链总体模型

为了适应客户驱动生产和企业联盟的需要，戴尔公司通过电子商务平台或电话的方式直接与客户联系，了解客户需求，并且采用直线销售模式直接把产品送达客户。这种模式的核心是直销背后的一系列采购、生产、配送等环节在内的供应链的快速反应能力，利用先进的信息手段与客户保持信息的畅通和互动，了解每一个顾客的个性化需求。可见，戴尔公司的直销模式是以直线订购为手段，凭借其高效的供应链管理对市场快速做出反应，为顾客提供多样化的产品和服务。这种模式也使得分销商、零售商的作用不断减弱甚至消失，导致供应链的结构逐渐转变为由原材料供应商、制造商、主体企业和客户组成的开放式的网络结构，如图7-3所示。

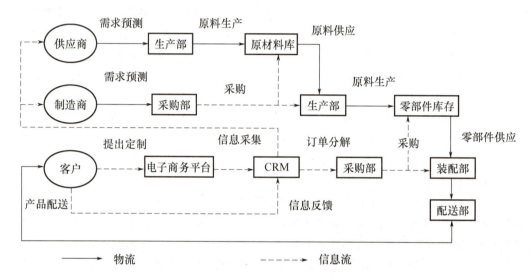

图7-3 戴尔公司面向大规模定制的供应链总体模型

从图7-3中可以看出，随着互联网络的发展和电子商务的普及，电子商务平台已经取代了分销商和零售商成为戴尔公司和客户联系的桥梁。首先，客户通过电子商务平台向戴尔公司提出定制要求，戴尔公司通过数据挖掘等先进技术从中进行信息采集和整理，而后通过客户关系管理（CRM）对客户订单进行分解。分解后的订单信息成为企业采购的重要依据，而通过采购也使戴尔公司与零部件制造商和原材料供应商紧密联系在一起。其次，由于供应商和零部件制造商一开始是以需求预测来决定其库存的，因此，戴尔公司将通过电子商务平台采集到的客户信息及时传递给供应商和制造商，以使他们的库存尽可能地降低。最后，当戴尔公司将定制产品送交客户手中后，还会将客户的反馈信息传递到CRM系统中，以期更好地与客户进行沟通。

4. 面向大规模定制供应链管理的特点

（1）严格挑选供应商，与供应商虚拟组合，建立合作伙伴关系。

戴尔公司拥有一整套的供应商遴选与认证制度。对供应商的考核标准，主要是看其能否源源不断地提供没有瑕疵的产品。考核的对象不仅包括产品，还涵盖了整个产品生产过程，即要求供应商具有符合标准的质量控制体系。要想成为戴尔公司的供应商，企业必须证明其在成本、技术、服务和持续供应能力等四个方面具有综合的比较优势，特别是供应能力必须长期稳定，以防由于供应不稳定而影响戴尔公司对最终用户的承诺。在对供应商考核时，戴尔公司采取了"安全量产投放（Safe Launch）"的办法。根据对供应商的考核结果，分阶段地逐步扩大采购其产品的规模，以降低新入选企业供应能力不稳定的风险。与供应商虚拟组合是区别于传统经营的一种新型模式，它突破了组织的有形界限，仅保留组织中能代表企业特征的关键性功能，按照比较优势理论和核心竞争力原理，将组织中非核心业务外包给擅长于这些功能的专业性企业来经营。因为顾客的需求时刻都会发生变化，所以产品零部件的生产也必须紧跟市场。如果戴尔公司自己生产零部件，那就需要大量的资金与技术的投入，有强有力的研发能力来保持零部件与市场需求的同步，这将大幅度增加成本，况且戴尔公司在这方面也确实没有供应商专业。于是戴尔公司把零部件的生产外包给那些实力雄厚的大型供应商，与对方结成联盟，共同满足顾客需求。

(2) 高效库存管理——物料的低库存与成品的零库存。

在库存数量管理方面，戴尔公司一直以物料的低库存与成品的零库存著称，其平均物料库存仅为5天。而在IT业界，与戴尔公司最接近的竞争对手也有10天以上的库存，业内的其他企业平均库存多是50天左右。因材料成本每周都会有1%的贬值，故库存天数对产品成本有很大的影响。仅低库存这一项，就使戴尔产品比其他竞争对手拥有8%以上的价格优势。客户订单经过戴尔公司的数据中心传到供应商公共仓库，再由戴尔公司的全球伙伴第三方物流公司伯灵顿公司管理。而伯灵顿公司在接到戴尔公司的清单后1小时内就能把货迅速配好，不到20分钟就能把货送达。戴尔公司的库存管理并非仅仅着眼于"低"，而是通过对其供应链的双向管理，全盘考虑用户的需求与供应商的供货能力，使两者的配合达到最佳平衡点，进而实现"动态库存平衡"，这便是戴尔公司库存管理的最终目标。

(3) 有效的客户关系管理（CRM）。

戴尔公司通过对关键客户的"一对一"营销，能准确快速地把握客户个性化需求。在大规模定制模式中，企业和客户的关系是一种协调互动的关系，完全超越了企业通常收集信息、满足客户需求的内涵。生产者与消费者不再是传统意义上的供求关系。生产企业不再是仅为争取客户满意，为使客户忠诚而主动提供产品（服务）的一方；消费者也不是传统的商品被动接受方。面向大规模定制的客户关系管理要求生产企业和消费客户互动，相互融合。当顾客在戴尔公司的帮助下确定了自己的需求后，销售人员便根据顾客的要求，为他们提供所需的产品。产品售出后，对顾客的服务并没有结束，销售人员还会通过电话、互联网或面对面的交流方式建立顾客的信息档案，进行质量跟踪服务，继续发掘顾客的新需求。戴尔公司认为，了解顾客与了解自己同等重要，要为顾客创造完整的消费体验，公司应该立足于顾客的角度去研发新产品，为顾客来量身定做，实现"互动效应"。

5. 面向大规模定制供应链管理的弊端

再优秀的企业也有其不足之处。戴尔公司在经历了迅猛发展直至成为PC行业霸主以后，也开始遭遇到业绩下滑和产品质量投诉等一系列问题。这说明随着市场的激烈竞争和顾客需求的变化，固有的模式必须不断地创新和完善。戴尔公司追求标准化，满足大多数人的最常用的需求，以致采购成本过低，难免出现产品质量问题。虽然大多是些小毛病，靠戴尔公司的售后服务可以弥补和解决，但毕竟影响了客户体验价值的实现。由于戴尔公司是采用按订单装配（ATO）的生产模式，这虽能保证标准化的零部件得以大规模生产，但在客户定制方面，却由于客户订单分离点（CODP）的靠后，使得只有装配活动及其下游的活动是由客户订货驱动的。在顾客需求越来越强调个性化的环境下，顾客也许不满足于自己只能选择不同规格的零部件来实现定制，而是要求产品从外观到功能全方位的定制。

6. 结论与启示

戴尔公司通过"按订单装配"的大规模定制生产模式，利用现代化的网络技术将批量生产的低成本优势，与个性化定制生产的高附加值优势完美地结合起来，这不仅降低了其库存成本，搜集到了顾客的需求信息，而且还大大提高了他们的满意度。戴尔公司通过建立一个超高效的供应链和生产流程管理，实现了即时生产和零库存，并且与供应商虚拟整合，构建了核心竞争力，而这一切都依赖于标准化的产品零部件设计和先进的信息技术平台。戴尔公司正在逐步转向全球范围的综合供应链管理，这样各生产工厂和供应商之间就形成了巨大的供应链体系，在全球范围内有效地实现了整合，使资源配置更加高效合理。

面对竞争日益激烈的市场，企业要想在市场竞争中占得先机并持续发展，生产模式和管理思想的革新势在必行。戴尔公司面向大规模定制的供应链管理模式，对于国内企业来说是有一定借鉴意义的。企业实施面向大规模定制的供应链管理必须解决三个问题。一是实现企业内部资源的有效整合。企业必须认识到现有产品的合理化、零部件的标准化是面向大规模定制的供应链管理的基础，应注重延迟策略的应用与信息平台的搭建及信息技术的应用，并确保灵活的组织结构以发挥供应链优势。二是要建立战略合作的外部协作关系，快速整合企业外部资源，确保组织能够快速供应，并且应对所有供应厂商的制造资源进行统一调配与集成，有效地对供应商进行整体评价，与供应商建立战略合作同盟。三是要准确快速地把握客户需求，建立以顾客为中心的客户关系管理。建立及管理客户数据库系统，开展"一对一"营销，建立网络营销平台，这样才能确保面向大规模定制的供应链管理获得成功。

资料来源：汪旭晖，2007. 面向大规模定制的供应链管理：基于"戴尔"的案例分析 [J]. 经济与管理 (7)：42—46.

问题

1. 请利用本案例资料分析说明，戴尔公司对大规模定制的供应链管理采用了哪些方法？具体是如何做的？

2. 请利用本案例资料分析说明，戴尔公司对供应链管理的一些关键问题是如何处理的？

3. 在供应链全球化背景下，你认为，戴尔模式是将更具有生命力还是将面临严峻的挑战？

第 8 章

跨国公司研究开发与技术管理

本章教学要点

掌握研究与开发的定义、类型及跨国公司研发组织的结构类型,了解跨国公司研究与开发国际化与本地化的主要内容与方式;

掌握跨国公司技术转移方式及其选择的主要影响因素,熟悉跨国公司技术管理的主要内容与方式;

了解知识产权特征及保护与被侵害的方式,熟悉跨国公司知识产权保护机制与主要措施,并能结合跨国企业实践进行应用分析。

知识架构

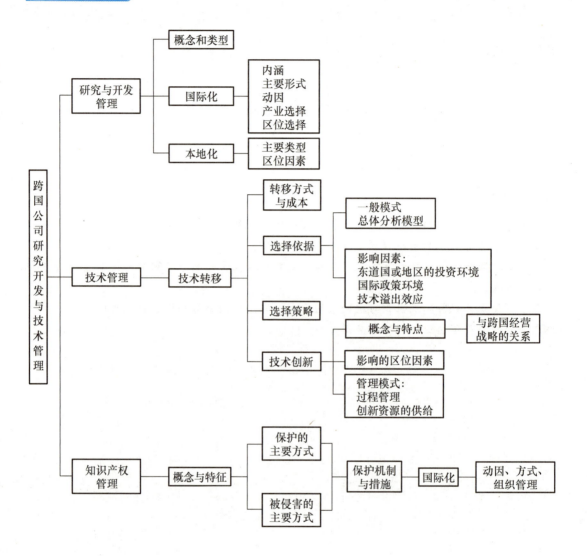

8.1 跨国公司研究与开发管理

8.1.1 跨国公司研究与开发概述

1. 研究与开发的概念和类型

（1）研究与开发的概念。

Research and Development 是一个国际通用的科学术语，我国一般译为"研究与开发""R&D""研究与试验性发展""研究与发展"等。按照联合国教科文组织（UNESCO）和经合组织（OECD）的统一界定，"研究与发展"的全称是科学研究与试验发展活动，它是指在科学技术领域，为了增加知识总量及运用这些知识去创造新的应用而进行的系统的、创造性的活动。

我国将 R&D 定义为：在科学技术领域，为增加知识总量并运用这些知识去创造新的应用进行的系统的创造性的活动，包括基础研究、应用研究、试验发展三类。

美国国家科学基金会（NSF）将全社会的 R&D 分为三大类：基础研究、应用研究、试验性开发，并分别给出严格的定义。由于科学和技术的区别逐渐模糊，在今天的学术研究中，R&D 已经不再是纯粹的学院式的"复合概念探源"，更多的是将"研究"与"开发"视为一个整体概念。

（2）研究与开发的类型。

① 基础研究是为获得关于现象和可观察事实的基本原理的新知识而进行的实验性或理论性的工作。

② 应用研究则主要是为了获得新的知识而进行的创造性研究。

③ 试验性开发是指利用从基础研究、应用研究和试验所获得的现有知识，为产生新的材料、产品和装置，建立新的工艺、系统和服务，以及对已产生和建立的上述各项进行实质性的改进而进行的系统性工作。试验性开发主要由企业来进行。

通过表 8-1 的实例可以看出研究与开发活动三个组成部分之间的区别。

表 8-1 研究与开发活动的分类实例表

基础研究	应用研究	试验性开发
研究微分方程的理论	为说明无线电波传输的强度和速度而研究微分方程	研制用于微分方程的数值解的计算程序
研究气流的压力条件与固体浮力	为获得制造导弹和飞机所需要的空气动力学数据，进行气流中压力条件和固体浮力的研究	飞机样机机身的开发工作

续表

基础研究	应用研究	试验性开发
对地热区的地质位置和地热发生过程的研究	为利用蒸汽、热水等自然储藏而研究地热	为进行发电、取暖或提取矿物而开发使用地热蒸汽或热水的方法
研究微生物辐射的生物化学和生物物理的机制	为获得保存果汁方法所需要的知识,或者加热和辐射对酵母生存的影响而进行的微生物研究	发明一种用 γ 射线保存果汁的方法

2. 跨国公司研究与开发的组织结构

(1) 母国集权型 (Ethnocentric Centralized R&D)。

在国际化经营的早期,跨国公司为了保证公司的长久竞争力及防止核心技术、关键技术的转移和外泄,往往采取母国集权型 R&D 组织模式。它是指跨国公司将所有的 R&D 活动集中在母国基地公司手中,不在海外进行任何 R&D 活动。母国总公司在技术上始终优越于国外的子公司和其他从属性公司,存在着不对称的信息结构和决策结构。母国之外的子公司和从属公司没有技术开发和产品开发的职能和权利,只能按照母国总公司的技术进行标准化生产,并在全世界销售。这样做除了有利于保护核心技术,还可以为企业带来 R&D 规模化和专业化方面的优势,从而降低 R&D 成本,缩短 R&D 周期。另外,R&D 人员在地理位置上的集中有利于信息在不同科学家之间交流。当然,这种模式的劣势也是显而易见的:一是对来自海外的市场信号和外国技术缺乏敏感性,二是对海外市场的需求缺乏足够的考虑,三是经常会发生创新缺失综合征,四是组织结构容易发生僵化。这种研发组织结构在重工业领域比较常见。

(2) 多国集权型 (Geocentric Centralized R&D)。

为了兼顾国际化的市场需求,一些跨国公司在母国集权型 R&D 的基础上向外扩张其 R&D 活动,逐渐形成了多国集权的 R&D 组织模式。这种模式将大部分的 R&D 活动集中在母国,但根据需要在海外设立一定的 R&D 机构,跟踪国际市场,收集外部技术情报,增强对国际市场的敏感度,派遣研发人员到海外工作,并同当地制造商、供应商和主要顾客进行交流,实现及时的信息反馈。这种研发组织形态虽然仍是国内集中研发,但已经出现地理的外向性,同国外联系密切,提供了一种既能兼顾国际化需要又不放弃集中进行 R&D 优势的简单方法。但是,这种方法要求跨国公司的母国 R&D 人员根据国际市场的需求变化,不断调整自己的价值观和行为方式,如果海外 R&D 机构定位不准确,就可能带来负面的影响。目前,采用多国集权型 R&D 模式的有日产等公司。

(3) 多国分权型 (Polycentric Decentralized R&D)。

"本地化"已经成为跨国经营的一种趋势,跨国公司在东道国的分支机构越来越淡化母国特征,争取融入当地的经济环境之中。基于这一考虑,跨国公司根据国际市场的需要将其 R&D 职能分散到多个中心,每个中心负责当地的 R&D 活动,并对当地的管理层负责。多国分权型 R&D 的组织形态特征是在空间分布上具有多个平行的中心，各个分散、独立的研发地点结成联盟，没有集中监管的母国公司研发中心，国外研发机构具有高度自主的权利，同母国基地之间的信息流动非常有限。跨国公司在当地设立海外研发中心，突出当地市场导向，适应当地环境，提高市场敏感度，推动产品当地化，注重市场特殊性甚于产品标准化、当地有效性甚于全球效率。这种研发组织类型在 20 世纪七八十年代欧洲跨国公司的海外研发过程中较为盛行，如壳牌石油和飞利浦公司的全球研发体系。尽管多国分权型 R&D 带来的本地化市场导向的好处非常明显，但其最为突出的问题是各个区域性 R&D 中心协调困难，并且多个 R&D 机构的研究内容可能出现重复，导致 R&D 资源的浪费及组织上的低效。

（4）核心型（Hub、Model R&D）。

核心型 R&D 组织结构是在综合了多国集权型和多国分权型优点的基础上形成的一种新 R&D 组织模式。在这种模式下，跨国公司一般将母国 R&D 组织作为轴心，从事主要技术的 R&D，海外 R&D 机构仅限于从事事先规定的技术创新活动。核心型 R&D 设有严格的控制中心，对分散在海外的研发机构进行统一协调，对国际化研发资源做出回应。在地理上则是控制中心的母国国内导向和分散中心的全球导向兼而有之，呈现出节点层级结构特征。主中心占有明显的主导地位，具有技术和能级上的领先优势，通过与各个次级中心的密集的信息流实现全球研发一体化，提高研发效率，避免重复开发，利用全球优势创造发展合力。但这种模式的缺点也很明显：一是协调成本较高，在信息交流方面存在时间成本；二是母国核心 R&D 机构可能压制海外 R&D 机构进行技术创新的积极性，影响其创新效率和灵活性。采用这种模式的跨国公司有戴姆勒-奔驰、富士通、西门子、索尼、松下等。

（5）网络整合型（Integrated Network R&D）。

20 世纪 90 年代以来，随着网络经济的迅猛发展，跨国公司纷纷运用信息技术手段进行全球组织结构再造，跨国公司 R&D 组织结构也出现了网络化发展的趋势，逐渐形成了网络整合型的 R&D 组织模式。在这种网络结构模式下，母国基地的研发中心不再是集中控制的主中心，而与其他众多研发机构互相依赖，通过各种协调机制和沟通渠道形成全球协同、灵活高效的系统化网络结构，发挥地方优势，加强分工合作，优化全球效率。鉴于网络整合型 R&D 模式的优越性，很多大型跨国公司都开始采用这种模式，而这种模式也迅速成为当今跨国公司 R&D 组织的主流。采用这种模式的跨国公司有佳能、罗氏、飞利浦、雀巢和迅达等。

从全球跨国公司 R&D 组织结构实际演变的过程来看，跨国公司在选择 R&D 组织结构模式时，主要考虑分散 R&D 与集中 R&D、合作 R&D 与竞争 R&D 对企业 R&D 全球化战略的影响，并根据企业面临的外部经营环境，选择最适合的 R&D 组织结构模式（见图 8-1）。当然，在具体分析某一家跨国公司的 R&D 组织结构选择时，可能要受到诸如特殊的战略、环境、技术进步、组织规模、生命周期、组织文化等更多因素的影响。但总的来说，跨国公司 R&D 组织结构的变迁是遵循着一定规律的，具有相对稳定性和渐进发展的特征。

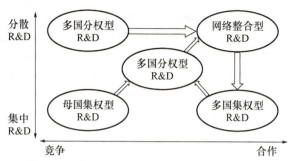

图 8-1　跨国公司 R&D 组织机构的类型及演进

资料来源：BOUTELLIER R，GASSMANN O，ZEDTWITZ M V，1999. Managing global innovation，uncovering the secrets of future competitiveness [M]. Berlin：Springer-Verlag, Berlin Heidelberg.

8.1.2　跨国公司研究与开发国际化

1. 研究与开发国际化的内涵

研究与开发国际化是指跨国公司在特定的经营战略指导下，将研究与开发活动扩散到母国以外的其他地区，利用多个国家的科技资源，跨国界开展研究与开发活动的过程。

研究与开发国际化是经济全球化的产物和重要组成部分。主要体现在科技研究开发资源的全球配置，研究与开发活动的全球管理及研究开发成果的全球共享。

20 世纪 90 年代以来，经济全球化的趋势大大加强，发达国家的跨国公司为了适应经济全球化的发展趋势，从其长远战略出发，不断淡化以母国为研发基地的传统观念，逐步实现包括研发工作在内的整体业务的进一步国际化。

2. 研究与开发国际化的主要形式

（1）基于技术搜寻的跨国并购。

就技术战略而言，并购的目的是获得目标公司所附属的研发机构，但常常也伴随着对相应的生产性公司、销售性公司的购买。在目标企业选择上，技术水平高、科研能力强的企业往往成为选择对象。并购的最大优势在于可以实现原有企业和所购买企业在专业领域上的技术和知识互补，以及地理上海外生产与研发之间的搭配，同时也能够控制新机构的研发成果。

（2）与海外跨国公司进行合作。

与海外跨国公司进行合作，结成 R&D 联盟，或者进行技术互换，实现技术共享。由某一跨国公司单独进行技术研发，不仅投入大，风险大，而且周期长，难以适应当代科技的发展速度。而合作进行研发，可以节约成本，风险也随之降低，可以在较短的时间内实现技术和知识的互补与良性共享。技术作为一种资源，通过流动得以实现优化配置。技术互换协议通常发生在拥有庞大技术开发投资和强大技术创新能力的少数世界级别技术垄断公司之间，互换的不是业已成熟或过时的技术，而是最新技术成果，主要涉及电子、化学和医药等部门。

3. 研究与开发国际化的动因

促进跨国公司研究与开发国际化迅速发展的因素，既有跨国公司技术创新国际化的需要，也与当今世界经济与科学技术发展有关，主要包括以下几方面的因素。

（1）母公司全球化生产经营的需要。

在具有优势的区域设置分支机构，可以使跨国公司更好地开拓和服务于海外市场，尽快地对区域技术优势的动态变化做出反应。在海外设立独立的 R&D 机构或在海外子公司内设立 R&D 部门，主要担负着两方面的职能。一是解决产品、工艺、设备的当地化问题。由于从母公司引进到东道国的产品、技术和工艺一般是全球同质的，很可能不适合当地的需求和条件，必须通过技术人员进一步开发使之当地化。二是研究当地市场，根据当地市场的需要开发出适合的产品。为了迎合东道国市场的特殊需求，跨国公司必须研究当地社会文化和市场特征，开发出适应当地市场的产品。

（2）获取低成本的 R&D 资源。

低成本地利用海外的研究与开发人才，是跨国公司研发国际化的一项主要推动力。同时，发达国家研发人员短缺也是跨国公司设立海外研究和开发机构的重要推动要素。除直接雇用海外的研究与开发人员外，也可采取跨国并购和技术联盟等形式，收购国外的研发机构或与其成立技术开发联盟，以达到获取低成本的研究与开发资源的目的。

（3）获取先进技术。

技术发展存在国家或地区性，各国的科学技术发展在逐步专业化，在不同的国家或地区形成了不同产业或领域技术发展的集中地。要建立和维持技术竞争优势，就需要不断扩大获取各种研究与开发投入的途径，充分利用母国之外其他国家的技术成果。只有通过在知识源头处设立研究与开发机构，才能有效地获取其他国家和地区的相关技术和知识，利用当地的研究与开发资源。

（4）跨国公司竞争战略调整。

随着经济全球化和知识经济时代的到来，跨国公司竞争战略的重点由通过资本获得竞争优势转变为通过技术获得竞争优势，即以技术战略为核心来构筑其整体的跨国经营战略。因此，跨国公司在致力于打造国际化的生产与销售网络的同时，加大在东道国研究与开发的投资力度，构筑成国际化的 R&D 网络，以适应母公司国际化竞争战略的要求。

（5）信息技术进步的推动。

信息技术的迅猛发展为研发国际化提供了技术保障。信息技术在促进跨国公司研发国际化方面的主要作用体现在：一是相互交流方式的改变使 R&D 活动的空间加大，并使研发活动的空间分解成为可能；二是减少了 R&D 资源自由流动的障碍，并降低了跨国公司对海外 R&D 活动统一协调与控制的费用；三是信息交流的便利，使跨国公司从事 R&D 活动的时间延长。

4. 研究与开发国际化的产业选择

跨国公司投资海外 R&D 的行业主要集中在高新技术领域，如化学和医药、电子信息和通信等研发全球化程度相对较高的行业，而传统机械制造业等研发的全球化程度较低。除医药行业外，R&D 国际化程度高低与技术或资金密集程度之间存在负向关系，即某行业的技术水平越高，则该行业在国际从事 R&D 的比重越低；某行业的技术水平越低，其

R&D 的全球化水平越高。

然而，有两类行业显现出不同于其他行业的特征。第一类行业属于非技术或资金密集型行业，但其 R&D 国际化强度却很高，最突出的代表是食品和饮料行业。这是因为传统产品需要改进以适合当地的口味，或者需要将技术活动布局在原材料产地，所以这些行业尽管技术密集程度不高，但 R&D 的全球化程度却很高；第二类行业属于技术和资金非常密集的行业，但 R&D 国际化程度却非常低，如航空业。这是由于高技术产品的世界通用性，无须在海外设立 R&D 机构进行产品改进以适合当地市场的需要，所以这些行业 R&D 全球化程度相当弱。

5. 研究与开发国际化的区位选择

跨国公司在全球范围内进行研发的决策中，一个非常重要的决策就是选择海外研究与开发的区位。研发国际化的区位选择决策进一步涉及两个问题：影响区位选择的因素、区位选择的模式。

(1) 影响区位选择的因素。

① 东道国因素。A. 东道国的市场规模和容量，是影响跨国公司海外 R&D 投资区位选择的重要因素。B. 东道国研究与开发的基础条件，是影响跨国公司研究与开发区位选择的主要因素，尤其是发达的信息通信网络，可使跨国公司海外 R&D 机构充分享受由此带来的外部经济效应。C. 东道国的相关政策，尤其是知识产权和贸易保护方面相关的法律法规，对跨国公司研究与开发的区位选择有着重大影响。D. 文化差距的影响，跨国公司倾向于进入那些在地理位置和文化上相近的国家，以降低经营风险。

② 跨国公司本身因素。A. 跨国公司的规模。随着企业规模的增大，企业创新能力提高，其海外 R&D 的动机越来越强烈，R&D 全球化程度越来越高。B. 跨国公司的国际化程度。跨国公司的 R&D 全球化程度与其国际化程度、海外经营的经历正相关，跨国公司海外经营的时间越长，其 R&D 全球化程度越高。C. 跨国公司的经营战略。R&D 机构的区位选择受到母公司总体经营战略的影响，是母公司总体战略的一部分，母公司四种不同的跨国经营模式产生了相应不同的区位选择决策。

③ 母国因素。母国对跨国公司 R&D 国际化的影响因素是建立在与东道国的比较基础之上的。母国不利于跨国公司进行 R&D 的因素正是东道国吸引跨国公司进行 R&D 的因素：一是海外 R&D 的启动因素，二是 R&D 国际化的引力因素。当母国的 R&D 成本较高时，可在其他国家寻找更适合的 R&D 环境。如果母国政策限制某些生产，将生产转移至限制较少的国家，与之相应的一些生产性辅助 R&D 活动也会转移过去，R&D 国际化程度就随之提高。

(2) 区位选择的模式。

基于国际化 R&D 的动机和区位决定因素，以及 R&D 投资的战略动机，跨国公司的国际化 R&D 区位选择一般可归纳为以下五种模式。

① 生产支撑型。生产支撑型的 R&D 机构是实行国际经营战略的跨国公司为了支撑在海外的生产而设立的，这些 R&D 机构为母公司在当地的生产活动提供技术支持和服务，一般与海外生产基地设在一起。这种 R&D 机构设立的初期基本上不进行新技术的研发，只负责一些与具体生产相关的技术指导活动，解决一些具体技术问题，或者对生产工艺进

行改造。当这些 R&D 机构不断发展壮大后,也会进行一定的基础性研究,对母公司的技术进行本地化创新,以适应当地生产的需要。

② 资源寻求型。R&D 资源包括两部分:一是 R&D 基础设施和基础性研究成果;二是 R&D 人力资源。R&D 基础设施主要集中在发达国家,而一些发达国家的小型跨国公司无力建设大规模的 R&D 基础设施或设施不全时,便会在拥有这类 R&D 设施的国家设立 R&D 机构。同时,有些 R&D 活动需要相关学科的基础研究,而这些基础研究往往是由一国政府资助的,并仅对本国 R&D 机构开放,跨国公司为了利用这些研究成果,也会考虑在东道国设立具有法人地位的研究机构。

人力资源是另一种重要的 R&D 资源。在新经济条件下,技术周期越来越短,人才培养又需要一个较长的周期,而本国 R&D 人力资源的供应却往往受多方面因素的制约和限制,在全球范围内网罗 R&D 人才,就成了许多跨国公司设立海外 R&D 机构的一个重要原因。

③ 市场导向型。实行多国经营战略的跨国公司会考虑东道国的市场需求情况,选择在销售较多的地区设立海外 R&D 机构,这与东道国的市场规模、跨国公司产品的性质有关。跨国公司在重要的海外市场设立 R&D 机构,以收集当地的需求信息,为当地市场提供技术服务。

④ 技术跟踪型。技术跟踪型区位模式可分为两类:一类是为了跟踪世界先进技术,另一类是为了跟踪竞争对手的技术动态。跟踪世界先进技术的 R&D 机构,倾向于由落后的国家(地区)向先进的国家(地区)流动,即技术投资"上流型"。此类型机构多建立在行业技术的全球领先区位,如 IT 行业的美国硅谷、电子行业的日本东京等地。跟踪竞争对手型 R&D 机构主要设置在竞争对手的 R&D 机构附近,跟踪竞争对手的技术发展状态,为母公司的战略提供参考,一般是在科技发展水平相近的国家之间。

⑤ 战略投资型。从公司的全球和跨国经营战略规划出发来考虑海外 R&D 机构的全球布局。这种模式可细分为发展战略竞争型和战略发展型两类。前者是指为了与竞争对手开展战略竞争而在海外设立 R&D 机构的行为,即"追随潮流"效应。当该行业中有一个企业在某一东道国设立 R&D 机构后,其竞争对手为了确保自己的市场地位,也会在该东道国设立自己相应的 R&D 机构。战略发展型是指为建立企业长期的"战略优势",而在具有重要战略意义的国家或地区设立 R&D 机构,从而抢占全球市场和技术制高点,为公司长远发展服务。

案例 8-1　3M 公司 R&D 的全球化

3M 公司在 20 世纪 50 年代时就已经认识到,技术不能只在美国开发,美国的产品并不适合全世界,必须调整产品以适应当地的市场。这一时期,3M 公司主要采取市场支持的全球化创新战略。其国际 R&D 活动的出发点是为了与当地市场、客户等外部环境因素密切联系;R&D 机构和海外的生产、营销机构联系密切,使其对市场的反应更加灵敏。

3M 公司国外 R&D 实验室在其建立之初,是以公司总部 R&D 为中心的。总部集中关键创新资源,总部的 R&D 中心是创新的主要执行者,总部创造主要的新技术和新产品,然后向国外分公司扩散;国外的 R&D 实验室只是将公司的技术向海外转移,或者围绕子公司所服务的市场条件进行产品适应性改造,为子公司的生产经营提供适应性开发和技术支持等，这是一种中心-边缘型的组织形式。

进入 20 世纪 90 年代，这个时期 3M 公司全球化创新的战略是多种战略组合的方式，R&D 的出发点是充分利用国外的各项当地资源，增强企业的技术能力，并进一步进行市场扩张。R&D 活动类型包括基础研究、应用研究、产品和工艺的开发；国际公司 R&D 部门与上级 R&D 部门和上级企业管理部门的联系更加密切。

资料来源：殷瑜，2008. 跨国公司研发（R&D）全球化的趋势和特点 [J]. 北京：经济界（3）：48-59.

8.1.3 跨国公司研究与开发本地化

1. 研发本地化的概述

本地化是指跨国公司将东道国经营资源引入内部经营活动的过程。准确地说，是指外部经营资源的组织内部化过程。

研发本地化是指跨国公司根据多国和跨国经营战略，将研发活动扩散到母国以外的子公司所在地，利用东道国的科技资源开展研发活动。研发本地化包含两种具体形式：一是在跨国公司子公司所在国设立研发分支机构；二是跨国公司子公司与所在地的大学或研究机构合作展开研发活动。其中，前者是目前研发本地化过程中最直接、最重要、效果最显著的一种形式。

研发本地化从职能看大体分为四类：第一是技术应用型研发类，其科研活动与企业的生产活动紧密相连，服务于跨国公司多国战略中开发本地市场的需要；第二是技术监测类，位于世界各技术领先的地区，监测当地的技术进展，加速自身的研发；第三是技术开发类，这类本地化在选址时往往靠近东道国的著名大学或直接建立在科技园区，从事技术开发和创新；第四是基础研究类，从事超前性的技术研究工作，进行知识储备，直接服务于跨国公司的全球化战略，并成为跨国公司全球研发网络的重要枢纽。

2. 研发本地化的类型

对于跨国公司海外研发本地化的类型，存在着许多不同的划分角度与划分方法，以下是三种对跨国公司海外研发本地化类型进行划分的主要方法。

（1）附属与独立型研发本地化。

从跨国公司海外研发本地化与海外生产本地化之间的关系来划分，跨国公司在海外的研发本地化可分为附属型研发本地化和独立型研发本地化：①附属于其海外子公司，或者是实施并购后海外企业自身所拥有的研发本地化，这类研发本地化的活动主要与本企业的生产活动密切相连，并适合开拓本地市场的需要，因而偏重于应用研究，主要适用于跨国公司的多国和跨国战略；②独立于生产性企业之外，以基础研究或跟踪东道国技术发展方向为主要目标的研发本地化，这类本地化的选址往往靠近东道国的著名大学，或者直接建立在东道国的高科技工业园区，主要适用于跨国公司的全球战略。

（2）辅助性、当地一体化和国际互联型研发本地化。

从海外研发机构所承担的主要研究任务及其特点这一角度划分，可以将研发本地化分为三种类型。

① 辅助性研发本地化（Support Laboratory）。辅助性研发本地化的主要任务是依据所在东道国的市场需求特性对产品进行调整研究，辅助东道国子公司的生产和营销活动，其作用是使跨国公司现有技术为当地子公司有效吸收和扩散，以便使该跨国公司的现有技术获得最有效的利用，来支持其多国战略的实施，而这部分工作很大程度上依赖这种辅助性研究本地化。

② 当地一体化的研发本地化（Locally Integrate Laboratory）。当地一体化的研发本地化是与当地子公司的其他重要职能部门（管理、营销、工程）紧密配合的，针对东道国市场甚至超出该东道国范围的其他市场需求，专门开发新的产品或工艺，而不仅仅是消化和吸收跨国公司的现有产品与技术。因此，设有当地一体化的研发本地化子公司，有助于跨国公司拓展动态的创造能力。

③ 国际互联型研发本地化（Internationally Interdependent Laboratory）。国际互联型研发本地化具有两个明显的特征：一是主要从事长期性的基础研究项目；二是与跨国公司设在其他国家的其他研发机构之间保持着系统和稳定的联系（包括与母公司研发机构的联系），而与其东道国当地公司的生产和营销单位几乎不存在任何合作关系。在跨国公司的全球战略体系中，所有的国际互联型研发本地化共享该体系任何部分的创新能力与创新资源，并基于其东道国特有的科学技术优势作出独特的贡献。

（3）收购与直接设立的研发本地化。

从海外研发本地化的形成特点来划分，海外研发本地化主要分为收购和直接设立两种。

① 收购。跨国购并是跨国公司实施研发本地化的重要途径。一般来说，跨国公司为了有效地利用通过收购获得的技术能力，通常重新界定被收购公司的业务活动，并将其纳入跨国公司体系与其他部门的活动相整合。适应于这种调整，被收购公司研发机构的职责通常转向服务跨国公司的整体需要，使这些海外研发机构的主要职责从"创新型"转变成"调整型"。

② 直接设立。跨国公司决定进行海外研发本地化往往是出于特殊的战略考虑，特别是要从事长期性、具有挑战性的研发活动时，战略性更强。

从跨国公司对创建与收购之间的选择来看，一般而言，拥有最先进技术的跨国公司更多地选择直接创建方式进行研发本地化；而管理人员和技术人员短缺的跨国公司则乐意采用跨国收购方式；发展速度快的跨国公司因为需要不断探索新的国际经营经验且缺乏管理及技术人员，因而更倾向于选择收购方式。

3. 影响研发本地化的区位因素

跨国公司在海外研发本地化的决策中，一个重要的决策就是区位选择。决定跨国公司在海外研发本地化区位决策的因素涉及多个方面。

（1）研究开发的导向相关性。

决定有效的研发区位决策的一个重要因素，是与相关利益群体之间的地理距离和时间距离。这不仅涉及公司内部的相关人员，还涉及公司外部的各种利益群体。这个因素对于研发区位的影响，主要取决于海外研发本地化活动的导向，因海外研发本地化的具体使命不同而不同。对于在多国经营战略指导下的研发活动，主要服务是对来自母国的技术与产品的调整,以便适应东道国的市场条件,占领海外市场,所以接近主要顾客十分重要。这类研发本地化主要集中于公司海外已有经营的区位,与公司在当地的生产经营活动相结合。但是,对于在全球经营战略指导下,从事长期型研究而不涉及直接产品应用的基础研究导向型研发本地化来说,需要与海外当地的大学及其他研发机构进行合作。因此,接近与利用海外当地的主要大学和其他科研机构就十分重要。

(2) 海外扩张的区位相关性。

在跨国公司海外扩张越来越多地采取收购方式的情况下,跨国公司海外扩张集中的地区也往往是海外研发相对集中的地区;跨国公司经营扩张较快的国家或地区,也往往是更需要公司对适应当地市场条件的产品与工艺进行调整的地区。

(3) 市场当地化需要相关性。

一般来说,对于实行多国经营战略的跨国公司而言,市场当地化的需要最重要。一方面,对于许多消费产品来说,在那些文化背景不同、居民收入水平不同的国家里更需要进行市场当地化。另一方面,当地成本结构和原材料及零部件的供给情况,以及技术与产品规格标准的问题,也产生了对制造工艺进行当地化调整的需要。因此,需要跨国公司进行研发本地化,向在东道国的生产单位提供所需的技术服务,包括在东道国市场调整标准化产品和开发新产品等。

(4) 竞争对手在当地的研发水平相关性。

跨国公司海外研发本地化并不都是源于对有关因素的反应,有时是因为一些处于同行业领先地位的竞争对手,在国外某个国家或地区设立了研发机构。因担心竞争对手抢先进入,会获取当地稀缺的科技资源或提高研发能力而增强其竞争力,对自身产生负面的竞争压力。

以上分析了影响跨国公司海外研发本地化的主要因素,但是这些因素对于不同跨国公司海外研发本地化区位选择的影响程度是不同的;对于实行不同经营战略,来自不同国家、不同行业的跨国公司以及不同类型的海外研究机构,这些因素的影响也不同。

 案例 8-2　跨国公司在中国研发战略的新特点

跨国公司在中国的研发中心主要分布在技术密集型行业。从研发中心的数量来看,跨国公司在中国的研发投资主要集中于电子及通信设备、交通运输设备、医药、化工等制造业,且主要集中在北京、上海、深圳、天津、苏州等大城市,如表 8-2 所示。

表 8-2　中国重点城市外资研发中心概览

地区	截止日期	外资研发中心数量	行业分布	其他
北京	2021年年底	189家	信息技术、医药健康、人工智能等	其中60%属于信息通信技术行业,大多聚集在海淀区的中关村科技园区
上海	2022年年底	531家	生物制药、信息技术、汽车零部件、化工等	约60%在浦东新区

续表

地区	截止日期	外资研发中心数量	行业分布	其他
深圳	2020 年年底	87 家	电子通信等	其中包括非独立法人性质的外资企业内设研发机构；有 4 家被认定为国家级技术中心
天津	2017 年年底	11 家（独立）	汽车及零部件制造、机械制造、新型材料、生物医药	另外有 89 家外资企业研发机构以内设机构形式未计入
苏州	2010 年年底	183 家（省级以上）	电子信息、装备制造、新材料	另外，累计 2000 多家外资研发机构以内设机构或非经营主体形式存在而未计入

跨国公司在中国设立的研发中心以独资为主，如摩托罗拉中国研究院、朗迅贝尔实验室、三星通信技术研究所、联合利华上海研究中心、微软中国研究院和 IBM 中国研究中心等，防止技术溢出是其重点考虑因素。只有少数研发中心是和中国合资，如 2003 年联想和 Intel 合资成立的研发中心、2006 年 7 月成立的摩托罗拉和华为 UMTS 联合研发中心。

从功能和技术层次来看，跨国公司在华研发中心的发展战略大体可以分为四类：一是技术支持型研发中心，主要负责为本地生产或销售提供技术指导、维修服务和产品测试等，如 2004 年成立的本田技研工业投资公司从事本田汽车主要零部件、整车的性能测试和数据采集；二是从事产品和技术本地化工作的研发中心，主要是在母国核心技术的基础上进行面向中国市场的产品应用开发；三是技术跟踪型研发中心，主要关注中国新技术的发展动向并尽可能参与其中，如 2006 年上海贝尔阿尔卡特与大唐移动建立联合实验室，共同开发关于中国自主的 TD-SCDMA 3G 标准的技术和产品；四是面向全球市场的研发中心，其技术成果将推向海外，如 2006 年 4 月正式启动的 SAP 成都研发中心，其工作重点是为全球中小企业开发产品。跨国公司在华研发机构的战略早期主要是为在华生产和销售提供技术支持，如 IBM 中国研究中心成立于 1995 年，旨在引进 IBM 全球技术成果并推出语音技术、文本分析和挖掘技术等众多汉化产品。近年，随着中国科技水平的提升和研发人才经验的积累，以微软中国研发集团等为代表，越来越多的跨国公司将在中国的研发机构发展成为全球性研发中心。微软于 2006 年联合其在中国的 14 家研发机构成立微软中国研发集团，成为其全球创新体系的重要节点。

资料来源：邱罡，张晓亮，易涝婷，2007. 跨国公司在华掀起研发中心热潮[J]. 当代经理人（11）：54—56.

8.2 跨国公司技术管理

8.2.1 跨国公司技术转移方式与成本

1. 技术的定义、特征与类型

（1）技术的定义与特征。

技术（Technology）是人类为满足物质生产和社会活动的需要，运用客观规律创造出来的改造客观世界的一切知识、能力、手段和方法的总和。在企业跨国经营活动中涉及的技术主要是指在完成某项生产经营活动中所需要的方法或技能。技术一般具有以下特征。

① 无形性。技术是一种看不见、摸不着的知识性东西，只能靠理解去把握，有些技术可用语言来表达，而有些技术只存在于拥有技能者的经验中。

② 系统性。零星的技术知识不能称之为技术。只有关于产品的生产原理、设计、生产操作、设备安装和调试、管理、销售等各个环节的知识、经验和技艺的综合，才能称之为技术。

③ 商品属性。技术是无形的特殊商品，不仅有使用价值，也有交换价值，所以它才能充当技术贸易的交易标的。

（2）技术的主要类型。

① 按技术先进程度不同，可分为先进技术、中间技术和落后技术。一般来说，开始投入使用至普及推广前的技术，称为先进技术；普及推广后的技术，称为中间技术；开始进入衰退期的技术，称为落后技术。这种技术分类与产品的生命周期基本一致。

② 按技术升级程度不同，可分为原有技术、改进技术和新技术。改进技术和新技术都是技术革新的产物。改进技术，是指在原有技术基础上经过调整或改变形成的技术。新技术是指发明一项全新的技术，用以取代原有技术。

③ 按技术适用程度不同，可分为适用技术和不适用技术。在特定经营环境中，能用来达到既定生产经营目标的技术，称为适用技术；反之称为不适用技术。技术是否适用，主要取决于它的经济合理性。如果在一个国家特定的环境中，技术不能取得满意的经济效益，即使是先进技术也不是适用技术；在一国已不算先进的技术如果在另一国能取得效益，对后者来说就是适用技术。

④ 按技术是否受工业产权法保护，可分为工业产权技术和非工业产权技术。工业产权技术是在法律上获得保护的技术，主要包括专利、商标、外观设计等无形财产。工业产权技术的所有人对它享有独占权利，有权将其转让、出卖、租借或抵押，从中获取利益和报酬。非工业产权技术是一种未获得专利的技术，主要是技术诀窍，是为制造某一特定产品或使用某一特定工艺所需要的知识、经验、数据和技能，有时也包括有关组织、管理、经营、财务等方面内容，表现形式可以是设计方案、图纸、技术说明书，或者技术示范与具体指导。

2. 跨国公司技术转移的主要方式

技术转移是跨国公司从事国际化经营的重要方面，是指作为生产要素的技术，通过无偿或有偿的各种途径，自一国或地区流向他国或地区的活动。具体地说，就是指制造最终产品或处置中间投入产品所需的知识及知识诀窍，包括产品设计、生产方法、相关的管理系统等，有偿或无偿地从一国或地区流向他国或地区，从一个企业流向另一个企业的活动。

（1）对外直接投资。

对外直接投资是指一个国家或地区的投资者直接输出生产资本到另外一个国家或地区的厂矿企业进行投资，并由投资者直接进行该厂矿企业的经营管理的活动。由于技术成为跨国公司对外直接投资的前提，所以对外直接投资一般都与技术的转移相结合，对外直接投资就成为技术转移的一种主要方式。

（2）技术出售。

所谓技术出售，是指跨国公司将某一单独的生产技术出售给购买方的活动。当该项技术在它的市场上已经没有使用价值，或者将来也不准备再使用该项技术，而且如果这项技术不进行资本化，就可能成为过时技术时，跨国公司为了尽快获取利润，就会在技术市场上出售这项技术，直接销售技术对交易双方都是有利可图的事。

（3）许可交易。

许可交易是指跨国公司通过签订许可合同，把专利技术、专有技术、商标使用权、产品制造权或销售权出售给其他海外子公司或无关的海外企业，允许对方在一定条件下使用的活动。许可交易是跨国公司从事技术转让活动中最主要也是最常用的方式。许可交易的优点表现在：能够较快地得到自己没有的技术，既赢得了时间又节约了费用；有助于加快引进方的技术更新速度；有助于改善引进国的产业结构。

（4）合作生产和合作开发研究。

合作生产是指跨国公司与东道国或地区企业根据协议，共同生产某种产品的活动，双方根据其生产经营优势形成合理分工，合作生产所采取的技术可以由跨国公司一方提供，也可以共同研究、共同设计。以这种方式进行的技术转移可以采取灵活多样的具体形式，以保证双方合理的利益。合作开发研究是指跨国公司利用东道国或地区企业在某方面的优势一起从事设计和研究，完成某个项目研制的活动。在此期间，双方可以获得彼此有关的经验和技术，合作研究与发展成果为双方共同享有，专利权、版权均属双方共有。

（5）技术援助。

技术援助是一种根据转移技术的复杂程度和需求方的技术接受能力形成的更灵活的技术转移方式。这种方式可克服转移技术引起的种种障碍，保证接受方更好地应用技术的使用权。技术援助通常的形式包括：人员培训、技术咨询服务、管理咨询服务、销售和商业服务。

（6）交钥匙项目。

交钥匙项目是形象化地比喻以成套工程承包方式进行的技术转移。技术接受方委托技术供给方承包建设某项工程，如建设工厂或车间，技术供给方承担项目的全部技术和管理工作，从工程设计到提供机器设备及设备安装调试，直到开车实验合格，最后把随时可以开工的工厂或车间交付技术引进方。因此,它实际是一种综合性的国际经济合作方式,以成套工程承包方式转让技术时,往往需要签订若干个合同,但最主要是供给方与引进方签订在一定时期内建成符合技术要求的工程的责任合同。另外,跨国公司技术转移方式还包括资本货物贸易、各种出版物、技术讨论会、专题座谈会、技术咨询、人员交流、专门技术培训课程,以及从国际互联网络免费下载软件和公共信息等。

3. 跨国公司技术转移中的成本

(1) 研究与开发成本。

研究与开发是技术的生产过程。跨国公司在技术的研发中,需投入人力、物力和财力进行科学试验、调查研究与理论论证、设计与优选、试制与鉴定等必要工作,于是形成了一项技术的研究与开发成本。

(2) 技术转让税。

跨国公司技术转移通常是要纳税的。一般情况下,东道国政府对跨国公司取得的技术转移费要征收一定的所得税,而跨国公司母公司在收到这笔收入时也可能需要向母国政府缴纳所得税。通常,跨国公司会把这部分税负转嫁给技术接受方。

(3) 交易费用。

技术转移过程本身也是要付出代价的,一般包括联络沟通、项目设计和准备技术资料等方面的费用。一部分交易费用是由技术提供方支付的,随着技术提供方责任的增加,这部分交易费用也会增加。

(4) 产权保护费。

技术转移中最大的风险就是产权失去保护,如专利技术被盗用,商标被假冒,专有技术被泄密,这些都会削弱跨国公司的技术优势。跨国公司要设法进行产权保护,如在多个国家申请专利和注册商标,并且广泛收集信息,检查是否存在侵权现象,在技术转移过程中强调保密条款等,为此需付出一定的产权保护费。

(5) 市场机会成本。

技术转移大多在同行业内进行。跨国公司向东道国企业转让技术,实际上要让出部分市场给对方,并把对方培养成竞争对手。因此,跨国公司要计算出让市场的机会成本。

8.2.2 跨国公司技术转移方式选择依据

1. 跨国公司技术转移方式选择的模式和模型

(1) 跨国公司技术转移方式选择的一般模式。

① 从技术转移双方之间的所有制关系来看,跨国公司在国际技术转移过程中主要有两大方式:一是对产权和控制范围内的海外子公司进行内部化转移;二是对其他企业进行外部化或市场化转移。内部化技术转移主要通过跨国公司对外直接投资实现,外部化技术转移的方式主要有技术出售、许可交易、技术援助等。跨国公司在选择技术转移方式时首先要考虑企业自身的条件,即考虑企业自身的规模和综合的国际竞争力。一般来讲,企业的规模越大,实力越强,就越可能在国际技术贸易中采取具有较高风险的转移方式,如采取交钥匙项目或合资方式等。否则,就会采取具有较低风险的技术转移方式,如许可交易

等方式。

② 子公司能够获得的技术转移层次，主要取决于两个因素：公司战略和子公司的技术能力。跨国公司向海外子公司进行技术转移具有广泛的选择空间，每一项技术具有不同的技术复杂程度，从简单的组装技术到复杂的研发；不仅包括静态技术知识，还包括组织和技巧。由于每一个子公司的战略定位不一样，并不是每一个子公司都能广泛获得母公司的技术转移。是否转移，转移什么层次的技术，是由总公司战略与子公司的技术能力决定的。所谓总公司战略因素，是指在母公司全球经济一体化生产体系中，子公司在链条上所担任的职能。这种职能取决于区位成本、风险、市场规模、成长预期和竞争者行为等综合因素。在子公司技术能力的因素方面，子公司的技术能力低，就比较适合转移简单的技术。

③ 外部企业是否能通过市场化方式获得技术转移，其影响因素主要包括企业的目标、策略和技术能力。首先，企业的目标是影响接收方企业选择技术转移方式的重要因素。由于不同的企业追求的目标不同，制定的战略也不同，由此决定了技术引进的具体构成、引进方式和资源配置格局的要求也不同。例如，企业引进技术是为很快产生利益回报，直接进口现代设备或整个生产线可能是最理想的选择。在这种情况下，引进方只能学习到如何操作生产运行，内含于设备中的技术没有产生转移。企业如果以追求增强技术竞争力为目标，采取引进总体设计的许可证方式就比较适宜。企业追求的目标不同，不仅影响技术转移的方式，也影响技术转移的内容。例如，企业如果追求经济利益为导向的目标，更关注转移技术的适应性和操作过程以提高产出；企业如果追求增强技术竞争力，则更关注对引进技术的掌握和改进创新。其次，技术转移方式与引进方企业的技术能力密切相关。技术可以内含的形式转移，如直接采购机器或生产流水线；也可以独立的方式转移，如生产或产品的设计和诀窍的技术许可。总的来说，独立方式比内含方式要求较高的技术起点和较强的技术能力。研究发现，技术能力的高低与许可关系比与直接购买设备的关系更强，这表明技术引进方式应根据引进方具有的技术能力来决定。

综上，跨国公司技术转移方式选择的一般模式如图 8-2 所示。

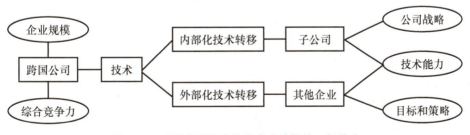

图 8-2 跨国公司技术转移方式选择的一般模式

(2) 跨国公司技术转移的总体分析模型。

跨国公司技术转移行为是对一系列现实因素做出判断后以利润最大化为目标的决策。技术转移是根据总收益和总成本的对比，按照对自己最有利的方式和时机来追求利润最大化的。因此，假设利润最大化是跨国公司技术转移活动的最终目标，则其实现过程要受到东道国或地区、国际政策环境等一系列现实因素的影响，其中，东道国或地区的影响因素复杂多样，如东道国或地区政府的政策、市场开放程度、市场规模、知识产权保护力度、科技基础、基础设施等。而技术本身是否能产生如期效应也要受到众多因素的影响，如市场竞争和技术吸收能力、前后向产业关联支撑程度、人力资本等。图8-3展示了跨国公司实施技术转移的总体分析模型。

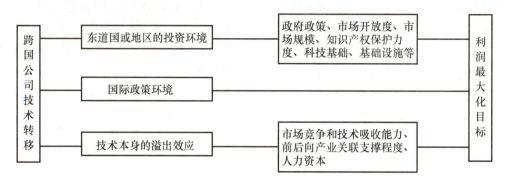

图8-3 跨国公司实施技术转移的总体分析模型

2. 跨国公司技术转移方式选择的影响因素

（1）东道国或地区的投资环境。

① 政府的政策。东道国或地区政府的政策体系，特别是对外商投资企业的政策，会对跨国公司技术转移的成效产生直接影响作用。技术很难在一个政府干预频繁、对外资企业限制重重的国家或地区获得成功。东道国或地区的政策将直接影响跨国公司技术转移的科技含量和技术档次。

② 市场的开放程度。如果东道国或地区的市场开放程度低，在某一行业中只有少数跨国公司实行垄断经营，他们就会用技术优势来维持自己的垄断地位，以便获取更多垄断利润，这样就使该行业技术进步速度延缓，技术发展受到阻碍。反之，如果跨国公司的垄断地位受到威胁，他们就会加快技术开发速度，进一步提高技术含量，加强向东道国或地区的技术转移。

③ 市场规模的大小。市场规模的大小决定了跨国公司生产规模的大小。相关的实证研究发现，市场规模对跨国公司的海外研发活动具有重要的决定作用，子公司在东道国或地区从事研发活动的强度与其在当地市场的销售比例呈正相关。如果一个国家或地区的市场规模大，经济持续稳定增长，居民购买力强，则市场潜力就大，投资风险就小，说明跨国公司在东道国或地区的可能成长空间就宽。例如，2004年，广州人均地区GDP为56 271元人民币（按当时汇率折合6 780美元）。而据国外汽车业的发展经验，当人均GDP达到500美元时，汽车开始进入家庭；达到1 000美元时，汽车进入家庭的速度大大加快。于是，广州汽车市场的巨大潜力引发了世界汽车公司的密切关注，并竞相用先进技术与新颖设计抢占市场。

④ 知识产权的保护力度。技术是一种知识产品，需要有完善的知识产权法予以保护。而在跨国经营环境中，不同国家对知识产权的保护力度不同。在一些国家，知识产权保护力度不够，大量侵权仿冒产品使跨国公司的技术收益大打折扣，技术转移活动也受影响。

⑤ 科技基础。东道国或地区的知识结构和水平、生产力发展程度也是跨国公司实施技术转移要考虑的因素。当地技术水平状况越好，决定转移技术的可能性就越大，实现的

效果就越理想。这正体现了技术转移所存在的"适宜性"问题。跨国公司的相当一部分技术转移行为是为了充分利用东道国或地区现有的技术设施而进行的。因此,在其他条件不变的情况下,技术效能高的国家更有可能促进跨国公司技术转移行为的发生。以摩托罗拉进军中国市场的技术战略为例:摩托罗拉初到中国市场时,带来的并不是最先进的技术,其原因之一就是当时我国的技术知识基础还很薄弱。随着中国经济的不断发展、技术知识的不断增强,以及摩托罗拉对中国市场长期计划的逐步实施,摩托罗拉不断增加在中国的投资并建立了18家研发中心,转移到中国的技术的先进性也逐渐递进。

⑥ 基础设施建设状况。基础设施是指为社会生产和居民提供公共服务的物质工程设施,它是一切企业、单位和居民生产、经营、工作和生活的共同物质基础,是城市主体设施正常运行的保证,既是物质生产的重要条件,也是劳动力再生产的重要条件。基础设施主要包括交通运输、运河、港口、桥梁、通信、电力、水利及城市供排水、供气、供电等设施。要保证转移技术发挥作用,跨国公司在实施技术转移时也会将东道国或地区的基础设施建设情况纳入一并考虑。

(2) 国际政策环境。

国际政策环境,主要是指合理的国际技术转移法规条文,法规条文可以使技术转移双方的利益公平得到保障,并消除技术转移过程中出现的不合理障碍,促进国际技术转移的自由、公平发展。

(3) 技术溢出效应。

技术通常具有外溢的特性。所谓技术溢出效应(Technology Spillover Effect)是指由于外国直接投资资本内包含的人力资本、研发投入等因素,通过各种渠道导致技术的非自愿扩散,促进了当地生产率提高,进而对东道国或地区的经济增长作出贡献,而跨国公司及子公司又无法获取全部收益的情形。跨国公司技术溢出效应的主要途径有以下方面。

① 市场竞争和技术示范效应。一般而言,东道国或地区的技术、管理水平相对较低,跨国公司的子公司进入东道国或地区后,打破了原有的市场平衡,加剧了市场竞争,迫使当地企业效仿跨国公司的子公司,促使它们更有效地利用技术和资源来提高市场竞争力。由于跨国公司拥有先进的技术和生产工艺,而且母公司转移给子公司的技术一般要比对外转让的技术更加先进,所以跨国公司的子公司与当地企业相比有强大的"技术比较优势",能获得更多的市场份额和利润。这种技术示范使当地企业利用各种方法间接获取生产该产品的技术和工艺,提高本企业的生产技术水平,并通过"边干边学"进行能力和经验的积累,增强企业吸收技术转移和技术外溢的能力。

② 前后向联系效应。所谓前向联系(Forward Linkage),是指跨国公司的子公司与当地企业、科研院所形成某种合作关系,从事一些新兴技术的研发。通过这种前向联系,当地企业和科研院所就可能逐步融入跨国公司全球化技术创新的网络之中,并可以获得技术溢出,从而提升当地企业和科研院所的自主创新能力。所谓后向联系(Backward Linkage),是指当地企业向跨国公司的子公司提供生产所需的原材料、零部件、半成品、原材料的再加工,以及市场营销等服务。通过后向联系,一方面,使东道国或地区的资源得到有效配置,从而使上下游产业的生产能力得以加强,提高了生产效率;另一方面,由于跨国公司的子公司为了保证其产品的质量和竞争能力,通常会为供应商建立生产性设施,提

供技术援助、信息咨询和管理培训等服务，从而促进当地企业生产技术的改进和经营管理能力的提高。总之，当跨国公司的子公司与东道国或地区的厂商、科研院所、合作伙伴等发生前后向联系时，后者就有可能从前者引进的产品、工序技术和市场知识中"搭便车"，于是就产生了技术的溢出效应。

（3）人力资本流动效应。人力资本流动是技术溢出的一种重要的资本流动，也是技术溢出的一种重要形式。经过跨国公司培训的生产性操作人员、技术人员和管理人员，如果从跨国公司的子公司流向其他企业或自创企业时，其在子公司受雇时所学的各种专业技术和经营管理知识也将随之外流，从而引发了技术的溢出效应。

3. 跨国公司技术转移的限制性条款与趋势

（1）跨国公司技术转移中的限制性条款。

进行技术转移的前提是保证跨国公司可以从中获得高额利润，因此在转移技术时，跨国公司会要求对方接受一些限制性条款，这些限制性条款主要体现在以下几方面。

① 销售限制条款。禁止购买专利权和特许证使用权的国家出口利用专利权和特许证生产的产品，或者规定这种出口的限制和出口地区，并对出口的价格、数量、品种加以限制。

② 购买限制条款。跨国公司在保证质量和正常生产的条件下，规定专利权购买者只能从拥有专利权的企业或其指定的其他外国企业购买设备、配件或原材料。

③ 生产限制条款。如对产品的价格和产量加以限制等。

④ 技术反馈条款。规定技术接受国如果在技术上做出改进，必须无代价地返回技术供应的跨国公司，即所谓的"回授"。

⑤ 其他限制条款。例如，规定不准把购进的技术转移给第三者，要求技术获得者严格按跨国公司技术的特点进行生产等。

（2）跨国技术转移的发展趋势。

① 国际技术贸易额增长较快，世界主要工业国家的技术生产指标呈现出迅速增长的趋势。发展中国家和发达国家之间存在着巨大的技术差距，导致发达国家的技术以各种方式源源不断地流向发展中国家。发达国家的技术转移是主流，国际技术转移主要在发达国家之间进行，越是工业化程度高的国家，输出和输入的技术越多。发达国家之间的技术转移占80%以上，并主要集中在美国、日本、西欧等地。

② 国际直接投资成为技术转移的重要渠道。国际技术转移的一条重要渠道是以投资为媒介，将技术转移到国外，这已成为跨国公司进行国际直接投资企业的共同做法。

③ 技术转移软件化。近年来，纯粹知识或信息形态的技术转移，如专利、专有技术、技术信息等，占据越来越重要的地位。工业发达国家之间的技术转移中，软件技术的转移占80%以上。技术转移软件化扩大了科学技术成果的应用和传播的可能，同时也带来了知识更新、人员素质提高和经营管理方式的改进。

8.2.3 跨国公司技术转移选择策略

1. 跨国公司技术转移内容选择策略

跨国公司向海外子公司或其他企业转移的技术，从与母公司所使用技术的关系来看，大体可分为四类：尚未使用但准备使用的技术；尚未使用亦不准备使用的技术；正在使用且会继续使用的技术；正在使用但即将放弃使用的技术。

(1) 转移尚未使用但准备使用的技术。

跨国公司实行全球经营战略时，经常转移尚未使用但准备使用的技术。因为一种新技术都是由若干子技术构成的系统，一个跨国公司要想独立完成全套的技术会面临两大难题：一是研究开发成本很高，风险很大；二是研究开发周期长就意味着短期内跨国公司研究开发几项子技术是可能的，但如果想完成全套技术的研究开发，仅靠自身力量是有困难的，也是有风险的。为了分摊研究开发的成本与风险，加快研究开发过程，以便早日投入商业化生产，一些跨国公司联合起来共同进行研究开发。通常的做法是先将整套新技术进行分解，各公司研究开发其中一项或几项子技术，然后通过交叉许可，互相转让技术，使每个公司能够运用整套新技术。

(2) 转移尚未使用亦不准备使用的技术。

跨国公司实行多国经营战略时，往往转移尚未使用亦不准备使用的技术。跨国公司在研究开发过程中通常会取得各种性质的成果，其中有一些是其所追求并有能力应用的；也有一些是其不想要的，或者无条件应用的，而这些成果就可以根据当地企业的发展情况，作为技术商品进行转移。

有些跨国公司专门为其他企业进行产品设计或技术开发，这些成果并没有打算在本公司中应用。一种原因是这种研究是受其他企业委托进行的；另一种原因是跨国公司要利用这些技术成果去巩固原料供应渠道，或者利用这些技术去扩展中间产品购买市场。通过提供这些技术，跨国公司的生产经营就有了稳定的原料供应或稳定的产品销路，从而能进一步发挥其优势，扩大业务规模，获得来自比较优势增长的好处。

(3) 转移正在使用且会继续使用的技术。

跨国公司实行跨国经营战略时，经常转移正在使用且会继续使用的技术。跨国公司向海外其他企业转移的技术大多为正在使用的技术，因为是正在使用的技术，其应用效果已经有实践资料证明，技术引进方容易接受；技术转移方由于已取得该技术的收益，技术水平也已得到提高，转让该技术的机会成本和风险较小，因此只要能更多地获得收益，也倾向于进行转移。

(4) 转移正在使用但即将放弃使用的技术。

跨国公司实行国际经营战略时，会选择转移正在使用但即将放弃使用的技术。按照弗农的产品生命周期理论，跨国公司转移其正在使用但即将放弃的技术，是伴随产品生命周期临近终点阶段的国际生产行为的一部分。随着产品生命周期过程接近终点，产品就要冲破国内市场的限制向全球扩散，并引起生产地点和技术使用权的国际转移和重新配置。

2. 跨国公司技术转移方式选择策略

尽快回收技术开发中的投资，并以技术换市场，是跨国公司进行国际技术转移的主要目的。因此，在如何进行技术转移问题上，跨国公司根据不同情况，通常采用以下三种策略。

(1) 以技术投资和建立子公司为技术转移的优先方案。

跨国公司对于已有的技术优势，既要设法最充分地加以利用，使之为公司带来更多的超额利润,也要尽力加以保护。因此,跨国公司的技术转移相当一部分是以对外直接投资形式来进行的。通过直接投资,跨国公司可绕过对方关税壁垒进入该国市场,也可以实现技术转移内部化,即只向子公司转移其优势技术。

跨国公司的内部技术转移大量采用纵向垂直形式,即母公司投入大量资金从事研究与开发,发明新技术,除自己使用外,也转移给子公司。子公司只是技术接受方,其薄弱的科研活动仅仅是为了将引进的技术吸收、消化,以适用于当地市场环境。这样就形成了具有技术产生、传递、应用、反馈、调整等多重机制的一体化内部技术转移系统。

在不同类型的经营战略模式中,跨国公司转移技术的方式是有区别的。对于拥有全部股权的子公司,实行无偿或低价提供系统性技术,以提高其利润率;对于与东道国合营的企业,所提供的技术往往折算成股权投资,或者索取较高的使用费。一般情况下,母公司拥有合资企业的股份越多,就越愿意转移其先进的、系统的技术。

(2) 根据不同地区选择不同的技术转移方式。

跨国公司对发达国家主要采取互换许可策略转移先进技术。随着当今世界范围内高新技术的迅速发展和高新技术产业的兴起,工业发达国家为保持自己在高新技术方面的优势,对一些尖端技术和高新技术实行保护性措施。跨国公司为从某个发达国家获得先进技术,采取交叉许可策略,以先进技术换先进技术,由此可继续保持技术领先地位。

对于发展中国家,跨国公司则着重转让其成熟的技术或过剩技术。这种策略所利用的是各国经济、技术发展不平衡等条件。一种技术在发达国家进入到成熟期时,在发展中国家可能还处于开发期。这一技术生命周期的差异现象及由此形成的技术梯度,可使跨国公司获得双周期、多周期的技术生命,为跨国公司延长其技术寿命创造了机会。

延伸阅读

(3) 在技术资本密集型产业主要采取成套设备转让形式转让技术。

成套设备的交易不仅包括巨额产品的出口,而且包括数额颇丰的技术转让费。目前,跨国公司40%以上的销售额集中在化学工业、机器制造、电子工业和运输设备等四大资本技术密集部门。业务集中度如此高的原因之一是这些部门中成套设备交易量大。而在许多新兴的工业部门,资本技术密集化程度很高,大多采用交钥匙项目的方式。

8.2.4 跨国公司技术创新管理

1. 技术创新概述

(1) 技术创新的概念。

技术创新有狭义和广义之分。狭义的技术创新是指企业抓住市场潜在的盈利机会,重新组织、集成生产条件、要素和管理资源,从而建立起效能更强、效率更高和生产费用更低的生产经营系统的创造性过程。广义的技术创新是指"研发(R&D)→狭义技术创新→创新扩散"的整个过程。技术创新的关键是新技术的商业化,即将开发出的技术物化到设备、产品、工艺上,创造新产品,开拓新市场,实现经济利益和社会效益的过程,涉及工艺和产品的变革,还包括组织创新、管理创新和战略创新。

(2) 技术创新的特点。

① 连续性。技术创新是一个涉及内容丰富、环节复杂、经过若干阶段才能实现的过

程。这一过程的各个阶段、各个环节都存在着内在联系,表现为不同环节、不同阶段间的有机衔接和联系。

② 风险性。技术创新是一项风险活动。技术创新过程中各种未知因素往往难以预测,其努力的结果普遍呈随机现象,再加上未来市场的不确定性,给创新带来了极大的风险。

③ 资产性。技术创新作为一种科技开发与生产经营相互交叉、相互渗透的实践活动,无论其层次、规模如何,都需要投入一定数量的资金,用于技术升级、添置、更新设备,购买原材料等,否则将无法实现预期的目标。这就是技术创新的资产性含义。

④ 系统性。作为系统,一般包括硬件和软件两种要素,其中生产条件(场所、资金)、生产要素(生产手段、生产对象、生产者)、生产组织三者构成基本的硬件;信息、技术、管理等要素构成基本的软件。技术创新过程实质上是投入的人、财、物及信息、技术等智力资源,通过系统合成向知识或专利,以及技术设备等物质产品转化,并在市场销售实现效益的过程。

⑤ 外部性。技术创新具有外部性,即非创新者从创新中获得收益而不需要有相应的支出。技术创新的外部性主要是由于技术创新的扩散造成的,非创新者根据创新成果信息进行分析、研究,从企业的行为活动中获得相关的创新信息和创新技术,进而模仿创新。

(3) 跨国经营战略与技术创新的关系。

跨国公司实行的四种不同的经营战略,与整个技术管理体系都有着十分密切的关系,每一种经营战略都会影响整个技术开发和知识扩散的途径和方式,跨国公司经营战略对技术创新的影响如表 8-3 所示。

表 8-3 跨国公司经营战略对技术创新的影响

	国际战略	多国战略	全球战略	跨国战略
主要取向	产品/服务	市场	价格/成本	战略
产品/服务	新颖、独特	标准化	完全标准化	大量定制
开发	强调产品规划	强调工艺规划	不强调规划	强调产品与工艺规划
技术	专有	共享	广泛共享	迅速、广泛共享
研发支出占销售收入比例	高	降低	非常低	非常高
知识的开发和扩散	集中开发并向海外子公司转移	各单位自己开发保有知识	中央开发拥有知识	世界范围开发和分享知识

2. 影响跨国公司技术创新的区位因素

影响跨国公司进行技术创新的因素,除了跨国公司的独特能力和技能外,东道国的区位因素也起着重要的作用。

(1) 聚集经济。

在知识密集型产业中,跨国公司可能受一国国内或一个地区内部的相关活动或专业化辅助服务的空间集群所吸引,如科技园区、研发联合体和服务中心等新集群,跨国公司经常作为领先公司而积极参与。因为新的集群更适于形成外部经济,如知识创造及非正式的知识交流、互动式学习和面对面的交谈等,从而有助于提高公司的竞争优势。为了从这些外部性经济中受益,子公司必须设在这些集群所在地。

(2) 基础设施。

跨国公司实行跨国经营战略的一个必不可少的条件是能够通过适宜的基础设施,在相互支持的经营活动网络中将各个专业化的子公司便利地连接起来。这些基础设施包括高质量的电信网络和可靠的运输系统。

(3) 范围广泛的资源。

跨国公司实行多国战略时,其生产过程和经营活动的所有部分都可以分配给专业化的公司,因此在东道国寻求的资源范围是广泛的,不仅包括自然资源、低成本的劳动力和工程技术等投入,而且还包括会计、采购、销售、研发、融资等职能。因此,跨国公司进行更广泛的增值活动,就需要东道国能够提供相应范围广泛的资源。

(4) 专业化的资源。

对于无法提供范围广泛资源的国家和地区,跨国公司可以将需要特定技术的单项职能活动和特定的区位优势相结合。但这些专业化的资源必须是高质量的,如拥有复杂技术和高度适应力的劳动力。

(5) 市场。

容量较大的市场对于以规模经济和范围经济为基础的跨国经营战略而言,是非常重要的,尤其是对于尚未实现全球化或当地化定制的产品,以及需要根据消费者偏好迅速调整的产品、需要集中售后服务的产品,更为重要。

3. 跨国公司技术创新管理模式

(1) 技术创新的过程管理。

跨国公司技术创新的过程按照资源的获取、组织与成果分配的流向,主要分为以下三个阶段。

① 获取创新资源阶段。该阶段包括确定区位和技术来源(如建立技术跟踪机构),根据不同的跨国经营战略,从当地或全球获取所需的研究开发、管理或市场营销人员,拓宽融资渠道等。

② 组织创新资源阶段。该阶段包括合理安排技术、资金和人员,确立研发、市场和生产、工程人员的组合配置,建立知识与技能分享的机制等;选择产品开发与销售的目标市场,对目标市场进行组织管理,建立国外的生产与供应基地等。

③ 创新成果再配置阶段。该阶段对创新成果的再配置,根据不同的经营战略,采取的方式有地区服务全球、全球服务地区和各地区联合开发共同分享等,涉及建立产品销售、中间品供应渠道,了解并影响东道国的产品进出口等。

(2) 技术创新与创新资源的供给。

跨国公司通过技术创新产生的知识产权优势会带来其国际市场的快速扩张,以及生产和研发网络在国外创新市场的扩散。根据不同的经营战略,跨国公司技术创新资源的组织管理可分为以下几种模式。

① 中心供应全球的创新模式。跨国公司实行国际经营战略时,会采用中心供应全球的创新模式,即母公司负责统一研究开发新产品、新工艺,用于全球市场,分布于各国的

子公司一般不参与产品的创新，只进行销售支持、产品组装，以及反馈一些相关信息。这种模式的创新过程是：在本国市场上发现新的机会，运用母公司集中的开发实力创造出新的产品和工艺，将工艺技术转移和扩散，再将这些产品销售到不同的国家和地区。

② 当地供应当地的创新模式。跨国公司实行多国经营战略时，会采用当地供应当地的创新模式，即独立自主的子公司运用各自的资源创造迎合当地环境要求的新产品和新工艺，这是一种由当地子公司开发面向当地市场的模式。其产品通常是市场导向的，即创新通常是对现有产品做一些改进。这方面的著名例子是联合利华（Unliver）公司对洗衣粉的创新。不同国家的水质不同，因而需要的洗衣粉也不同。例如，粉状的洗衣粉不适合印度，因为在印度洗衣通常是运用蒸汽洗法。因此，当地的子公司必须将洗衣粉压缩为固体的形式，以夺取传统的肥皂市场。

③ 当地供应全球的创新模式。跨国公司实行全球经营战略时，会采用当地供应全球的创新模式。由于跨国公司能比国内或地方公司接触到更多环境因素的影响、更多样的消费者偏好、竞争对手行为及各种政府要求，这一点会促进组织内部的学习与创新。从这个意义上讲，当地的经验和技能可以扩展到全球，如一些在当地开发的产品，后来发现可销往全球，来自各个地方的营销经验更是增加了跨国公司的能力。

④ 全球供应全球的创新模式。跨国公司实行跨国经营战略时，会采用全球供应全球的创新模式，这种模式是同时从公司总部和许多不同子公司中获得新产品，以便找到一种可以面向全球的新产品。在这一创新过程中，无论是总公司还是各个子公司，都把它作为一个整体，联合研发，协同配合，为的是一个共同的目标。总公司和子公司在创新中的关系并没有一个唯一的模式，通常对新出现的国际机遇，跨国公司同时使用中央机构与各子公司的资源来为其分布在各地的机构提供解决方案，而不仅是运用一个中央机构的方案，或者是为不同的环境提供不同的方案。真正的跨国创新方式支持并整合了传统的单纯中央供应中央，或者地方供应地方的创新方式。

4. 技术创新的国际化

（1）技术创新国际化及其特点。

技术创新国际化是指跨国公司根据全球和跨国战略，从全球范围出发通过跨国并购或直接建立国外研发机构及建立国际技术联盟等形式，将技术创新活动扩展到海外，以创新源获取的全球性、创新人才国际化、创新组织网络化为特征的技术创新范式。技术创新国际化具有以下特点。

① 战略方面。技术创新国际化的立足点在于跨国公司的全球和跨国经营战略，通过跨国公司外部的联结机制及在全球范围内获取和配置资源，以突破跨国公司内部现有资源和能力的限制，充分借助其外部网络和资源来扩展、提升和创造能力。技术创新国际化通过建立多种形式的海外 R&D 机构，扩展了技术创新所需的信息来源、技术知识来源及市场信息来源，提高了技术创新所需的人力、资金、技术能力等资源投入水平，使跨国公司内部及与外部组织之间形成了一个庞大的交易网络，改变了单一从内部获取所需技术知识的状况，可以更广泛地借助组织外部的知识和信息来构建自己的技术知识结构，有效配置技术创新能力，提高技术创新效率。

② 组织方面。技术创新国际化组织方面的典型特征，是技术创新机构的多样化和技

术创新机构在地理上的分散性。在跨国公司的技术创新国际化组织体系中，机构类型繁多，包括技术联盟、技术跟踪型R&D机构、市场导向型R&D机构等。组织的计划、指挥、控制、交流和协调等管理活动极为复杂，提高组织效率需要很高的管理能力。但是，分散性也使跨国公司在技术创新的过程中应对环境变化的能力大为提高。分散的技术创新机构之间可以通过现代通信技术和内部运作管理机制，形成一个全球性协作的网络组织。

③ 资源配置方面。从资源配置方面看，技术创新国际化的资源投入渠道更加广泛，跨国公司可以利用世界上不同国家的高素质或低成本的R&D人力资源、有利的技术创新环境及先进的研究开发基础设施，资金投入也不再局限于公司内部投入。同时，由于不同的海外R&D机构承担的技术创新任务不同，在公司整个技术创新战略中的地位不同，根据任务而培植技术创新资源的方式也可以使跨国公司的整体技术创新能力得到优化配置。

④ 环境方面。技术创新国际化面临的环境因素更为复杂。它不仅受母国环境的影响，而且还受东道国环境的影响。不同国家的社会环境、文化环境、政府政策、市场环境以及技术创新的资源环境都具有差异性，东道国之间文化的差异与冲突、政府政策的差异与冲突、市场条件的差异性与多样性、创新资源的差异性与多样性，共同作用于跨国公司的国际化技术创新体系。环境因素的不确定性增大，使跨国公司的技术创新决策需要在各种矛盾中进行选择。

(2) 技术创新国际化的动因。

跨国公司技术创新国际化对其本身的影响是双重的。一方面，在国际化的研发活动中，跨国公司可以更加直接地接近目标市场、有效地推广产品和利用当地的自然资源、人力资源；另一方面，跨国公司也承受着技术扩散、失去创新优势的风险，以及东道国的政治、经济风险。

从跨国公司技术创新国际化的具体出发点来看，其主要动因有如下几方面。

① 寻求资源条件。根据跨国公司的经营战略，技术创新活动转移到海外的主要目的在于利用东道国的资源条件，包括研发过程的各类物质要素投入、科技人员和当地的先进技术。东道国通常在这些领域占有一定的比较优势。研发活动可以看作整个生产过程的一个前期环节，因此这种动机驱动下的海外技术创新可以认为是一种垂直型的海外投资。

② 开拓目标市场。跨国公司在海外目标市场设立研发机构，旨在根据跨国经营战略更有效地针对当地消费需求展开技术创新活动，并且通过直接投资的方式进行本地化生产，不仅可以有效地进行销售测试、获得快速反馈，还可以间接地绕过进口国的贸易壁垒。

③ 支持生产投资。跨国公司在东道国的生产投资规模越大，则相应地本地化研发需求和投入就越多，主要针对生产的发展目标和出现的问题进行技术创新。

④ 其他各种利益的考虑。在利益的驱使和环境的约束下，跨国公司也可能进行海外技术创新的投资。例如，试验是将研究结果转化为具有商业价值的产品或服务的一个必经环节，尤其在生物制药行业，所以不少跨国公司将试验基地转移到成本较低的国家进行。此外，由于各国（地区）对研发费用的会计计价方法不同，跨国公司会通过操纵转移价格在全球范围内降低税负，以保证总体利益最大化。

(3) 技术创新国际化的方式。

① 企业间技术协议。企业间技术协议是指企业间各种有关技术管理及产品和服务的

生产与分销的多种协议。在企业间技术协议迅速增加的背后是生产和竞争格局的诸多变化。从 20 世纪 80 年代起，许多跨国公司增加了研究与开发经费投入，从而加快了新产品开发及推向市场的速度，使得产品生命周期缩短，赶上或超过技术前沿所需承受的成本、风险及不确定性增加。为了适应这些新的竞争条件，必须增强灵活性并利用企业间协议作为杠杆来推动研究与开发投资的增长。

② 跨国兼并。跨国公司为了实行跨国战略，必须去适应国际市场，由此而形成的一个战略趋势是：以国际市场为目标争取行业领先地位，在本行业关键因素上追求国际规模，同业跨国兼并成为主要战略手段。跨国公司积极实施跨国兼并的行业，具有如下特点：A. 规模经济性大的全球市场行业，如汽车制造、石油开采及提炼、飞机制造；B. 研究开发费用极高，但产品创新速度中等的行业，如制药等；C. 管制放松的全球市场行业，如电信、媒体、金融等。

③ 技术战略联盟。由于技术创新活动的高投入、高风险，使跨国公司采取技术合作作为创新国际化的主要方式。技术合作有三个主要特点：A. 技术合作是双方的合作，重点在于合作创造和共同分享新技术、新产品、新工艺和销售技术等知识产品，技术合作对于增加跨国公司的知识来源渠道非常重要，而在生产和销售等具体活动上的合作不多；B. 技术合作更多地体现为合约形式，较少或根本不涉及股权关系，外部化特征明显；C. 技术合作往往构成企业长期计划的一部分，带有明显的战略性。

(4) 技术创新国际化的组织管理。

① 技术创新国际化的任务。跨国公司在技术创新国际化的过程中面临两方面的任务：一方面是如何通过分散化得到技术资源，并使其在跨国经营中得到有效应用；另一方面是如何将分布在世界范围的国外技术创新活动纳入一个完整的公司全球创新体系之中。国外子公司的技术创新活动必须同公司整体的技术进步相联系，与公司的战略安排和技术发展轨道保持一致性。这就要求跨国公司对其世界范围技术创新活动的管理，既能恰当地激励其海外子公司和研究开发机构利用当地环境中固有的发展机会，又能在公司技术创新体系中有效地驾驭这些分散化的创新活动。

因此，跨国公司技术创新的管理模式面临的挑战，首先就是合理处理集权与分权的关系，在通过分散化获得多种技术来源以保持技术创新灵活性的同时，又能以适度集权的方式控制成本，获得研发的规模经济，减少甚至避免毫无意义的重复研发和投资。如何在技术创新活动上达到集中控制和自主性之间的平衡，成为跨国公司技术创新管理的一个主要问题。

② 技术创新国际化的组织模式。跨国公司技术创新国际化的组织模式，主要用来确定其技术创新战略下的任务分配、资源分配、管理制度和人力资源等内容，组织模式的确定受到具体战略目标、人员组成、管理文化、技术条件和外部环境等因素的影响。跨国公司在特定的活动环境下，需要根据具体情况制定相应的模式，因此在技术创新国际化发展的驱动下，跨国公司需要根据发展战略、现有条件与现状、产业竞争情况、关键技术特性和东道国的研发投资环境等因素考虑相应的组织模式。其中需要特别注意的是技术本身的可复制性和东道国的知识产权保护程度对组织模式的影响。跨国公司拥有的技术本身可复制性越低，东道国对知识产权的保护程度越高，则跨国公司越可以较大程度地避免技术外溢给自己带来的损失，这在跨国公司进行技术创新区位选择及研发组织模式选择上都是重

要的考虑因素。

③ 技术创新国际化的区域选择及具体模式。从跨国公司在职能区域的分布选择看，跨国公司的技术创新活动已逐渐摒弃了以前以母国为基地的方式，但仍呈现下列特点：生产集中在发展中国家、营销和物流等辅助环节呈全球性分布，与研发有关的活动仍然高度集中于发达国家，技术创新呈现了外向和向发展中国家扩散的趋势。母公司主要进行基础研究，其设在其他发达国家的子公司注重新技术的开发与应用，而设在发展中国家的子公司更多的是对母公司技术在当地市场的应用进行研究和开拓。

从具体的组织模式看，跨国公司进行国际化技术创新主要采取独资子公司或合资企业、技术联盟、与大学合作和转包研发等模式。近年来，跨国公司技术创新又呈现一个新的组织特点，即海外研发机构的设立和地位发生了巨大变化。过去，传统跨国公司对海外市场环境了解甚少，海外研发的区位选择通常是从众性的以竞争者为导向，即当一个跨国公司在一个海外市场设点或取得成功，经常会导致其竞争对手跟风进入。而随着跨国公司对海外市场的了解，同时迫于市场竞争的加剧，跨国公司技术创新出现了以顾客为导向的组织特征，海外研发机构逐渐上升为全球研发中心，作用日益显著，甚至取得了与母公司完全平等的地位，如微软中国研究院、Intel 中国研究中心等，这样的组织结构更有利于根据目标市场进行灵活性的技术创新安排。

8.3 跨国公司的知识产权管理

8.3.1 知识产权特征及保护与侵害方式

1. 知识产权的概念

知识产权（intellectual property）是基于创造成果和工商标记依法产生的权利的统称。最主要的三种知识产权是著作权、专利权和商标权，其中专利权与商标权也被统称为工业产权。

2. 知识产权的特征

（1）专有性。

专有性即知识产权的权利人对于其劳动成果享有独占使用的权利，其他人未经许可不得加以使用，该权利专属于权利人享有。由于知识产权客体的价值更多体现在对它的使用所创造的经济利益上，因此知识产权的专有性表现为权利人对整类客体的支配权。

（2）地域性。

地域性即知识产权只在接受该权利的国家范围内有效，在其他国家并不必然获得保护。

（3）时间性。

时间性即知识产权在特定的时间内获得保护，期限届满后权利即告终止。最初，知识产权的授予与取得只是在一国范围内进行，而后，随着经济技术的发展，为了适应资本和技术输出的需要，技术所有人不仅要求所拥有的专利在本国得到保护，而且需要在国外也得到法律的承认和保护。因此，各国签订了一系列保护知识产权的国际公约，在国际范围内形成了保护知识产权的法律制度和相应的国际组织。

3. 知识产权保护方式

拥有知识产权的公司通常通过专利权、专有技术、商标、著作权和商业秘密五种方式对其权利进行保护。

（1）专利权。

专利权是指一个主权国家的主管机构依照有关法律经过审查后授予发明者在一段时间内对其发明独占和使用的权利。这种权利往往是以国家颁发一张证书（即专利书）的方式来确认。

专利权是一种专有权，具有排他性，受到时间和地域的限制。只有在这个期限内，专利独占权才依法受到保护。如果发明者（或占有者）不再申请，这一独占权就自行消亡，这项技术由此变成公有产权，任何人都可以无偿利用。专利权只能在规定的地域内有效，一般来说只在颁发国内有效，对其他国家没有约束力。

（2）专有技术。

专有技术是指产品和生产（服务）过程的特殊技能。可转移的专有技术必须在买方的眼里是新的并具有实用和商业价值，而不只是一种不具有商业含义的科学设想。专有技术可以反映在对外保密的设计、工艺、操作程序中，也可以是非书面的操作或制造技能。专有技术通常是一项技术转移的核心。

（3）商标。

商标是指某特定的公司或厂家把自己生产的商品和提供的服务用以区别其他商品或服务的商业标志。商标是一种权利或商业信誉的象征，属于工业产权中的商标权。商标权是指商标所有人在经法律程序申请和批准后对其注册商标所享有的专有使用权，商标注册人所享有的商标专有权受法律保护。

商标大致可分为四类。

① 商品商标。用以确认某特定公司出产的商品。

② 服务商标。用以确定某一特定公司所提供的服务，主要是服务行业使用的商标，如银行、保险、交通和通信服务等行业。

③ 证书商标。用以表明某项产品或服务是通过特定的机构检查或核准的，代表着质量等级。

④ 综合商标。代表一个组织的综合商业信誉，如某一商会或资格委员会的成员等。

（4）著作权。

著作权又称版权，是著作人对作品所享有的权利。这种权利主要是指经济（金钱）上的权利，同时也包括道义上的权利。

（5）商业秘密。

商业秘密是指有关生产、管理、市场营销、行业竞争等有商业价值的保密信息或情报。商业秘密是企业的重要资产之一，保护商业秘密或窃取竞争对手的有关情报，是企业竞争的一个方面。

4. 知识产权受侵害方式

在知识产权的竞争中，相对于竞争者来说，企业会因为三种方式而失去知识产权。

（1）仿制。

对任何竞争优势来说，无论这种优势是以智力资本还是其他资本为基础，仿制都是一种严重的威胁。只要仿制成本不高，如不会引起法律纠纷等，仿制者就能够获得好处，而无须承担创新的成本。

（2）退化。

由于竞争者开展创新，并能生产出更高级的产品或提供更好的服务，这会对本企业产品和服务构成替代威胁。

（3）侵害和剽窃。

竞争者会侵害、剽窃企业的知识资产。

8.3.2 跨国公司知识产权保护机制与措施

1. 跨国公司知识产权保护机制

（1）产品—市场措施。

跨国公司可以在产品市场上采取措施，防止竞争者的仿制对自己竞争地位的侵蚀，如做广告，建立独家许可的许可证制度或关闭面向潜在仿制者的销售渠道。

① 防止仿制。对那些能够仿制的竞争者来说，需要满足四个方面的条件：辨别、鉴定、资源和动机，这四个条件为跨国公司防止仿制提供了行动的基础。A. 辨别。竞争者必须能够确认构成企业竞争优势基础的智力资本。这样，跨国公司能够采取一系列的措施防止有关特定智力资本的信息外泄，从而使竞争者不能获得这些信息，保密作为保护知识产权的一种手段有时比专利权更有效。B. 鉴定。竞争者必须知道智力资本是如何构成的。智力资本构成越复杂，复制就越困难。C. 资源。潜在的仿制者须有复制智力资本所必需的资源。技术或专有技术所需资源的获取越困难，对知识的模仿也越难。D. 动机。如果能够能让竞争者感到无利可图，其进行模仿的可行性就会降低。

② 阻止退化。采取一些有效的保护措施还可以使跨国公司的技术资本免受退化的侵蚀。当市场上出现了更高级替代品时，可以采取有效措施延长技术的生命周期，如将目标定于特定的细分市场，或者开发产品的新用途和功能。即使新产品更高级，但是由于存在转换成本，现有的消费者很难在短期内转变而去应用新产品。

（2）持续创新。

为了阻止仿制和退化，跨国公司应致力于持续创新。持续创新使其能够推出一系列新产品，在竞争中领先一步，一般可通过以下方式实现。

① 渐进创新。在创新的主要阶段总有很多显著的改进潜力，因此可以通过持续改进进行必要的学习。这样，其他的仿制企业很难在产品和工艺水平上赶上自己。

② 产品改进。可以通过改进自身产品，进行更新换代来获得竞争优势。

③ 产品平台和产品"家族"。通过产品平台和产品"家族"，跨国公司能获得成本优

势。仿制者有一定的成本劣势，而且往往在价格和性能方面没有竞争力。

④ 重大创新。通过在研发上进行有重要意义的投资，可能会产生一些建立在全新技术基础上的重大创新，并超过其自身的原有产品。

2. 跨国公司在国际知识产权保护中的措施

跨国公司在进行国际经营过程中，尤其在进行技术转移过程中，针对国际经济环境及各国的知识产权保护现状，应注意以下几方面的问题。

(1) 熟悉各国有关法律法规及国际惯例。

跨国公司在国际经营中，尤其在技术转让和出口中，如果想获得国外的知识产权保护，根据知识产权的地域性特征，不仅需在本国申请注册，还必须在出口对象国申请注册，寻求其知识产权保护。由于各国知识产权保护的内容和范围不尽相同，因此必须研究、熟悉可能对其进行技术转让国家的有关法律法规，或者聘请法律顾问，保证知识产权申请与保护工作的有效进行。同时密切关注对象国知识产权保护的状况。

(2) 加强企业自身技术创新能力。

在跨国公司知识产权的保护过程中，专利保护以其具有的技术性特点在公司的经营发展中显示出独到的功能和作用，也显示出技术创新与知识产权战略的紧密关系。随着科学技术的发展，跨国公司间的竞争越来越表现为技术的竞争，而技术创新又与专利技术、商业秘密、商标等知识产权联系紧密，成为企业提高经济效益，增强市场竞争力的内在源泉。目前，大多数跨国公司的科技研发活动基本上都是应用开发性的，基础性研究极少，而且绝大多数受公司规模、资金实力、技术水平等因素制约，把技术创新的重点放在科研成果的应用和商业开发上。然而在国际竞争日益激烈的大环境下，跨国公司应拥有自主的专利技术，必须注重自身创新能力的增强。创新要以专利和专有技术为基础，并在行业内进行联合开发，形成合力。在推进高技术前沿研究开发的同时，可以通过兼并国外科技型中小型企业，获取其技术成果和知识产权。

(3) 设立专门知识产权管理机构。

跨国公司知识产权保护战略的制定与实施需要各方面的人力配合，须通过对跨国公司的经济实力、技术竞争、经营状况等多方面综合分析才能确立，因此需要在跨国公司中设立专门的知识产权管理机构，机构中应同时包括专业人员、技术研究人员、法律事务人员、管理人员及营销人员等。以制定跨国公司专利战略为例，战略目标的确定首先要分析公司经济实力、科技实力、在同行中所处的地位、竞争市场的格局和发展动态，这需要市场分析人员和企业经营人员的参与；专利战略制定中还要对相关的专利情报进行分析利用，了解相关技术的现今发展水平、今后的发展空间及有关专利技术受保护的范围等，这要有相关专业人员与技术研究人员的参与；而在专利产品或技术应选择何种方式加以保护才能保证跨国公司的利益得到最大限度的满足上，又需要法律及经营人员等多方面的配合。

(4) 建立技术标准。

取得了专利以后，技术优势成为了产品优势，如果这项专利技术形成了国家标准、国际标准，那就使产品优势形成了一个产业优势。使公司的技术成为行业的技术标准，不仅可以有效保护知识产权，还可以取得较高利润。

延伸阅读

掌握某一技术标准的公司，通常是所在行业的龙头公司。获取并控制技术标准，是跨国公司追求的一个重要技术战略目标。跨国公司之间的技术标准竞争，是竞争的高级发展形式。公司会对外界环境变化更积极主动地做出反应，还会与行业中具有重要影响的对手或公司联盟，共同创造和制定指导整个行业的技术标准，以获取高额利润。

本 章 小 结

跨国公司研究与开发，按照联合国教科文组织的定义：是指在科学技术领域，为了增加知识总量及运用这些知识去创造新的应用而进行的系统的、创造性的活动。跨国公司研发的组织结构类型有母国集权型、多国集权型、多国分权型、核心型和网络整合型。跨国公司研发国际化是指跨国公司在特定的经营战略指导下，将研究与开发活动扩散到母国以外的其他区位，利用多个国家的科技资源，跨界开展研究与开发活动的过程。其主要形式有两种：一是基于技术搜寻的跨国并购；二是与海外跨国公司进行合作，结成 R&D 联盟，或者进行技术互换，实现技术共享。研发国际化的行业主要集中在高新技术领域。影响研发国际化的区位因素主要是东道国因素、跨国公司本身因素和母国因素。R&D 区位选择模式有生产支撑型、资源寻求型、市场导向型、技术跟踪型和战略投资型。跨国公司研发本地化是指跨国公司将东道国资源引入内部经营活动的过程。影响研发本地化的区位因素主要是研发的导向相关性、海外扩张的区位相关性、市场当地化的需要相关性，以及竞争对手在当地的研发水平相关性。

跨国公司技术管理包括技术转移和技术创新。技术转移是指作为生产要素的技术，通过有偿或无偿途径从一国流向他国的过程。影响技术跨国转移的因素有母国政策、跨国公司经营战略模式、技术特性、东道国的相关政策。技术转移的方式有对外直接投资、技术出售、许可交易、合作生产和合作开发研究、技术援助、交钥匙项目。影响技术转移方式的选择因素主要有东道国或地区的投资环境、国际政策环境、技术本身的溢出效应。技术转移一般包括：尚未使用但准备使用的技术，尚未使用亦不准备使用的技术，正在使用且会继续使用的技术，正在使用但即将放弃使用的技术四类。技术转移方式选择策略一般有三种：以技术投资和建立子公司为技术转移的优先方案；根据不同地区选择不同的技术转移方式；在技术资本密集型产业主要采取成套设备转让的技术转让形式。

跨国公司技术创新管理。影响跨国公司技术创新的区位因素主要是聚集经济、基础设施、范围广泛的资源、专业化的资源、市场。跨国公司技术创新的管理模式主要是过程管理、创新资源的供给。技术创新国际化的方式：企业间技术协议、跨国并购、技术战略联盟。

跨国公司知识产权管理。知识产权保护机制的实现途径：产品-市场措施、持续创新。知识产权保护措施：熟悉各国有关法律法规及国际惯例，加强企业自身技术创新能力，设立专门知识产权管理机构，建立技术标准。

关 键 术 语

研究与开发　基础研究　应用研究　研发国际化　研发本地化　购买限制条款　销售

限制条款　生产限制条款　技术反馈条款　技术创新　技术创新国际化　技术创新本地化　知识产权

习　　题

一、简答题

1. 简述研究与开发活动的三种主要类型。
2. 简述跨国公司研究与开发组织结构的主要类型。
3. 简述跨国公司研发国际化的含义及其主要形式。
4. 简述跨国公司研发国际化的动因。
5. 简述研究与开发国际化的产业选择。
6. 简述跨国公司研发本地化的含义与主要类型。
7. 简述跨国公司研发本地化的影响因素。
8. 简述技术的定义、特征与类型。
9. 简述跨国公司技术转移的主要方式。
10. 简述跨国公司技术转移中的成本。
11. 简述跨国公司技术转移的限制性条款与趋势。
12. 简述跨国公司技术转移内容选择策略。
13. 简述跨国公司技术转移方式选择策略。
14. 简述跨国公司经营战略与技术创新的关系。
15. 简述影响跨国公司技术创新的区位因素。
16. 简述跨国公司技术创新管理模式。
17. 简述跨国公司知识产权保护机制。
18. 简述跨国公司在国际知识产权保护中的措施。

二、讨论题

1. 试分析技术创新国际化的特点、动因、方式及管理。
2. 试分析跨国公司研究与开发国际化的区位选择。
3. 试述跨国公司技术转移方式选择模型及主要影响因素。
4. 试述知识产权概念、特征及保护与侵害方式。

分析案例

新动向——跨国公司研发中心纷纷搬迁到中国

1. 搬迁到中国的研发中心逐渐增多

近日，诺和诺德制药有限公司宣布在未来的五年中，将投资1亿美元扩建在北京的研发中心，其中的3 000万到4 000万美元将用于建立新的实验室。到2015年该中心的规模将扩大一倍，成为除位于丹麦总部的全球研发中心之外规模最大的研发中心，同时也是跨国制药公司在中国设立的最大的研发中心。

诺和诺德扩建在华研发中心是为了顺应全球制药产业变局的大潮。目前全球制药行业正进行大规模的调整，跨国药企向中国等新兴市场进行产业转移的趋势开始加剧。跨国药企受困于专利到期、研发效率低下、价格竞争等一系列不利因素，在发达国家市场的业务增长面临瓶颈。新兴市场的需求增长、全球化竞争和金融危机等因素导致跨国药企向新兴市场布局加速。

中国医药市场正面临发展的黄金时期，这也是吸引跨国药企在华加大研发力度的重要原因。中国政府正在全面推进医疗卫生体制改革，包括国家加大卫生投入、扩大医保覆盖面等积极的改革措施，将加大未来中国市场对医药的需求。2009年，中国医药市场规模约为250亿美元，预计2013年将增至800亿美元，2020年达到2200亿美元，未来10年中国医药市场规模将增长近9倍。2015年，中国将超过日本成为仅次于美国的全球第二大医药市场。

研发成本大幅上升迫使跨国药企纷纷将研发中心向中国等新兴市场转移，国内医药企业应该抓住机遇，积极与跨国药企在华研发机构展开合作。当前，新药研发越来越困难，研发成本大幅上升，如何控制研发费用成为跨国药企新产品开发要解决的关键问题。国际单个创新药物的研发成本通常高达10亿美元以上。越来越多的跨国药企开始实施战略性研发外包与合作来降低成本。

美国礼来公司在中国已经建立了3个外包式研发中心，承担其全球20%的化学分析业务和早期临床研究任务。中国企业积极参与跨国的制药研发活动，有利于积累自身新药研发的经验，为将来实现自身原创药物研发打下基础。浙江海正药业与西班牙Cinfa共同研制开发的他克莫司胶囊获得欧盟上市批准，其采用的合作开发模式是中国药企在产业升级过渡时期的优选模式。

2. 战略出现新动向

国际金融危机爆发以后，中国的经济运行态势相对良好，许多跨国公司的在华业务成为他们全球业务中为数不多的亮点。丰厚的经济回报增强了跨国公司在华投入研发的信心。再加上的中国创新环境得到了很大改善，因此近年来，跨国公司在华研发并没有因危机而减少，而是呈现逆势增长的态势，在华研发战略也发生了历史性的转变。

（1）跨国公司在华研发机构的战略地位开始明显升级。

以前，跨国公司在华研发中心主要以技术支持型和产品本土化型居多。前者主要负责为本地生产或销售提供技术指导、维修服务和产品测试等，后者主要是在母国核心技术的基础上进行面向中国市场的产品应用开发。而近年来，跨国公司在华研发中心的角色开始向技术跟踪型和全球研发中心型转换。前者主要关注中国新技术的发展动向，并尽可能参与其中，后者不仅针对中国市场研发，还将研发成果推向全球，同时还进行一些基础研究。如2010年年初，微软将位于北京的微软中国研发集团升级为微软亚太研发集团，领导北京、上海、东京、首尔、悉尼和曼谷等地的分支机构，成为微软在美国之外规模最大、功能最完备的研发基地，并从事计算机领域最前沿的基础研究。

（2）开始独立开发面向中国市场的产品。

跨国公司以前针对中国市场的做法大多是将母国产品进行简单的本地化改动。而随着新兴市场在全球经济中占据越来越多的份额，跨国公司业务重点不断向新兴市场转移，开始专门针对中国市场开发产品，以满足其需求。2010年年中，美赞臣营养品公司投资1.4亿元，在中国广州成立中国婴幼儿营养科研中心，该中心汇集中外婴幼儿营养专家开展临床研究，更深入地了解中国婴幼儿独特的膳食结构和营养需求，并专门针对中国市场研发创新优质的产品。

(3) 推进扩大本地化创新战果的力度。

以前很多跨国公司只是象征性在华设立研发中心，实际投入很少。而如今，开始真正投入大量资本和人力拓展研发机构。欧莱雅从 2004 年开始设立在华研发中心，经过数年发展，成功研发出多种针对中国市场的新产品。其中，蕴含天然灵芝萃取精华的羽西生机之水灵芝调理液获得了很大的成功。

(4) 加强利用中国本地研发资源。

以前，许多跨国公司的研发中心通常是人数稀少，闭门造车。而如今，跨国公司在中国实施了一系列举措加强与本地研发资源的紧密联系。这些举措包括积极网罗和培养本地优秀人才；与本土产学研单位进行合作；跟踪当地新技术，从而加强对中国强势技术的应用；利用其在中国取得的创新成果影响和推动中国相关政策和技术标准体系的制定，从而获取战略收益，等等。

诺基亚西门子通信公司的中国研发中心积极跟踪并研发在中国发展较快的 TD-LTE 等尖端 4G 通信技术。最近，其上海研发中心与中国运营商共同开发设计光传输网络交换机，将顺利渗透中国市场。同时，为了充分发掘本地人才的潜力，该公司已雇用超过 1 000 名中国研发人员，并计划继续大举扩充本地研发力量，力图以中国的成本研发世界级的产品。与之形成鲜明对比的是，很多国内企业的研发中心无论是在规模上、研发水平上，还是对人才的吸引方面都与跨国公司研发中心存在不小的差距，这需要国内企业加倍努力，以避免国内研发资源受跨国公司研发中心吸引，从而使自身在创新上受到新一轮的抑制。

(注：本文作者邱罡，系中国三星经济研究院战略组首席研究员，http://finance.sina.com.cn/roll/20110315/10029533085.shtml，2011—03—15。)

问题

1. 请结合影响跨国公司研发区位选择的因素，说明跨国公司研发中心纷纷搬迁到中国的原因。

2. 试结合跨国公司研发国际化、本地化相关理论，说明跨国公司在中国研发中心战略出现新变化的原因。

第 9 章

跨国公司财务管理

本章教学要点

熟悉跨国公司财务管理的主要内容及组织形式和选择决策；

了解跨国公司财务管理的目标及其公司价值最大化的评估模型；

了解跨国公司融资的主要来源，熟悉在国际市场进行短期融资、中长期融资的主要方式和工具；

了解跨国公司投资预算的常规分析方法，了解风险调整的主要方法；

掌握跨国公司现金管理的主要方法和要点，熟悉转移价格的运作方法；

掌握国际避税产生的原因，熟悉国际避税的主要做法。

第9章 跨国公司财务管理

知识架构

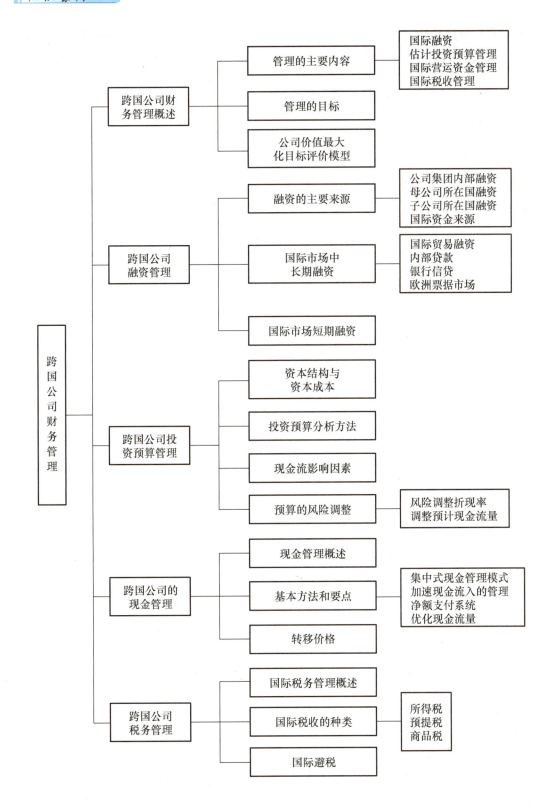

9.1 跨国公司财务管理概述

9.1.1 跨国公司财务管理的概念与内容

1. 跨国公司财务管理的概念及其体系形成

(1) 跨国公司财务管理及体系的含义。

跨国公司财务管理，也称为跨国公司理财，是指公司在跨国经营后，对公司跨越国境的投资、融资及内部资金的管理，按照国际惯例和国际经济法的有关条款，根据跨国公司财务收支的特点，组织跨国公司财务活动，处理跨国公司财务关系相关的经济管理工作。

跨国公司财务管理体系是以经典财务学理论为指导，将财务学知识体系和实践经验应用于全球化经济背景下所形成的一个完整的学科体系。跨国公司财务管理与一般财务管理具有相同的基础，但两者的研究对象不同，适用的背景不同，解决问题的方式也不尽相同。

与国内企业财务管理相比，跨国公司财务管理要复杂得多，其原因在于：第一，跨国公司面临复杂多样的多国财务环境；第二，汇率波动、税收政策的差异、国际资金流动及有关国家对财务流量的控制等因素产生了新的风险源；第三，进入多国资本市场并利用跨国公司体系，使跨国公司不同部门的活动相互依赖，为跨国公司提供了一体化经营的机会。以上诸要素决定了跨国公司财务管理更难实现战略性的、政策性的和经营中的集中与分散之间的适当平衡。

(2) 跨国公司财务管理体系的形成。

自从出现了跨国公司，就出现了跨国公司财务管理活动。但跨国公司财务管理形成一个独立的学科体系却是在20世纪70年代。20世纪70年代，财务学科逐渐走向成熟，随着第三次科技革命的兴起和发展，进行财务管理活动时应用了电子计算机等先进的方法和手段，财务分析方法向精确化发展，对风险和回报率的关系及资本结构等重大问题的研究，取得了一系列的重要研究成果，研究方法从定性化向定量化方向转变。财务学中著名的"投资组合理论""资本市场理论""资本资产定价模型"和"期权定价模型"都出现于这一时期。财务学的深入研究奠定了跨国公司财务管理发展的基础，特别是对衍生工具的研究大大推动了跨国公司财务管理中外汇风险管理的发展。财务管理理论的发展及跨国公司实践活动的不断深入，推动了对跨国公司财务管理作为专门问题所进行的研究，并使其逐渐成为一个专门的学科。

在我国，对跨国公司财务管理的研究从20世纪80年代开始逐步得到重视。随着改革开放政策的实施，中国许多企业开始涉足国际市场，参与跨国经营，与跨国经营相伴随的财务管理活动逐渐增多，迫切需要运用和掌握跨国公司的财务管理知识。而且，随着我国开放程度的不断深入，跨国公司财务管理知识将不断得到普及。跨国经营实践活动需要理论的指导，反过来实践也会丰富理论的发展。

2. 跨国公司财务管理的主要内容

（1）国际融资管理。

跨国公司通常需要根据其生产经营对资金的需求量，通过一定的金融机构或金融市场及国际筹资风险和成本组合的管理，以低成本、低风险获取所需的资金，建立合理的全球范围内的最佳资本结构。国际融资管理是跨国公司管理的一项重要内容。

（2）国际投资预算管理。

跨国公司在进行国际直接投资时，往往面临着较大的投资风险和复杂的政治、经济等环境因素，因此需要运用国际资本预算方法来评估投资项目，对投资项目进行财务可行性分析，以选择合理的投资方式。

（3）国际营运资金管理。

经营全球化给跨国公司带来的好处，需要通过资金在具有不同资源优势、税率、政治经济环境的国家和地区之间的转移来实现。营运资本的管理既包括流动资产的管理，也包括流动负债的管理。

（4）国际税收管理。

国际税收管理的重点，是利用各国间税收制度的差异及各国签订的税收协定，在国际企业的筹资、投资、营运资金流动及利润分配的各个财务环节，制定减少双重纳税的措施，利用税收优惠实现税收减免或利用国际避税减少所得税支付，增加企业税后收益。

与国内财务管理相比，跨国公司的国际财务管理还有一些特殊的内容如汇率预测和外汇风险的管理、国家风险管理、转移价格的制定、投入子公司资本及分红的管理、冻结资金的管理等。

9.1.2 跨国公司财务管理的组织形式及抉择

1. 跨国公司财务管理的组织形式

跨国公司的财务管理部门既是一个职能部门，也是一个相对完整的组织系统。从公司总部到各分部（事业部）再到各子公司都有财务管理机构，各自承担着不同的财务管理业务，并且自上而下都是紧密联系在一起的。在其分工与联系中，体现着一定的财务管理组织形式。一般来说，跨国公司在组织财务管理活动时，有以下三种基本的组织形式可供选择。

（1）公司总部集中控制财务管理。

公司总部集中控制财务管理是在公司总部设立国际财务部，统辖公司所有财务业务，海外无财务机构和财务人员。国际财务部由国际财务主管领导负责所有国际财务业务，如借款、信用、收账、资金运用、资金保护、投资方案的评审等。国际财务主管对总公司财务主管负责。财务主管负责整个公司的财务政策、外汇管理及子公司之间的相互融资等重大财务决策，并对国际财务部施加控制。此外，总公司还会设立一名会计负责人，指导会计业务，具体负责资本预算及控制、财务结构、利润计划及分析、管理资讯及日常会计业务等。

（2）分部或国际子公司实施财务管理。

这是一种分权式的组织形式，总部只给予全面性指导，具体的财务管理活动由分部来负责。有些跨国公司将财务管理权力集中在国际部，但也有些跨国公司让其国际子公司负责管理。

（3）总部与分部共同负责财务管理。

公司总部及其下属的国际部或地区分部（或产品分部）都设立财务管理部门，经过集权与分权，共同管理各级财务工作。这种情况下一般由公司总部负责制定财务目标、政策、方针等全局性的财务决策，分部负责日常财务工作，涉及全局性的决策，须报请总部批准后再实施。

2. 财务管理决策权集中与分散的利弊

跨国公司财务管理的上述三种组织形式，区别在于财务决策权是集中还是分散的问题。由于财务管理决策权的集中与分散互为反正，而且部分集权和部分分权的集合只不过是两者的结合，因此，只要对跨国公司财务管理决策权集中于公司总部的优点和缺点进行分析即可。

（1）财务管理决策权集中于公司总部的优点。

① 有利于发挥财务专家的作用。跨国公司，特别是历史悠久和规模庞大的跨国公司，总部都有优秀的财务专家，财务管理的决策权集中，有利于在更大的范围和程度上利用专家的智慧和才干，提高公司财务管理水平。

② 获取资金调度和运用中的规模经济效益。例如，由公司总部根据海内外生产经营单位的需求统一筹措款项，可在条件较好的资金市场以较低的利息筹措资金；由公司总部集中管理海内外生产经营单位额度外的现金，可增大现金存款的总额和相对延长现金存款的期限，获得更多的利息收入。

③ 提高资金的使用效率。由于各子公司所面临的资金市场条件不同，其对资金的需求因时、因地不同而有所变化。由公司总部集中行使财务管理决策权，可以在高层次上调剂公司内部各单位的资金余缺，优化资金配置，保证资金供给，同时也有利于公司总部加强对全球性生产经营的控制。

④ 提高抵御外汇风险的能力。海外子公司的营运资本和销售收入主要是以单一货币计价的，其所在国的外汇市场往往是狭小，甚至是非规范化的。因此，海外子公司不仅更容易遭遇外汇风险，而且其应对外汇风险的能力也很有限。集中的财务管理可以灵活调整公司的外币种类和结构，在国际金融市场上进行外汇的买卖和保值交易，减少或避免外汇风险。

（2）财务管理决策权集中于公司总部的缺点。

① 容易挫伤子公司经理的积极性。财务管理决策权是公司向子公司经理授权的重要组成部分，特别是财务管理决策权的大小与子公司的生产经营活动和经济利益分配都有着密切的联系。集中的财务管理会在一定程度上削弱子公司经理的生产经营自主权，使他们变得消极，挫伤他们的积极性。

② 容易损害其他股东和利益相关者的利益。由于母公司从全球性生产经营出发，以

实现公司总体利益最大化为根本目的进行集中财务决策，子公司的具体情况和直接利益可能被摆在了一个次要的位置，这就容易损害子公司的其他股东和利益相关者特别是当地股东和居民的利益。

③ 容易造成与东道国之间的摩擦。集中的财务决策使公司总部更加方便地使用转移价格等手段抽调子公司的生产要素、产品和利润，逃避子公司所在国的关税和所得税，绕过当地政府政策法规的限制，这些都会引起东道国政府的不满。

④ 扭曲子公司的经营实绩。由于实行集中的财务决策，迫使一些子公司放弃本可以得到的获利机会以服从母公司整体利益需要；而另外一些子公司由于得到母公司的政策支持，获得了本不属于它们的利益。如此结果，也增加了对子公司绩效考核的难度。

(3) 集中与分散财务决策的各自依据。

① 财务决策的集中管理体现的是母公司中心经营哲学。将海外子公司业务看成是母公司业务的扩大，包括财务管理在内的所有决策和经营控制权都集中在母公司总部，子公司只能在母公司总体利益的框架内，执行总公司的决策和规定。

② 财务管理的决策分权体现的是多中心经营哲学。决策权分散给子公司，母公司起控股公司的作用。各单位绩效考核建立在条件相似单位之间的比较上。母子公司的财务报告同时根据东道国和母国的公认会计准则而做出。除投资新项目和融资决策之外，其他决策也分散化。

③ 为了取集权与分权财务管理之长，避两者之短，一些跨国公司采取部分集权和部分分权相结合的财务管理模式。这类跨国公司实行重要决策集中，其他决策分散；对某些国家的子公司实行财务集中，对另一些国家子公司实行财务分权。这种模式的主要理论基础是地域中心哲学：分权的利益取决于子公司的特点与区位。如果某个子公司的管理者自主性和能力强，分权就是有利的。在这样的地方，可建立控股公司并实行多中心管理。相反，如果子公司管理者能力有限，就要强化对该子公司的控制。

3. 跨国公司财务管理组织形式抉择的影响因素

(1) 跨国公司的发展阶段。

① 在向国外扩展初期，因总部缺乏足够的资金来源和财务专家，往往较多地将财务管理决策权下放给子公司，实行分权财务管理。国外各子公司管理财务的经理们的管理活动没有母公司的紧密指导，子公司致力于增进自己的成绩。但可能以有损整体利润为代价。

② 随着国外经营的增长，跨国公司已发展到中型规模，母公司机构的经理人员了解到国内与国际两方面的区别，认识到总部进行财务管理已日显重要。这时，母公司亦有了较强的经济实力和足够的财务专家，可以建立中心工作部门来领导国外经营的财务工作。

③ 当跨国公司发展到了第三阶段，成为大型跨国公司以后，总部的管理集团面临两难境地：一方面，国外经营的规模和重要性需要管理集团加紧控制海外财务决策；另一方面，由于子公司增长所引起的财务选择权不断增多，使得总部中心工作部门已无力对每项财务交易都单独作出决策。在这种情况下，跨国公司较多实行集权与分权相结合的财务管理模式。

(2) 股权结构。

在一般情况下，跨国公司财务管理决策权的集中度与其对海外子公司的控制度成正向关系。如果跨国公司的海外子公司大多是独资经营，那么，跨国公司在财务集权管理与分权管理的选择上就有很大的回旋余地，而由于集权更有利于跨国公司的全盘财务调度，故通常选择相对集中的财务管理。相反，如果跨国公司的海外子公司大多是合资经营，限于合伙人的利益与要求，其财务管理会相对分散。

(3) 技术水平。

技术要求高的跨国公司，总部大多把主要精力集中在技术开发而不是财务管理上，以便通过不断的技术创新和新产品推出来加强垄断优势，并通过技术来控制海外子公司，因而倾向于分权型财务管理。相反，技术要求低的跨国公司，产品和工艺已成熟，公司的竞争优势主要不是来自技术，而在于全盘调度以降低成本，需要重视财务管理，因而倾向于财权集中。

(4) 企业文化。

跨国公司财务管理的集权与分权在一定程度上受公司传统的影响。欧洲的跨国公司因其传统的母公司与子公司的"母子关系"，财务管理集中度较高。据调查，大约有85%的欧洲跨国公司是由母公司总部统一管理和协调海内外财务活动的。而美国跨国公司股权结构分散，在管理上强调子公司的积极性，大多不直接对海内外财务活动实行集中管理，而是通过间接指导和干预的方法来影响海外子公司的财务管理。

(5) 竞争状态。

一方面，随着国际竞争的加剧，对当地目标市场和东道国经营环境的变化做出迅速反应已成为跨国公司成功的关键之一。这要求子公司拥有包括财务管理权在内的更多自主权。另一方面，随着跨国公司的一体化进程，财务管理的集中决策也日益重要。跨国公司在资金返回、转移价格制定、管理费和涉及公司整体利益的财务决策趋向于集中管理，而在其他方面则趋向于分散化。

9.1.3 跨国公司财务管理的目标与评估模型

1. 跨国公司财务管理的目标

跨国公司的资金流动不是单一的本币，而是涉及国内、国外的资金市场，这些国家和地区可能存在较大的文化、经济制度、法律甚至道德标准的差异。跨国公司在实现其财务管理目标时，如果只是单纯地追求"股东财富最大"的目标而不考虑其他因素，就不可避免地会与东道国的期望及当地的经营标准发生冲突。因此，跨国公司应该设定一个合理的财务管理目标体系。

(1) 股东财富最大化。

股东财富最大化强调的是在给定风险水平条件下，股东的收益最高，即用股东的资本收益和股利收益来度量股东收益是否最大化。由于股东财富是由其拥有的股票数量和股票市场价格计量的，股东财富最大化目标比较容易量化，便于财务业绩的合理评价。

(2) 公司价值最大化。

公司价值最大化，即通过跨国公司财务上的合理经营，采用最优的财务政策，充分考虑资金时间价值及风险与报酬的关系，在保证跨国公司长期稳定发展的基础上使公司总价值达到最大。公司价值不仅体现在金融财富方面（现金、有价证券等），还体现在市场、人力资源、技术等方面，跨国公司不仅包括股东，而且是一个融合了债权人、一般员工、多个国家政府等多个利益群体的集团。因此公司价值最大化的财务管理目标，能够克服跨国公司片面追求近期利润的行为，而关注于在公司的发展成长过程中各方利益的关系，保证公司长期稳定的发展。

（3）跨国公司的经营目标。

跨国公司的经营目标主要体现在：①长期合并收益最大化，税后收益应该是母公司和子公司的合并收益，长期合并收益的多少直接影响着公司价值的大小；②资金的流动性强；③全球赋税最小化；④子公司或分部的目标。

跨国公司财务管理的目标是需要适应多因素变化的综合目标群，是一个多元的有机整体。要结合母公司和子公司的具体情况，设定一系列辅助目标，在实现"公司价值最大化"主导目标的同时，还应该同时履行社会责任、加速公司成长、提高公司偿债能力等一系列辅助目标，从而增强跨国公司在全球的竞争力。

2. 跨国公司价值最大化目标的评估模型

净现值（NPV）模型是公司评估投资项目可行性最常用的模型，同时也是现代市场经济环境下公司价值评估的有效方法。净现值模型表明：公司的当前价值应当建立在未来取得收益的能力上，而不是建立在公司现有资产的数量上。

净现值方法原本用来测算投资项目在预定经营期内的净现金流量和最终项目清算价值，并借此决策特定项目的投资。按照公司未来收益能力决定的公司价值可以描述如下。

$$\text{NPV} = \sum_{n=1}^{N} \frac{\text{CF}_n}{(1+K)^n} - \text{CF}_0 \tag{9-1}$$

式中，CF_n 为公司第 n 年产生的净现金流量；CF_0 为公司初始投资额；K 为公司未来收益对应的一定风险水平上的平均资本成本；N 为公司在特定产业的预期发展生命周期。

在国际经营环境下，公司经营的市场环境导致的汇率不确定性及未来市场销售的不确定性大大增加，公司价值模型则应用下列形式表现如下。

$$\text{NPV} = \sum_{n=1}^{N} \frac{\sum_{j=1}^{M} E(\text{CF}_{j,n}) \times E(\text{ER}_{j,n})}{(1+K)^n} \tag{9-2}$$

式中，$E(\text{CF}_{j,n})$ 表示本国母公司在时限 n 上能够获得的以外币 j 标价的现金流期望；$E(\text{ER}_{j,n})$ 表示在时限 n 上将外币 j 兑换成本币的汇率期望；K 表示母公司的加权平均资本成本；N 表示公司在国际市场的预期经营周期；M 表示不同国家市场，即多重货币操作的特性（国家数目或外币币种数目）。

跨国公司财务管理的目标，就是要在对未来汇率走势预测的基础上，实施有效的融资管理、投资预算管理、现金管理及税务综合管理等，通过优化预期未来现金流、资本成本来实现公司价值最大化，如图 9-1 所示。

投资预算管理、融资管理、现金管理、税务综合管理等都是基于公司价值最大化目标

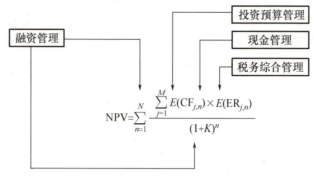

图 9-1　跨国公司的价值模型及其财务管理的影响因素

的分析框架，看图 9-1 可知这四项主要的财务管理内容是如何对跨国公司的价值产生影响的。

9.2　跨国公司融资管理

9.2.1　跨国公司融资管理与融资来源

1. 跨国公司融资管理的含义

由于跨国公司的产品种类多、分布广，而且面临的业务经营复杂，使跨国公司在其生产经营过程中产生了大量的固定资本和流动资本的需求，如需要资金购置土地、设备和建设厂房，需要资金用于各国（地区）间产品运输、库存管理、消费信贷和销售促进等开支。跨国公司不仅需要筹措生产和经营中的资本，还要降低筹资成本、财务风险和外汇风险。因此，国际融资管理是跨国公司财务管理中的重要组成，跨国公司通常通过国际市场从事借贷或证券发行买卖活动，以实现资金的融通。一方面，国际性融资可以增加未来的现金流入，另一方面也要考虑国际性融资成本对现金流出及最优资本结构的影响（见图 9-2）。

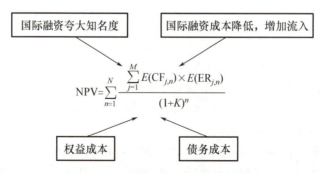

图 9-2　国际融资对公司价值的影响

2. 跨国公司融资的主要来源

跨国公司的资金来源可以从母公司的角度和分支机构或子公司的角度考虑。从母公司的角度，其资金来源主要来自四个方面。

（1）公司集团内部融资。

公司内部资金来源主要有三类：①集团公司包括海外各分支机构或子公司提存的折旧基金；②集团公司的未分配利润；③集团公司内部各单位之间相互提供的资金，即母子公司之间相互持有的债券，以及提供的贷款和商业信用。

（2）母公司所在国融资。

母公司所在国融资与国内企业相似，但还有一些特殊来源，如向银行贷款时可以利用出口信贷，各国政府还可能设有专门鼓励出口和向国外直接投资的专用基金，为企业提供资金来源。

（3）子公司所在国融资。

子公司所在国的经济、财务环境不同，资金的来源和方式也不一样，主要依赖于当地银行和金融机构的贷款，以及利用当地的证券市场发行有价证券融资。

（4）国际资金来源（第三国金融市场）。

母公司或子公司筹集的资金来源于它们所在国之外的第三国，如向第三国银行借款、进入国际信贷市场利用银团贷款、进入国际债券市场发行外国债券或欧洲债券、进入国际股票市场发行国际股票及向国际金融组织借款等。

到第三国资本市场筹款虽然是获取国际资金的一个重要途径，但由于这种债券发行一般以第三国货币进行，而子公司本身的经营活动是以母国和东道国货币进行的，因此增加了跨国公司偿债的外汇风险。

此外，随着国际金融组织在世界经济中发挥的作用越来越大，国际金融组织的资金也成为跨国公司考虑的筹资对象。国际金融组织包括国际货币基金组织、世界银行、国际开发协会、国际金融公司等。这些国际金融组织贷款的对象一般都各有侧重，所以跨国公司必须根据项目的性质来向不同的组织申请。

9.2.2 跨国公司国际市场中长期融资

1. 国际股票市场融资

国际股票市场融资是指在国外股票市场上发行股票获得国外的权益资本。在国外进行权益融资，能够使得公司进入分散化的股权市场，规避当一个市场状况不好时融资可能出现困难的情况。同时，对于某些跨国公司来讲，进入国际市场后，不仅可以筹集所需要的外币资本，而且市场容量加大，扩大了资本来源，可以维持较高的股票市场价格，在国际上获得投资者的关注，扩大公司在国际市场上的知名度。

由于股票不可退股只能转让，因此国际股权融资筹集的是长期性资本。近年来，随着融资证券化趋势的出现，国际股权融资在国际融资中的地位逐渐上升。国际股票市场融资的方式有以下几种。

（1）在海外直接上市。

跨国公司可以直接到外国股票交易所挂牌上市销售其股票。申请在海外直接上市的企业，必须遵循当地的证券法规和会计标准，符合该国企业上市的要求，经该国证券主管机构批准才能发行股票。这种方式为潜在的投资者特别是不能接近国外股票市场的投资者提供了方便，节省了信息传递成本，并且提高了企业的知名度。

（2）利用国际股票分销机构销售股票。

跨国公司还可以利用规模较大的国际股票分销业务机构销售股票。首先由投资银行等金融机构承购新发行的股票，然后通过广泛的通信网络、承购辛迪加或销售集团，向世界各地的投资者分销。

（3）由子公司在当地发行股票。

跨国公司还可以通过子公司在当地发行股票的方式，来实现世界范围内的股权融资。当然也有一些跨国公司，特别是涉及高新技术领域的跨国公司，在东道国进行直接投资时更喜欢独资的形式，因为担心失去对专有技术的控制。

（4）全球存托凭证（Global Depository Receipts，GDR）。

存托凭证是指在一国证券市场上发行并流通的代表外国发行公司有价证券的可转让凭证。存托凭证是公司股票或债券在国外股票市场间接上市的一种途径。全球存托凭证，即发行者将其发行的股票交本国银行或外国银行在本国的分支机构保管，然后以这些股票为保证，委托外国的银行再发行与这些股票对应的存托凭证。存托凭证上注明投资者获得股息、投票权及其他权利的方式，可在外国股票市场上公开交易，转让流通。存托凭证首先出现于美国，在美国市场发行的存托凭证称为美国存托凭证（American Depository Receipt，ADR），在新加坡市场发行的存托凭证称为新加坡存托凭证（Singapore Depository Receipt，SDR）。虽然有多种存托凭证出现，但 ADR 仍然是交易的主要存托凭证。

（5）买壳上市。

买壳上市，即跨国公司先出资收购已在外国股票市场上市的外国公司的部分或全部股份，以取得对该上市公司的控股地位，然后通过该公司在当地证券市场上进行配股融资，利用上市公司的优势在国际资本市场上筹集资金，以达到国内企业境外间接上市的目的。这种方式融资较为便捷，扩股融资所获得的资本不必还贷，因而融资成本较低。

2. 国际债券市场融资

国际债券是指国际金融机构和一国政府的金融机构、企事业单位，在国际市场上以外国货币为面值发行的债券。和国内公司不同的是，跨国公司不仅可以通过在其本国市场上发行债券得到长期资金，而且还可以在国际债券市场上发行国际债券筹到长期资金。同时，由于发行债券对资信要求较高，能够发行债券也是跨国公司信誉的一种象征。自 20 世纪 80 年代以来，它作为一种吸引长期资金的手段非常流行。

在国际债券市场发行公募债券，一般要通过专门的评级机构对发行者的偿还能力做出评估，对债券发行进行信誉评级，以保证债券购买者的利益。国际债券评级一般由国际信用等级评定机构进行。目前世界上最著名的评级机构是美国的标准普尔公司（Standard & Poor's）和穆迪公司（Moody's）。债券发行的等级是根据违约风险的相对程度进行评定的，利率的变动或货币的变动可能会导致债券发生很大的风险。债券等级评估机构注重的仅是信用风险，他们关注的只是发行人是否具有足够数量货币的偿债能力。

3. 项目融资

项目融资（Project Financing），也是跨国公司常用的一种融资方式，是指承办项目的跨国公司为筹集资金而成立一家具有独立法人地位的项目公司，由该项目公司承担贷款，以项目公司的现金流量作为还款来源，项目公司的资产作为还款的保障的一种融资方式。从事矿产、能源开发、交通运输、电力和水利等工程建设的跨国公司，经常会遇到需要巨额资金投入的大型项目，由于这类项目的规模和所需资本巨大，主办公司甚至连政府也难以独立承担这些项目的投资风险，传统的方式已不能满足这些项目的融资需求，因此项目融资就应运而生了。

项目公司所经营的只是单一的项目，并且项目有固定的期限，项目到期后项目公司解散，项目公司承担负债和权益及投资者回报。项目公司由于其经营结构、组织结构简单，财务结构透明度高，所以在一定程度上降低了代理成本，提高了项目价值。但需要注意的是，为资助该项目的贷款将由该项目的收益来偿还，在一定程度上又加大了项目融资的风险性，因此一般采用国际银团贷款的方式。

4. 国际信贷融资

国际信贷市场是跨国公司筹集中长期资金的又一个重要方式，主要指跨国公司向国际金融机构或国际上其他经济组织借款的一种融资方式。欧洲货币市场是当代国际信贷市场的基础。欧洲货币（European Currency）亦称境外货币，是指存放于货币发行国境外的金融机构所收存和贷放的该种货币资金，从事欧洲货币存贷业务的银行，称为欧洲货币银行或欧洲银行。欧洲银行从投资者手中获得短期资金，然后将这些资金作为长期贷款发放。

国际信贷活动的市场中心划分为五类地区：一是西欧地区，包括伦敦、苏黎世、巴黎和海峡群岛；二是加勒比和中美洲地区，包括开曼群岛和巴哈马群岛；三是中东地区的巴林；四是东亚地区，包括中国香港、日本东京和新加坡；五是美国地区。其中西欧地区是国际信贷活动的主要场所。

就国际信贷的交易方式来看，由于它主要是组织大规模的借贷款，并且以银行同业拆借为主体，因此，它的形式类似于外汇市场，即国际信贷市场没有一个完全固定的地点，而是以银行间的电信网络联系起来的。国际性的银行贷款主要有以下几种。

（1）世界银行贷款。世界银行主要负责经济的复兴和发展，向会员国提供发展经济的中长期贷款，最长可达30年之久。

（2）亚洲开发银行贷款。亚洲开发银行主要以项目贷款、规划贷款、开发金融机构贷款等形式予以贷款。

（3）国际商业银行贷款。国际商业银行贷款是非限制性贷款，贷款金额一般较大，手续较简便，但贷款成本较高。

（4）国际银团贷款。国际银团贷款（Consortium Loan）又称辛迪加贷款（Syndicated Loan）。所谓银团贷款，是指由一批银行（一般5家以上）或其他金融机构按照商定的条件，联合起来为借款者筹措巨额资金的一种贷款方式。银团贷款是跨国公司在国际市场上筹措中长期资金的主要途径。

9.2.3 跨国公司国际市场短期融资

跨国公司的短期融资与非跨国公司没有本质的区别，只是跨国公司的融资方式更加灵活，所建立的银行联系更加广泛。另外，跨国公司一般规模较大，更容易利用商业票据等直接融资工具进行融资，以节约融资成本。跨国公司的母公司及其子公司通常运用多种方法获得短期资金，以满足其流动性的要求。跨国公司国际市场短期融资经常使用的方式包括：国际贸易融资、内部贷款、银行信贷和欧洲票据市场。

1. 国际贸易融资

国际贸易融资是进出口厂商之间提供的一种商业信用。从出口商出售货物到进口商支付货款在时间和空间上存在距离，无论是出口厂商或进口厂商，都需要取得对方或第三方提供的信用，并通过谈判达成协议。对于跨国公司来说，国际贸易融资方式的选择，既是进行风险管理的手段，也是短期融资、流动资产管理的有效工具之一。

国际贸易融资的方式主要有汇票承兑（Acceptance of bill of exchange）、汇票贴现（Bill discount）、应收账款融资（Receivables financing）、保付代理业务（International Factoring）、福费廷（Forfaiting）等。上述几种方式对于进口商和出口商均存在着一定的风险。从盈利的角度来看，跨国公司在出口业务中对于支付方式的选择，其实就是在降低收款风险和增加出口销售收入之间进行权衡选择。进出口厂商双方总是会极力选择对自己有利的支付方式与信用贷款，从而实现短期融资的目的。

(1) 汇票承兑。

出口商接受远期汇票，相当于通过银行担保，进口商向出口商间接提供了一笔贷款，这样出口商就获得一笔短期贷款。如果出口商需要资金，可以在货币市场上出售银行承兑后的汇票，出口商所得到的款项等于汇票面额扣除从出售日到到期日的利息。

(2) 汇票贴现。

汇票贴现是指出口商将汇票交给愿意接受的银行或其他金融机构，得到汇票面额与利息和其他成本之差额的一种融资方式。在进出口贸易中，很多情况下使用远期汇票的付款方式。如果远期汇票得到银行的承兑，出口商可以通过出售银行承兑汇票进行融资。

(3) 应收账款融资。

应收账款融资是指出口商出售货物获得应收账款而不是现金后，将应收账款转让给应收账款保理商（通常指商业银行或其他金融机构的分支机构），由银行向出口商提供贷款的一种融资行为。银行向出口商的贷款以出口商可信任为基础，当购货方因任何原因未向出口商付款时，该出口商仍然有责任向银行还款。

(4) 保付代理业务。

保付代理业务简称保理业务，是一项集商业资信调查、应收账款管理、信用风险担保及贸易融资于一体的综合性金融服务。通过保理商从出口商处买进以发票等表示的出口商应收账款，负责债务回收及赊销控制、销售分户账管理，出口商可以获得保理商的短期融资及专业化的应收账款管理服务，加速资本周转，更好地规避信用及汇价风险。

(5) 福费廷。

福费廷，也称包买票据或票据买断，是指银行（或大金融公司）作为从出口商处无追索权地购买由银行承兑或保付的远期汇票,从而向出口商提供融资的业务。

福费廷与保理业务都是由银行购买出口商票据,同时银行不能对出口商行使追索权。但二者仍有以下几点不同:①涉及的商品标的不同,福费廷主要涉及大型企业出口的成套设备,金额较大,而保付代理一般针对中小企业的进出口商品,金额较小;②对汇票的要求不同,前者必须有进口商所在地银行对汇票的支付进行保证或开立保函,后者则不需要;③从业务内容来看,前者比较单一,而后者的业务综合性较强。

福费廷与一般的汇票贴现相比,虽然都表现为银行买进持有人的远期票据,扣除利息付出现金的资金融通业务,但是二者在追索权及票据的性质上存在差异。前者如果票据到期遭到拒付,银行不能对出票人行使追索权,但后者允许银行对出票人享有追索权;前者要求票据必须有一流的银行给予担保,后者则不需要。

此外,还有一些国际贸易形式的短期融资形式,如采用信用证、营运资本融资等。

2. 内部贷款

内部贷款是跨国公司进行资金转移的一种重要方式,不仅可以降低公司资金的冻结风险,节约贷款成本,而且可以减轻整体税赋。因为贷款利息可以起到"税收挡板"的作用。所谓税收挡板,是指在对公司利润征税时,所计算的利润额是扣除利息费用的。如果海外子公司所在国对资金移动不加限制,母公司可以直接向子公司贷款,子公司之间也可以相互直接提供贷款。跨国公司内部贷款的方式最常见的有以下几种。

(1) 直接贷款。直接贷款是指跨国公司不通过任何中介,直接向子公司提供资金,或者一个子公司向另一个子公司提供资金。

(2) 背对背贷款。背对背贷款一般指跨国公司通过金融中介机构,间接地向资金需求方提供资金。

(3) 平行贷款。平行贷款指在不同国家的两对公司之间的交叉贷款。例如,美国的两家跨国公司甲和乙,都在中国拥有子公司。在美国,跨国公司甲贷款给跨国公司乙,而在中国,跨国公司乙的子公司贷款给跨国公司甲的子公司,这样就形成了两对平行的贷款关系。实际上,平行贷款在实质上就是跨国公司内部的直接贷款。这种变形的好处在于减少了外汇兑换中的费用及不必要的麻烦,便于双方跨国企业间的短期融资。

3. 银行信贷

商业银行信贷是全球短期付息贷款融资的主导形式。短期银行信贷通常无须担保,贷款人在票据上签名以保证到期还款付息。银行信贷是一种非常灵活的融资形式,因为公司可以随时追加贷款,从而使银行贷款可以作为一项金融储备。当公司无法通过贸易信用取得额外短期资金时,公司倾向于首先利用银行贷款。银行贷款可以从国内、国外或欧洲美元市场上获得。如果不能获得其他的短期资金来源,跨国公司将更加倾向于银行信贷。

4. 欧洲票据市场

欧洲票据(Euro Note),是在国际金融市场(欧洲票据市场)上以欧洲货币发行的,完全可以转让的不记名本票票据。欧洲票据市场(Euro-note Market),是指运用发行欧洲票据融资(Euro-note Issuance Facilities)时,各种不同融资安排方式的总称。欧洲票据市场的金融有三种金融工具:欧洲

延伸阅读

短期票据（Euro-short-term Note）、欧洲商业票据（Euro-commercial Paper，ECP）和欧洲中期票据（Euro-medium-term Note，EMTN）。欧洲票据市场的融资便利可以应借款人的特殊需要而加以专门设计。由于借款人的需要可能因人而异，加上借款人的范围不断扩大，欧洲票据市场融资便利的具体形式层出不穷，经常出现新的融资便利。这就极大地满足了跨国公司各种不同的融资需要。

9.3 跨国公司投资预算管理

9.3.1 跨国资本结构与资本构成

1. 跨国公司投资预算管理的意义

跨国公司的投资决策，不仅决定着公司未来获利能力的大小，而且决定着跨国公司在全球市场中的竞争地位。由于跨国公司的经营活动范围涉及全球，不仅为其提供了比国内企业更多的投资获利机会，同时也使其面临比国内企业更多的风险。因此，跨国公司在选择和确定具体的投资目标时，跨国资本的预算管理就显得非常重要，必须考虑和分析多种影响因素，综合评估投资项目的价值（见图9-3）。

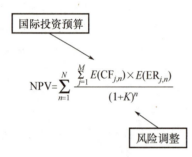

图9-3 跨国公司投资预算的综合评估

资本成本对跨国公司的价值非常重要。跨国公司选用的资本结构（债务融资对权益融资的比例）应该使资本成本最小，从而使公司价值最大化。一个公司的资本包括权益资本和债务资本。公司的权益资本成本反映了一种机会成本，是指如果新股东把这笔钱不是投资于该股票，而是投资于其他地方所能赚取的收益。公司希望采用权益与债务资本的混合结构来使综合资本成本最小化。

2. 跨国公司资本成本的特点

（1）国际经营多元化。

如果一个公司的现金流入来自世界各地，那么它的现金流量可能会更加稳定。由于各国经济彼此独立，来自不同子公司的组合净现金流量会表现出较小的变化值，这样就会降低资本成本。

（2）国际资本市场。

跨国公司通过国际资本市场通常可以筹集到低于国内公司筹集成本的资金。另外，只要子公司所在国的市场利率相对较低，子公司就有可能在当地获得比母公司在本国所能获得的成本更低的资金。当子公司创造的收入与借款成本用相同的货币来表示时，使用外资并不一定会增加跨国公司的汇率风险。

（3）公司的规模。

跨国公司的债券和股票的发行量较大时可以降低发行费用。此外大量借债的跨国公司可能会得到债权人的优惠待遇，同样可以降低资本成本。相比国内公司，跨国公司的规模优势使其更容易筹集到优惠的贷款。

（4）汇率风险。

跨国公司通常会因为涉及外币业务而面临比国内公司更高的汇率风险，因此未来现金流量具有更大的不确定性，这必然会迫使股东和债权人要求更高的收益率，从而增加跨国公司的资本成本。

（5）国家风险。

跨国公司在国外建立子公司可能会遇到东道国政府征收其子公司资产的风险。如果海外子公司被征收的资产没有给予公平赔偿，那么跨国公司破产的可能性就增加。一个跨国公司在国外子公司的投资份额越高，并且被投资国的国家风险高，那么该跨国公司破产的概率越大，资本成本也就越高。

3. 跨国公司资本结构决策

资本结构是指负债在总资本中的比例。由于资本的来源会影响到资本成本和资本的可得性，资本结构本身应当是全球融资最优化的结果。在最优化过程中，不仅要考虑债务成本和权益成本，还需要考虑如何使用资本的来源。因此，跨国公司要权衡债务和权益融资的利弊，根据不同公司和被投资国的特点来制定公司的最优资本结构。

4. 相关决策模型：调整现值法

综合考虑跨国公司的融资成本与未来收益的一种更为适宜的价值分析方式是调整现值法（Adjusted Present Value Method，APV），经常被应用于跨国公司海外融投资的实践。这种分析方法实际上是对国内市场环境下 NPV（净现值）法的扩展。

在一般的公司价值模型中，没有考虑融资与投资价值之间的相互关系。而在海外融投资实践活动中，发行债权的方式导致的负债利息能够在一定条件下为公司提供税收抵免，因此融资方式对于项目价值存在很大影响。调整现值法的原理是莫迪格莱尼（Franco Modigliani）和默顿·米勒（Merton Miller）在关于具有公司税的企业价值理论中提出的。调整现值法中的关键是调整公司的加权资本成本，其中需要考虑两种典型的融资成本差异，即在具有公司税条件下，公司的加权资本成本可以表达如下。

$$K = \frac{D}{D+E} \cdot K_d(1-t) + \frac{E}{D+E} K_e \quad (9-3)$$

式中，K_d 为公司税前的负债成本；K_e 为公司股权融资的成本；D 为公司负债数额；E 为公司股权数量；t 为公司税税率。

从式(9-3)可以看出，公司的负债利息可以抵免一部分公司税，因此，负债融资部分的成本应当低于非负债融资部分的资本成本，负债投资的价值应高于无负债投资的价值，其差额就是负债发生的利息费用纳税节约额的现值，其公式如下。

$$V_t = V_u + tD \quad (9-4)$$

式中，V_t 为无负债企业价值；V_u 为负债企业的市场价值；D 为公司自负债。

根据这一原理做出的调整现值，可表示如下。

$$APV = \sum_{n=1}^{N} \frac{(R_n - E_n)(1-t)}{(1+K_n)} + \sum_{n=1}^{N} \frac{t I_n}{(1+K_d)^n} + \frac{TCF}{(1+K_e)^n} - CF_0 \quad (9-5)$$

式中，K_e 表示企业的权益资本成本；K_d 表示投资在目的债务成本；I_n 表示第 n 期的利息费用；TCF 表示期末的现金流；R_n 表示第 n 期的现金收入额；E_n 表示第 n 期的现金费用额。

在计算调整现值的过程中，不仅要考虑公司未来净现金流量、初始投资、期末回收现金流的现值、负债税收节约的现值等，还要考虑项目融资成本所导致的贴息优惠高负债可能导致的财务困境及其融资成本增加的现值。例如，一方面，发行债券的利息可能抵扣公司税；另一方面，随着公司发债的增加，企业的信用风险随之增大，企业陷入财务困境甚至破产的可能性也随之增大，这显然又会增加企业的资本成本，降低公司的价值。

APV 模型包含了许多在国际资本运行中经常会遇到的现金流类型。例如，跨国经营能够带来税收节省或税收递延，跨国公司可以在其分公司间转移收支或在不同税收环境下组合税收，以降低税费。另外，通过公司间的转移定价策略或特许协议等办法，母公司可将一部分冻结或限制的资金回笼，这些现金流入作为营运现金流的一部分与非限制可汇入资金都形成了跨国经营的现金流的多重类型。

由于各国之间的债务成本、权益成本不尽相同，因此使得一些国家的资本总成本较低，而另外一些国家则较高。一般来说，一个国家如果有相对较低的无风险利率，这将不仅影响该国的债务成本，而且会间接影响权益成本。跨国公司期望得到来自资本成本较低的国家的资金，但如果用这笔资金来支持在其他国家的经营时，跨国公司还要考虑将要面临的汇率风险。虽然跨国公司努力寻求适合于公司发展的目标资本结构，但往往由于公司及国家的限制，跨国公司在每个可获得资金的国家的资本结构都可能会偏离它的目标资本结构。但母公司可以通过在全球化的市场调整债务和权益融资的组合，获得全球的目标资本结构。

9.3.2 跨国公司投资预算的常规分析方法

对于跨国公司来说，由于国际项目所处的环境比较特别，复杂的环境会影响到对未来现金流量的计算及折现率 k 的确定。通常，跨国公司的现金流量会比国内同行业公司面临更大的汇率风险。一方面，汇率变动可能导致企业收益增加，另一方面，汇率变动可能导致企业发生损失或收益减少。同时，海外直接投资项目评估需要从跨国公司的整体（母公司）角度考虑，而不能仅仅考虑项目本身。一般来说，从项目角度评估时所用的现金流量都是以东道国货币来表述的，而从母公司角度评估时通常要以母国货币来表述，就是说要用预期的汇率将各期以当地货币表述的现金流量折算为以母国货币表述的现金流量。准确的货币币值预测通过改善现金流量的估计值，从而提高跨国公司的项目评价及决策能力。因此，当从母公司角度开展投资预算分析时，分析模型如下。

$$\text{NPV} = \sum_{n=1}^{N} \frac{\sum_{j=1}^{M} E(\text{CF}_{j,n}) \times E(\text{ER}_{j,n})}{(1+K)^n} - \text{CF}_0 \qquad (9-6)$$

式中，$E(\text{CF}_{j,n})$ 表示本国母公司预期该投资项目在时期 n 上能够获得的以外币 j 标价的净现金流量；$E(\text{ER}_{j,n})$ 表示在时期 n 上将外币 j 兑换成本币的预期汇率；CF_0 表示以本币表示的期初项目投资；K 表示母公司在该项目上的加权平均资本成本。

而使用单纯的东道国货币来衡量投资预算效果时，则按照一般的净现值模型来分析如下。

$$\text{NPV} = -\text{CF}_0 + \sum_{n=1}^{N} \frac{\text{CF}_n}{(1+K)^n} + \frac{\text{CF}_N}{(1+K)^n} \quad (9-7)$$

由式（9-7）可以看出，跨国公司价值评估或是对外投资项目的评估，主要依赖于对未来现金流量的预期、汇率的预期及投资回报率的确定。跨国公司所面临的复杂多变的国际环境，会对这三个主要的价值评估因素产生不确定性影响。主要有：中央银行的干预政策，外国通货膨胀率的影响，国外居民的收入水平，国际融资带来的全球品牌价值效应，在国际债券市场上的筹资成本，汇率的波动及衍生证券（期货，期权）的多样化等。跨国投资的目标就是要在对未来汇率走势预测的基础上，实施有效的投资预算管理，优化预期未来现金流，实现公司价值最大化。

总之，对海外直接投资项目的投资预算，需要对相关项目做出预测，而预测过程包含了对东道国货币汇率、利率、通货膨胀水平和当地市场需求等不确定因素的处理。

跨国投资预算过程中主要牵涉的典型分析项目如表 9-1 所示。

表 9-1　跨国公司第 n 年投资预算典型分析项目

	项目内容	项目代号
1	市场需求（预测）	(1)
2	单位价格（预定）	(2)
3	第 n 年销售总收入	(1) × (2) = (3)
4	单位可变成本（预测）	(件)
5	总可变成本	(1) × (4) = (5)
6	年租金（预测）	(6)
7	其他周期性固定费用（预测）	(7)
8	折旧（预测）	(8)
9	总费用	(5) + (6) + (7) + (8) = (9)
10	子公司税前收入	(3) − (9) = (10)
11	东道国政府税收（预测）	税率 × (10) = (11)
12	子公司税后收入	(10) − (11) = (12)
13	子公司净收入	(12) + (8) = (13)
14	子公司留成（预定）	留成比率 × (13) = (14)
15	子公司现金汇出交纳预提税（预测）	预提税税率 X [(13) − (14)] = (15)
16	税后汇出现金	(13) − (14) − (15) = (16)
17	子公司项目清算价值（预测）	(17)
18	当年汇率（预测）	(18)
19	母公司接受现金流	[(16) + (17)] X (18) = (19)
20	母公司当年再投资（预定）	(20)
21	母公司净现金收入	(19) − (20) = (21)
22	第 n 年母公司净收入的现值	$(1+K)^{-n} X$ (21) = (22)
23	共计 n 年净现值的累计	IPVs = (23)

从表9-1可见，跨国投资预算过程中，对关键数据的预测至关重要，其中必然包含母公司对特定国家市场的战略性资源配置的总体安排，以及在特定年限上对该投资项目今后发展的资源配置和投资回报的安排。

9.3.3 跨国公司投资预算的现金流影响因素

对外投资项目现金流量的基本特征是税后增量的现金流量。在资本预算中，通常还需要考虑一些特殊的现金流影响因素。

1. 汇回母公司的资金形式

外国子公司将资金汇回母公司有多种形式，通常包括：①股利，②总部的管理费，③商标和专利的特许权使用费。跨国公司必须特别关注资金的汇回问题，一个主要原因是由于当前和未来都可能存在外汇管制，许多政府会限制跨国公司将资金汇回母国。另一个主要的原因就是税负，跨国公司不仅要考虑利润纳税种类，还要考虑利润汇回的时间，因为公司缴纳的总税款通常是资金汇回时间的函数。

2. 通货膨胀的影响

通货膨胀的存在会使产品的成本及价格不断上涨，尽管成本和收入都会受到同一方面通货膨胀波动的影响，但是对成本和收入二者影响的程度有很大的不同，从而会影响投资项目的净现金流量。从母公司的角度来看，通货膨胀和汇率对子公司的净现金流量的综合影响可能会产生相互抵减效应，因为一般来说，通货膨胀率高的国家的汇率倾向于疲软。跨国公司不能忽视通货膨胀对未来现金流量所产生的影响。

3. 项目的替代或互补效应

一方面，投资新的项目会增加销售额，另一方面，还应考虑该投资项目对母公司其他产品销售可能带来的影响。与新产品有替代关系的产品在国外的销量可能会下降，而与之有互补关系的产品销量可能会有所提升，因而会带来不同程度的现金流入的增加与减少，因此应从母公司的角度来调整因替代或互补关系带来的现金流的变化。

4. 项目残值

跨国公司投资项目通常对该项目净现值有重要影响。一般情况下，由于残值预测的风险很大，对其估计应采取较为保守的态度。跨国公司往往愿意考虑多种可能出现的残值结果，并在各种可能的基础上重新评估该项目的净现值。有时需要计算使项目净现值等于零时的残值，即盈亏平衡点残值，用于判断未来现金流量的现值超过该残值的可能性。如果事实上的残值预计等于或大于残值盈亏平衡点，则该项目可行。

5. 国外资金冻结

在某些情况下，东道国可能会冻结子公司拟汇回母公司的资金。例如，一些国家可能要求子公司所获收益在汇回母公司前要在当地再投资至少3～5年。在这种情况下，如果母公司在国外还有新的项目，这部分资金可用于直接投资该项目，或者考虑如果国外子公司有尚未偿还的贷款，则可以通过偿还当地贷款的方式来更有效地利用冻结资金。另外，从母公司角度来看，当母国所得税高于被投资国所得税时，用于投资项目的国外冻结资金，可以节约母国对汇回资金的课税额，从而达到节税的效果。

6. 国际税收因素

由于税后现金流才是母公司评价投资项目的关键现金流量，因此，跨国公司必须考虑现金流量的税收后果。例如，假设某一特定子公司的所在国政府对子公司汇往母公司的利润课以高额预提税，则母公司可能要求子公司暂时避免汇出利润而将其再投资于子公司。另外，跨国公司可能要求其子公司设立R&D部门，这将有利于其他地方的子公司。通常纳税额会受到很多因素的影响，如利润的汇出时间及形式、课税的种类、母公司所在国和子公司所在国的所得税率的差异等。如果在考虑了每年最大限度地汇回资金，并采用较高的税率课税的情况下，项目的净现值为负，跨国公司应该确定是否存在节税途径来调整纳税额，进而影响净现金流。

7. 投资所在国的优惠政策

跨国公司的一些投资项目经常会对被投资国产生一定的有利影响，因此东道国为了吸引外国投资者，往往会提供一些优惠政策。如东道国会提供低于东道国和母国市场的利率、会增加项目投资各期的现金流量。如果所在国政府对子公司的初始设立有补贴，跨国公司的初始投入就会减少。这些优惠政策在跨国资本预算分析时都要考虑进去。

8. 跨国公司投资预算的现金流综合

综合以上分析，跨国公司在其投资预算中对子公司现金流量过程做出的描绘与相关估计，如图9-4所示。

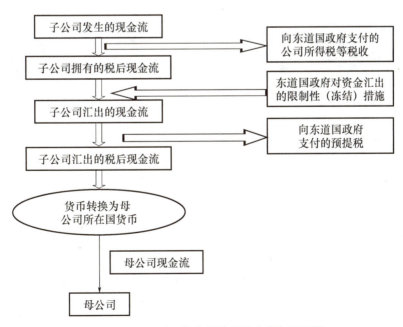

图9-4 跨国公司投资预算的基本现金流程图

因此，跨国公司的投资预算要将子公司的现金流置于清晰的东道国相关税收和政策控制体系之下，给出从子公司现金流的发生直至回报母公司的全过程，如果不能给出清晰的现金流流程图及其可能受控的水平，则投资预算本身的决策支持价值就会大大下降。

9.3.4 跨国公司投资预算的风险调整问题

在运用 NPV 模型分析投资项目时，通常考虑的折现因子是代表整个公司的平均风险。然而，有些项目的风险会大于或小于其平均值，并且有时候没有涵盖全部的风险，如国家风险、汇率风险、通货膨胀风险等，因此有必要对风险加以调整。

1. 风险调整折现率

项目的折现率可以反映该项目要求的收益率，因此，可以通过调整折现率来把国家风险、汇率风险等考虑进去。当其他因素不变时，项目预计的现金流量的不确定性越大，适用于该现金流量的折现率也越大。风险调整的折现率等于无风险率加上项目的风险溢价，这些风险溢价的确定通常基于主观经验的判断。尽管有主观性，调节风险的折现率还是一种被普遍采用的技术。

2. 调整预计现金流量

在处理国外投资风险时，跨国公司通常会估计每种风险如何影响现金流。预期现金流都有它们自己的概率分布，如估计东道国政府对子公司冻结资金的概率为20%，政府改变征收预提税的概率为15%等，这些可能的风险都会对国外项目的现金流量产生影响，进而影响项目的净现值。通过分析每一种可能存在的影响，跨国公司可以计算出投资项目的不同净现金流量的概率分布，以及净现值金额的大小，以反映未来项目的收益能力。

9.4 跨国公司的现金管理

9.4.1 跨国公司现金管理概述

1. 跨国公司现金管理的意义

跨国公司的现金管理涉及现金余额的规模、货币形式及其在子公司和母公司之间如何分配等问题。有效的现金管理技术可以减少外汇交易的开支，还可以让股东们从富余现金的投资中获得最大的回报。当出现暂时的现金短缺时，进行有效的现金管理还可以获得以最低成本获取的贷款。此外，跨国经营还要求公司决定现金管理的职责，是集中于公司总部还是分散地由各子公司局部执行。现金的最优化管理对公司价值的贡献在于尽可能增加未来预期现金流入，最大限度地减少现金支出，保持合理的现金余额，并实现现金余额投资的最大化，如图9-5所示。

2. 跨国公司现金管理的内容

跨国公司现金管理是跨国公司财务管理的重要内容之一，主要是对跨国公司生产经营过程中的货币资金（包括备用金、存单、银行存款等）的管理。跨国公司现金管理最关心的是在保证企业生产经营活动对现金需要的前提下，如何通过有效的现金收支管理使现金

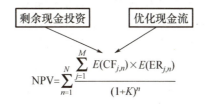

$$\text{NPV}=\sum_{n=1}^{N}\frac{\sum_{j=1}^{M}E(\text{CF}_{j,n})\times E(\text{ER}_{j,n})}{(1+K)^{n}}$$

图 9-5　现金管理对跨国公司价值的作用

余额降低到最低水平,并在现金预算期间内,使公司用预期现金收支余额进行的投资收益最大化,提高全部资金利用率。

跨国公司的现金流不仅数量大,分布广泛,而且币种多样化,图 9-6 就是一个跨国公司的现金流量简图,包括了母公司与子公司之间的现金流入与流出。

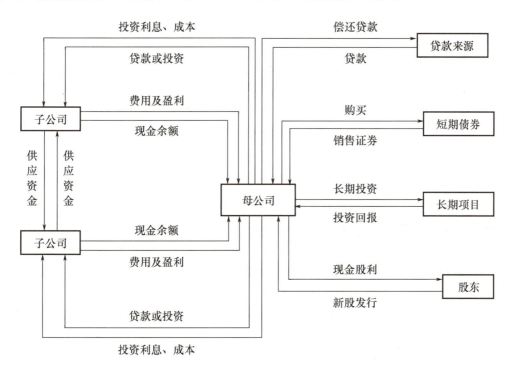

图 9-6　跨国公司的现金流量简图

资料来源:MADURA J,2011. International Financial Management [M]. New York:Cengage Learning, Inc.

9.4.2　跨国公司现金管理方法和要点

1. 集中式现金管理模式

集中式现金管理,即是跨国公司设立全球性或区域性的现金管理中心,负责统一协调、组织母公司及各子公司的现金供需。在该模式下,跨国公司成立的现金管理中心,会要求其每个子公司所持有的现金余额仅以满足日常交易需要为限,越过此最低需要的现金余额，都必须汇往现金管理中心。集中式现金管理的优势在于以下几方面。

（1）现金管理中心可以监控整个跨国公司的活动，这样可以发现单个子公司所无法认识到的问题和机会，从公司整体的角度提高现金管理的效率。

（2）在集中现金管理的体制下，各子公司持有的现金余额降低，这样当国外子公司所在国家实行某些控制措施时，跨国公司的整体损失可以降低。

（3）现金集中管理的模式可以吸引公司最优秀的财务管理专家到现金管理中心，实现现金资源的最优配置，既能降低融资成本，又能使投资组合最优化。

2. 加速现金流入的管理

国际现金管理的重要目标是加速现金流入，越早收到现金，就可以越快地将其进行投资或用于其他用途。跨国公司通过以下几种手段加速现金流入。

（1）公司在全世界设立收款箱。每日各地银行多次开启邮箱，将收到的支票取出并存入收款公司在各地银行开立的账户中。各地银行为收款公司准备了每日收款记录，再通过电子数据传输系统发给收款公司，使收款公司能够实时更新它的应收账款账户。

（2）预先授权支付。预先授权支付又称借记账户事先授权法，即在确定日期自动地由客户的银行直接转记到收款公司的银行账户。

由于国际经济业务票据的邮寄时间通常相对较长，这两种加速现金流入的方法对跨国公司的交易非常重要。

3. 净额支付系统

净额支付是优化现金流量的一个重要方法。从财务上讲，资金的跨国流动会产生相当大的成本，如兑换外汇成本、转移资金所需时间而导致的机会成本等。采用净额支付的方法，跨国公司可以在全球范围内对公司内部的收付款项进行综合调度，抵消一部分收付款项，只将抵消后的净额进行结算，从而可以有效减少公司内部资金转移的次数及金额。净额支付系统根据涉及主体的多少，又分为双边净额支付和多边净额支付。双边净额支付涉及两个单位之间的交易活动：母子公司之间或两个子公司之间。多边净额支付则通常包含母公司和几个子公司之间的更为复杂的资金交换。

4. 优化现金流量的一些复杂问题

优化现金流量往往会因为跨国公司的特征而变得更加复杂。跨国公司在优化现金流的过程当中可能会遇到以下几类最复杂的问题。

（1）政府管制。例如，有些国家会定期限制现金离境，从而阻碍跨国公司采用净额支付的方法。

（2）银行体系的特征。跨国公司比较喜欢的一些服务，如账户信息的及时更新、某种形式的零余额账户等，有些国家的银行不提供相关服务，因此会限制跨国公司实施有效的现金管理。

（3）公司利润的歪曲。由于跨国公司转移价格的存在，子公司报告的收益往往不符合他们的实际情况，如果忽略了这些因素，管理人员将有可能不再从跨国公司整体利益的角度来实施最优现金管理。

9.4.3 跨国公司的转移价格

跨国公司经营时，存在着大量的母公司与子公司、子公司与子公司之间的商品、劳务及其他资源的关联交易。这种内部交易最为显著的特点是采用转移价格，而不是国际市场供需所决定的市场价格。根据不完全统计，2/3国际贸易是跨国公司的内部贸易，因此转移价格越来越受到各国企业及政府的关注。

1. 转移价格的概念

转移价格是指跨国公司从全球经营战略出发，为谋求公司整体利益最优，在母公司与子公司、子公司与子公司之间购销商品和提供劳务时所采用的内部价格。如果跨国公司拥有许多分部，而且商品和劳务经常在分部间转移，那么就需要制定商品和劳务在分部间的转移价格。这种价格在很大程度上不受国际市场供求关系的影响，不是独立的买卖双方按自由竞争的原则确定的价格，而是由跨国公司的高层管理人员人为决定的。

转移价格的产生是企业内部交易的结果，是企业经营分权化和内部一体化的必然产物。另外，国际市场的不完善、各国市场存在贸易保护等，为跨国公司的全球化经营带来了不同的风险和收益。因此，跨国公司会努力发展内部交易，更为灵活地统一调配与使用资金，充分利用各国关税、利率及汇率的差异等，来实现全球化的战略目标及获得最大利润。

根据交易标的性质的不同，跨国公司在关联企业之间的转移价格活动主要通过以下几种方式进行。

（1）实物交易中的转移价格，主要是指跨国公司关联企业间有关产品、设备、原材料购销、投入资产估价等业务中实行的转移价格，这是目前跨国公司转移价格中使用最频繁的一种方式。

（2）货币、证券交易中的转移价格，主要是指跨国公司关联企业间在货币、证券借贷业务中采用的转移价格，通过自行提高或降低利率，在跨国公司内部重新分配利润。

（3）劳务、租赁中的转移价格，主要存在于跨国公司境内外关联企业之间相互提供的劳务和租赁服务中，根据税收或法律的巨大差异，跨国公司往往会将巨额的管理费用做不同的处理，以此转移利润，规避税收。

（4）无形资产的转移价格，主要是指在获得专有技术、注册商标、专利等无形资产过程中的转移价格。子公司通过签订许可证合同或技术援助、咨询合同等，以提高约定的支付价格转移利润。关联企业间的非专利技术和注册商标使用权的转让，因其价格的确定存在着极大的困难，及其所具有的专有性和无可比市场作为参考价格，其价格的确定更是难以掌握。

2. 转移价格的功能

（1）降低跨国公司的整体税收。

跨国公司的转移价格与国际税收的关系非常密切。跨国公司在全球的生产经营活动中，可以灵活地运用所在投资国的税收差异、避税港的优惠及区域性关税同盟的有关规定，达到减少公司的整体总纳税额的目的。转移价格对税收的影响主要体现在所得税和关税两个方面。

① 降低所得税负担。当跨国公司的产品在不同的国家间转移时，转移国（出口国）采取不同的低加价或高加价政策都会对转移国和接受国（出口国）企业的所得税产生不同程度的影响。对于转移国企业来说，转移价格是应税收益，而对于接受国企业来说，转移价格就变成了可抵税的费用。由于各国的税率是不一样的，因此跨国公司可以在税法所规定的范围内，制定出令跨国公司整体税收负担最小的转移价格。其遵守的一个主要原则是，将尽可能多的利润转移到税率较低的国家。

国际企业还可以利用避税港（Tax Heaven）来进一步加大转移价格，降低所得税额。国际企业可以在避税港设立象征性的分支机构，利用转移价格，将其他子公司的利润调入避税港，这样就可以最大幅度地降低公司整体税负。

② 降低关税。关税也是在确定转移价格时需要考虑的一个因素。进口关税一般采用从价计征的比例税率，即按照进口货物的到岸价乘以进口关税税率计算。当接受国对转移国运入国境的货物征收从价税时，这个进口税会增加接受国国内的交易成本。跨国公司可以通过转移价格政策来改变进口产品的到岸价格，在关税税率既定的前提下，改变到岸价格就可以相应地改变进口国子公司的关税负担。

一般而言，对净收益总额的税后影响最大的还是所得税。

(2) 规避风险和避免限制。

① 规避政治风险。当子公司所在国家处于政治动荡时期，跨国公司可以抬高对子公司的销售价格，压低子公司的出口价格，借以转移子公司的财产，也防止了财产被东道国征用的风险。

② 规避汇率风险。在国际经营活动中，跨国公司经常遇到的问题是各国的汇率波动所带来的汇率风险。许多国家为了加强本国的国际收支管理，防止外汇流失，往往实行外汇管制，如有些国家会对汇出利润再征一定比例的利润汇出税等。跨国公司可以利用高的转移价格、高利率贷款等手段来提高子公司在这些国家的产品成本，从而降低其利润，调出外汇。同时为了避免因汇率波动带来的风险，跨国公司可以选择提前付款或延后付款的方式来达到目的。如果遇到某国货币贬值，则可以通过调整产品的价格，将汇率的损失转移到该国子公司的利润上。

③ 避免东道国的价格限制。很多国家会对一些最终产品做出最低及最高限价。跨国公司可以将中间产品、原料等以较高的转移价格出售给在东道国的子公司，这样可以形成接受国子公司较高的成本，提高产品售价。

④ 规避通货膨胀的风险。通货膨胀必然会带来货币性资产的购买力下降。因此，跨国公司应该使处于通货膨胀较为严重国家的子公司保持最低限度的净货币资产。跨国公司可以选择利用转移高价政策向子公司提供商品或劳务，或者以低价政策获取该子公司的商品或劳务，避开资金在通货膨胀时期的转移，规避因货币购买力的损失而带来的通货膨胀的风险。

(3) 调节利润水平，获得更多红利。

在跨国公司实行全球化战略的进程中，关注的是整体的利润水平。公司可以利用转移价格的变化来达到调高或调低各子公司利润的目的。

① 当国外子公司的利润水平较高时，东道国政府可能会要求进行跨国公司进入政策

及投资条件的重新谈判,增加员工的工资和福利待遇等;同时也可能会引起潜在投资者的注意,增加子公司的竞争压力。所以当跨国公司发现子公司利润过高时,可采用转移价格来提高子公司的生产成本,既能减轻外界压力,又利于公司的整体利益。同时,调低利润也是对付当地合资伙伴的有效手段。针对合资公司而言,子公司的利润是由合资各方按股权比例来进行分配的,所以从跨国公司整体利益来看,并不是合资企业的利润越高越好。跨国公司可以利用转移价格,将子公司的利润转移到母公司或其他子公司,降低合伙者的利润,达到独占部分利润的目的。

延伸阅读

② 适当调高利润可以使跨国公司在东道国树立良好的投资形象,更大程度获得东道国的政治及经济优惠政策,以及金融市场便利的筹资渠道。跨国公司经常利用转移价格来调高子公司的利润,低价向子公司优惠供应所需要的商品,或者高价购买子公司的产品,通过这种价格补贴的形式可以帮助子公司走出财务困境,提高其市场竞争力。

9.5 跨国公司税务管理

9.5.1 跨国公司税收管理概述

1. 跨国公司国际税收及管理的概念

国际税收是指各国政府在其税收管辖范围内,对从事国际经济活动的企业和个人就国际性收益所发生的征税活动,以及由此而产生的国与国之间税收权益的协调行为。事实上,国际税收的课征活动是通过各国税收法律制度规定的具体税种实现的,在开放的经济条件下为解决各国税法的差异或冲突而以税收协定的形式存在,其背后隐含的是国家之间的税收分配关系及税收协调关系。

跨国公司国际税收管理,即利用国与国之间的税收分配和税收协调关系进行统一的纳税筹划,其目标是使跨国公司的纳税额最小化。

2. 跨国公司税务管理的作用

跨国公司的纳税涉及各国税制和各个国家之间的税收关系,程序复杂,操作烦琐。同时,跨国公司借助国际化的税收市场,综合考虑税收分配,以实现纳税额最小化(见图9-7)。

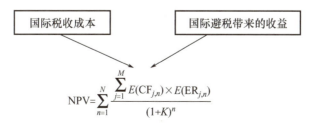

图9-7 跨国公司税务管理对公司价值的作用

3. 国际重复征税问题

（1）国际重复征税含义。

国际重复征税有狭义与广义之分。狭义的国际重复征税，即法制性国际重复征税，是指两个或两个以上国家政府，对同一跨国纳税人的同一征税对象的重复征税。

广义的国际重复征税是指两个或两个以上国家对同一跨国纳税人或不同跨国纳税人的同一税源征收相同或类似的税收。

国际重复征税是基于纳税人，包括自然人和法人，在其居住国或国籍国以外的一国或数国同时取得收入或拥有财产而产生的税收。国际重复征税会给国际投资活动带来消极影响，并引起国家间财税矛盾，阻碍国际上的经济技术合作的发展。如何避免和消除国际重复征税是国际税法所面对的最为严重的问题之一。

（2）国际重复征税产生的原因。

① 管辖权冲突。国际重复征税产生的基本原因在于国家间税收管辖权的冲突。这种冲突通常有三种情况：A. 不同国家同时行使居民税收管辖权和收入来源地税收管辖权，使得具有跨国收入的纳税人，一方面，作为居民纳税人向其居住国就世界范围内的收入承担纳税义务；另一方面，作为非居民纳税人向收入来源地就其在该国境内取得的收入承担纳税义务，这就产生国际重复征税。B. 居民身份确认标准的不同，使得同一跨国纳税人在不同国家都被认定为居民，都要承担无限的纳税义务，这也产生了国际重复征税。C. 收入来源地确认标准的不同，使得同一跨国所得同时归属于两个不同的国家，向两个国家承担纳税义务，这又产生了国际重复征税。

② 各国所得税制普遍化。各国所得税制的普遍化是产生国际重复征税的另一原因。当今世界，除了实行"避税港"税收模式的少数国家或地区，各国几乎都开征了所得税。由于所得税制在世界各国的普遍推行，使国际重复征税的机会大大增加；更由于所得税征收范围的扩大，使国际重复征税的严重性大大增强。

（3）国际重复征税消除方法。

国际重复征税的消除主要是指在国际经济活动中，当发生两种税收管辖权重叠时，行使居民税收管辖权的国家，通过优先承认跨国纳税人向行使地域税收管辖权国家所缴纳的税收，借以减轻或消除国际重复征税。

在各国税法和国际税收协定中通常采用的避免、消除或缓和国家重复征税的方法有免税法、扣除法、抵免法、低税法等。

① 免税法全称为外国税收豁免（Foreign Tax Exemption），是指居住国政府对本国居民来源于境外并已向来源国政府缴税的所得免于征税的方法。免税法的指导原则是承认收入来源地税收管辖权的独占地位，对居住在本国的跨国纳税人来自外国并已由外国政府征税的那部分所得，完全放弃行使居民（公民）管辖权，免予课征国内所得税。这就从根本上消除了因双重税收管辖权而导致的双重课税。免税法具体又分为：A. 全额免税法，即居住国政府对本国居民纳税人课税时，允许从其应税所得额中扣除来源于境外并已向来源国纳税的那一部分所得。这种办法在目前国际税务实践中已不多见；B. 累进免税法，即居住国政府对来源于境外的所得给予免税，但在确定纳税人总所得的适用税率时，免税所得并入计算。也就是说，对纳税人其他所得征税，仍适用其免税所得额扣除前适用的税

率。目前实行免税制的国家,大多采用这个办法。

② 扣除法全称为外国税收扣除(Foreign Tax Deduction),是指居住国政府允许纳税人就境外所得向来源国缴纳的税款从国内外应税所得中扣除的一种方法。扣除法的指导原则是把居住在本国的跨国纳税人在收入来源国缴纳的所得税,视为一般的费用支出在计税所得中消除。与免税法对比,在扣除法下,纳税人的税收负担水平高,国外所得并没有完全消除重复征税,只是有所减轻。

③ 抵免法全称为外国税收抵免(Foreign Tax Credit),是目前国际上比较通行的消除双重征税的方法。根据这一方法,居住国政府按照居民纳税人来源于国内外的全部所得计算应纳税额,但允许纳税人从应纳税额中抵免已在收入来源国缴纳的全部或部分税款。抵免法的指导原则是承认收入来源地税收管辖权的优先地位,但并不放弃行使居民(公民)税收管辖权。抵免法具体又分为:A. 直接抵免,这是相对于间接抵免而言的,是指允许直接抵免的外国税收必须是跨国纳税人直接向来源国交纳的。直接抵免的基本特征是外国税收可以全额直接地充抵本国税收(称全额抵免),可能的限定条件是同一项跨国所得的外国税收抵免不能超过居住国的税收负担(称限额抵免)。B. 间接抵免,一般适用于对公司、企业的国外子公司所缴纳的所得税的抵免。子公司不同于分公司,它只是母公司的投资单位,与母公司不是统一核算的同一经济实体,而是两个不同的经济实体,两个不同的纳税人。母公司从子公司可得到的,只是子公司缴纳所得税后按照股份分配的一部分股息。因此,对母公司从子公司取得股息计征所得税时应该予以抵免的,不能是子公司缴纳的全部所得税,只能是这部分股息所承担的所得税额。所以,这种抵免不是根据实纳税额直接进行,而是按换算的股息应承担的税额进行间接抵免。

④ 低税法是指对居住国居民来源于国外的所得或对来源于本国所得的非居民纳税人,采用较低的税率或减免等优惠政策,如比利时政府规定对来源于国外的所得按正常税率减征80%。

4. 国际税收的种类

目前,世界各国的税收制度一般均为复税制。在复税制下,税种不是单一的,而是多样的。下面讨论跨国公司所负担的三种主要税种:所得税、预提税、商品税。

(1) 所得税。

所得税(Income Tax)是指一国政府对外商投资企业和外国企业的所得征税,是一种直接税。该税种除对跨国公司的积极所得课征,即来源于外商投资企业和外国企业从事生产、经营所得,还对其他所得课征。生产、经营所得主要是指纳税人从事制造业、采掘业、交通运输业、农业、林业等行业的生产、经营所得。其他所得是指纳税人取得的利润(股息)、利息、租金、转让财产收益、提供或转让专利权、专有技术、商标权等,通常也称作消极所得。从零税收的巴林、百慕大群岛到许多税率超过40%的国家,如日本、土耳其等,国家的所得税率差别很大(见表9-2)。

表9-2 部分国家及地区的企业所得税税率

国家及地区	税率/%	国家及地区	税率/%
法国	35.43	荷兰	34.5
德国	26.38	波兰	28

续表

国家及地区	税率/%	国家及地区	税率/%
巴林	0	英国	30
中国	30	美国	35
芬兰	29	越南	32
印度	35.7	俄罗斯	35
意大利	36	葡萄牙	33
日本	46.7	西班牙	35
韩国	30.8	巴西	15
墨西哥	35	匈牙利	18
百慕大群岛	0	土耳其	43.18

资料来源：Pricewaterhouse Coopers，2002. Corporate taxes 2002—2003：worldwide summaries [M] . Wiley.

(2) 预提税。

预提税（Withholding Income Tax）是预提所得税的简称。它并不是一个单独的税种。这里的"税"（Tax）是指所得税，包括企业所得税和个人所得税。预提是扣留、预扣的意思。它从征税方式的角度来明确这一事物的概念，其外延在不同的国家（地区）是不同的。一是从纳税人的方面来看，有的国家（地区）对支付给本国、外国公司和个人的所得都实行预提税，如日本、英国、意大利、荷兰、奥地利和中国香港。有的国家（地区）只对支付给外国公司和个人的所得实行预提税，如美国、法国、加拿大、巴西、澳大利亚、新加坡。二是从征税项目的方面来看，一般对来源于本国（本地区）的股息、利息和特许权使用费所得扣缴税款。但有的国家（地区）对这三个项目中一个或两个不实行预提税，如对股息不征税的有英国、爱尔兰和中国香港等，对利息不征税的有瑞士、丹麦和荷兰等，对特许权使用费不征税的有埃及、荷兰、瑞士等。有的国家（地区）不但对上述三个项目实行预提税，还对租金、专业服务、技术服务等所得实行预提税，如对财产租金实行预提税的有德国、比利时、菲律宾等，对专业服务、技术服务费实行预提税的有墨西哥、泰国、印度等。

在跨国公司的经营业务中，预提税通常发生在子公司在当地市场的收益汇回母公司时（即汇出东道国过境时）要向东道国缴纳的税收。

(3) 商品税。

商品税（Commodity Tax），以商品（包括劳务）为征税对象，使其区别于以所得为征税对象的所得税和以财产为征税对象的财产税。由此，可以给商品税下一个定义，所谓商品税，是指以商品为征税对象的税收总称，在国际上一般被称作"商品与劳务税"。由于商品税的计税依据为商品的流转额，同时商品税总是在商品的流转环节征收，因此也被称为流转税。目前国际上普遍开征的商品税主要包括：关税（Tariff）、增值税（Value-added Tax，缩写 VAT）和消费税（Consumption Tax）。

① 关税，是指以进出关境的货物或物品为征税对象，以其流转额作为计税依据的一

种税，属于涉外商品税。海关依法对进出境货物、物品征收关税。按课税商品在国境上的不同流向，可将关税分为进口税、出口税和过境税。一般而言，关境和国境是重叠的，但也存在例外。在一国设立自由贸易区（Free Trade Area）的情况下，关境便小于国境。反之，当一国和其他国家组成关税同盟的时候，由于关税同盟的成员国相互之间取消关税，对外实行统一关税制度，因此，此时的关境便大于国境。

② 增值税，是指对商品（或劳务）在不同生产环节上就转移时间价值部分所征收的间接税种。从计税原理来看，增值税对商品生产和流通中各环节的新增价值或商品附加值进行征税，并实行税款抵扣制。所谓增值额，是指纳税人在商品的生产-经营过程中新创造的价值。增值税具备商品税的主要特征，如多环节课征、可转嫁、具有累退性，另外还消除了重复征税。

③ 消费税，是指以特定消费品为课税对象所征收的一种税。征收消费税的主要意图在于调节消费结构和引导消费方向。

9.5.2 跨国公司的国际避税

1. 选择高利的国外经营形式

对于跨国公司来说，国际税收管理有两点值得注意：一是母公司与分公司（分支机构）的关系；二是母公司与子公司的关系。所谓母公司与分公司，是指一个公司在国内外设立资本完全受其控制的公司或办事机关时，前者是后者的总公司或总机构，后者为前者的分公司或分支机构，分公司是母公司的延伸。因此，分公司赚得积极或消极所得，无论其外国来源所得是否交付给母公司，都被并入母公司的国内来源所得来计算税收负担。而外国子公司是跨国公司在外国的独立附属机构，当母公司从外国参股子公司获得积极或消极所得时，只有当其以股利的形式支付给母公司时才在母公司所在国纳税。因此，当决定是以分公司或子公司的形式组织外国经营时，跨国公司的管理层必须意识到特定东道国在所得税上的差别。例如，新的外国附属机构通常在运营的前几年经历亏损，最初建立的海外机构以分公司的形式存在可能会对母公司有利，因为征税规定外国分公司的经营损失并入母公司的所得，从而减少赋税。相反的情况下，将外国所得用于在海外再投资以扩大外国经营时，如果外国所得税率低于本国所得税率，母公司在外国设立子公司就比较有优势，因为母公司的税收负担可以延期到子公司支付股利给母公司时才予以缴纳。

2. 利用税收优惠避税

世界各国都有各种税收优惠政策规定，跨国公司可以充分利用这些税收优惠政策，达到减少海外赋税的目的。

（1）加速折旧。

加速折旧是跨国公司对原始投资实施税收优惠所采取的一种传统的做法。各国通常的做法是允许企业对符合优惠规定的固定资产在购置或使用的当年提取一笔初次折旧，初次折旧占固定资产原值的比例一般较大，最高的可达 100%。

（2）投资抵免避税。

企业可以用固定资产投资额的一定比例直接冲减当年应纳所得税税额。固定资产的类别不同,享受的投资抵免的税率也不同,如有些国家规定节水装置可享受 40% 的投资抵免。

(3) 再投资退税。

跨国公司用于再投资部分的税后利润已负担的税款可按一定比例退还公司。中国目前对外商投资企业的外国投资者也有相应的再投资退税的规定。

(4) 利用免税期规定。

许多国家对外国投资者在本国境内开办的某些企业规定了一定期限的减免税优惠,企业在一定时期内的利润可以不缴纳所得税。

(5) 低税率优惠。

各国政府会对一些特定的部门或地区的企业实行较低的优惠税率。如中国对外商投资企业的低税率优惠,主要与经济特区和沿海开放政策相关联。

跨国公司也可以利用另外一些税收优惠政策,如专项免税、延缓纳税、费用加倍扣除、承诺税收待遇一定时期不变等。

3. 利用国际避税地避税

国际避税地,通常是指那些可以被人们借以进行所得税或财产税的国际避税活动的国家和地区。它的存在是跨国纳税人得以进行合理避税的重要前提条件。国际避税地在不同的国家有不同的名称,如英国称其为"避税港",德国人则习惯称之为"税收绿洲"。利用避税地进行避税是跨国公司减少海外税赋常用的一种方法。

国际避税地除了无税或低税率等特点,还有其他一些非税特征,例如,银行业较发达,有严格的银行保密法和商业保密的传统,对汇出的资金不进行限制,实行宽松的海关条例等。

跨国公司利用国际避税地避税的主要手段有:在避税地建立所谓的"基地公司"、信托公司、金融机构等。

(1) 虚设贸易机构。

虚设贸易机构是指国际投资者在避税地设置一个子公司,把母公司制造的直接销售给另一国的货物,经过"避税地"中转,从而把母公司的所得转移到"避税地"的子公司,以达到避税的目的。

(2) 信托公司。

信托公司主要从事代管财产、代发行公司股票和债券、筹集资金、传输信托投资、承受并管理抵押等业务。跨国公司在避税地设立信托公司,可以把公司的财产虚设为避税地的信托财产,以达到少纳税或不纳税的目的。跨国公司不仅可以规避这部分财产所得应交纳的税额,而且还可以用这笔资金在避税地从事投资获利。

(3) 金融机构。

金融机构通常可以利用避税地区从事特殊业务活动。许多国际避税地都有繁多的金融机构。很多跨国公司在其内部设有金融公司,多为银行或信托机构。它们不仅可以充当公司集团内部借款与贷款的中介机构,为其不同成员从一国向另一国转送贷款,还可以向无关联企业提供正常贷款,以赚取利息收入,为各种公司及附属机构提供经营管理和便利条件。例如,设在百慕大群岛的金融财务公司,实际上就是为某一大集团提供内部贷款充当中间人,其主要任务是使该集团内部利息所得少纳税或不纳税。

(4) 控股公司。

跨国公司在避税地设立控股公司，拥有一个或多个公司大部分股票或股份，其目的是控制而非投资。控股公司享有其子公司的信誉和名声，但无须承担其债务。控股公司的收入主要是从子公司获得的股息及股票所产生的资本利得。由于避税地对股息收入和资本利得不征税或只征很少的税，那么在避税地建立控股公司就可以起到避税的作用。

4. 利用转移定价避税

利用转移定价实施避税，是国际企业在国际避税活动中采用比较广泛的一种方式。发生在跨国公司集团内部交易方面的转移定价不取决于市场供求，只服从于跨国企业整体利益的需要。转移定价隐藏了跨国企业经营的真实情况，掩盖了价格、成本、利润间的正常关系。

5. 避免成为高税率国家的居民公司

在实行居民管辖权的国家，一旦跨国公司被该国认定为居民公司，它就要对这个国家承担全面的纳税义务，要把来自全球各地的所得汇总到该国纳税。因此，高税国的居民公司比低税国的居民公司承担了更高的纳税义务。一般来说，判定法人居民的标准主要有三类：一是注册登记地标准；二是机构标准；三是管理机构所在地标准。例如，美国是采用注册登记地标准的国家。一个跨国公司为了避免成为美国的居民公司，可以考虑把总机构或管理机构设在美国，而在别国注册登记。如果一个国家采用管理机构所在地标准，跨国公司就应避免在高税国召开董事会议，不在该国保存公司账册等，从而合法地避免成为该国的法人居民。另外，如果跨国公司把总部或管理机构、注册地设在海地、巴拿马、开曼群岛等地，其所得税率很低，并且对来源于其境外的所得课征很少或不课征所得税，这样跨国公司总的赋税会因此大大降低。

本 章 小 结

跨国公司财务管理是财务管理的一个新的领域，更加突出公司整体的资金使用效率，旨在通过全球化资本配置，追求更高的投资收益和更低的融资成本。跨国公司的财务管理因涉及多种货币及资本市场，相比国内财务管理呈现出内涵更加复杂、目标更加多元化、风险性更强的特点。

跨国公司财务管理主要包括四大内容：①国际融资管理；②国际投资管理；③国际营运资金管理；④国际税收管理。

国际股票市场、国际债券市场是跨国公司长期资本的主要来源。同时，跨国公司通常会运用国际贸易融资、内部贷款、一般性银行贷款及商业票据等多种途径获得短期资金，以满足流动性的要求。跨国公司的资本结构应当是全球融资最优化的结果，即资本成本最小化。跨国公司要权衡债务和权益融资的利弊，要根据不同公司和被投资国的特点来制定公司的最优资本结构。

跨国公司在进行国际直接投资时，往往面临着较大的投资风险和复杂的政治、经济等环境因素，需要运用国际资本预算方法来评估投资项目，对投资项目进行财务可行性分析，选择合理的投资方式。从母公司或子公司不同的角度展开投资预算分析需选用不同的净现值模型，而且需要综合考虑现金流的影响因素、风险调整的方法及跨国资本预算主体等问题。

现金的最优化管理对公司价值的贡献在于尽可能增加未来预期现金流入，以最大限度地减少现金支出，保持合理的现金余额，并实现现金余额投资的最大化。跨国公司通常选择国际转移价格，将资金与利润在公司内部进行跨国转移，以实现资金的最优配置。

跨国公司主要负担三种税：所得税、预提税、商品税。国际化的税收市场要求跨国公司综合考虑税收分配情况，以最大限度地减少国际税收成本。这就要求跨国公司充分熟悉各国税率的差异、相关法律制度的差异等，采取有效的措施合理实施国际避税。

关 键 术 语

跨国公司财务管理　国际股票市场融资　全球存托凭证　国际债券项目融资　国际信贷融资　国际贸易融资　资本结构　跨国公司现金管理　转移价格　国际税收　国际重复征税　预提税　关税　国际避税地

习　　题

一、简答题

1. 简述跨国财务管理及其主要内容。
2. 简述跨国财务管理的主要组织形式及其各自利弊。
3. 简述跨国公司财务管理组织形式抉择的影响因素。
4. 简述跨国公司财务管理的目标。
5. 简述跨国公司价值最大化目标的评估模型。
6. 简述国际资本预算有哪些方法？需要注意的问题有哪些？
7. 简述跨国公司融资管理及其融资的主要来源有哪些？
8. 简述国际股票融资的主要方式。
9. 简述跨国公司国际市场短期融资的主要方式。
10. 简述跨国公司投资预算常规分析方法。
11. 简述跨国公司投资预算的现金流影响因素。
12. 简述跨国投资预算的风险调整的主要方法。
13. 简述跨国企业如何有效地实施现金管理？
14. 简述跨国公司现金管理的基本方法和要点。
15. 简述转移价格的基本原理是什么？转移价格的功能是什么？
16. 简述国际重复征税产生的原因。
17. 简述国际重复征税清除方法。
18. 简述国际税收的种类。
19. 简述跨国公司的国际避税。

二、讨论题

如何进行有效的国际避税？

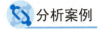分析案例

斯沃琪集团避税案

1. 背景材料

斯沃琪集团（下称斯沃琪）总部位于瑞士伯尔尼，是世界上最大的手表生产商和分销商，零售额占到全球手表零售份额的25%。2001年，它生产了1.14亿块手表、计数器，年销售额达到41.82亿瑞士法郎。斯沃琪在全球拥有160个产品制造中心，主要分布在瑞士、法国、德国、意大利、美国、泰国、马来西亚和中国等地。

一场空前的信任危机忽然降临斯沃琪。2004年9月，两名斯沃琪前雇员向媒体透露：斯沃琪集团亚洲分部多年来通过转让定价策略在全球避税1.8亿美元。受此影响，斯沃琪的股票（UHRN）当天曾一度暴跌11.4%，创下当年以来股价最低点。他们声称，注册地在英属维尔京岛，办公地在中国香港的斯沃琪亚洲分部，将销往海外其他关联公司的所有产品的价格都人为地进行了大幅度抬高。据二人透露，斯沃琪旗下的欧米茄（OMEGA）牌手表在从亚洲分部销往新加坡和日本关联企业时，价格分别被抬高了40%和50%，此外，在销往美国和澳大利亚关联企业时，其价格也均有大幅度提高。报告人说，斯沃琪此举的原因在于，亚洲分部的办公地和注册地都是低税区，比起其他关联企业所在地的税负要低得多。从低税区将产品提高价格销往高税区，即可人为地将利润的大部分留在低税地，通过转让定价降低集团的整体税负。

据称，斯沃琪在过去的近6年中利用这种转让定价的手段从美国转移出去大笔利润，逃避了总计100多万美元的美国税收。与此同时，它在澳大利亚和亚洲等地逃避的各国国内税收和关税的总额则超过了1.8亿美元。爆料人还向媒体提供了斯沃琪内部往来的一些电子邮件，其内容显示，斯沃琪的高层管理人员曾经力图掩盖非法避税的事实，某财务部官员在电子邮件中建议相关人员删除亚洲分部有关转让定价活动的文件，以免在税务部门进行税收审计时留下蛛丝马迹。

斯沃琪当天就予以了反击。2004年8月13日，斯沃琪在其官方网站发表公开声明。声明称，《华尔街日报》和《金融时报》的相关报道"实际上纯粹是公司与两名前雇员之间在雇佣问题上所产生的纠纷"，其原因是"其中一名员工希望得到比合同内约定数额更多的解雇费"。声明中说，这两名前雇员曾是"斯沃琪亚洲地区的区域负责人，分别在中国香港和新加坡工作"，并用括号着重指出，此二人"并非高层执行者"。

针对两名前雇员所披露的通过转让定价避税一事，斯沃琪给出的初步调查结果显示，斯沃琪绝没有触犯法律。一方面，斯沃琪宣称自己历来严格遵守包括税法在内的各国法律及国际法。另一方面，斯沃琪也在声明中写道："在不违反现有法律、法规的情况下，寻求税收结构的最佳化对所有企业而言已是一种惯例。转让定价是一个相当复杂的问题，斯沃琪在关联企业间使用的任何转让定价策略都并非仅以减少税收为目的，而是为消费者来协调国际上的价格结构，以防止出现有害的平行市场，这种平行市场将引起巨大损失，并需要远比税收高得多的成本。"

由于转让定价是斯沃琪在关联企业间根据整体利益和经营意图人为确定的，而并非在自由竞争市场中由交易双方共同确定，因此随意性很大，这就为关联企业任意操作转让定

价、非法逃避税收提供了巨大空间。专家指出，在国际上寻求税收结构最佳化的做法必须要在合理的范围内进行，至于斯沃琪的做法是否在此范围之内，尚有待进一步调查。

2. 案例评析

转移定价与选择避税地避税，使得跨国公司在不同国家境内的各个子公司的真实经营状况被歪曲，造成各个实体的纳税额与实际盈利水平不符，也为跨国公司逃避高额税负提供了可能。根据税收的"公共产品"性和税收的公平性原则，凡从政府获得利益者就应当负担税收。获得利益相同者，应负担相同的税收；获得利益不同者，应负担不同的税收。同时，凡具有相同纳税能力者，应负担相等的税收；具有不同纳税能力者，应负担不同的税收。如果关联企业利用转移定价对利润进行转移，即使主观上是为企业经营所需，但客观上却逃避了本应缴纳的税收。这不仅有违税收公平原则，而且损害了政府的税收利益。运用转移定价避税成为跨国公司及关联企业追求利润最大化的一个重要手段，需要对此行为进行法律控制，这是维护国家利益的内在要求，也是各国税收立法的重要组成部分。

资料来源：http://economy.enorth.com.en，2023—05—04。

问题

请结合本章内容分析说明运用转移定价避税的理论合理性及实践可能产生的问题。查阅相关资料，假设你是一名国家税收管理干部，你将如何发现跨国公司存在的转移价格问题？

第 10 章

跨国公司跨文化管理

本章教学要点

了解国家文化与世界商务文化的主要理论,并能应用其解释跨国经营中的文化冲突问题;

熟悉跨文化管理的主要内容与意义;

了解跨文化管理理论的起源及关注的主要问题、跨国文化管理理论的主要观点,掌握跨文化管理的主要与方式;

理解跨文化差异成本估算方法并能用于企业跨文化交易费用的评估。

知识架构

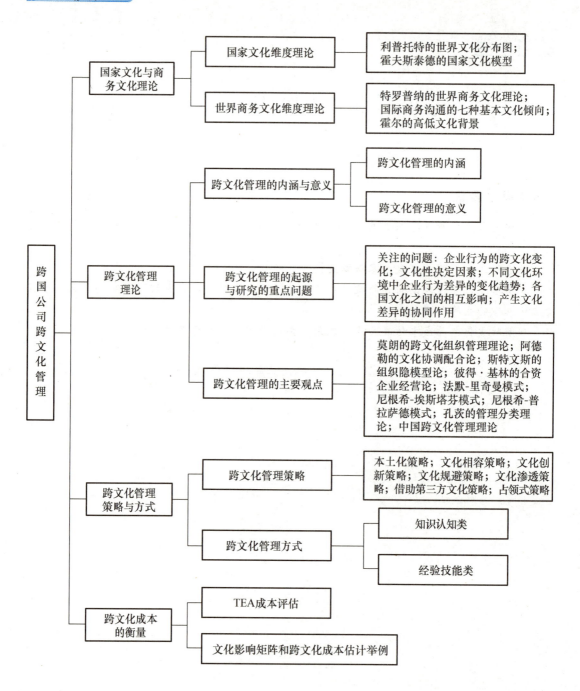

10.1 国家文化与商务文化理论

10.1.1 国家文化维度理论

1. 利普托特的世界文化分布图

全球商务咨询委员会主席、国际商务领域公认的权威利普托特（Leaptrott）的"世界文化分布图"将世界文化分为三种类型：部落主义型、集体主义型和多元主义型。大部分文化属于三种文化类型之一，另一些则是混合型。

（1）部落主义型文化。

"部落"这个词使人想到原始社会结构，但是西方社会大部分地区的文化也被列为部落主义型。意思是说：每个人的首要焦点是家族单位——每个人从家族单位获得其身份特征。家族单位可更精确地定义为氏族部落或延伸的家庭。这是一个紧密结合的群体，群体成员通过血缘关系联结并且具有共同的世界观，成员们通过祖先和孩子找到一种无论是过去还是将来都有的一种联系在一起的感觉。在部落主义型文化里，必须不惜一切代价使家族生存下来，必须保护家族的名声和家族的荣誉。

（2）集体主义型文化。

集体主义型和部落主义型有一个共同点：群体的团结。不过，集体主义与更宽泛的群体概念相联系，群体的联结可以是一个镇、一个国家或是一个种族，个人通过与群体的联结来体现自己。为了维持群体的存在，培养群体一致性是很重要的。群体内每个人都是平等的，共同参与、共同分享，个人不能脱离群体。在这种文化氛围中，一个人超出群体、脱离群体或拒绝群体，而去寻找不同或专属于私人的东西是不能容忍的。没有群体就没有一切。

（3）多元主义型文化。

多元主义型社会结构由许多协会和群体组成，个人可以通过家庭、宗教团体、社会群体、商业或政治组织来体现个人，更可能的情形是通过以上这些组合来体现自己。在多元主义型社会里，所有的人都能自由形成自己的个人特点，他们不仅可以这么做，而且必须这么做。个人为自己负责，群体不会去关照他们。群体如果要成为一个单位，则必须经过个人同意，既不指望也不要求统一性，大家普遍认为留在群体内是维持群体存在的一种方式。依靠任何形式的组织和协会无异于向别人坦白自己的弱点和依赖性。独立自主是追求的最高价值，依赖是一种失败。最终把多元主义型文化连接成一种文化的是相互认同，成员们选择留在这种文化中，并且维持着这种所有人都同意的内部基本准则。

（4）部落主义型文化与多元主义型文化的混合。

（5）部落主义型文化与集体主义型文化的混合。

2. 霍夫斯泰德的国家文化模型

荷兰文化协作研究所所长霍夫斯泰德（Hofstede）教授在一个大型跨国公司任职期

间，采用标准的问卷，用多种语言，收集了几十个国家（地区）的工作人员（从工人到高层管理人员）的态度和价值观方面的数据。他在对 116 000 个问卷数据进行系统化分析的基础上，通过因子分析及聚类分析，给出了一个国际实证比较，得出了国家文化模型（见表 10-1）。

表 10-1 霍夫斯泰德的国家文化模型

国家（地区）	权力距离	风险避让	个人主义	男性倾向	长期取向
英语的					
澳大利亚	25	32	98	72	48
加拿大	28	24	93	57	19
英国	21	12	96	84	27
美国	30	21	100	74	35
阿拉伯语的					
阿拉伯国家	89	51	52	58	—
远东的					
中国	89	44	39	54	100
新加坡	77	2	26	49	69
日耳曼语的					
奥地利	2	56	68	98	—
德国	21	47	74	84	48
瑞士	17	40	75	93	—
拉丁美洲的					
阿根廷	35	78	59	63	—
哥伦比亚	70	64	9	80	—
墨西哥	92	68	42	91	—
委内瑞拉	92	61	8	96	—
西欧的					
比利时	64	92	87	60	—
法国	73	78	82	35	—
意大利	38	58	89	93	—
西班牙	43	78	64	31	—
北欧的					
丹麦	6	6	85	8	—
芬兰	15	42	70	13	—
挪威	12	30	77	4	—

续表

国家（地区）	权力距离	风险避让	个人主义	男性倾向	长期取向
瑞典	12	8	82	2	58
近东的					
希腊	50	100	45	67	—
独立的					
巴西	75	61	52	51	81
印度	82	17	62	63	71
以色列	4	66	66	47	—
日本	32	89	55	100	80

注：① 阿拉伯国家包括埃及、黎巴嫩、利比亚、科威特、伊拉克、沙特阿拉伯、阿拉伯联合酋长国。
② 100 分最高；50 分中等；0 分最低。

资料来源：① 希尔，2005. 国际商务 [M]. 5 版. 周健临，等译. 北京：中国人民大学出版社.
② 梁能，1999. 国际商务 [M]. 上海：上海人民出版社.

(1) 权力距离（Power Distance）。

权力距离所涉及的基本问题是：社会如何处理人与人之间不平等的现象，即权力观。权力距离是指社会承认的权力在组织和机构中的不平等分配范围。大与小权力距离对社会生活中人的行为均有影响。处于大权力距离中的人们，逆来顺受着一系列等级制度，每个人毫无疑义地明确自己所处的地位；处于小权力距离中的人们为着权力的平等化而竞争，追究权力不平等的根源。

(2) 不确定性回避（Uncertainty Avoidance）。

风险避让（不确定性回避）所涉及的社会基本问题是：如何对待永远存在的未来世界的不确定性，即风险观。不确定性回避是指社会中对不确定及模糊不清情境的不适感觉，这种感觉迫使他们发誓要去维护组织、保卫平安。强不确定性回避型社会维护信念与行为规范，不能容忍持不同意见的人士和观念；弱不确定性回避型社会维持着一个宽容的氛围，现实性大于原则性，并能容忍异端邪说。

(3) 个人主义与集体主义（Individualism and Collectivism）。

个人主义与集体主义所涉及的社会基本问题是：一个人和他人之间关系的紧密程度，即群体观。个人主义是指一种松懈结合的社会结构，其中人们只关心他们自己和最亲近的亲属；集体主义是指一种严密的社会组织结构，其中人们期望他们的亲属、氏族或其他群体的人来关心他们，作为交换，他们对内部群体也绝对忠诚。

(4) 男性化与女性化（Masculinity and Feminization）。

男性化与女性化所涉及的社会基本问题是：社会中的男性和女性分别所处地位及所起的作用，即性别观。男性化是指成就、金钱、英雄主义、自信、武断等价值观在社会中居于统治地位的程度；女性化是指相对的人际关系、谦虚恭敬、对弱者的关切及注重生活质量的价值观在社会中居于统治地位的程度。

(5) 长期与短期（long vs short term orientation）。

长期与短期所涉及的社会基本问题是：一个民族对长期利益和近期利益的价值观，即时间观。具有长期文化导向的文化和社会主要面向未来，较注重对未来的考虑，对待事物以动态的观点去考察，注重节约和储备，做任何事情均留有余地。这种社会常想到目前的行为将对下几代人的影响；短期导向性的文化与社会则面向过去与现在，着重眼前的利益，最重要的是此时此地。

10.1.2 世界商务文化维度理论

1. 特罗普纳的世界商务文化理论

跨文化管理专家特罗普纳（Trompenaars）通过对50个国家的15 000余名员工进行调研后，提出了七维世界商务文化图景（见表10-2）。特罗普纳认为，每一维度代表一个方面的价值观，都有处于对立状态的两种极端价值观，但具体的文化很少会处于极端状态，而是处于某个过渡状态，向某一极端做一定程度的倾斜。

表10-2 特罗普纳的五维世界商务文化图景

维度	中国	美国	日本	阿拉伯国家
通用主义与特殊主义	折中	通用主义	弱通用主义	特殊主义
个人主义与集体主义	集体主义	个人主义	集体主义	强集体主义
中立与感情导向	折中	弱外露型	强内敛型	强外露型
具体与扩散导向	弱混为一谈型	就事论事型	弱就事论事型	强混为一谈型
成就地位与因袭地位	身份导向型	强业绩导向型	弱身份导向型	强身份导向型
次序型与同序型	同序型	次序型	折中	强同序型
内控型与外控型	强外控型	弱内控型	弱外控型	强外控型

（1）通用主义与特殊主义（Universalism and particularism）。

一个极端是通用主义，认为好的管理模式的特征总是可以界定的，可适用于世界各地；另一个极端是特殊主义，强调某种特定情境的独特性，更多地关注特殊情况，很少顾及抽象的社会规范。

（2）个人主义与集体主义（Individualism and collectivism）。

与霍夫斯泰德系统中同样名称的维度同义。

（3）中立与感情导向（Neutrality and emotional orientation）。

中立性的一端，倡导谨言慎行、藏而不露、不动声色、自持不偏；感情性的一端，则袒露情感、不掩爱憎、率直性情、喜怒外显等。

（4）具体与扩散导向（Specific and diffusion oriented）。

具体性的一端，往往开门见山，直接切入主题，工作关系与其他感情划开，泾渭分明，不可混淆；扩散性的一端，往往在会谈的最后才提及主要的问题。

（5）成就地位与因袭地位（Achievement status and hereditary status）。

成就地位导向的价值观，意味着经过你的努力并达到了新的目标，其主张根据每人成就的大小而给予相应的地位和关照，成就大则地位高；因袭地位导向的价值观，意味着个人地位是由于出生、血统、性别或年龄甚至于关系、教育背景决定的。

（6）次序型与同序型（Sequential and isomorphic）。

次序型与同序型的社会文化差异主要表现在看待时间的方式不同。在同序型社会文化环境里，人们过去取得的成绩并不那么重要，更重要的是要知道他们为将来制定了什么计划；在次序型社会文化环境里，你可以用你过去的成就而不是今天的成绩给人以更深的印象。

（7）内控型与外控型（Internal-oriented vs. External-oriented）。

对环境的态度方面也可以发现重要的文化差异。一些文化认为影响他们生命的主要问题和善恶来源都存在于自身之中，因而动机和价值观来自自身内部；而其他文化则认为世界比个人更有力量，认为自然是可怕的或认为自然在与人竞争。

2. 国际商务沟通中的文化倾向

文化倾向，即人们的行为是由其文化的若干方面决定的。一种文化的文化倾向决定了其独特的感知、语言过程与非语言过程的编码与解码。只有理解此文化、谙熟其礼仪的人才能解读。参照莱恩和迪斯特芬诺（Lane，DiStefano）所开发的六大文化维度系统，再结合中国学者的思考，文化倾向可以归纳为以下七个文化维度系统，有助于在跨国商务沟通中辨别交往对象的文化倾向。

（1）世界观。

世界观是指一种文化对于诸如神、人、自然、宇宙及其他与存在概念有关的哲学问题的取向。它反映的是人与自然的关系——人们如何看待这个世界。世界观基本上可分为三类："听命型""驾驭型"与"协调型"。

听命型文化导向中的人在自然面前是无能为力的，心甘情愿地处于物质力量或任何超自然意志的支配之下。在他们看来，生活和命运是预先注定的，人不应以个人意愿去改变不可避免的境遇。人们在与朋友相约什么时候再见面时常常用"命运的安排"来代替"如果情况允许的话"，便是这种价值观取向渗透到日常生活中的实例。

驾驭型文化导向的人认为，人是独立于自然之外的，而且应该主宰自然，具有支配自然的能力。同样是在人们在与朋友相约何时再见面时，他们会准确地预先预约、安排，没有预约的突然造访是不能接受的。在日常工作中，他们会安排营业时间来定时接待来访。

协调型文化导向中的人追求与环境和谐相处。在他们看来，人是自然的一部分，人与自然环境并非真正的分离，天人是合一的。他们的居住环境要看"风水"，他们的人际关系会特别强调"缘分"，有道是"有缘千里来相会，无缘对面不相识"。

（2）人性观。

人性观是指对人内在性格及人的本性是否可以改变的总的看法。它反映的是人对自己作为人的本质的基本看法——我是谁？人的本性的价值取向基本也可归纳为三类："性善论""性恶论"与"中性论"。

性善论认为人本质上是善良的，社会倾向于相信人，重人治而轻法制。人们可以先看病后付钱，不必担心逃款；乘地铁可以没人检票，不必担心逃票；进超市、图书馆可以不存包，不必担心遭窃。

性恶论认为人本质上是邪恶的，社会倾向于怀疑人，重法制而轻人治。人们必须先付钱后看病；乘地铁必须先检票后进站；进超市、图书馆必先存包。这种文化中，"顾客要当心"的观点支配着市场，人们只相信自己。

中性论认为人本质上是中性的，社会倾向于认为人是善良与邪恶的混合体，并相信变化取得进步的可能性，法制与人治并举。这种社会的公共场所无须存包，但加强防盗技术；进站无须检票，但出站或中途查票；可以先看病后付钱，但款项不至，以后别想再来就诊。

（3）人际关系。

人际关系涉及一个人对别人应负的责任及一个人对别人的幸福应不应该承担义务的问题。它反映的问题是——我如何与他们发生关系。在人际关系方面的价值取向主要有"个人主义""集体主义"与"等级主义"三种类别。

个人主义者认为个人利益是至高无上的，他们关心的范围至多延伸到家庭。在这种文化里强调独立生活，他们的座右铭是"靠你自己的双脚站起来"。

集体主义者认为群体或集团的利益是至高无上的。在这种文化里强调个人要忠诚于他的家庭及他所在的群体（同乡、同族、同学、同事或本人所属的组织），并为它效力。这类文化中关于家庭的概念扩展至堂兄弟姐妹等。

等级主义者社会有两个特征：一是同一社会里的各个群体之间通过等级制相互套在一起；二是等级制度里的各种群体的地位是相对稳定的。他们讲究门当户对，不同等级之间不能通婚、交往，甚至不能并坐、共食，不能共同工作在一起。

（4）行为方式。

行为方式是指人们行为的价值取向，它并不涉及行动的主动或被动状态，而是指行动的目的和重点。可借用古希腊神话中的三个不同性格的神类比三种不同行为取向：酒神狄俄尼索斯代表的"生活取向型"；普罗米修斯的"工作取向型"及太阳神阿波罗的"自我控制型"。

生活取向型是指人的行为是感情冲动的本能表现，强调尽情发泄和享受，可以说是逍遥派或乐天派。这种人的工作目的是为了生活。他们懂得享受生活，注重生活的质量，对他们来说，辛苦工作后的度假是必不可少的。

工作取向型是指人把工作当作生活的中心，为实现既定的目标而忘我工作，以自己的勤奋和才能来获得社会的承认而自慰。至于生活对他们来说则是简单的，度假、旅游也是没有时间的。

自我控制型强调劳逸结合，身心全面发展。对这类人而言，工作和休闲都是必需的。工作后需要放松，放松是为了更好地工作。

（5）思维模式。

思维模式是指人们的思维习惯或思维程序、推理的方式和解决问题的途径等。基本的有"曲线思维""直线思维"与"折线思维"三种。

曲线思维是一种形象思维，是综合性的定性思维。这种人的思维围着主题绕圈子，从不同的方面来说明主题，而不是直截了当地触及主题。

直线思维是一种逻辑思维，是分析性的定量思维。这种人的思维直接切入主题，开门见山，不绕圈子。

折线思维是介于曲线与直线之间的一种思维。这种人在逻辑思维的基础上偶尔会跑题，加入一些猜想式或一些并列的成分，然后回到正题。

（6）空间。

一种文化的空间观念，不仅包括人们之间的空间距离，也涉及其心理距离，可分为"隐秘型""公开型"与"半公开型"三种情况。每一种文化对于各种层次的沟通都存在着适当的空间距离，如果人们忽视这些距离，大多数人就会觉得不舒服，侵犯这种空间甚至被认为是侵犯性的举动。个人空间文化反映在商务办公室设计的情景有如下不同。

隐秘型文化里，给重要的职员安排专门的私人办公室，即使在公共办公室里，写字台之间也有隔板。而且，办公室的门经常是紧闭的。

公开型文化里，没有隔板隔开的办公桌，老板们与员工们坐在同一间大的办公室里，办公室的门经常是开着或半开着的。

半公开型领导的办公室的门经常是关闭着，但不锁。他们的决策往往是不公开的，但他们乐于出席各种公开的活动，愿意与下属打成一片，以求得下属的了解和支持。

(6) 时间。

一种文化的时间观念表现在其对"过去""现在""未来"的看法。

过去导向的文化，认为保护历史、继承过去的传统是十分必要的。在这种社会里，历史题材的文艺作品是很受欢迎的。人们看重是否符合社会的习俗和传统，他们依据经验工作。

未来导向的文化，根据方案的未来收益进行革新与变化，很少顾及社会或组织的习俗与传统。他们敢于对未来投资，注重长期收益。对他们来说，时间的资源是稀缺的。

现在导向的文化，注重当前利益，他们急功近利，强调眼见为实，多有短期行为。他们的座右铭是，"过去是历史，明天是未知，只有今天是礼物"，把握今天、享受今天是最重要的。

3. 霍尔的高低文化背景

在试图分析一个美国公司的美国总部与其所在日本的分支机构之间的商务沟通失败的根源时，著名的人类学家霍尔根据沟通是"明示"还是"暗示"，提出了著名的高低"背景—内容"文化说（见表 10-3）。

表 10-3　各民族在"背景—内容"文化说中的位置

高背景—低内容
日本人
中国人
阿拉伯人
希腊人
墨西哥人
西班牙人
意大利人
法国人
法裔加拿大人
英国人
英裔加拿大人
美国人
斯堪的纳维亚人
日耳曼人
瑞士日耳曼人
高内容—低背景

(1) 高背景—低内容文化。

信息之间存在着高度的前后关系，或者隐含在个体特性之中。信息的传递与沟通是通过体语、上下文联系、场景（沉默/停顿）关系等进行的。背景型文化的特征是隐含的、直观可得的、定性的、不可见的、不可触知的、多方面的、模拟的、阴的等。

(2) 高内容—低背景文化。

大多数信息是由清晰的符号如语言、文字等表达的。内容型文化的特征是明显的、分析得出的、定量的、可见的、可触知的、两方面或三方面的、数字化的、阳的等。

10.2 跨文化管理理论

10.2.1 跨文化管理的内涵与意义

1. 跨文化管理的内涵

(1) 跨文化管理的概念。

跨文化管理要求跨国公司的经理们摒弃单一文化管理模式，把管理的重心放在对企业所具有的多元文化环境的把握和文化差异的认识上。克服多元文化和文化差异带来的困难，实现不同文化的协同作用，充分发挥多元文化和文化差异所具有的潜能和优势，建立新型企业文化，在激烈的竞争中获得成功。

(2) 跨文化管理的内容。

① 识别文化差异。由于文化冲突是文化差异造成的，必须对文化差异进行分析识别。文化差异及其冲突，是跨文化管理问题产生的直接原因。跨国公司管理者首先要识别和区分文化差异，才能采取针对性的措施。文化冲突对跨国公司有正反两方面的影响。它的消极影响不容忽视，因为它会使跨国公司的跨国经营战略失败。但它的积极影响更值得我们关注，如果能处理好文化冲突，就能利用多元文化的潜能，集思广益，制定出更具前瞻性的跨国经营战略，使跨国公司在世界范围的经营中立于不败之地。因此，创造文化协同效应尤为重要。文化协同作为一种管理文化冲突影响的办法，是指管理人员根据组织成员和顾客个人的文化倾向，而不是限定文化差异，安排企业战略、策略、组织结构和管理的过程。

② 协调母公司与子公司之间的关系。母公司与子公司都是法人实体，在法律上具有平等地位。母公司不能直接干涉子公司的经营活动，更不能利用关联交易，通过损害子公司利益来增加母公司利益。但母公司毕竟作为投资主体，是子公司的股东，具有行使股东权利与义务的能力，对子公司的经营行为又具有相应的监控权，并负有组织协调的职责，有权要求子公司按集团公司利益行事。因此，正确处理母子公司的统分关系，合理对子公司实施监管，是母子公司既能形成规模与合力，又能充分发挥子公司经营自主权的关键。

③ 对子公司内部的多元文化实施有效的管理。在文化共性认识的基础上，根据环境的要求和公司发展战略的需要，建立起公司的共同经营观和强有力的公司文化。这一点至关重要，它有利于减少文化冲突，使每个员工能够把自己的思想与行为同公司的经营业务

和宗旨结合起来，使子公司与母公司的结合更为紧密。同时，又能在国际市场上建立起良好的声誉，增强跨国公司适应文化变迁的能力。

2. 跨文化管理的意义

有效地识别文化差异是进行跨文化管理的前提。在文化差异分析的基础上，跨文化管理的重点是解决母公司与海外子公司、海外子公司内部的文化冲突问题。

（1）有助于建立合理的母公司与子公司之间的决策模式。

为保证组织能够灵活运行，跨国公司必须将部分决策权授予各海外子公司，这需要协调集权与分权的程度。一方面，跨国公司需要通过集中决策来指导分散在全球的子公司；另一方面，海外子公司又要求一定的经营自主权，以适应东道国的市场需求变化。母公司对子公司的决策模式可以划分为分权模式、集权模式及分权与集权相结合的模式。不同的公司要根据自身的特点选择不同的决策模式。决策模式的选择标准是：该模式既要保证母公司对子公司的控制，使子公司的发展战略符合跨国公司的整体战略，又要使子公司有一定的自主权，对迅速变化的市场做出灵活的反应。

（2）有助于建立合理的子公司组织结构。

在考虑文化因素的影响时，组织系统设计中有两个关键问题：一是明确管理者与一般雇员在组织中的恰当地位和作用；二是建立适当的管理控制系统，以便通过合理的监控、评估和奖励来协调个人的努力。在组织系统设计过程中一般要考虑以下问题：①组织的层级数，②整个组织系统的信息流通和反馈，③评估职员的业绩和调动他们努力工作的积极性，④奖励业绩突出的雇员。显然，上述组织系统设计的四个方面都与文化因素有关。例如，组织层级数与权力距离这一文化概念密切相关，评估和奖励体制与个人和集体主义的文化特点相适应。除文化因素以外，经济发展水平对组织系统设计也有直接影响。为了达到既定目标，跨国公司的组织机构必须与文化特质和经济发展水平相适应，要符合特定文化背景下人们的行为模式。

（3）有助于实施有效的人力资源管理。

跨文化环境中，人力资源管理的人员培训职能尤为重要。人才是跨国公司最宝贵的资源，已成为公司竞争力的核心。对于跨国经营的企业而言，要解决好文化差异问题，有赖于一批高素质的跨文化管理人员搞好跨文化管理。在选派管理人员尤其是高层管理人员时，除要具有良好的敬业精神、技术知识和管理能力外，还必须思想灵活不墨守成规，有较强的应变能力；尊重、平等意识强，能够接受不同意见，善于同各种不同文化背景的人友好合作；在可能的情况下，尽量选择那些在多文化环境中经受过锻炼并懂得对方语言的人。

跨文化培训是解决文化差异、搞好跨文化管理最基本、最有效的手段。跨文化培训是为了加强人们对不同文化传统的反应和适应能力，促进不同文化背景的人之间的沟通和理解。跨文化培训的主要内容有对文化的认识、文化的敏感性训练、语言学习、跨文化沟通及冲突的处理、地区环境模拟等。这类培训的具体目的主要有五个方面：①尽量避免驻外经理可能遇到的文化冲突，使之迅速适应当地环境并正常发挥作用；②促进当地员工对公司经营理念及习惯做法的理解；③维持组织内部良好稳定的人际关系；④保持企业内信息流的畅通及决策过程的效率；⑤加强团队协作精神与公司的凝聚力。不仅如此，跨文化培训与其他培训一样，都被越来越多地用于留住企业所需要的人力资源。这是因为公司花钱或提供培训,不仅是对业绩出色的员工的激励,而且也显示了公司对员工长期发展的诚意。

敏感性培训是跨文化培训中的一项重要内容。文化敏感性是跨文化管理能力的一项重要内容。文化敏感性培训有两大主要内容:一是系统培训有关母国文化背景、文化本质和有别于其他文化的主要特点;二是培训外派管理人员对东道国文化特征的理性和感性分析能力。实践证明,比较完善的文化敏感性培训可以在较大程度上代替实际的国外生活体验,使外派管理人员在心理上和行为上为应对不同文化的冲击做好准备,减轻他们在东道国不同文化环境中可能产生的不适感或困惑。

此外,还应积极实现管理本土化。"本土化"的实质是跨国公司将生产、营销、管理、人事等经营诸方面全方位融入东道国经济中的过程,也是承担在东道国应该履行的责任,并将企业文化融入当地文化模式的过程。"本土化"有利于跨国公司降低海外派遣人员和跨国经营的高昂费用;有利于与当地社会文化融合,减少当地社会对外来资本的危机情绪。

"本土化"战略除包括尽可能雇用本地员工,培养他们对公司的忠诚之外,最重要的是聘用能够胜任的本地经理,这样可以很好地避免文化冲突,顺利开展业务。人才是企业发展的活力之源,而外商到东道国投资办企业,管理人才本地化是成功的前提。只有根据东道国的国情,依靠东道国员工实行本地化管理,让本地的优秀人才参与各种管理活动,并不断地提供机会提高这些人才的管理能力,公司才能充满生机与活力。

(4) 有助于建立企业内部的共同价值观和经营观。

不同的文化具有不同的价值观,人们总是对自己国家的文化充满自豪,大多数人总是有意无意地把自己的文化视为正统,而认为外国人的言行举止不得体。有效的跨文化管理要求尽可能地消除这种优越感,对对方的文化尊重和理解,以平等的态度交流。在此基础上,找到两种文化的结合点,发挥两种文化的优势,在企业内部逐步建立起共同价值观。共同价值观可以提高员工的凝聚力、向心力,促使员工在为共同的目标而奋斗时忽略导致冲突的因素。

文化差异的识别和敏感性训练,能够提高公司员工对文化的鉴别和适应能力。在文化共性认识的基础上,根据环境的要求和公司战略的需求,建立起公司的共同经营观和强有力的公司文化,使每个员工能够把自己的思想与行为同公司的经营业务和宗旨结合起来,在国际市场上建立起良好的声誉,增强企业适应文化变迁的能力,形成以公司价值观为核心的企业文化。

总之,进行跨文化管理是利用跨文化优势,消除跨文化冲突,保证企业在跨文化环境中能够生存和发展。一个跨国经营的企业必须通过跨文化理解、参与和融合,建立合适的跨文化管理模式,巩固和强化自己的竞争地位,确保企业战略目标的最终实现。

10.2.2 跨文化管理的起源与研究的重点问题

1. 跨文化管理的起源

跨文化管理并不是一个新的事物,它起源于古老的国际商贸往来。早在古代,古埃及人、腓尼基人、古希腊人就开始了海外贸易，并懂得了如何与不同文化背景的人们做生意。到了文艺复兴时期，丹麦人、英国人及其他一些欧洲国家的商人更是建立起了世界范围的商业企业集团。当他们与自己文化环境以外的人们进行贸易时，就会对与他们不同文化背景下产生的语言、信仰及习惯保持敏感以避免发生冲突并顺利实现交易。这些事实上就是在从事跨文化的经营与管理活动。不过这时候的跨文化管理活动完全取决于从事贸易活动的商人们的个人经验，有关文化及文化差异与相似的研究也仅仅是人类学家的事。企业很少注意对文化及其差异进行研究，跨文化管理也还没有成为一门独立的科学。

跨文化管理真正作为一门科学，是在 20 世纪 70 年代后期的美国逐步形成和发展起来的。它研究的是在跨文化条件下如何克服异质文化的冲突，进行卓有成效的管理，其目的在于如何在不同形态的文化氛围中设计出切实可行的组织结构和管理机制，最合理地配置企业资源，特别是最大限度地挖掘和利用企业人力资源的潜力和价值，从而最大化地提高企业的综合效益。

兴起这一研究的直接原因，是第二次世界大战后美国跨国公司进行跨国经营时的屡屡受挫。美国管理学界一直认为，是他们将管理理论进行了系统化的整理和总结，是他们最先提出了科学管理的思想，也是他们最先将这一思想应用于管理实践并实现了劳动生产率的大幅提高，因此他们的管理理论和管理实践毫无疑问应该是普遍适用的。然而，第二次世界大战后美国跨国公司跨国经营的实践却使这种看法受到了挑战。实践证明，美国的跨国公司在跨国经营过程中，照搬照抄美国本土的管理理论与方法到其他国家很难取得成功。许多案例也证明，对异国文化差异的迟钝及缺乏文化背景知识，是导致美国跨国公司在新文化环境中失败的主要原因。因此，美国人也不得不去研究别国的管理经验，从文化差异的角度来探讨失败的原因，从而产生了跨文化管理这个新的研究领域。

除此以外，在 20 世纪 60 年代末和 70 年代初，日本企业管理的成功也是导致跨文化管理研究兴起的重要原因。在这一时期，日本的跨国公司和合资企业的管理日益明显地显示出比美国和欧洲公司的优越性，在这种情况下美国也明显感觉到了日本的压力，产生了研究和学习日本的要求。

美国人对日本的研究主要有两种方式：一种是专门介绍日本，从中总结经验教训；另一种是联系美国来研究日本，进行对比。经过研究，美国人发现，美日管理的根本差异并不在于表面的一些具体做法，而在于对管理因素的认识有所不同。例如，美国过分强调诸如技术、设备、方法、规章、组织机构、财务分析这些硬的因素，而日本则比较注重诸如目标、宗旨、信念、人和价值准则等这些软的因素；美国人偏重于从经济学的角度去考虑管理问题，而日本则更偏重于从社会学的角度去对待管理问题；美国人在管理中注重的是科学因素，而日本人在管理中更注意的是哲学因素，等等。

研究结果清楚地表明，日本人并没有仿照美国的管理系统进行管理，而是建立了更适合于其民族文化和环境的管理系统。这个系统远比美国已有的管理系统成功。这一研究结果的发现，使得人们对文化及不同文化背景下管理行为的研究变得更加风行。

2. 跨文化管理研究的重点问题

作为一门研究在跨文化条件下如何进行管理的理论，跨文化管理研究产生过不同的理论观点。一般来说，跨文化管理研究的重点有五大类问题：①企业的行为如何随文化的不同而变化？②在文化性决定因素中，有多少产生于文化差异？③在世界范围内，企业行为的差异是在扩大、缩小，还是保持不变？④跨国公司如何在东道国的文化中实现有效管理？⑤企业如何管理文化差异？如何将这种文化差异转化为企业的一种资源？

(1) 企业行为的跨文化变化。

企业行为在不同的文化环境中是否不同，或者说，企业的各种投入要素（如工作环境、领导风格、决策过程、组织规范化程度）与产出要素（如绩效、满意、对企业员工的承诺）之间的关系是否随文化环境的变化而发生改变？对这类问题的研究主要分为三类：一是单一文化研究（Monocultural Studies），二是比较研究（Comparative Study），三是把国家与文化分开的研究。单一文化研究孤立地研究企业在不同国家的行为特征，而不去寻找在不同国家中企业行为存在的共性和差别。比较研究的侧重点是分析在两个或两个以上国家经营的企业之间存在的差异。多数研究把国家与文化作为同义语看待，忽略了一国内部可能存在的文化差异。第三类研究试图把两者区分开，把侧重点放在跨国研究而不是跨文化研究上。

(2) 文化性决定因素。

在不同国家的文化环境中，企业行为的差异是否可以用文化性决定因素（Cultural Determinants）来解释？企业行为与企业绩效之间的关系是否因文化要素的不同而异？研究这类问题的学者，侧重点不是企业行为在不同文化环境中存在的差异，而是这种差异是否取决于文化要素。对于文化有各种不同定义，因此人们对文化要素的理解也不尽相同。然而，无论怎样定义文化，文化都影响着人们的价值观念、态度和行为；人们的价值观念、态度和行为又反过来影响着文化。文化是通过法律、政治体制等社会结构及顾客、企业员工，特别是管理人员的价值观念、态度、目标、行为和偏好来影响企业的。文化要素与社会要素的相互作用，大大增加了单纯从文化角度解释企业行为差异的难度。法律制度或政治体制的影响是否属于文化影响，答案取决于对文化的定义。例如，有的学者认为，一定社会中特定的教育、政治、法律和经济体制在很大程度上取决于该社会的文化传统。从企业文化角度看，应该研究的问题还包括：企业的文化与结构决定企业员工的行为吗？一国的文化环境会限制企业文化的影响吗？东道国当地员工带入的文化是否会限制跨国公司固有管理文化的影响？

(3) 不同文化环境中企业行为差异的变化趋势。

对这类问题的研究有两种完全不同的观点：一是在跨文化环境中企业行为差异趋于扩大；二是跨文化环境中的企业行为差异趋于缩小。持前一种观点的学者认为，企业行为对文化环境的变化十分敏感。例如，1980 年，荷兰社会心理学家霍夫斯泰德教授对美国一家大型跨国公司设在 40 个国家的子公司的研究发现，各子公司的管理模式和员工的工作风格在权力距离、不确定性回避、个人主义与集体主义、价值观念的男性化与女性化等文化层面上，表现出了明显差别。持后一种观点的学者认为，由于具有共性的产业特征，尤其是技术进步，使得企业在跨国管理实践和管理模式等方面呈趋同现象，从而产生了全球性产品、全球性产业及全球市场。以这种跨文化的共性为基础制定跨国经营战略的企业，从全球性规模经济和范围经济中获得了巨大利益。

(4) 各国文化之间的相互影响。

管理作为一种职业，强调的是实践而不是学术教条。对管理人员来说，了解各国文的异同及它们的成因虽很重要，但远远不够。跨国公司中的管理人员还需要知道：如何在异国文化环境中工作？当具有不同文化背景的人们在一起工作时会有什么样结果？与国外同事或顾客建立关系的最有效方式是什么？在跨文化环境中工作，人们需要在多大程度上修正自己固有的文化？跨国公司中管理人员面对的跨文化相互影响，是跨文化管理研究的一项重要内容。有关跨文化沟通（Cross-cultural Communication）的研究表明，文化差异越大，就越可能出现沟通的障碍。而与来自不同文化背景的人进行有效沟通，对于在跨国经营环境中工作的管理人员来说是十分重要的。实际上，全部管理活动都可以归结为人与人之间的相互沟通与信息交换，来自不同文化背景的人们往往要花费更多的时间和精力才能彼此相互理解和沟通。文化是沟通的基础，当文化改变后，沟通方式也会随之变化。

（5）产生文化差异的协同作用。

管理人员必须学会把文化差异（Cultural Difference）作为企业的一种资源或优势加以利用。文化是一种无形的力量，在企业中通常是文化产生了问题，人们才会感受到它的存在。然而，一些研究发现，在全球公司和跨国公司中，文化差异是十分重要的，它可以促使企业在不同文化的相互影响中不断地改进管理方式，增强活力。

10.2.3　跨文化管理的主要观点

1. 莫朗的跨文化组织管理理论

莫朗在《跨文化组织的成功模式》与《文化协和的管理》两本书中提出，跨文化组织模式的管理有效性，以一种潜在的最佳协同作用为基础，这种协同作用可以减少不同文化背景的员工一起工作时因为文化差异产生问题所带来的损失。

关于跨文化协同管理中文化一体化的功效指标，莫朗认为包括以下12个方面。

（1）文化一体化是一个动态的过程。
（2）包含着两种经常被认为是相反的观点。
（3）拥有移情和敏感性。
（4）对发自他人信息的解释，拥有适应性和学习性。
（5）协同行动，共同工作。
（6）群体一致的行为大于各部门独立行动之和。
（7）拥有创造共同成果的目标。
（8）具有协同效应，即 $2+2>5$，可是，由于跨文化障碍，其文化协同方程可能为 $2+2<4$，但只要不是负数，就是进步。
（9）对其他不同文化组织的正确理解。
（10）文化一体化并非单方的妥协。
（11）文化一体化并非指人们要做事，而是基于文化而行动时所创造的事。
（12）文化一体化仅产生于多元化组织为达到共同目标而联合努力的过程之中。

2. 阿德勒的文化协调配合论

阿德勒将其文化协调配合论定义为处理文化差异的一种方法，包括经理根据个别组织成员和当事人的文化模式形成的组织方针和办法的一个过程。这一理论也可解释为文化上协调配合的组织所产生的新的管理和组织形式，超越了个别成员的文化模式。这种处理方法是承认由多种文化组成的组织中各个民族的异同点，并把这些差异看成构思和发展一个组织的有利因素。

3. 斯特文斯的组织隐模型论

斯特文斯的组织隐模型论，是霍夫斯泰德理论的延伸。他认为，权力距离与中央集权相关，而不确定性回避和形式化，即对正式规则和规定的需要、将任务派给专家等有关。因此，不同的国家在组织观念上有不同的理解。例如，大多数法国的组织为"金字塔形"，这是一种中央集权和形式化，即老板处于组织顶端，而其他人则处于下方适当位置上；德国公司为"润滑机器"，他们用从前制定的规范保证组织运转，这是"形式化"的体现，但不是中央集权；英国为"乡村市场"，不是"形式化"也不是中央集权，组织成员之间相互"讨价还价"，其结果不被权威或过程所限定；美国处于以上三种类型的中间位置，美国组织的概念、层次等本身不是目标，而是获得结果的手段，如果为达到目标，那么组织也是可以改变的；亚洲国家的组织多为"家庭式"的，这是一种集权式的组织，权力被控制在"家长"手中。

4. 彼得·基林的合资企业经营论

彼得·基林认为，衡量合资企业经营好坏可以有两种方法。方法一是由合资企业经理按照其主观感受进行评定。方法二是认为合资企业是否成功有两个标志：一是趋于破产时对固定资产实行转让，二是由于完成状况差而导致重大的改组。他指出，合资企业难以管理的原因不在于其任务格外困难，而在于这是一种相当不易管好的组织形式；其困难不在于外部，而在于内部。他还着重指出，诚意和技术是合资企业取得成功的关键。而且相比较而言，主要经验不在技术方面，而在人际关系方面。在合资企业中，最主要的是建立一种关系，使来自各地的人们能够一起工作，其关键在于能正确地协调周围的环境。合资企业要成功，必须做到：合作者要选好，合资企业的基本规范要制定好，合资企业的领导班子要好。

5. 法默-里奇曼模式

这一模式指出，各种外部环境既会影响管理效果，又会影响管理过程的各要素，而管理效果又将决定一个企业的效率，进一步决定一个国家或社会（系统）的效果。图10-1描绘了用于分析比较管理效果的法默-里奇曼模式。

图10-1中，外部制约因素包括：教育，社会文化，政治、法律和经济四个方面。

法默-里奇曼模式的实质在于以下四点。

(1) 试图建立一个在一个国家内管理总效果与一系列特定集合变量之间的功能联系。

(2) 找出了管理过程的关键要素：计划、组织、人员配备、指导、控制。

(3) 找出了各种重要的外部制约因素。

(4) 试图总结出外部制约因素与管理过程、管理效果的相互影响、制约的关系。

6. 尼根希-埃斯塔芬模式

尼根希-埃斯塔芬在法默-里奇曼模式的基础上增加了一个"管理哲学"自变量，形成尼根希-埃斯塔芬模式。如图10-2所示，自变量为管理哲学、环境因素，中间变量为管

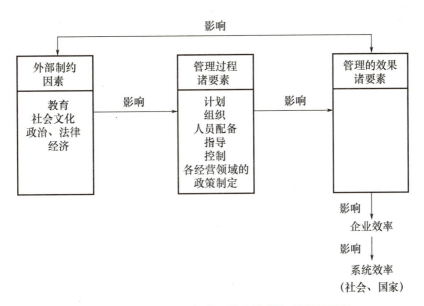

图 10 – 1　用于分析比较管理效果的法默-里奇曼模式

理实践，从属变量为管理效果，因变量为企业效果。

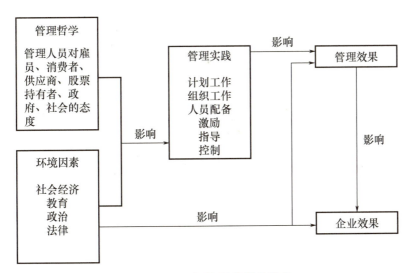

图 10 – 2　尼根希-埃斯塔芬模式

这一模式可以解释为以下四点。
（1）管理哲学与环境因素共同影响与决定管理各项职能的发挥。
（2）环境因素直接影响管理效果与企业效果。
（3）管理实践也在影响管理效果。
（4）管理效果最终决定了企业效果。

7. 尼根希-普拉萨德模式

该模式认为，企业经营管理可以分为三部分。
（1）管理哲学。其要素包括管理人员对顾客、雇员、供应商、销售商、政府与公众、股票持有者的态度等。

(2) 管理过程。其要素包括计划、组织、人员配备、指挥、控制等。

(3) 管理效果。其要素包括总利润与纯利润、利润增长、市场份额的增长、股票价格的增长、人员流动率、顾客数量等。

尼根希和普拉萨德对三种不同类型的企业进行比较研究，得出了尼根希-普拉萨德模式。如图10-3所示，E代表环境，X代表管理哲学，P代表管理过程，Z代表管理效果。

(1) $E1 \neq E2$，即外部环境不同，$X1 = X2$，即管理哲学相同，结果 $P1 \neq P2$，即管理过程不同，$Z1 \neq Z2$，即管理效果也有差别。

(2) $E2 = E3$，$X2 \neq X3$，结果 $P2 \neq P3$，即管理过程不同，$Z2 \neq Z3$，即管理效果也不同。

综上所述，运用这种模式可以对不同企业（国有企业、私营企业、外资企业等）的环境、管理哲学、管理过程、管理效果进行具体的比较分析。

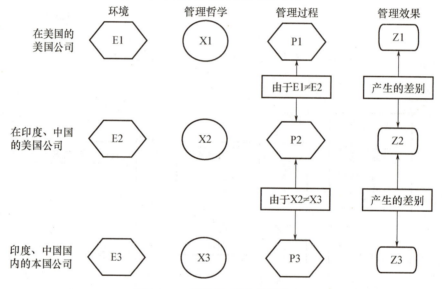

图10-3 尼根希-普拉萨德模式

8. 孔茨的管理分类理论

孔茨把环境因素和管理基本知识区分开，认为企业经营活动可以分为管理类和非管理类，两类因素共同制约企业绩效。孔茨模式指出：企业绩效取决于管理和非管理因素。管理因素可以保证非管理因素得以发展。孔茨的管理分类理论如图10-4所示。

9. 中国跨文化管理理论

中国对跨文化管理的研究起步较晚，基本上还处于对国外理论和实践的学习过程中。目前具有代表性的跨文化管理理论，主要有共同管理文化模型及由此模型发展的整合同化理论。

(1) 共同管理文化模型。

所谓共同管理文化（Common Managment Culture，CMC），是指合资双方在共同利益的基础上，通过双方不同管理文化在特定合资企业的共同经营管理中组合、融合，经双

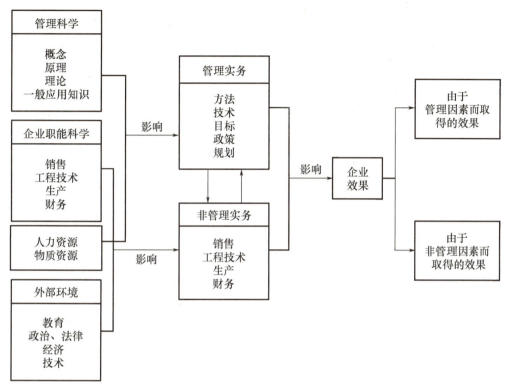

图 10-4　孔茨的管理分类理论

方相互了解、协调而达成的企业双方成员共识的新的管理文化或模式。它涉及合资企业的经营管理观念及在此基础上的决策、生产经营行为、组织结构和相应的企业法规制度。CMC 是一种跨文化管理模式，它要达成的是合资企业内部合理的企业体制和高效的运行机制。

就中外合资企业而言，共同管理文化模型的特征包括以下几点。

① 共同管理文化模型是具有"中国化"特色的中外管理文化共同组成的跨文化管理模式。这是指西方先进管理观念、方法的引入和共同管理文化的形成，必须立足于中国传统的管理文化，只有适应中国企业实际的管理文化才能取得最终的成功。

② 共同管理文化模型是体现不同管理文化的"最佳协和"状态的跨文化管理模式。这是指在共同管理中，中外成员必须通力合作、和谐共事，使双方的潜能达到"最佳协和"状态，让合资企业向合资双方一致满意的方向迈进并达成企业的目标。在实际运作中，"最佳协和"可以是"内聚力"和"一致性"的体现。

③ CMC 以内部合理的企业体制和高效的运行机制为特征。"董事会领导下的总经理负责制"和"直线职能参与制"在双方共管的机制下，构成了中外合资企业的企业体制。通过投资中心、利润中心和成本中心按不同层次构成企业经营管理的宝塔式结构，并由此形成保证企业良性循环的合理的企业机制和高效的经营运行机制。

④ CMC 是一个不确定的、动态的跨文化管理模式。中外合资双方的管理文化在一体化过程中展开的途径是全方位的，并且随着企业经营战略的变更、外部环境的变化、生产规模的扩大、双方相互了解和理解的加深而进行适应性调整，以求达到有效的跨文化管理。

(2) 整合同化理论。

整合同化理论（Integration-assimilation Theory，IAT）指出，跨文化企业主动整合企业内外部资源，实现对多元文化环境与多元化员工的同化，建立具有独特性、主动性、发展性、层次性特征的管理组织与结构、管理过程、人力资源系统、企业文化氛围，促进跨文化企业取得经济与社会效益。IAT 具有以下五个特征。

① 整合同化理论进一步阐明了跨文化的三个层次：从宏观方面来看，跨国公司跨文化经营，东道国与母国之间文化可能有显著差异，需要进行适应化调整，达成整合与同化——这是整合同化的第一层次。从跨国公司内部来进行微观分析，企业组织内部各个部门、各分支机构的文化氛围对跨文化管理同样具有重要影响。如何完成组织之间、团队与团队之间的协同合作，达成灵活和谐的组织网络构建——这是整合同化的第二层次。不同社会文化背景的员工进入跨国公司，如何使多元化员工达成共同愿景，增进组织智商——这是整合同化的第三层次。

② 整合同化理论是一个系统理论，主要对跨国企业主文化、企业内部部门子文化，均应采用系统论的观点进行研究。

③ 整合同化理论是在共同管理文化模型的基础上发展总结出的理论，并与一些相关理论有相通之处。例如，莫朗以"最佳协和作用"来评价跨文化管理模式的有效性；阿德勒也在其"文化协调配合论"中提出了跨文化管理中文化协调的方向、处理方法和有益建议。

④ 整合同化理论指出，成功的跨文化管理必须是跨文化企业作为一个行动主体主动进行的。

⑤ 整合同化理论认为，跨文化企业的管理应当具有动态性与发展性。

10.3　跨文化管理策略与方式

10.3.1　跨文化管理策略

1. 本土化策略

本土化策略是指根据"思维全球化和行动当地化"的原则来进行跨文化管理的策略。全球化经营企业在国外需要雇用相当一部分当地员工，因为当地员工熟悉当地的风俗习惯、市场动态及政府的各项法规，并且与当地的消费者容易达成共识。雇用当地员工不仅可节省部分开支更可有利于其在当地拓展市场、站稳脚跟。

2. 文化相容策略

根据不同文化相容的程度可分为以下两种策略。

（1）文化的平行相容策略。

这是文化相容的最高形式，习惯上称之为"文化互补"，即在国外的子公司中不以母国的文化作为主体文化。这样母国文化和东道国文化之间虽然存在着巨大的文化差异，但却并不互相排斥，反而互为补充，同时运行于公司的操作中，可以充分发挥跨文化的优势。

（2）隐去两者主体文化的和平相容策略。

隐去两者主体文化的和平相容策略即管理者在经营活动中刻意模糊文化差异，隐去两者文化中最容易导致冲突的主体文化，保存两者文化中比较平淡和微不足道的部分。使得不同文化背景的人均可在同一企业中和睦共处，即使发生意见分歧，也容易通过双方的努力得到妥协和协调。

3. 文化创新策略

文化创新策略即将母公司的企业文化与国外分公司当地的文化进行有效的整合，通过各种渠道促进不同的文化相互了解、适应、融合，从而在母公司文化和当地文化的基础之上构建一种新型的企业文化，以这种新型企业文化作为国外分公司的管理基础。这种新型企业文化既保留着母公司企业文化的特点，又与当地的文化环境相适应，既不同于母公司的企业文化，又不同于当地的文化，而是两种文化的有机结合。这样不仅使全球化经营企业能适应不同国家的文化环境，而且还能大大增强竞争优势。

4. 文化规避策略

当母国的文化与东道国的文化之间存在着巨大的不同，母国的文化虽然在整个公司的运作中占主体地位，又无法忽视东道国文化存在的时候，由母公司派到子公司的管理人员，就应特别注意在双方文化的重大不同之处进行规避，不要在这些"敏感地带"造成彼此文化的冲突。特别是在宗教势力强大的国家，更要特别注意尊重当地的信仰。

5. 文化渗透策略

文化渗透是一个需要长时间观察和培育的过程。跨国公司派往东道国工作的管理人员，基于其母国文化和东道国文化的巨大不同，并不试图在短时间内迫使当地员工服从母国的人力资源管理模式，而是凭借母国强大的经济实力所形成的文化优势，对于公司的当地员工进行逐步的文化渗透，使母国文化在不知不觉中深入人心，使东道国员工逐渐适应母国文化并慢慢地成为该文化的执行者和维护者。

6. 借助第三方文化策略

跨国公司在其他的国家和地区进行全球化经营时，由于母文化和东道国文化之间存在着巨大的不同，跨国公司又无法在短时间内完全适应由这种巨大的"文化差异"而形成的完全不同于母国的东道国的经营环境。这时跨国公司所采用的管理策略通常是借助比较中性的，与母国的文化已达成一定程度共识的第三方文化，对设在东道国的子公司进行控制管理。用这种策略可以避免母国文化与东道国文化发生直接的冲突。例如，欧洲的跨国公司想要在加拿大等美洲地区设立子公司，就可以先把子公司的海外总部设在思想和管理比较国际化的美国，然后通过在美国的总部对在美洲的所有子公司实行统一的管理。而美国的跨国公司想在南美洲设立子公司，就可以先把子公司的海外总部设在思想和经济模式较为接近的巴西，然后通过巴西的子公司总部对南美洲其他的子公司实行统一的管理。这种借助第三国文化对母国管理人员所不了解的东道国子公司进行管理的方式，可以避免资金和时间的无谓浪费，使子公司在东道国的经营活动迅速有效地取得成果。

7. 占领式策略

这是一种比较偏激的跨文化管理策略，即全球营销企业在进行国外直接投资时，直接将母公司的企业文化强行注入国外的分公司，对国外分公司的当地文化进行消灭，国外分公司只保留母公司的企业文化。这种方式一般适用于强弱文化对比悬殊，并且当地消费者对母公司的文化完全接受的情况，但从实际情况来看，这种模式采用得非常少。

总之，全球化经营企业在进行跨文化管理时，应在充分了解本企业文化和国外文化的基础上，选择自己的跨文化管理模式，使不同的文化得以最佳结合，从而形成自己的核心竞争力。

10.3.2 跨文化管理方式

实现跨文化管理的有效方式是跨文化培训，对子公司的员工尤其是管理人员进行跨文化培训是解决文化差异，做好跨文化管理最基本、最有效的手段。跨国公司通常或者通过公司内部的培训部门及培训人员，或者利用外部培训机构（如大学、科研机构、咨询公司等）进行培训。由于跨文化培训不涉及技术和商业秘密，不少公司倾向于选择后者。跨文化培训的过程涉及以下环节：驻外预备教育、启程前教育、抵达后教育，以及返回、回国后的文化调节等。

例如，韩国三星集团从1991年开始，每年派出业务员到世界各地，旨在培养"地区性业务专家"，时间为期一年。他们不是为了做生意，而是学习当地语言，熟悉当地的政治、信仰、生活习惯、文化，鼓励他们积极开展与当地各界人士的交流，以成为派驻外地的专家。实践证明，他们的商业意识和办事能力大大增强。韩国三星集团还在美国、日本、西欧等地设立11个研究机构，与当地企业建立紧密合作关系，聘请当地企业经理当研究机构的顾问，以学习当地技术、文化，获得情报。

跨文化培训的内容分为知识认知类和经验技能类两种类型。

1. 知识认知类

知识认知类是跨文化培训中的一项基础内容，它使受训者能够理性认识有关跨文化的知识。狭隘主义或偏见便是缺乏对文化的理性认识的表现。知识认知类的内容主要包括：①文化的概念与含义、文化的价值模式、特定文化环境的分析等；②文化的影响领域。文化具有广泛的影响力，其中有一些与工作密切相关，如员工行为、管理风格、决策、行业规范、职能部门等。因此，需要根据不同的工作性质和任务特点，将文化对特定领域的影响教授给学员。例如，加拿大和中国的人力资源培训就存在差异，除去语言因素不谈，一名在中国成功的培训师未必会在加拿大同样受到好评。美国的谈判专家到了韩国可能会被认为过于傲慢。一位在日本颇受尊敬的领导到了中国可能会被员工们认为不近人情。此时，他们就需要事先理解文化如何影响授课、谈判及领导风格等方面的内容。这部分内容与工作息息相关，可能直接影响到工作绩效。因此，这方面的内容可以引申出"什么才是适当的行为"，是行为实践的基础和依据。

2. 经验技能类

如果说知识类的内容讲述了"是什么"的问题，那么经验技能类的内容则主要解决"怎么做"的问题。知识认知类的内容是经验技能类内容的基础，经验技能类的内容则是知识认知类内容的实践,两者相互联系、相互补充。在掌握任何一项技能之前总是要对其有必要的理性认识,知道它的含义、必要性和作用等。而经验技能类是将存在于头脑中的知识化为行动,检验知识的掌握与运用。在跨文化的工作环境中,不可避免地要与不同文化背景的人们发生交流。交往的程度越深,越需要掌握更多不同文化背景下的行为技能。有些技能需要在长期的互动中积累形成,有些则可以通过培训初步掌握,其中最主要的是跨文化沟通的技能。所谓跨文化沟通,即信息的发出者和接收者属于两种不同的文化,在沟通过程中,信息的发出者如何将信息编码,如何赋予信息以意义,是否可以发出;接收者解释各种信息的条件和解码,都受到文化的影响和制约。来自不同文化的双方的价值观、语言、宗教背景、风俗习惯等文化差异都会干扰沟通过程,最终影响到对信息的反应及行为。因此,要克服沟通障碍,开发人际交往的有效行为,培训内容中应选择性地包含以下技能的培训:①积极倾听技能,②反馈技能,③授权技能,④冲突管理技能,⑤谈判技能,⑥语言技能等。

案例 10-1 日本本田公司的跨文化培训

日本本田公司在国际经营中采用全球本土化战略,因此相当尊重各地的文化差异,视差异为资源,注重跨文化管理。本田公司根据多年的经验,摸索出了一套适合自己的跨文化培训内容。结合本章提出的跨文化培训内容的分类依据,本田公司跨文化培训内容可归纳为表 10-4 所示的内容。

表 10-4 本田公司跨文化培训内容

		培训内容
知识认知类	认识国际化与企业战略	何谓国际化 日本人和国际性 本田和国际化、全球本土化 本田对担当全球本土化重任人才的要求
	文化的影响领域	影响商务运作的文化因素 信息差异与行为差异 危机管理 对差别的认识 对隐私的不同理解 语言的冲突 礼仪、举止、忌讳 人生观、劳动观与组织观 组织的成立、功能的组建与秩序的维持 招聘、培养、评价考核与待遇问题 从比较文化的角度理解日本人的沟通模式
	对国际合同的再认识	合同的意义 缔结合同的意义 合同内容与缔结过程 履行合同的意义 对缔结合同的一般态度

续表

经验技能类	跨文化适应基本应对技能	跨文化信息收集技能 商务中必要的跨文化接触技能 跨文化环境中解决问题的方法 跨文化环境中解决问题的一般模式 本田式的解决问题的方法 推进工作的方法

10.4 跨文化成本的衡量

10.4.1 TEA 成本评估

导致跨文化困惑的文化差异成本的估算，可以应用经济学中机会成本概念来衡量（Hall，1995）。其具体步骤是：勾勒潜在合作方和本公司文化的大致特征，用额外工作天数为单位计量无形的文化成本（TEA 成本），并在文化影响矩阵中找到现实合作关系的位置。

1. 时间成本（Time Costs）

时间成本是指从协议签订一直到联合增效计划（Joint efficiency enhancement plan）成立的整个进展速度。一般来说，在联合增效计划出现之前，双方需要一至两年的磨合期，双方越是坦诚自信，花的时间就会越少。如果文化模式不同，则需要更多的努力来避免误会。

2. 努力成本（Effort Costs）

努力成本是指在相互交往时所需要的心理上的付出：耐心、耐挫折、交流时的专心等。双方语言不通会带来很高的努力成本，特别是通过翻译进行交流时。文化模式不同则需要更多的努力来避免误会。

3. 注意力成本（Attention Costs）

注意力成本是指高级管理人员为了处理合作关系中的一些"软"事务而被占用的工作时间。其可以表现为：回顾合作进展的总部会议、正式访问、社交活动，以及对内外股东们解释合作的目的和意义等各个方面。

在表 10-5 中，两个合作方的额外文化成本被表述为"X"，"X"指的是一定的天数。而占用管理人员一天工作的成本是可以计算的。TEA＝时间＋努力＋注意力（以额外工作日为单位）。在合作情况下作决策将比独立制定决策花更多的时间，要整合文化差异则还需要更多的时间。当双方的文化模式相似时，一般需要多花 3～5 天来作决策。如果文化模式相对的话，那么就会有更大的成本，包括更多的时间、努力和注意力，一般需要多花

8 天时间。当双方都比较坦诚自信时，则需多花 3~5 天。"天"这一单位是在估计文化成本时的一个比较保守的量，可以被看作是一个最小成本单位，其具体成本不是一个确定的值。由于文化误解造成工作拖延数周或数月的例子也很常见。特别是当双方都忽视了文化差异时，文化成本就直线上升。在这种情况下处理合作关系，时间、努力和注意力就会显得不够用。结果，整个合作计划就不得不停顿下来。当合作关系呈螺旋式下降时，为了维持关系还得付出更多的时间、努力和注意力。带来的延误不再是以天、周、月，而是用年来计算。有时候联合增效的产生时间被大大拖后，使得整个过程成本太高，甚至超过了联合增效效应带来的预期利益，于是合作关系就会破裂。

表 10-5　文化差异的成本

各战略伙伴的文化类型	（X＝1 个工作日）			过程成本（额外工作日）
	时间	努力	注意力	
同类文化组合				
北—北	2X	X	2X	5 天
南—南	X	X	X	3 天
东—东	2X	X	2X	5 天
西—西	X	X	X	3 天
相对文化组合				
北—南	2X	3X	3X	8 天
东—西	2X	3X	3X	8 天
坦率程度相同组合				
北—东	2X	X	2X	5 天
南—西	X	X	X	3 天
反应程度相同组合				
北—西	2X	X	2X	5 天
南—东	2X	X	2X	5 天

注：表中描绘了当合作伙伴间文化相似或相对时，额外的时间、努力和注意力的付出所带来的成本。Hall 用决断力（decisiveness，指一个公司的行为被别的公司看作是有力的或直接的程度）与反应力（reactivity，指一个公司的行为在情感上被表达的程度）两个维度形成一个矩阵，由此组合成四种企业文化类型：北方型（低决断力、低反应力）；南方型（高决断力、高反应力）；东方型（低决断力、高反应力）和西方型（高决断力、低反应力）。

10.4.2　文化影响矩阵和跨文化成本估计举例

1. 文化影响矩阵

TEA 方法虽在一定程度上量化了文化差异成本，但文化影响的程度仍然有大有小。为更好地反映文化差异的"权重"方面，可以用"文化影响矩阵"来表示它。其中纵轴代表公司间的互相作用，其程度从小（如某一特定产品部门间）到大（如各总部之间）。横轴代表相互依赖的程度，从大（如双方共同拥有控制权）到小（如合作的一方处于主导地位）。当同时拥有的"相互作用"和"相互依赖"都处于高水平时，文化差异的影响力最大。各种组合情况如表10－6所示：伙伴之间的相互依赖程度越高，文化差异造成的影响就越大（表10－6，1A）。当伙伴之间的相互作用和相互依赖程度都不高时（表10－6，2B），文化差异造成的影响就不那么值得注意了。在通常情况下（表10－6，1B，2A），文化差异造成的影响不算巨大但也是显著的。

表 10－6 文化影响矩阵：计量文化差异影响的相对权重

相互作用	相互依赖	
	高（共同管理）	低（单方管理）
要求高相互作用	1A：强影响 2 倍的 TEA	1B：一般影响 1 倍的 TEA
要求低相互作用	2A：一般影响 1 倍的 TEA	2B：弱或无影响 0 倍的 TEA

2. 跨文化成本估计的举例

假定有一个大型的合并项目，如某一项兼并案，牵涉到要做约 10 000 个决定，这些决定都要求企业的决策层来做出。为了估计文化差异的成本，让我们假定一个决定的做出需要 10 个管理人员一天的工作。因为管理人员可能要对问题进行收集、核对、分类、整理、分析之后才能做出决定。同时我们还假定有另外 90 个管理人员，他们的工作依赖于这一决定的做出。如果决定没有及时做出，这 90 个管理人员的工作也将被耽搁。按一个管理人员每个工作日的成本 100 美元计算，那么，100 个管理人员的一个工作日的成本为 10 000 美元，这还是一个保守的估计。如果一个单一公司决策平均需要 10 天（可以不连续），其成本为 100 000 美元。而涉及两个购并公司间的决策需要的时间就更多，其成本也就越高昂。通过 TEA 方法来估计的成本是以额外工作日来表示的。同类型文化模式公司之间的文化成本是 3～5 天，也就是每个决策的成本为 30 000～50 000 美元。相对类型文化模式公司之间的文化成本是 8 天，也就是每个决策的成本为 80 000 美元。假设整个过渡过程中要作出 10 000 个决策，那么总的文化成本就是 3 亿～5 亿美元甚至 8 亿美元。以上计算见表 10－7。虽然这种计算不甚精确，但是合作各方对合作的文化成本进行评估是明智的举动。

对于文化成本的估计，需要再一次和文化影响矩阵进行核对调整。当合作组合处于一个低相互作用和相互依赖的类型时，往往选择忽略对文化成本的估计；处于一般相互作用和相互依赖的类型时，就不能忽略文化成本了；而处于高相互作用和相互依赖类型时，最好能把前面的估计值再放大一倍。在实际中，针对每一个相互作用和相互依赖的组合类型，都可以有一个比较粗略的成本估计。

文化成本预算可以针对每一个合作组合再进行调整。如果是比较小的公司，决策数会较小，一般文化成本也比较小。表 10－7 所列举的例子是一起欧洲企业合并的案例，所有的重要决策都由双方企业中职位最高的 5 位管理人员共同决定。而另外一些合并也有可能是由某位首席执行官一个人做出所有重要决定。参与决策的管理人员越少,决策速度越快,在决策过程中发生的文化成本也越低。

(1) 评估 TEA 成本的假设如下。

一个决策=10 个管理人员工作一天;影响/耽搁另外依赖这一决策的 90 个管理人员。

100 个管理人员一个工作日的成本:10 000 美元/天

平均决策花费时间 10 天:10 000×10=100 000 美元

相同文化组合:需多花 3~5 天;30 000 美元~50 000 美元

相对文化组合:需多花 8 天;80 000 美元

战略伙伴关系的建立需要高层做出约 10 000 个决策

相同文化组合:需多花(30 000~50 000)美元×10 000=3 亿美元~5 亿美元

相对文化组合:需多花 80 000 美元×10 000=8 亿美元

(2) 结合文化影响矩阵分析如表 10-7 所示。

表 10-7 结合文化影响矩阵分析

相互作用	相互依赖	
	高(共同管理)	低(单方管理)
要求高相互作用	6 亿~10 亿美元(相同文化组合) 16 亿美元(相对文化组合)	3 亿~5 亿美元(相同文化组合) 8 亿美元(相对文化组合)
要求低相互作用	3 亿~5 亿美元(相同文化组合) 8 亿美元(相对文化组合)	0 美元

注:以上分析结果可能是粗略的,文化差异的真实成本可能要低得多。但当人们了解事实上几乎没有一家公司把所有文化差异的成本加入预算时,可能就不会那么反对以上的结果了。关键是,当我们计算为了达到联合增效而付出的过渡期成本时,我们要确认是否对文化模式间的差异做出了合理的估计。

本 章 小 结

党的二十大报告明确指出,要"深化文明交流互鉴,推动中华文化更好走向世界。"中国企业在跨国运行中必须做好跨文化管理,这既是企业经营需要也是国家使命。国家文化维度理论主要有:利普托特的世界文化三种类型、霍夫斯泰德的国家文化模型。世界商务文化维度理论主要有:特罗普纳的世界商务文化;国际商务沟通中的七种基本文化倾向、霍尔的高低背景文化。

跨文化管理的内容主要包括:识别文化差异、协调母公司与子公司之间的关系及对子公司内部的多元文化实施有效的管理。

跨文化管理的意义主要有助于:建立合理的母公司与子公司之间的决策模式、建立合理的子公司组织结构及实施有效的人力资源管理。

跨文化理论是 20 世纪 70 年代后期在美国逐渐形成和发展起来的一种管理理论,主要讨论五类问题：企业行为的跨文化变化、文化性决定因素、不同文化环境中企业行为差异的变化趋势、各国文化之间的相互影响及产生文化差异的协同作用。

跨文化管理理论的主要观点：莫朗的跨文化组织理论、阿德勒的文化协调配合论、斯特文斯的组织隐模型论、彼得·基林的合资企业经营论、法默-里奇曼模式、尼根希-埃斯塔芬模式、尼根希-普拉萨德模式及孔茨的管理分类理论。中国的跨文化管理理论主要有共同管理文化模型与整合同化理论。

跨文化管理的策略主要有：本土化策略、文化相容策略、文化创新策略、文化规避策略、文化渗透策略、借助第三方文化策略及占领式策略。跨文化管理方式主要是跨文化培训。培训的主要内容有两类：知识认知类、经验技能类。

导致跨文化困惑的文化差异成本的估算，可以应用经济学中的机会成本概念来衡量。具体步骤是：勾勒潜在合作对方和本公司文化的大致特征，用额外工作天数为单位计量 TEA 成本，并在文化影响矩阵中找到现实合作关系的位置。

关 键 术 语

利普托特世界文化分布图　霍夫斯泰德国家文化模型　文化倾向　霍尔的高低文化背景　跨文化管理　TEA 成本

习　　题

一、简答题

1. 简述利普托特的世界文化分布图。
2. 简述霍夫斯泰德的国家文化模型。
3. 简述特罗普纳的世界商务文化理论。
4. 简述国际商务沟通中的文化倾向。
5. 简述霍尔的高低文化背景。
6. 简述跨文化管理的含义与内容。
7. 为什么要强调重视跨文化管理？
8. 跨文化管理主要有哪些理论观点？
9. 简述中国跨文化管理理论。
10. 简述跨文化管理的主要策略。
11. 简述跨文化管理的主要方式。
12. 跨文化交易费用如何衡量？

二、讨论题

1. 跨文化管理主要有哪些理论？各理论的要点是什么？各理论对企业的跨文化管理有什么实践启示？
2. 如何衡量跨文化交易费用？请结合跨文化交易费用理论谈谈企业跨文化管理的意义。

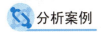 **分析案例**

上海大众的跨文化培训方案

上海大众汽车有限公司（以下称上海大众）是中德合资的轿车生产企业。中德双方各占50%股权。公司自1985年开业以来，已成为中国生产规模最大、保有量最多的现代化轿车生产基地之一。上海大众现有职工1万余人，其中德方常驻专家30余人，主要担任财务、产品开发、质量控制等部门的主管。德方外派工作人员在上海工作期限一般为3年，任职期间其家属均移居上海。虽然中德双方文化存在着一系列的差异，无论在决策、管理、沟通、人事等方面都会有不同的意见，但上海大众能够正视这种文化差异的存在，并对其进行有效的跨文化管理，其中跨文化培训是一个重要的环节。上海大众的跨文化培训主要涉及以下几个环节。

1. 波恩跨文化培训项目

在合资企业建立的最初阶段，德国政府为上海大众的德方外派工作人员提供了为期一周的"波恩跨文化培训"，由有着中德两国丰富的生活、工作经验的人担任培训师。主要培训内容有以下几方面。

（1）介绍霍夫斯泰德的五个文化维度的概念，使德方外派人员从理论上了解有关文化差异和跨文化管理的知识。

（2）通过国情教育介绍中国的历史、地理、风俗、政治、法律、体制、价值观等，并阐释中德文化中行为方式的差异，使德方外派人员对这一切有了理性上的认识。

（3）组织为外派人员的家属提供有关疑难问题的解答。因为很多外派人员工作失败的原因即在于其家属无法适应东道国的环境。解除家属的思想困惑，帮助家属适应东道国的生活，不但可以减少外派人员海外工作期间的后顾之忧，而且可以为外派人员增强信心，提供有力的支持。

整个波恩跨文化培训过程主要采用讲座、录像、讨论的形式，因此难免缺乏情感上及经验上的直观感受。但是，从对培训效果反馈意见中发现，由于德方外派人员原来极少接触中国人，普遍缺乏对中国的认识，因此，大家认为这样的跨文化培训项目，对第一次来中国工作的人士而言是非常必要的，可以使他们尽快地适应中国的工作和生活。同时，大家普遍反映的问题在于培训中有关中国国情的介绍，跟不上中国飞速发展的现状，"亲眼见到的中国"与"印象中的中国"仍有较大差别。

2. 波恩-上海"Look&See"跨文化培训项目

针对波恩培训计划中学员所反映的国情介绍跟不上中国发展速度的意见，上海大众特别为德方外派人员开发了名为"Look&See"的跨文化培训。培训地点跨越波恩-上海两地，主要培训过程如下。

（1）首先在德国参加为期三天的培训，该培训由中国中心的咨询公司提供。每个培训小组约有10位受训者，分别来自不同的企业，学员构成的多样性非常有利于培养跨文化培训中的敏感性训练，可以拓展思维，提高对事物的洞察力。

（2）然后德方外派人员在签订外派工作合同的前一周来中国实地考察，接受由上海大众人力培训部"外籍职工协调科"提供的培训。培训内容是：首先，陪同参观上海市容，让德方外派人员有机会亲眼见证上海的变化与发展；其次，对于生活方面，安排德方外派人员"看房"，确认住宿条件，并使其亲身体验买菜、购物及娱乐；再次，带外派人员参观工作部门，了解部门情况，使其对日后的工作环境及工作伙伴有初步的认识；最后，是由人力培训部经理主持的有关行为方式差异的培训。主要通过对中外合资企业中发生冲突的案例进行讨论，目的在于起到行为修正的效果。

3. 上海大众内部细水长流的跨文化交流平台

上述两个培训项目主要是针对德方员工。赴德国的中方员工培训主要有两种类型。一种是参加短期的技术培训，另一种是选派已有多次赴德经历的人员。两者均不携带家属。第一种情况由于出国时间短，与当地人员交往并不深，而且已有多批员工有过参加德国技术培训的经历，大家更多的是直接从有过相关经历的同事那里听取建议，吸取经验；第二种情况的赴德人员更是"驾轻就熟"。因此对独立的跨文化培训要求并不高。上海大众正是对这些实际的需求差异有了充分的认识，所以将跨文化培训落实到平时。上海大众对于中国赴德国的员工进行的跨文化培训是细水长流型的，主要有以下两种做法。

（1）跨文化讲座。他们经常不定期地聘请上海外国语大学德语系教授做讲座，内容涉及德国文化探讨及中德文化的全面比较。由于专家学者是站在企业外的第三方，可以从不同的角度、不同的立场看问题，而且具有权威性，因此教授们的课深受好评。

（2）跨文化交流信息平台。上海大众的内部网是大家充分交流意见、沟通信息的平台。所有接受过海外培训的员工都会把自己的心得体会撰写成文，并在此进行交流。这样做的优点主要在于：①不受时间限制。员工可以在休息时间上网交流，不会耽误工作，又可以及时了解最新的发展情况。②受众面广。培训小组的人数一般是有限制的，而网络是一个面向所有人的平台，任何对此有兴趣的员工都可以阅读网上的文章。即使是暂时没有出国机会的员工也可以为今后做准备。③双向交流。网络是一个互动的平台，如果阅读完有关文章后有任何疑问都可以及时进行交流。这更有利于一些相对内向的员工，因为他们可能不会在培训小组中在众人面前发表意见，那么网络无疑给他们创造了绝好的机会，既安全又及时。

4. 中外核心人员共同参与的跨文化合作研讨会

这是上海大众效果最好的一项跨文化培训、交流途径。由于跨文化的适应是一个长期的连贯过程，而且只有当跨文化培训与实际工作相结合才能进一步提高工作绩效。因此，上海大众举办了中德双方共同参与的中外合作研讨会。

这是应德方要求，由人力培训部组织的部门范围的培训，一般为期两天，参加人数为7~8人。目标在于：培养跨文化工作环境中的"问题意识"，了解企业现有的管理行为，在新的工作方法上达成共识，改善中德双方的合作。一般安排如下。

（1）研讨会第一天，先由中外双方的工作人员充分认识现有的工作结构与过程，然后以卡片提问的形式辨认出该部门现有的问题，指出经常出现的工作目标的偏差。对此中外双方可能会有不同意见，在充分沟通、消除误解的基础上，双方对存在的问题达成共识，并共同寻找解决办法。

（2）研讨会第二天，双方就作为团队合作中存在的问题点制定解决办法。在上海大众，这被称作"游戏规则"，最后双方承诺遵循这些"游戏规则"。

在这样的研讨会中，培训部的立场相对中立，但是它为中德双方提供了一个充分交流沟通、共同解决存在问题的机会。使中德双方认识并协调其文化差异，使中外跨文化合作的成功有了保障。

资料来源：范徵，2004. 跨文化管理：全球化与地方化的平衡［M］. 上海：上海外语教育出版社.

问题

请结合本章跨文化管理理论，分析上海大众公司的跨文化培训方式、内容及其效果。

延伸阅读

第 11 章

跨国公司的社会责任与国际规范

本章教学要点

熟悉跨国公司社会责任的内容,了解跨国公司社会责任思想的历史沿革过程;熟悉跨国公司行为的国际规范主要内容,了解其发展趋势。

第11章 跨国公司的社会责任与国际规范

知识架构

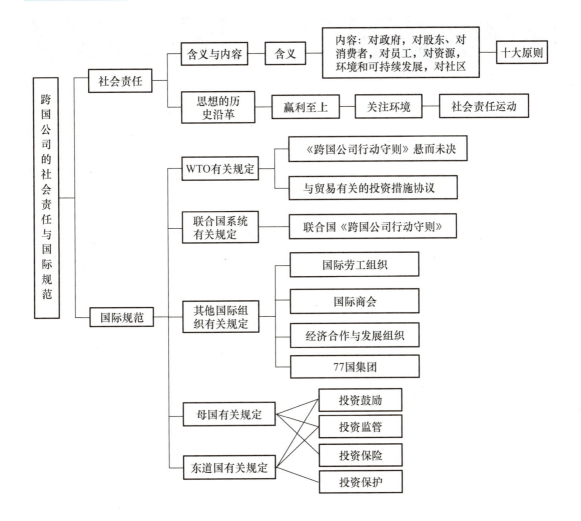

11.1 跨国公司的社会责任

11.1.1 跨国公司社会责任的含义与内容

1. 跨国公司社会责任的含义

跨国公司社会责任是指广泛意义上的企业社会责任（Corporate Social Responsibility, CSR）。企业社会责任是指企业在创造利润、对股东和员工承担法律责任的同时，还要承担对消费者、社区和环境的责任。企业的社会责任要求企业必须超越把利润作为唯一目标的传统理念，强调要在生产过程中对人的价值的关注，以及对环境、消费者、对社会的贡献。随着经济和社会的进步，企业不仅要对盈利负责，而且要对环境负责，并承担相应的社会责任。

跨国公司是在全球范围内进行经营活动的企业，它的社会责任要比一般国内企业重大，不仅要承担对母国的社会责任，还要承担对东道国乃至全球范围内的社会责任，要对自己经营活动所带来的各种自然、人文社会、经济的影响负责。

2. 跨国公司社会责任的内容

（1）跨国公司对政府的责任。

在现代社会，政府越来越演变为社会的服务机构，扮演着为公民和各类社会组织服务及实施社会公正的角色。在这种制度框架下，要求企业扮演好社会公民的角色，自觉按照政府有关法律、法规的规定，合法经营、照章纳税，承担政府规定的其他责任和义务，并接受政府的监督和依法干预。

（2）跨国公司对股东的责任。

现代社会，股东队伍越来越庞大，遍及社会生活的各个领域，跨国公司与股东的关系逐渐具有了企业与社会的关系性质，企业对股东的责任也具有了社会性。首先，跨国公司应严格遵守有关法律规定，对股东的资金安全和收益负责，力争给股东以丰厚的投资回报。其次，跨国公司有责任向股东提供真实、可靠的经营和投资方面的信息，不得欺骗投资者。

（3）跨国公司对消费者的责任。

跨国公司与消费者是一对矛盾统一体。企业利润最大化最终要借助于消费者的购买行为来实现。作为通过为消费者提供产品和服务来获取利润的组织，提供物美价廉、安全、舒适、耐用的商品和服务，满足消费者的物质和精神需求，是企业的天职，也是企业对消费者的社会责任。对消费者的社会责任要求企业对提供的产品质量和服务质量承担责任，履行对消费者在产品质量和服务质量方面的承诺，不得欺诈消费者和牟取暴利，在产品质量和服务质量方面自觉接受政府和公众的监督。

(4) 跨国公司对员工的责任。

跨国公司对员工的责任属于内部利益相关者问题。企业必须以相当大的注意力来考虑雇员的地位、待遇和满足感。在全球化背景下，劳动者的权利问题得到了世界各国政府及各社会团体的普遍重视。20世纪90年代，美国著名的牛仔裤制造商 Levi Strauss，让年轻女士在极其恶劣的环境下工作的事被曝光，随后在危机处理过程中，公司推出了第一份公司社会责任守则。随之一些跨国公司为了应对激烈的全球化竞争，也纷纷效仿。1997年，长期从事社会与环境保护的非政府组织经济优先权委员会（Council on Economic Priorities，CEP）成立认可委员会（CE2PA），2001年更名为社会责任国际（Social Accountability International，SAI），根据《国际劳工组织公约》《世界人权宣言》《联合国儿童权利公约》等国际公约，制定了全球第一个企业社会责任的国际标准，即 SA8000 标准及其认证体系（2001年修订）。

(5) 跨国公司对资源环境和可持续发展的责任。

实践证明，工业文明在给人类社会带来前所未有的繁荣的同时，也给我们赖以生存的自然环境造成了灾害性的影响。企业对自然环境的污染和消耗负有不可推卸的责任。近半个世纪以来的保护环境运动，改变了企业对待环境的态度——从矢口否认对环境的破坏，转为承担起不再危害环境的责任，进而希望对环境施加积极的影响。但这时环境好转的情况仅发生在发达国家，整个人类并未走上可持续发展的道路。造成这种局面的根源，在于新兴国家人口和经济的飞速增长。虽然这些政治和社会问题超出了任何一个企业的管辖和能力范围，但是集资源、技术、全球影响力及可持续发展动机于一身的组织又只有企业，所以企业应当承担起建立可持续发展的全球经济这个重任，进而利用这个历史性转型实现自身的发展。

(6) 跨国公司对社区的责任。

企业是社会的组成部分，更是所在社区的组成部分，与所在社区建立和谐融洽的相互关系是企业的一项重要社会责任。企业对社区的责任就是回馈社区，如为社区提供就业机会，为社区的公益事业提供慈善捐助，向社区公开企业经营的有关信息等。有社会责任的企业意识到，通过适当的方式把利润中的一部分回报给所在社区是其应尽的义务。世界著名的管理大师孔茨和韦里克认为，企业必须同其所在的社会环境进行联系，对社会环境的变化做出及时反应，成为社区活动的积极参加者。

3. 企业社会责任的十大原则

企业社会责任主要包括人权、环保和反腐败这三个方面，共计十大原则。

(1) 人权。

① 企业应在其所能影响的范围内，支持并尊重对国际社会做出的维护人权的宣言。

② 不袒护侵犯人权的行为、劳动。

③ 有效保证组建工会的自由与团体交涉的权利。

④ 消除任何形式的强制劳动。

⑤ 切实有效地废除童工。

⑥ 杜绝在用工与职业方面的差别歧视。

（2）环保。

延伸阅读

⑦ 企业应对环保问题未雨绸缪。
⑧ 主动承担环境保护责任。
⑨ 推进环保技术的开发与普及。
（3）反腐败。
⑩ 积极采取措施反对强取和贿赂等任何形式的腐败行为。

11.1.2 跨国公司社会责任思想的历史沿革

1. 企业社会责任思想渊源

早在18世纪中后期英国完成第一次工业革命后，现代意义上的企业就有了充分的发展，但企业社会责任的观念还未出现，实践中的企业社会责任局限于企业主个人的道德行为。企业社会责任思想的起点是亚当·斯密（Adam Smith）的"看不见的手"。古典经济学理论认为，一个社会通过市场确定其需要，如果企业尽可能高效率地使用资源以提供社会需要的产品和服务，并以消费者愿意支付的价格销售它们，企业就尽到了自己的社会责任。

到了18世纪末期，西方企业的社会责任观开始发生了微妙的变化，表现为小企业的业主们经常捐助学校、教堂和穷人。

进入19世纪以后，两次工业革命的成果带来了社会生产力的飞跃，企业在数量和规模上较大程度的发展。这个时期受"社会达尔文主义"思潮的影响，人们对企业的社会责任观是持消极态度的，许多企业不是主动承担社会责任，而是对与企业有密切关系的供应商和员工等极尽盘剥，以求尽快变成社会竞争的强者，这种理念随着工业的大力发展产生了许多负面的影响。

与此同时，19世纪中后期企业制度逐渐完善，劳动阶层维护自身权益的要求不断高涨，加之美国政府接连出台《反托拉斯法》和《消费者保护法》以抑制企业不良行为，客观上对企业履行社会责任提出了新的要求，企业社会责任观念的出现成为历史必然。

2. 社会责任思想历史沿革

（1）盈利至上（20世纪50—70年代）。

1970年9月13日，诺贝尔奖得奖人、经济学家米尔顿·弗里德曼在《纽约时报》刊登题为《商业的社会责任是增加利润》的文章，指出"极少趋势，比公司主管人员除为股东尽量赚钱之外应承担社会责任，更能彻底破坏自由社会本身的基础""企业的一项、也是唯一的社会责任，是在比赛规则范围内增加利润。"社会经济观认为，利润最大化是企业的第二目标，企业的第一目标是保证自己的生存。为了实现这一点，他们必须承担社会义务及由此产生的社会成本。他们必须以不污染、不歧视、不从事欺骗性的广告宣传等方式来保护社会福利，他们必须融入自己所在的社区及资助慈善组织，从而在改善社会中扮演积极的角色。

1976年经济合作与发展组织（OECD）制定了《跨国公司行动准则》，这是迄今为止唯一由政府签署并承诺执行的多边、综合性跨国公司行动准则。这些准则虽然对任何国家或公司没有约束力，但要求进一步保护利害相关人士和股东的权利，提高透明度，并加强问责制。2000年，该准则重新修订，更加强调了签署国政府在促进和执行准则方面的责任。

(2) 关注环境（20世纪80—90年代）。

20世纪80年代，企业社会责任运动开始在欧美发达国家逐渐兴起，它包括环保、劳工和人权等方面的内容，由此导致消费者由单一关心产品质量，转向关心产品质量、环境、职业健康和劳动保障等多个方面。一些涉及绿色、和平、环保、社会责任和人权等的非政府组织及舆论也不断呼吁，要求社会责任与贸易挂钩。迫于日益增大的压力和自身的发展需要，很多欧美跨国公司纷纷制定对社会做出必要承诺的责任守则（包括社会责任），或者通过环境、职业健康、社会责任认证应对不同利益团体的需要。

(3) 社会责任运动（20世纪90年代至今）

20世纪90年代初期，美国劳工及人权组织针对成衣业和制鞋业所发动"反血汗工厂运动"。美国服装制造商 Levi Strauss 因此制定了第一份公司生产守则。随后，在劳工组织和人权组织等非政府组织和消费者的压力下，许多知名品牌公司相继建立了自己的生产守则，并演变为"企业生产守则运动"，又称"企业行动规范运动"或"工厂守则运动"。企业生产守则运动的直接目的，是促使企业履行自己的社会责任。

但这种跨国公司自己制定的生产守则有着明显的商业目的，而且其实施状况也无法得到社会的监督。在劳工组织、人权组织等非政府组织的推动下，生产守则运动由跨国公司"自我约束"（Self-Discipline）的"内部生产守则"逐步转变为"社会约束"（Social Regulation）的"外部生产守则"。

到2000年，全球共有246个生产守则，其中118个是由跨国公司自己制定的，其余皆是由商贸协会或多边组织或国际机构制定，即是所谓"社会约束"的生产守则。这些生产守则主要分布于美国、英国、澳大利亚、加拿大、德国等国家。2000年7月"全球契约"论坛第一次高级别会议召开，参加会议的50多家著名跨国公司的代表承诺，在建立全球化市场的同时，要以《全球契约》为框架，改善工人工作环境、提高环保水平。"全球契约"行动计划已经有包括中国在内的30多个国家的代表、200多家著名大公司参与。

2001年2月，全球工人社会联盟公布了一份长达106页的由耐克公司资助完成的报告。报告的内容是关于印尼九家耐克合约工厂的劳工调查。这份报告的意义在于它是由耐克公司出钱完成并公布的，而耐克又不能拒绝公布。耐克对这些问题的反应为服装公司设立了新的基准。

2002年2月，在纽约召开世界经济峰会上，36位首席执行官呼吁公司履行其社会责任，其理论根据是，公司社会责任"并非多此一举"，而是核心业务运作至关重要的一部分。

2002年，联合国正式推出《联合国全球契约》（UN Global Compact）。《联合国全球契约》共有10条原则，联合国恳请公司对待其员工和供货商时，都要尊重其规定的10条原则。

11.2 跨国公司行为的国际规范

11.2.1 跨国公司行为规范与WTO有关规定

1. 跨国公司行为国际规范概述

为了使跨国公司的国际投资和经营活动有序而稳定地进行，需要有相应的国际规范对之加以协调、监督和管理。然而相对于国际贸易领域而言，跨国投资和经营的国际协调要落后得多，至今尚无类似于WTO那样的一套国际规则。长期以来，各方面都提出过倡议，要在跨国投资领域制定相应的一套国际规范，于是，出现了一系列守则、协定、准则之类的文件（见表11-1）。

表11-1 第二次世界大战以来与多边投资协定有关的主要守则、协定和准则一览表

年份	名称	制定者	是否有约束力	是否通过	备注
1960	关于外国投资公正待遇国际法典	国际商会	无约束力	通过	
1965	关于解决各国与其他国家国民之间投资争端的公约（华盛顿公约）	世界银行	有约束力	通过	中国已参加
1972	国际投资准则	国际商会	无约束力	通过	
1976	经济合作与发展组织关于国际投资与多国企业的宣言	OECD	无约束力	通过	
1976	联合国国际贸易法委员会仲裁规则	联合国	示范	通过	
1977	关于多国企业和社会政策原则的三方宣言	国际劳工组织	无约束力	通过	
1979	联合国关于发达国家和发展中国家避免双重征税的协定	联合国	无约束力	通过	
1980	联合国关于控制限制性商业惯例的公平原则与规则的多边协议	联合国	无约束力	未通过	
1983	联合国跨国公司行动守则（草案）	联合国	无约束力	未通过	
1985	国际技术转让行动守则（草案）	联合国	无约束力	未通过	

续表

年份	名称	制定者	是否有约束力	是否通过	备注
1985	多边投资担保机构公约（MIGA）（汉城公约）	世界银行	有约束力	通过	中国已参加
1992	外国直接投资待遇指南	世界银行/IMF	无约束力	通过	
1994	与贸易有关的投资措施协议（TRIMs）	GATT/WTO	有约束力	通过	中国已参加
1994	服务贸易总协定（GATS）	GATT/WTO	有约束力	通过	中国已参加
1994	与贸易有关的知识产权协定（TRIPs）	GATT/WTO	有约束力	通过	中国已参加
1996	多边投资协议	OECD	有约束力	未通过	
2005	打击勒索和贿赂行为准则与建议	国际商会	无约束力	未通过	

在这里，要强调指出的是，目前虽然全球性的规范未能产生，一些协定、守则、准则也只是局部性的，但是在长期的酝酿、起草、磋商和争论中暴露出来的问题和形成的各种主张，都在不同程度上影响着国际舆论，影响着社会观念和价值标准。因而有的已被一些国家接受，开始成为他们之间处理问题的惯例，有的正逐渐进入立法过程而成为制定法律的因素。从事跨国经营，不可不对这些方面的情况有所了解。

本章拟列举以下几个方面来进行讨论：①WTO中《与贸易有关的投资措施协议》（TRIMs）；②联合国《联合国跨国公司行动守则》的内容；③其他国际组织对跨国经营的规范；④母国与东道国对跨国经营行为的规范。

2. WTO对跨国公司行为的规范

（1）与贸易有关的投资措施协议的产生。

WTO是协调各国间货物贸易的多边协定，主要条款不涉及直接投资和跨国经营，但在乌拉圭回合的谈判中却达成了有关直接投资的协议，即《与贸易有关的投资措施协议》（Agreement on Trade-Related Investment Measures，TRIMs）。

《与贸易有关的投资措施协议》是限制东道国政府通过政策法令，直接或间接实施的与货物（商品）贸易有关的对贸易产生限制和扭曲作用的投资措施。

20世纪70年代以来，以跨国公司为主体的国际直接投资活动日趋频繁，直接投资数额和直接投资累积存量不断扩大，直接投资对各国经济和国际贸易产生了重要的影响。与此同时，投资国和东道国、投资者和东道国之间围绕着直接投资方面的矛盾与纠纷也不断增多。减少和克服矛盾与纠纷，促进国际投资活动的健康发展和积极作用的更大发挥，迫切需要加强国际协调与合作。为此，国际社会在近几十年间曾做出了多方面的努力，起草或制定了一些规则和协议。

20世纪80年代初，联合国经济及社会理事会所属的原跨国公司委员会起草了《联合国跨国公司行动守则》。《联合国跨国公司行动守则》草案提出后，进行了多次讨论和修改,但由于发达国家与发展中国家的跨国公司在受东道国法律管辖、征收与国有化的赔偿标准、投资者与东道国政府争议的解决及外汇汇出的限制等问题上存在分歧,致使有关谈判久拖未结。在1992年4月跨国公司委员会召开的最后一次年会上,《联合国跨国公司行动守则》文本仍未能定案,并经过非正式磋商得出结论:现阶段不可能达成一致意见。因此《联合国跨国公司行动守则》成为悬案,谈判彻底搁浅。

为了协调国际直接投资关系,其他一些国际组织或机构也做出了积极的努力。世界银行于1965年3月18日制定了《关于解决各国与其它国家国民之间投资争端的公约》。根据《关于解决各国与其它国家国民之间投资争端的公约》的规定,使国际投资争议除通过政府的外交途径解决之外,又开辟了一个新的调解和仲裁的途径。但《关于解决各国与其它国家国民之间投资争端的公约》仅涉及投资争议的解决问题,而对如何消除争议产生的原因及国际投资方面的其他问题并未触及。1992年9月21日,世界银行又同国际货币基金组织一起在征询了有关国家政府和国际组织(如国际法协会)的意见后,公布了《外国直接投资待遇指南》,并要求世界银行和国际货币基金组织的各成员方把《外国直接投资待遇指南》作为在其领土内对外国私人直接投资进入和待遇的参照尺度。但《外国直接投资待遇指南》是非强制性的,它完全是自愿执行。经济合作与发展组织于1976年6月21日在巴黎公布的《经济合作与发展组织关于国际投资与多国企业的宣言》,则属"建议"性质,对成员没有约束力。

由于以往的协调不是很成功和很有效,再加上在关贸总协定的执行过程中出现了日益增多的与贸易有关的投资措施方面的争议,所以,在乌拉圭回合谈判中,将"与贸易有关的投资措施"列入议题之内。

发动乌拉圭回合谈判时,美国提议,有必要将扭曲贸易的投资措施纳入关贸总协定纪律约束,并建议谈判应包括影响外国直接投资流动的政策问题。美国还特别建议,有必要考虑对外国直接投资适用关贸总协定的国民待遇和最惠国待遇原则的可行性。国民待遇使外国公司与本国公司在投资建厂和在当地经营上享有同样的权利,最惠国待遇可防止成员对不同来源的投资进行歧视。

这些建议得到一些发达国家的支持,但发展中国家并不感兴趣,他们除了认为关贸总协定的授权不允许其对投资问题进行谈判外,还坚持认为,如果进行上述谈判,就不应包括跨国公司通过转移价格、限制性商业管理及其他做法而给贸易带来的困难等问题。发展中国家的意愿使关贸总协定对投资问题的讨论,最终成为对与贸易有关的投资措施这一范围较窄的概念进行谈判。

(2)《与贸易有关的投资措施协议》(TRIMs)的主要内容。

通常,各国在引进外资的投资中,采取的附加要求包括以下几点。当地含量要求:在生产中使用一定价值的当地投入;贸易平衡要求:进口要与一定比例的出口相当;外汇平衡要求:进口需要的外汇应来自公司出口及其他来源的外汇收入的一定比例;外汇管制:限制使用外汇,从而限制进口;国内销售要求:公司要在当地销售一定比例的产品,其价值相当于出口限制的水平;生产要求:某些产品要在当地生产;出口实绩要求:应出口一定比例的产品;产品授权要求:投资者用已规定的方式生产的指定产品供应特定的市场;生产限制:不允许公司在东道国生产特定产品或生产线;技术转让要求:要求非商业性地转让规定的技术和在当地进行一定水平的类似研究与开发活动;许可要求:要求投资者取得与其在本国使用的类似或无关技术的许可证；汇款限制：限制外国投资者将投资所得汇回本国的权利；当地股份要求：规定公司股份的一定百分比由当地投资者持有。

① 对东道国引进外资的限制做出的规定。TRIMs 规定禁止使用的投资措施包括以下几项。A. 当地成分（含量）要求：外商投资企业生产的最终产品中，必须有一定比例的零部件是从东道国当地购买或是当地生产的，而这种要求可以以任何方式表达出来。B. 贸易（外汇）平衡要求：外商投资企业为进口而支出的外汇，不得超过该企业出口额的一定比例。C. 贸易平衡要求：对外商投资企业的进口做出一般的限定，或者规定不得超过该企业出口量或出口值的一定比例。D. 进口用汇限制：外商投资企业用于生产所需的进口额应限制在该企业所占有的外汇的一定比例。E. 国内销售要求：外商投资企业要有一定数量的产品在东道国销售，而无论采取何种形式表示这种要求。

② 例外条款和发展中国家成员。首先，在 1994 年《关税与贸易总协定》中的所有例外都可以视具体情况适用于该协议；其次，发展中国家成员可以享受特殊优惠。考虑到发展中国家在贸易和投资方面的实际情况和特殊要求，它们可以暂时自由地背离国民待遇和取消数量限制原则，但这种"自由地背离"应符合 1994 年《关税与贸易总协定》第 18 条的规定，即主要是为了平衡外汇收支和扶植国内幼稚产业的发展等目的。

③ 通知和过渡安排。世界贸易组织成员方应在《建立世界贸易组织协议》生效后 90 天内向该组织的货物贸易理事会通告它们正在实施的与 TRIMs 不相符的所有与贸易有关的投资措施，不仅包括其基本特征，还包括其一般的和具体的实施情况。上述措施要限期取消，这个期限（即过渡期）是：发达国家成员两年，发展中国家成员五年，最不发达国家成员七年。货物贸易理事会就发展中国家成员的要求，可以延长其过渡期，但要求方必须证明在执行 TRIMs 时的特殊困难。在《建立世界贸易组织协议》生效前 180 天内开始实施，而且与 TRIMs 不符的投资措施不享受过渡期，应立即予以取消。

④ 透明度要求。除必须遵守 1994 年《关税与贸易总协定》第 10 条"贸易条例的公布和实施"，以及分别于 1979 年和 1994 年通过的《关于通知、磋商、争端解决与监督的谅解》和《关于通知程序的部长决定》以外，该协议要求每个成员都应向世界贸易组织秘书处通告其与贸易有关的投资措施的出版物。但成员可以不公开有碍法律实施或对公共利益及特定企业的合法商业利益造成损害的信息。

⑤ 建立与贸易有关的投资措施委员会。该委员会向世界贸易组织所有成员开放，委员会应选举主席和副主席，每年至少召开一次会议，应任何成员方的请求，可随时开会。该委员会的职责是：执行货物贸易理事会分配的任务，并向成员方提供与贸易有关的投资措施的运行和执行有关的任何问题和咨询服务；同时，还负责监督与贸易有关的投资措施的运行和执行情况，并每年向货物贸易理事会报告这方面的情况。

⑥ 磋商与争端的解决。1994 年《关税与贸易总协定》第 22 条和第 23 条争议解决的程序与规则，适用于与贸易有关的投资措施项下的协商与争议解决。

11.2.2 联合国系统对跨国公司的行为规范

1. 与跨国公司相关的联合国机构

（1）联合国跨国公司国心。

联合国跨国公司中心（United Nations Centre on Transnational Corporation，UNCTC）是联合国秘书处下的独立机构，成立于1974年，它的任务是处理联合国与跨国公司有关的事务，同时也作为联合国跨国公司委员会的秘书处。该中心有来自世界各国的经济、管理、法律、会计和计算机程序设计等方面的专家。跨国公司中心设一名执行主任，执行主任办公室下面分两个部：咨询信息服务部和政策分析研究部。该中心还与联合国经济及社会理事会（以下简称经社理事会）所属的各地区经济委员会联合成立了合作机构，如亚太经济委员会—跨国公司中心合作分部。另外，该中心与国际投资和跨国公司委员会或经社理事会还成立了一些特别工作小组，如关于行为守则的政府间工作组、关于贪污行为的政府间工作组、国际会计和报告准则政府间专家工作组。

20世纪70年代初，围绕跨国公司问题的斗争日益复杂尖锐，联合国秘书处和经社理事会根据这一形势，特别是在许多发展中国家的要求下，于1972年7月成立了"知名人士小组"，专门研究"多国公司对于发展特别是发展中国家的发展及国际关系的影响"。1974年11月，经社理事会又在此基础上建立了国际投资和跨国公司委员会及跨国公司中心。1975年11月，跨国公司中心正式开始了工作。

（2）联合国贸易和发展会议

联合国贸易和发展会议（United Nations Conference on Trade and Development，UNCTAD，简称贸发会议）成立于1964年，是联合国大会常设机构之一。联合国贸易和发展会议是审议有关国家贸易与经济发展问题的国际经济组织，是联合国系统内唯一综合处理发展和贸易、资金、技术、投资和可持续发展领域相关问题的政府间机构，总部设在瑞士日内瓦。

该组织的任务与世界范围的商务领域有着直接的关系，因为其中心目的是给发展中国家等市场经济不发达的国家一些工具，使它们能成功地融入国际贸易和经济体系。这些工具包括从规范的标准制定活动，如环境会计这样的新领域，到旨在加快货物流通的实际工程；从有关投资趋向与政策的分析研究和数据收集，到推动中小型企业和企业职权。它为政府和企业提供竞争法律和政策咨询。同时，它从世界资本市场为微观金融计划创造新的渠道，加强发展中国家利用电子商务的能力。

联合国贸易和发展会议每年主要的出版物有：贸易和发展报告、世界投资报告和最不发达国家报告。这些报告提供最新的资料，分析全球趋势，制定政府和私营部门有用的实用政策建议，在它们各自领域起着权威性作用。联合国贸易和发展会议的中心工作是提供地方和跨国企业得以繁荣的最佳政策框架，以此培养发展中国家固有的能力。但是能力的培养还有其他越来越重要的方面，如官员和企业行政人员在国际贸易和投资问题方面的培训。

2. 《联合国跨国公司行动守则》

随着经济全球化发展趋势的加强，跨国公司对世界经济发展和国际关系的影响越来越广泛，因此也日益受到国际社会的关注。鉴于跨国公司行为对母国和东道国产生的经济、社会、文化、环境等各方面的影响，国际社会一直希望能够拟定一部《跨国公司行动守则》来规范跨国公司的行为，促进跨国公司为世界经济做出贡献，同时不断消除跨国公司对世界经济的消极影响。

联合国国际投资和跨国公司委员会多年来一直致力于制定《联合国跨国公司行动守则》，同时各国政府也在其中发挥了积极作用。在联合国国际投资和跨国公司委员会以及各国政府的共同努力下，1982年5月完成了有关跨国公司行动守则的草案起草工作。虽然因各国政府对这个守则所包括的范围、法律性质和执行机构等方面存在严重分歧而尚未被国际社会采用，但它反映了联合国范围内的各成员国致力于用国际立法规范跨国公司行为的共同努力。迄今完成的《联合国跨国公司行动守则》主要包括跨国公司的定义和《联合国跨国公司行动守则》的适用范围、跨国公司的活动、跨国公司的待遇、政府间合作及跨国公司行为守则五部分。

(1) 跨国公司的定义和《联合国跨国公司行动守则》适用范围

《联合国跨国公司行动守则》给出了跨国公司的具体定义，即"跨国公司是指一种企业，它可以是公营企业，也可以是私营的或公私合营的企业。构成这种企业的实体分布于两个或两个以上的国家，无论其法律形式和活动范围如何。各个实体通过一个或数个决策中心，在一个决策系统的统辖之下开展经营活动，彼此有着共同的战略并执行一致的政策。由于所有权关系或其他因素，各个实体相互联系，其中的一个或数个实体，对其他实体的活动能施加相当大的影响，甚至还能分享其他实体的知识、资源，并为它们分担责任"。此外，《联合国跨国公司行动守则》可适用于所有国家，即适用于世界上所有的跨国公司，是所有跨国公司应遵守的行为规范。

(2) 跨国公司的活动。

① 一般性和政治性规定。这一部分规定的问题主要包括：跨国公司应尊重国家主权，遵守国家法律、条例及有关行政管理制度；尊重母国和东道国经济目标和发展目标、政策和优先事项；尊重母国和东道国社会文化目标、政策和价值观，尊重人权和基本自由，不干涉内部管理业务，不干涉政府间关系，不应有贿赂行为。

② 经济、财务及社会活动方面的规定。这一部分主要包括：投资的所有权和控制权、国际收支和金融财务、转移定价、税收、竞争和限制性商业惯例、技术转让、消费者保护及环境保护问题。其中大部分条款各国已经基本达成一致意见。

关于所有权和控制权，要求跨国公司应尽力把决策权力分配给其各个实体；同东道国政府和国民合作，实现当地股权参与，由当地合作者有效地根据股权或非股权安排行使对企业的控制权；应依照东道国的国家政策实现其人事政策，优先雇佣、培训和提升东道国国民，提高其对公司决策过程的参与。

关于国际收支和金融财务，总的原则是要求跨国公司遵照东道国的法律和政策目标，对东道国的要求做出积极反应，以帮助减轻这些国家在国际收支和财政方面的困难。

关于转移定价的规定，要求在公司内部交易中避免采用不以有关市场价格或正常交易原则为基础的定价策略。然而这一点在实际当中很难做到。

关于环境保护的规定，要求跨国公司遵守有关保护环境的国家法律、政策、国际标准，并公开关于产品、生产方法和服务的危险效果的资料。

③ 资料公开。在信息资料公开方面，跨国公司有责任向东道国政府和工会组织提供足够的信息资料，以使公众更多地了解公司的经营状况。公开的资料中既有非财务方面的内容，也包括财务方面的内容。当然，为避免泄密而损害各方利益，东道国政府和相关组织有义务采取适当的保密措施。

(3) 跨国公司的待遇。

待遇是《联合国跨国公司行动守则》中成员争议较大的一部分，主要包括：东道国对跨国公司的一般待遇、国有化和补偿问题，以及东道国对跨国公司管辖权的问题。

① 东道国对跨国公司的一般待遇。《联合国跨国公司行动守则》中规定各国有权管制跨国公司进入本国活动，包括管制在本国国内建立机构、确定跨国公司在本国经济建设和社会发展中所起的作用，并有权禁止它参与某些特定部门的活动或限制其活动范围，但同时东道国应给予跨国公司"公平和公正的待遇"。在待遇标准问题上发达国家与发展中国家争议较大，主要在于对"公平和公正"的理解存在分歧。发达国家认为东道国应给予跨国公司和东道国本土企业同样的待遇，而发展中国家认为《联合国跨国公司行动守则》中规定的就是非歧视待遇，除此之外不应有其他的待遇。

另外，《联合国跨国公司行动守则》还规定跨国公司向各营业地所在国政府提交的资料应受到合理的保护，对于该资料所适用的领域应格外严守秘密。这一点是对跨国公司的保护，同时也解除了跨国公司在履行资料公开义务方面的后顾之忧。

② 国有化和补偿问题。《联合国跨国公司行动守则》中对国有化和补偿问题各国初步达成一致意见的方面有：国家对其领域内的跨国公司的财产有实行国有化或征用的权利；国家对这种国有化有补偿的义务。但是对于是否应在《联合国跨国公司行动守则》中规定补偿标准及是否应受国际法支配，各方仍存在分歧。

③ 东道国对跨国公司的管辖权。这一部分规定跨国公司实体受所在国管辖，但是跨国公司在东道国的行为是否受母国管辖，一直是各国普遍争议的问题。此外，这一部分还对跨国公司与东道国之间的矛盾纠纷提供了一些法律选择和争议解决办法。例如，"一个国家与在其境内营业的跨国公司的企业之间发生的纠纷，受该国法院或其他主管机关管辖"，当"一个国家与跨国公司的企业发生纠纷，无法通过双方的友好协商来解决，或者无法按双方事先约定的程序处理纠纷时，应提交有关法院或其他主管部门裁决，或采用双方认可的其他方法（如提交仲裁）予以解决"。

(4) 政府间合作。

促使跨国公司为各国特别为发展中国家实现发展经济的目标多作贡献，同时控制、消除跨国公司所造成的消极影响是《联合国跨国公司行动守则》的目标，而政府间合作则是实现这一目标的重要因素。尽管在制定《联合国跨国公司行动守则》的过程中，各国政府由于立场和利益的不同存在分歧，然而通过政府间合作，促成展开双边或多边谈判来进一步规范和完善《联合国跨国公司行动守则》毕竟是一件好事，从而为《联合国跨国公司行动守则》的最终达成一致并付诸实施奠定了基础。

(5) 行为守则的实施。

《联合国跨国公司行动守则》的最后一部分规定了守则的实施办法，即需要各国政府和国际组织的共同努力，来促成本守则的履行和实施，所以对国家和国际组织分别作出了要求。

① 从国家角度来讲，为保障与促进本守则在国内的实施，各国应做好下列各项工作：A. 公布并传播本守则的内容；B. 在本国境内遵照执行守则的规定；C. 就本国采取了哪些国家一级的行动使守则得以实施，并就实施过程中所取得的经验，向联合国国际投资和跨国公司委员会提交报告；D. 采取行动以体现对守则的支持，并在介绍、实施与修订涉

及本守则有关事宜的法律、条例及行政管理制度的时候，应考虑在条文中体现本守则的目标。

② 从国际组织角度来看，联合国国际投资和跨国公司委员会将作为国际体制中的一个机构承担实施本守则的职能，主要包括以下方面。

第一，在联合国国际投资和跨国公司委员会会议上讨论与本守则有关的问题。例如，参与协商有关本守则的某些具体问题的各国政府一致赞同，则该委员会将在可能的范围内促进政府间协商。

第二，对本守则的执行情况定期进行评估。评估工作以各国政府提交的报告为基础，并酌情参考负责守则实施工作的联合国组织和联合国指定的办事机构及委员会等非政府组织所提交的文件。自本守则通过之日起，两年之后，三年之内，将对守则执行情况进行首次评估。首次评估完成之后，相隔两年再进行第二次评估。该委员会将决定往后的评估是否仍然以两年为一个周期。评估工作的形式由委员会做出决定。

第三，联合国国际投资和跨国公司委员会就守则实施所进行的活动向联合国大会提交年度报告。

第四，在有关国家政府的请求下，促进各国就围绕跨国公司所发生的某些具体问题达成政府间协议或作出安排。

第五，联合国国际投资和跨国公司委员会向联合国大会提出审查守则的建议，第一次审查工作应在本守则通过后六年内。联合国大会将酌情制定审查的形式。

11.2.3 其他国际组织对跨国公司的行为规范

1. 国际劳工组织（International Iabor Organization，ILO）

国际劳工组织是 1919 年根据《凡尔赛和约》作为国际联盟的附属机构而成立的。1946 年 12 月 14 日成为联合国的一个专门机构，简称"劳工组织"。其宗旨是：促进充分就业和提高生活水平；促进劳资合作；改善劳动条件；扩大社会保障；保证劳动者的职业安全与卫生；获得世界持久和平，建立和维护社会正义。该组织最高权力机构是国际劳工大会，每年开会一次。截至 2023 年 4 月，国际劳工组织有 187 个成员。

国际劳工组织早在 1977 年就制定了关于跨国公司在劳动和就业方面应采取的行为准则——"关于多国企业与社会政策的三方面原则宣言"（Tripartite Declaration of Principles Concerning Multinational Enterprises and Social Policy）。其主要目的是希望在自愿的原则下，政府、跨国公司和工会三方能够保障劳工权益，尊重人权和自由。该声明的主要内容是跨国公司和各国政府应向工人提供劳动和就业的有关信息。这些内容后来已被写进《联合国跨国公司行动守则》，成为规范跨国公司行为的一部分，也为监督和管理跨国公司提供了依据。

2. 国际商会（International Chamber of Commerce，ICC）

国际商会是国际民间经济组织。它是由世界上一百多个国家参加的经济联合会，包括商会、工业、商业、银行、交通、运输等行业协会，也是联合国经社理事会的一级咨询机构。

1919年10月，国际商会由在美国新泽西州大西洋城举行的国际贸易会议发起，1920年6月在巴黎成立，总部设在巴黎。其宗旨是：推动国际经济的发展，促进自由企业和市场组织的繁荣，促进会员之间经济往来，协助解决国际贸易中出现的争议和纠纷，并制定有关贸易、银行、货运方面的规章和条款。国际商会制定的《国际贸易术语解释通则》《托收统一规则》《联合运输单证统一规则》和《跟单信用证统一惯例》等，虽然是非强制性的，但实际上已为世界各国普遍接受和采用。

1977年，国际商会通过"对付勒索与贿赂行为准则"（Rules of Conduct to Combat Extortion and Bribery），旨在约束国际商业行为，打击贿赂行径。对于跨国经营的公司而言，避免商业贿赂对于营造公平竞争的环境是十分必要的。因此，这一点也被列入《联合国跨国公司行动守则》："跨国公司在其交易活动中需禁止向政府官员提出、允诺或给予任何款项、礼品或其他好处"，"跨国公司必须保存其为了交易的目的而向政府官员或其他中介人支付款项的完整记录。当其营业地所在国主管机关要求查阅有关支付款项的凭据，以便对收受款项事宜进行调查或起诉时，跨国公司必须提供付款的记录"。

3. 经济合作与发展组织（Organization for Economic Co-operation and Development，OECD）

经济合作与发展组织简称经合组织，是由38个OECD成员（市场经济国家）和9个观察员国组成的政府间国际经济组织，旨在共同应对全球化带来的经济、社会和政府治理等方面的挑战，并把握全球化带来的机遇。

1976年6月在巴黎召开的经济合作与发展组织的部长级会议通过了一项"关于国际投资与多国企业宣言"（Declaration on International Investments and Multinational Enterprises），该宣言是发达国家达成的第一个跨国公司国际行为守则。该准则对于20世纪70年代全球范围开展的企业准则运动作出了重要贡献。2000年，经济合作与发展组织对这一准则进行了修订，将其重点放在了可持续发展上，并包含了国际劳工组织所有的核心劳工协议，这表明新修订的准则更突出对企业在履行社会责任方面的指导。其内容具有综合性特点，涵盖一般政策、信息公布、劳资关系、环境、打击行贿、消费者利益、科学技术、竞争、税收等方面。

此准则是通过OECD成员国的国家联络点推广试行的，通过这些联络点不断地宣传此准则，提供咨询服务，并解决共同面临的问题，这些措施促进了行为准则的推行与遵守。但是，与国际劳工协议一样，这些行为准则都是针对政府的，这就难以保证企业会承担相关的责任，因此准则在促进企业履行社会责任方面的作用是有限的。

但经过30年的推广应用，经济合作与发展组织《跨国公司行为准则》取得了巨大的进展。此外，OECD还先后出版了《OECD公司治理原则》《公司治理：对OECD各国的调查》《OECD国有企业公司治理指引》等重要文献，丰富和发展了准则。对OECD成员国和非成员国开展公司治理改革、建立本国的公司治理规范、制定新的立法和采取新的监管举措，都产生了重要影响。OECD各成员国的实践经验，也对包括中国在内的其他国家提供了良好的借鉴。

4. 77国集团（Group of 77，G77）

77国集团是一个经济组织，是发展中国家为改变国际经济贸易中的被动地位，改善日益恶化的贸易环境，阻止发展中国家的国际收支逆差不断扩大而建立起来的，它的前身是 75 国集团。1963 年第 18 届联合国大会讨论召开贸易和发展会议时，73 个亚、非、拉国家和南斯拉夫、新西兰共同提出一个联合宣言，形成"75 国集团"。后来肯尼亚、韩国、越南加入，新西兰宣布退出。

1964 年 6 月 15 日在日内瓦召开的第一届联合国贸易和发展会议上，发达国家和发展中国家在一些重大问题上产生尖锐分歧。77 个发展中国家和地区联合起来，再次发表了《77 国联合宣言》，要求建立新的、公正的国际经济秩序，并因此组成一个集团参加联合国贸易和发展会议的谈判，因而该集团被称为 77 国集团。截至 2018 年 2 月，集团成员达到 133 个。《联合国跨国公司行动守则》就是在 77 国集团的联合倡议下制定的。77 国集团代表了发展中国家的利益，在跨国公司监管方面，始终要求跨国公司保证发展中东道国享有明确持续的经济利益。

中国虽不是 77 国集团成员，但一贯支持该组织正义主张和合理要求。自 20 世纪 90 年代以来，中国同 77 国集团的关系在原有基础上有了较大发展，通过"77 国集团和中国"这一机制开展协调与合作。

正如党的二十大报告所明确指出，中国将"稳步扩大规则、规制、管理、标准等制度型开放。推动货物贸易优化升级，创新服务贸易发展机制，发展数字贸易，加快建设贸易强国。"

11.2.4　母国对跨国公司的行为规范

跨国公司对外直接投资不仅关系到投资者的企业利益，而且关系到母国的国家利益及经济发展。因此，母国也制定了相关的法律规范来管理跨国公司的行为，主要包括对海外投资的鼓励、监管及海外投资保险制度。

1. 母国对海外投资的鼓励

（1）税收鼓励。

东道国依据属地原则、母国依据属人原则，都有权力对跨国投资者征税，这就加重了跨国公司的经济负担。母国一般采取两种方式来减轻这种双重税收负担。

① 税收抵扣。海外投资者在东道国已纳税款，可以在母国应纳税额中抵扣，大多数国家采用这种税收鼓励措施。例如，从 1962 年开始，日本对本国私人资本的海外投资收入实施税收抵扣，并逐步扩大作为税收抵扣对象的收入种类。

② 免税。母国承认东道国的独占征税权而放弃自身的征税权。也就是说，如果跨国公司海外投资所得已在东道国纳税，则在母国免于征税。法国、比利时、德国等欧洲国家采用这种免税措施。

（2）信贷优惠。

① 前期调查资助。一些国家对本国私人投资者海外投资计划的前期可行性研究给予一部分或全部资助，投资项目实现后，投资者将资助费用偿还。例如，澳大利亚、新西兰、美国等国资助跨国公司 50% 左右的调研费用，并将这项开支列入国家预算。

② 融资服务。有些国家的金融机构对本国私人资本的海外投资提供优惠贷款，或者设立特殊基金制度为其提供融资服务。例如，日本海外经济合作基金、德国投资与开发有

限公司等金融机构为海外投资者提供无须担保的贷款，只要求该投资项目获得东道国政府批准。

(3) 其他服务。

一些国家政府通过其驻外机构，向本国私人投资者提供东道国的经济情况和投资机会情报，方便他们作出投资决策。例如，美国的海外私人投资公司建立了投资机会数据库，设立投资交流项目，为本国私人资本跨国投资提供服务。有的国家政府协助成立本国民间非营利团体，为东道国培训技术、管理人员。例如，美国成立"国际经营服务队"，为东道国提供智力支持。

2. 母国对海外投资的监管

(1) 对跨国公司经营及财务实施监管。

为避免跨国公司通过转移定价逃避税负，母国政府按公平的市场价格确定关联企业之间的业务往来。针对跨国公司在避税港注册来逃避税收的情况，各国的管理方法不一。例如，英国通过法律制裁跨国公司在避税港注册，美国取消在避税港注册跨国公司股东的延期纳税权利。

(2) 对资本流出实施监管。

本国私人资本的流出及融资会对国际收支产生影响，当国际收支严重失衡时，母国会对其进行一定程度的限制。尽管主要的资本输出国取消了外汇管制，但当国际收支陷于困境时，有的国家还是会对资本流出实施管制。此外，对不利于本国经济的海外投资活动，母国政府不给予财政优惠措施。

(3) 对技术输出实施监管。

基于本国安全考虑，有的国家规定本国投资者在某些国家投资时不得以关键技术出资，也不得向所投资的企业转让特定技术，尤其防止用于国防工业的高新技术流入这些国家。在这方面，美国的对华技术出口限制最具代表性，美国政府目前只许可一些低水平的对华技术转让，而对有可能涉及军事用途的军民两用先进技术则采取完全封杀的态度。自20世纪90年代以来，美国还试图利用西方国家参与的"瓦森纳安排"（Wassenaar Arrangement，一种对管制军需物品及两用物品和技术实施国际管制机制），说服加入该机制的其他32个国家加强对中国的技术出口限制，这就使得跨国公司在华投资的技术应用程度受到了很大的限制，其技术溢出效应大打折扣。

3. 母国对海外投资的保险制度

海外投资保险制度是资本输出国为保证本国海外投资者避免因政治风险、信用风险造成的损失而建立的保护海外资本的法律制度。这一制度不同于一般的商业保险。

(1) 承保机构。

由于海外投资保险风险性高，一般私营保险公司不愿承保，因而各国的海外投资保险业务都是由政府部门经营的，有的虽以公司名义经营，但这些公司所经营的业务或者在政府的密切监控之下，或者本身就是国有公司，受政府直接控制。例如，美国的承保机构为国有公司"海外私人投资公司"，德国的承保机构为"德国信托监察公司"。

(2) 保险对象。

海外投资要获得本国保险机构的承保，保险对象需满足以下条件。

① 合格的投资。合格投资的标准在各国有所不同,但基本上包括三种标准:海外投资须符合母国利益、有利于东道国经济发展、仅限于新的海外投资。

② 合格的投资者。确定合格投资者的标准,各国的规定不尽相同,但主要是依据国籍来确定的。例如,美国海外投资保险制度规定,合格的投资者是指具有美国国籍的自然人,或者根据美国联邦、州或其他地方法律设立的主要由美国所拥有的公司、合伙、其他社团,或者资产59%以上为美国公民、公司、合伙或社团所有的,具有外国国籍的公司、合伙或其他社团。

③ 合格的投资形式。投资形式包括有形资产和无形资产。各国对承包的投资形式一般没有过多限制,主要包括:股权投资、与股权投资有关的或已批准项目的贷款、外国政府或海外投资企业发行的债券、向海外分支机构进行的投资等。

④ 合格的东道国。一些国家对海外投资的东道国有特殊要求,例如,美国法律规定,东道国必须与美国签订双边投资保证协定的发展中国家,并且对在最不发达国家的投资予以优先担保。

(3) 承保范围。

海外投资保险的承保范围包括以下三项内容。

① 征用险。它是指因东道国政府当局的国有化、没收、征用或蚕食式征收等行为给投资者直接造成损失的风险。投保人的投资资产因此而遭受的损失,应由海外投资保险机构负责赔偿。

② 战乱险。它是指在保险期间内投保人在东道国的投资资产由于当地发生战争、革命、内乱、暴动而遭受损失的风险。例如,日本承保因战乱造成的海外投资者的资产损失,包括以下情形:企业不能继续经营,陷于破产或类似破产,银行对日本企业停止交易或类似事件,停止营业六个月以上。

③ 外汇险。该险也称禁兑险,是指投资者无法将投资原本、利润及其他正当合法收益自由兑换成外汇汇回本国的风险。例如,日本法律规定海外投资者遇到下列情况之一,其原本及利润在两个月以上不能兑换并转移的,均属外汇险:东道国政府实施外汇管制或禁止外汇;因东道国发生战乱,无法进行外汇交易;东道国政府对日本投资的各项应得金额实行管制(如冻结);东道国取消对各项应得金额汇回日本的许可;东道国政府对各项所得金额予以没收。

(4) 保险额、保险费及保险期限。

保险额根据损失额和赔偿率来决定,一般不超过投资总额的90%;各国对保险费的规定不一致,依承保行业、险别及范围而不同;承保期限一般规定最长为15~20年。

(5) 索赔。

投保的风险事故发生后,投保人可依据保险合同的规定向保险人索赔,保险机构支付保险金后,代为取得投资者的一切权利,包括有关资产的所有权、债权和向东道国政府的索赔权。

案例11-1　跨国公司在华 "恶意并购"

跨国公司在华"恶意并购"是指跨国公司在华购买目标公司的商标权或商品之后束之高阁,或者在新设合并成立的公司或吸收合并形成的公司里对于目标公司所投入的商标权或商品少开发甚至不开发，从而使其随着时间流逝，在市场上的知名度下降，收购者和竞争者所拥有的与该商标或商品具有竞争关系的商标或商品，随之自然取得优势地位，达到将竞争对手排除出去的目的的并购行为。

事件一：2002年8月中旬，荷兰皇家飞利浦中国集团与苏州孔雀电器（集团）公司在不事声张的情况下签署了关于飞利浦消费电子有限公司（简称苏飞）股权转让的协议：飞利浦在合资公司中的股份从51%增加到80%，孔雀则从49%减持至20%。对此，苏州市有关部门所提出的原因包括"飞利浦希望增加在合资公司的投资，扩大在苏飞的股本，但孔雀电器拿不出增资扩股的钱"，"吸引飞利浦投资近10亿美元的半导体项目在苏州工业园落户"。但实际上苏飞最后的资产重组表明，飞利浦的投资分文未增，半导体项目则早在2001年5月就奠基，并进入了设备安装阶段。

事件二：美国通用电气公司（GE）为了控制中国的医疗监护仪市场，在向目前国内该行业中名列前茅的深圳市迈瑞生物医疗电子股份有限公司和深圳市金科威实业有限公司提出收购时遭到拒绝，其中一个原因是两家公司担心GE的目的是想"消灭品牌"。果不其然，GE收购未果之后，采用迂回战术，与广东珠海宝莱特合作，利用其产品在市场上形成低价竞争。

事件三：1994年，上海牙膏厂和联合利华谈判合资的时候就在品牌保护上留了一手，为了避免品牌遭受"灭顶之灾"，上海牙膏厂坚决回绝了联合利华买断"美加净"商标的要求。最后双方在品牌上达成租赁合同，"中华"和"美加净"的品牌租赁费是其年销售额的1.8%。同时上海牙膏厂还要求到期检查销量。双方约定，在商标的续展期内，期末的销量必须大于期初的销量，否则中方有权收回商标使用权。双方还约定，合作期间，合资公司对双方投入的品牌维护推广费用必须各占50%，对方投入的品牌是"洁诺"和"皓清"。然而这些保护性规定并不能使双方的合作更长久。数字显示，"美加净"在1994年双方合资之初，产品出口量全国第一，它和中华牙膏是上海牙膏厂的两个赚钱大户。但2000年，年销量却下降了60%，已经三年没有在媒体上做广告，市场地位还在下降。因此，2001年年中，上海牙膏厂借"美加净"租约到期之际，断然拒绝联合利华续约3年的要求，将品牌经营权回收。

问题：中国作为东道国是否需要通过立法对跨国公司在华的恶意并购行为进行规范管理？

11.2.5 东道国对跨国公司的行为规范

1. 东道国对跨国公司的保护

（1）关于外国投资者待遇的规定。

对于外国投资者的待遇问题，国际上尚无统一的标准。不过，从世界范围看，主要有国民待遇、最惠国待遇、国际标准待遇三种。

① 国民待遇。国民待遇指在条约或互惠的基础上，授予外国个人或法人在投资资产、投资活动及有关司法救济方面不低于本国国民或法人待遇。国民待遇标准满足了市场经济中公平竞争的需要，便于外国投资者权利与义务的确定，因此，大多数国家都采用这一标准。例如，1975年美国参议院在审议《外国投资法》法案时就指出，美国对一切外国投

资者给予国民待遇，允许外国投资者在美国有进行企业活动的自由，并给予与国内投资者同等的待遇，除国际上一般公认的合理例外，外资可自由出入。

② 最惠国待遇。最惠国待遇指外国投资者在东道国享受的待遇，以东道国已经给予或将来给予任何第三国国民享受的待遇为标准。这一标准一般是在对等的基础上，通过条约予以规定，使受惠国投资者处于优先或平等于第三国的地位。例如，我国与瑞典签订的投资保护协定中规定，缔约双方应始终保证公平合理地对待缔约另一方投资者的投资，缔约任何一方的投资者在缔约另一方境内的投资享受的待遇，不应低于第三国投资者所享受的待遇。

③ 国际标准待遇。国际标准待遇指外国投资者享有不低于文明国家普遍接受的、构成国际法一部分的公正标准或国际最低标准待遇。依据这一标准，东道国不仅要给予投资者与本国经济主体平等的待遇，而且这种待遇还必须符合一般国际标准，否则母国可以行使外交保护权。国际标准待遇是不符合国际法原则的，是一种歧视性、不平等的标准，遭到很多发展中国家的反对。

(2) 关于征收、国有化及补偿的规定。

为了保护外国投资者的财产利益，东道国的外国投资法大多对这方面的问题做了具体规定。

① 征收、国有化的条件。国有化是国家的一种合法权利，但是在很多双边投资协定中都规定征收或国有化必须遵守一些条件，如公共利益、公共补偿、非歧视性和司法审查等。例如，我国与瑞典签订的投资协定规定，缔约任何一方对缔约另一方投资者在其境内的投资，只有为了公共利益，按照适当的法律程序并给予补偿，方可实行征收或国有化，或者采取任何类似的措施。

② 征收与国有化的补偿。一般来讲，各国在外资法中规定，对于征收和国有化，在双方协商的基础上，给予投资者适当补偿，并且以可自由兑换的货币不迟延地支付。有的国家还在外资法中具体规定了补偿的计算方式，以及分期补偿的期限。

(3) 关于原有资本和利润转移的保护。

外国投资原有资本和利润能否兑换并自由汇出，是关系到跨国公司经济利益的问题，许多国家的外资法对此做了直接的保护规定，主要包括以下两项。

① 允许外资原本及利润自由汇出。一些国家在外资立法中对投资原本及利润的汇出未做任何限制，只要符合法律规定的程序，即可自由汇出。例如，韩国 1984 年 7 月修改后的法律规定，外国人取得的股份，或者因处分投资额而取得的价款及取得的红利，能自由汇出；引进技术的价款，在批准的范围内也准许自由汇出。

② 在附加一定限制的条件下，允许外资原本及利润汇出。一些东道国基于国家利益、货币政策的需要，在承认自由汇出的原则下，对投资者原本及利润的汇出，加以一定的合理限制，实行外汇管制。例如，我国法律规定，外国合营者在履行法律和协议、合同规定的义务后分得的净利润，在合营企业期满或中止时所分得的资金以及其他资金，可按合营企业合同规定的货币，按外汇管理条例汇往国外；依法终止的外商投资企业，按照国家有关规定进行清算、纳税后，属于外方投资者所有的人民币，可以向外汇指定银行购汇汇出或携带出境。

2. 东道国对跨国公司的鼓励

为了吸引更多的外国资本流入本国,大部分东道国会在国内立法中制定各种各样的优惠措施,向跨国公司及其附属机构提供可以计量的经济好处。纵观各国的法规规定,鼓励外国直接投资的政策及其实施范围主要有以下几个方面。

(1) 优惠措施的类型。

经济合作与发展组织和联合国贸易和发展大会将旨在吸引外资的投资鼓励措施分为财政措施、金融措施和其他措施三大类型。

① 财政措施。财政措施的总体目标是减轻外国投资者的税收负担,根据减征的依据不同,又可进一步分为:针对利润、销售额和增加值的措施,针对资本投资的措施,针对进出口的措施等。

② 金融措施。金融措施是指东道国政府直接向投资的跨国公司提供资金,以资助新投资或某种经营活动,其目的是降低投资或经营的成本的措施。最常见的金融措施包括政府赠款、补贴贷款、政府参股、优惠保险等。

③ 其他措施。其他措施是指难以归入财政类和金融类的措施,目的也是增加跨国公司在东道国当地投资的回报。其主要形式有补贴专用基础设施、补贴服务、市场倾斜、使用外汇上的优惠待遇等。

综上所述,东道国政府决定向跨国公司的投资提供鼓励措施时可以有多种选择。究竟选择何种形式取决于东道国政府的需要及其与跨国公司的谈判结果。至于其采取的鼓励措施的成本有多大、成效如何,则与措施的类型及实施、管理的方式有着密切的关系。

(2) 优惠措施的内容。

东道国对跨国公司的优惠措施,一般涵盖以下六方面的内容。

① 所得税减免。所得税减免是国际投资中被广泛采用的一种优惠措施,为了降低外国投资者的经营成本,东道国对外国投资者的投资收入在一定期限内减征或免征所得税,从而给投资者带来了真正的实惠。

② 关税减免。为了减少外国投资者在东道国新建或扩建企业的费用,各国都在进口关税方面给予外国投资者不同程度的减免优惠。

③ 折旧优惠。折旧优惠是针对外国实物投资而采取的一种优惠,具体做法可分为加速折旧和超额折旧。加速折旧指允许外国实物投资者根据正常损耗和其他经济因素所计算的真正经济折旧之前减少企业的固定资产价值,缩短企业资产原定的折旧年限,减少企业的应纳税所得额;超额折旧指允许投资者超过资产原值计算折旧,能够多扣除应纳税所得额,因而减少纳税额。

④ 再投资优惠。为了鼓励跨国公司在东道国进行再投资,设立新企业或扩大原企业,许多东道国对外资用于再投资的利润给予税收优惠。例如,我国法律规定,外国投资者将其从企业分得的利润在中国境内再投资,举办、扩建产品出口或先进技术企业,经营期不少于五年的,经申请税务机关核准,全部退还其再投资部分已缴纳的企业所得税税款。

⑤ 信贷融资优惠。东道国通过对外国投资企业提供长期低息贷款、无担保贷款、发放利息津贴贷款等措施,吸引更多的海外资本在本国投资经营。

⑥ 其他优惠措施。除上述优惠措施外,各国立法中还有其他形式的鼓励措施,例如

财政补贴或资金援助、简化审批手续、土地使用优惠等。

但上述优惠措施的实施范围，在不同的国家规定不一。

(3) 优惠措施的实施范围。

① 对优先发展行业和领导企业给予优惠。一些国家根据本国的经济发展状况，规定了某些优先发展行业和领导企业，并对这些行业或企业的外国投资项目给予特殊优惠。例如，新加坡政府根据《扩大经济奖励法》和《资本援助计划》的规定，欢迎外国投资者投资先驱企业，对先驱企业给予特别优惠，如在一定期间免纳企业所得税、红利税，提高折旧率等。

② 按产业政策给予优惠。许多国家对不同产业部门的跨国公司给予不同的政策，对于设立生产性企业的外国投资者给予较多的优惠，而对非生产性企业的外国投资者给予的优惠则较少。例如，智利、印尼、墨西哥对采矿业给予优惠；巴西、加纳、印度、马来西亚、伊朗等对农业给予优惠；巴西、摩洛哥、马来西亚、墨西哥对旅游业给予优惠。

③ 按地区发展政策给予优惠。很多国家为了加速某些特定地区尤其是落后地区的经济发展，对在这些地区的外国直接投资项目给予较多的优惠。例如，尼日利亚法律规定，对设立于"发展中地区"的投资企业，给予免纳法人税七年的优惠。

④ 对出口型企业给予优惠。发展中国家为了改善国际收支状况，增加外汇储备，一般对出口型跨国经营企业给予特别优惠。例如，新加坡规定，出口销售额占总销售额20%以上、年出口额达10万元新币以上的产品出口企业，其出口收入的90%可免纳税率为40%的所得税。

⑤ 按就业政策优惠。有些国家对能够为本国国民提供较多就业机会的外国投资企业给予优惠。例如，马来西亚法律规定，经常聘用马来西亚人为500人以上的先驱企业，免税期满后，可以延长免纳五年的税款。

⑥ 按投资额给予优惠。为了鼓励外国投资者投入巨额资金，兴办大型企业，推动东道国经济发展，不少发展中国家对大额投资给予更多的优惠。例如，扎伊尔规定，凡投资总额超过5亿扎伊尔货币，而且对扎伊尔的经济发展产生积极意义的外国投资项目，给予免纳直接税、间接税和财政税等其他各税的优惠，期限为10年。

3. 东道国对跨国公司的监管

东道国除了对跨国公司直接投资实施保护、鼓励政策外，还对其进行必要的管制，以维护本国的经济秩序和利益。纵观各国立法，东道国对外国直接投资的管制主要有以下几个方面的内容。

(1) 外国投资的资本构成。

外资法中的外国资本，一般是指从国外输入的任何形式的资本，包括现金、设备、机器、土地、厂房、交通运输工具等有形资产，专利权、商标、技术资料、专有技术、劳务等无形资产。各国法律一般都对外国投资的有形资产及无形资产做出严格规定。例如，我国法律规定，外国投资者作为投资的有形资产及无形资产，必须是符合我国需要的先进技术和设备。此种设备能够生产中国需要的新产品，显著改进现有产品的性能、质量和提高生产效率，能显著节约材料、燃料和动力等。

(2) 投资范围。

任何一个国家，无论其开放程度如何，都保留一些不对外国投资开放的领域，把关系国家安全和重大利益的行业或部门,保留给本国政府或经济主体。一般说来,发达国家的外资法对外国投资限制较少,但对有关国防、军事和通信、宣传部门及经济关键行业等,禁止或限制外国资本进入。发展中国家鼓励外国资本向有利于国民经济发展的部门投资;禁止在国防、军事工业、通信事业及支配国家经济命脉的部门投资;限制在本国已有一定发展基础、需要重点保护的行业投资。东道国对投资范围的规定主要有正列举法和负列举法两种形式,所谓正列举法又称直接列举法,即将凡属于外资法或其投资指导目录规定允许投资的行业或经营项目均予以具体列举,未在列举范围者则不允许投资进入;负列举法则相反,即在外资法或其投资指导目录中只规定不允许投资的行业或经营项目,其他未列举者,外资均允许进入。国际规则鼓励采用负列举法,我国改革开放以来实际上采取的是两种方法的折中。目前,在我国自贸试验区中正在试行《中华人民共和国外商投资法》的负面清单管理模式。2020年6月23日,国家发展改革委、商务部联合发布了第32号令:《外商投资准入特别管理措施(负面清单)(2020年版)》和第33号令:《自由贸易试验区外商投资准入特别管理措施(负面清单)(2020年版)》自2020年7月23日起施行。

（3）出资比例。

外国投资的出资比例,关系到企业的经营管理权和投资者的权益,各国的立法对此规定不一。发达国家一般采取开放政策,对外资比例方面的要求不严,外国投资者可以按任何比例、以任何形式进行投资。在一些不对外资开放的领域内大多要求外国投资低于一定的比例,以此来保持本国资本对这些行业的控制。

（4）外国投资的审批。

关于审批制度,一般来说,发达国家采用申报制,只从形式上进行审查;发展中国家规定得比较严格,除专门机构负责审批外,与项目有关的外汇部门、银行部门、项目的行业主管部门等也行使一定的审批职能。关于审批范围,有些国家规定所有的外资都需要进行审批和登记;有的国家规定,只有申请取得优惠待遇的外资项目才需要审批（如新加坡、巴西）;另一些国家规定,外资超过一定数额或一定出资比例的项目才需要审批（如菲律宾、阿根廷）。关于审批标准,可分为积极标准和消极标准。积极标准指可予批准的条件,如促进技术改造、扩大出口、增加外汇收入等;消极标准指不予批准的条件,如违反东道国法律、不符合东道国经济发展要求等。

（5）劳动雇佣管理。

关于外国人员的雇佣,许多东道国,尤其是发展中国家,限制跨国公司应用外国技术和管理人员,例如,印尼外资法规定,只有当地国民胜任不了的管理职务和技术职务,才能聘请或雇佣外国人。关于当地职工的雇佣,有些国家规定了本国雇员占企业雇员总数的最低比例,或者本国雇员工资额占企业工资总额的最低比例,或者对两者皆作要求。

本 章 小 结

跨国公司社会责任是指广泛意义上的企业社会责任。企业社会责任是指企业在创造利润、对股东和员工承担法律责任的同时,还要承担对消费者、社区和环境的责任。企业的社会责任要求企业必须超越把利润作为唯一目标的传统理念,强调在生产过程中对人的价值的关注,对环境、消费者、对社会的贡献。跨国公司社会责任的内容主要包括对政府、对股东、对消费者、对员工、对资源、环境和可持续发展以及社区的责任。

跨国公司社会责任思想的历史沿革主要经历了盈利至上、关注环境与社会责任运动三个阶段。

跨国公司行为规范与WTO有关的规定主要是与贸易有关的投资措施协议，即限制东道国政府通过政策法令直接或间接实施的与货物（商品）贸易有关的对贸易产生限制和扭曲作用的投资措施。

联合国系统对跨国公司的行为规范为《联合国跨国公司行动守则》，主要内容包括跨国公司的定义和适用范围、跨国公司的活动、跨国公司的待遇、政府间合作及如何履行跨国公司行动守则五部分。

其他国际组织对跨国公司的行为规范，主要包括国际劳工组织、国际商会、经济合作与发展组织、77国集团等形成的对跨国公司行为的规范管理条款。

母国对跨国公司行为的规范管理，主要包括对海外投资的鼓励、监管及海外投资保险制度。

东道国对跨国公司行为的规范管理，主要包括对跨国公司的保护、鼓励及监管三个方面。

关 键 术 语

跨国公司社会责任　与贸易有关的投资措施协议　联合国跨国公司中心　国际劳工组织　国际商会　经济合作与发展组织　77国集团　国民待遇　最惠国待遇　国际标准待遇

习　　题

一、简答题

1. 简述跨国公司社会责任的含义与主要内容。
2. 企业社会责任的十大原则是什么？
3. 企业社会责任思想的历史沿革主要有哪几个阶段？
4. 与贸易有关的投资措施协议的主要内容是什么？
5. 与跨国公司相关的联合国机构有哪些？
6. 《联合国跨国公司行动守则》主要包括哪五部分？
7. 国际上有哪些主要非政府组织对跨国公司进行监管？
8. 母国管理跨国公司的行为主要包括哪些方面？
9. 东道国管理跨国公司的行为主要包括哪些方面？

二、讨论题

1. 请从企业社会责任的历史发展角度出发，谈谈在当前经济全球化持续走向深入的背景下，强调跨国公司社会责任承担的重要现实意义。
2. 请结合东道国跨国公司行为规范的相关内容，谈谈对中国进一步完善跨国公司行为规范的对策建议。

 **分析案例**

美国对跨国公司并购的监管

美国是世界上并购活动最活跃的国家,也是并购法律体系最为复杂的国家。在美国,由于并购法律体系并未对外国人和美国人进行区别对待,而且美国没有独立的外国投资法律体系,因此,对跨国公司并购进行直接控制的法律、法规并不存在,美国的并购法律体系同时适用于国内企业并购、美国企业对外国公司的并购、外国公司对美国公司的并购、外国公司之间对美国市场有影响的并购。

1. 美国调整并购的法律体系

(1) 联邦反托拉斯法。

美国是最早对公司并购进行法律管制的国家,在19世纪就颁布了《谢尔曼法》,该法是世界上最早的反垄断法,因此美国的反垄断法也被称为世界各国反垄断法的"母法"。美国反托拉斯法体系主要包括1890年的《谢尔曼法》(Sherman Act)、1914年的《克莱顿法》(Clayton Act)及在这之后颁布的若干修正案。其基本精神在于:创造公平竞争环境,反对垄断,保护消费者利益。

①《谢尔曼法》。《谢尔曼法》是美国历史上第一次企业合并高潮的产物,是较为原则性地禁止垄断、鼓励竞争的法律。《谢尔曼法》的核心内容主要有以下两条。

第一条,任何契约,以托拉斯形式或其他形式的联合、共谋,用来限制州际间或与外国之间的贸易或商业是非法的,任何人签订上述契约或从事上述联合或共谋是严重犯罪。如果参与人是公司,将被处以不超过100万美元的罚款;如果参与人是个人,将被处以10万美元以下的罚款,或者三年以下监禁,或者由法院酌情并用两种处罚。

第二条,任何人垄断或企图垄断,或与他人联合,共谋垄断州际间或与外国间的商业和贸易是严重犯罪。如果参与人是公司,将被处以不超过100万美元的罚款;如果参与人是个人,将被处以10万美元以下的罚款,或者三年以下监禁,也可由法院酌情并用两种处罚。

②《克莱顿法》。该法案是对《谢尔曼法》的补充;于1914年5月6日生效。该法第七条对控制企业并购做了详细的规定。其第一款规定:从事商业之公司不得以直接或间接方式,取得另一从事商业公司之股票或其他股份资金的全部或一部分,致使取得之结果可能实质地减少取得公司与被取得公司之竞争,或者在任何区域或社区内限制商业,或者形成独占之倾向。与《谢尔曼法》相比,《克莱顿法》主要起到了一种预防垄断的作用:凡是那些可以合理地预见可能会对竞争产生损害的行为,虽然其实际未产生损害,都是违法的。

(2) 政府颁布的并购准则。

美国司法部为了便于执行反托拉斯法,每隔若干年就颁布一次兼并准则,用于衡量什么样的并购可以被批准、什么样的将得不到批准。兼并准则最早颁布于1968年,1982年和1984年进行了两次修改,最新修订的是1992年由司法部和联邦贸易委员会联合发布的《横向合并指南》。

① 1968年司法部公布的兼并准则,以"四企业集中度"为标准。水平兼并中以该行

业最大的四家企业集中度与并购双方的比率为标准；垂直兼并中以并购双方的市场份额为标准；混合兼并中，以是否在市场中占支配地位来决定政府是否干预。

② 1982年司法部公布的兼并准则，以HHI指数（赫芬达尔—赫希曼指数）替代四企业集中度。HHI指数等于市场中每个企业市场份额的平方和，用以反映大企业的集中度及大企业之外的市场结构。

③ 1984年司法部公布的兼并准则，以5%检验原则来定义市场。其含义是：如果价格提高5%，在一年内，顾客转向哪些供应商，这些供应商就应当包括在这一市场之内；如果价格提高5%，在一年内，哪些生产者将开始生产这种产品，这些生产商就应属于这一市场。同时，新准则强调任何情况下都要适当考虑效率与财务状况，并规定了集中度与市场份额的相互关系及集中度衡量的三个指标：低集中度市场，即HHI<1 000，无论兼并双方的市场份额如何，其兼并一般都可以得到批准。中集中度市场，即1 000≤HHI≤1 800，此时，任何兼并，如果使HHI值上升100以上，就不会得到批准；如HHI值的上升在50～100，则也有可能得不到批准；如果HHI的上升小于50，一般就会得到批准。此外，准则规定外国竞争者的市场份额处理办法与本国企业一样。

④ 1992年由司法部和联邦贸易委员会联合发布的《横向合并指南》不涉及非横向合并，表明美国政府没有改变它们自1984年以来对垂直并购和混合并购基本上不干预的态度。

（3）联邦证券法。

企业并购与证券市场有着密切的联系。据不完全统计，美国的上市公司有6 000多家，占GDP的比重超过80%，而90%以上的并购是由上市公司发动的。因此，证券法规对并购的调整作用非常重要。美国联邦证券法由三部法规构成，即《1933年联邦证券法》（The Securities Act of 1933）、《1934年联邦证券交易法》（The Curities Exchange Act of 1934）和《1968年威廉姆斯法》（The Williams Act of 1968）。它们分别对证券发行、信息披露、以股换股的收购要约、证券交易收购程序及美国证券交易委员会（SEC）的监管权等做了详尽规定。

（4）州一级的并购法律。

美国各州并购法律的管辖范围与联邦有关并购法律的管辖范围有所不同，其主要侧重于保护目标公司自身的利益、现任管理人员和雇员的权利等方面。并购法律最突出的特点是对敌意并购进行限制或惩罚，主要表现在对目标公司的反并购行为予以法律上的承认或支持，规定对敌意并购行为进行惩罚，或者干脆直接通过立法防止敌意并购行为。

（5）投资法律的相关规定。

按照国际惯例，除在一些特殊领域如国防工业、金融、保险、通信、广播、交通运输等，对外资实行一定的限制外，在其他领域，外资进出自由，外国个人、企业与美国个人、美资企业的待遇大体相同，既不受歧视，也无特殊待遇，对其入境不实行审查甄别，也未建立统一的审批制度。

① 国家安全。根据1988年《综合贸易及竞争法》（Omnibus Trade and Comoetitive-ness Act）第5021节，即所谓爱克森-佛罗里奥修正案（Exon-Florio Amendment）的规定：外国公司欲并购的美国公司如果涉及与国家安全相关的产业，该项并购将受到特殊的审查，执行审查任务的机构是美国外国投资委员会（Committee on Foreign Investment in the United States，CFIUS）。在认为该项并购案威胁国家安全的情况下，外国投资委员会将就此并购提请总统审查，而总统有权根据"国家安全"方面的理由，禁止任何外国人对从事州际商务的美国企业实行吞并、取得或接管。

② 航空。根据美国交通部的规定，外国公司对美国航空公司的收购不得超过25%的股份，航空公司的董事会成员中美国籍的董事比例不得低于2/3。外国公司对美国航空公司的收购由交通部审批。

③ 海运。在美国沿海和内河航运的船公司，外国个人、公司或政府在该美国船公司的股份不得超过25%，否则就取消沿海、内河航运权。美国船公司如果未经交通部长的批准将在美国注册的船舶出售给外国公司，属于违法行为，将受到美国法律的追究。

④ 通信。《联邦通信法》仅对美国公民才发给经营无线电广播及电视行业的特许证，禁止为外国人所有或控制的公司取得经营通信事业的一切设备的特许权。对外国公民在电视企业的合营公司或卫星通信公司中所占股权超过20%者，不予批准。

⑤ 金融。根据联邦《国际银行法》（International Banking Act of 1978）和各州法律，外国公司通过并购方式进入该领域会受到严格限制。

⑥ 原子能。《原子能法》规定，禁止对外国人或为外国人所有或控制的公司发给从事原子能利用设施或生产设施等活动的许可证。

（6）公司法的相关规定。

美国各州的公司法都规定了公司合并的程序和法律效果。按照各州的公司法，并购的主要程序规定如下：

① 合并公司的董事会应当批准公司合并的计划。

② 合并公司各方的股东大会必须做出决议，批准公司合并的计划。绝大多数州的公司立法规定，股东大会做出决议必须由公司发行在外的具有表决权的股份总数的2/3表决通过。一些州的公司立法规定，股东大会做出决议必须由公司发行在外的具有表决权的股份总数的1/2通过。另一些州的公司立法规定得更加严格，它们要求股东大会做出决议必须由公司发行在外的具有表决权的股份总数的4/5表决通过。此外，许多州的公司立法还要求，如果合并各方公司发行了数种股份，那么公司合并计划还要征得每一类公司股份的股东的同意。

③ 在合并公司各方的董事会和股东大会批准合并计划之后，公司合并计划就要向公司所在州的州务卿备案。

④ 在向州务卿备案后，各州就会向存续公司签发吸收合并证书，或者向新设公司签发新设合并证书。

2. 案例点评

美国是最早对公司并购进行管制的国家，所以其对公司并购立法的发展与变化一直是世界经济形势发展与变化的反映。美国并购政策与立法随着美国国内的经济形势、世界市场的竞争形势，以及立法者的态度而不断发生变化。最近一些年，在经济全球化趋势和国际竞争加剧的情况下，美国对公司并购略有放松。美国一改往日立法的指导思想，在"1982年司法部合并指导原则"和"1984年司法部合并指导原则"中，引入一种市场动态竞争理论的思想，从而结束了其20世纪60年代以来运用市场结构方法控制企业的做法。

美国管制政策和立法的变化是与美国管制理论的变化分不开的。自20世纪70年代以来，以博克、德姆塞兹、波斯纳等为代表人物的芝加哥学派，对哈佛学派的"结构—行为—绩效"理论提出了强有力的挑战。该学派不承认在市场结构、市场行为和市场结果之间存在某种关系，从而特别反对政府对企业合并进行规模上的干预。这个学派认为反垄断法的首要目标在于促进经济效益，因此，对企业合并的分析重点应从市场结构转向经济效益，并以经济效益作为评价和是否干预企业合并的依据。此外，国际贸易学者所提出的"新贸易理论"及其所推崇的"战略贸易政策说"，也对跨国并购监管产生了某种影响。这种理论的核心思想是：政府应通过补贴等手段帮助本国企业增强国际竞争力，获得国际竞争优势；如果这种帮助能够使本国企业在国际竞争中形成某种程度的垄断地位，就会给本国带来更大的利益；政府还应当通过各种办法防止外国竞争挤占本国国内市场。这些理论对美国公司并购立法和执法产生了显著影响，在一定意义上成为美国政府制定有关政策的基本原则。正是美国管制立法指导思想的这种改变，直接推动了美国企业并购的繁荣。美国放松对公司并购的法律管制之后，其他发达国家乃至众多发展中国家也开始紧随其后。放松管制已成为一种全球性的趋势，成为一国政府在新的国际经济规则环境下提高本国国际竞争力的一项重要手段。

延伸阅读

参 考 文 献

巴特勒,2005. 跨国财务(原书第 3 版)[M]. 赵银德,张华,等译. 北京:机械工业出版社.
柏汉芳,2002. 跨国公司财务管理动因与模型研究[M]. 上海:立信会计出版社.
包铭心,等,1999. 国际管理:教程与案例[M]. 北京:机械工业出版社.
贝赞可,德雷诺夫,尚利,1999. 公司战略经济学[M]. 武亚军,等译. 北京:北京大学出版社.
波特,2005. 竞争战略[M]. 陈小悦,译. 北京:华夏出版社.
陈收,毕少菲,2003. 企业战略管理:战略选择与核心能力[M]. 长沙:湖南大学出版社.
陈向东,魏拴成,2007. 当代跨国公司管理[M]. 北京:机械工业出版社.
陈晓萍,2005. 跨文化管理[M]. 北京:清华大学出版社.
崔日明,徐春祥,2009. 跨国公司经营与管理[M]. 北京:机械工业出版社.
董克用,叶向峰,2003. 人力资源管理概论[M]. 北京:中国人民大学出版社.
冯雷鸣,范徽,等,2008. 跨国公司管理[M]. 北京:北京大学出版社,中国林业出版社.
郭焱,周雷,郭彬,2007. 跨国公司管理理论与案例分析[M]. 北京:中国经济出版社.
蒋屏,2004. 国际财务管理[M]. 北京:对外经济贸易大学出版社.
金润圭,2005. 国际企业管理[M]. 北京:中国人民大学出版社.
科利斯,等,2001. 公司战略[M]. 北京:中国人民大学出版社.
库伦,2000. 多国管理:战略要径[M]. 邱立成,等译. 北京:机械工业出版社.
李尔华,2005. 跨国公司经营与管理[M]. 北京:清华大学出版社,北京交通大学出版社.
李秀平,韦海燕,2006. 跨国公司经营与管理[M]. 重庆:重庆大学出版社.
刘长庚,1996. 企业跨国经营论[M]. 北京:中国经济出版社.
卢进勇,刘恩专,2008. 跨国公司理论与实务[M]. 北京:首都经济贸易大学出版社.
卢进勇,等,2005. 国际投资与跨国公司案例库[M]. 北京:对外经济贸易大学出版社.
鲁桐,2003. 中国企业跨国经营战略[M]. 北京:经济管理出版社.
马春光,2005. 国际企业管理[M]. 北京:对外经济贸易大学出版社.
马杜拉,2000. 国际财务管理[M]. 杨淑娥,等译. 大连:东北财经大学出版社.
莫滕森,1999. 跨文化传播学:东方的视角[M]. 关世杰,胡兴,译. 北京:中国社会科学出版社.
谭立文,2002. 国际企业管理[M]. 武汉:武汉大学出版社.
王建英,等,2003. 国际财务管理学[M]. 北京:中国人民大学出版社.
王先玉,王建业,邓少华,2003. 现代企业人力资源管理学[M]. 北京:经济科学出版社.
希尔,2005. 国际商务[M].5 版. 周建临,等译. 北京:中国人民大学出版社.
席酉民,等,2002. 跨国企业集团管理[M]. 北京:机械工业出版社.
徐二明,2002. 企业战略管理[M]. 北京:中国经济出版社.
于斌,2004. 跨国管理[M]. 天津:南开大学出版社.
原毅军,1999. 跨国公司管理[M]. 大连:大连理工大学出版社.
约翰逊,斯科尔斯,1998. 公司战略教程(第三版)[M]. 金占明,贾秀梅,译. 北京:华夏出版社.
张纪康,2004. 跨国公司与直接投资[M]. 上海:复旦大学出版社.
张新胜,等,2002. 国际管理学—全球化时代的管理[M]. 北京:中国人民大学出版社.
邹昭晞,2004. 跨国公司战略管理[M]. 北京:首都经济贸易大学出版社.
Raymond Vernon,等,2000. 国际经济中的经理[M].7 版. 李晓光,陈运涛,译. 北京:清华大学出版社.
BARTLETT C A, GHOSHAL S, 1995. Transnational management: text, cases, and readings in cross-

border management [M]. 2nd. Illinois: R. D. Irwin Inc.

BUCKLEY P J, CASSON M C, 1976. The Future of Multinational Enterprises [M]. London: Macmillan Press Ltd.

DUNNING J H, 1993. Multinational Enterprises and the Global Economy [M]. New York: Addison Wesley Publishing Company.

DUNNING J, 1988. Explaining International Production [M]. London: Unwin Hyman. HYMER S H, 1976. The International Operation of National Firms: A Study of Direct Investment [M]. Cambridge: MIT Press.

DUNNING J H, 1981. International Production and the Multinational Enterprises [M]. London: Allen&Unwin.